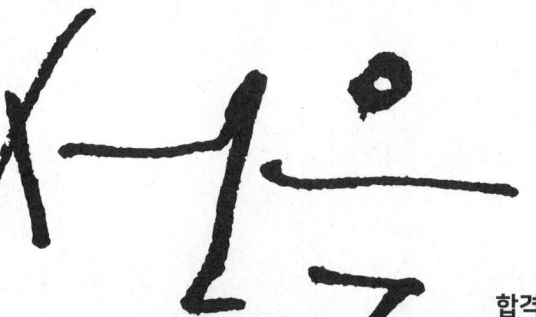

합격생들이 0순위로 추천하는 마무리 요약서
2025년 정부조직 개편 완벽 반영

# 2026
# 김중규
# 여다나
# 압축
# 선행정학

모든 공무원 행정학 대비

# PREFACE
머리말

## 2026 김중규 여다나압축 선행정학을 펴내며

2021년 출간되어 탁월한 가독성과 알찬 내용으로 수험생들의 폭발적인 호응과 찬사를 받았던 여다나 압축 선행정학이 이번에 네번째 판인 2026판을 선보이게 되었습니다.

여다나 압축 선행정학에 대한 수험생들의 사랑은 일일이 열거할 수 없을 정도로 많습니다.
"합격생들이 0순위로 추천하는 책"
"공무원 수험서 전체를 통틀어 가장 가독성이 높은 책"
"공부가 하고 싶어지는 책"
"펼쳐 보기만 해도 저절로 이해되고 암기되는 책"
"가독성이 예술인 책" 등등 수험생들의 평가는 가히 폭발적이었습니다.

수험생들의 이러한 호응과 평가에 부응하고 보답하기 위해 2026 여다나 선행정학은 다음과 같이 완성도를 한층 더 높였습니다.

- 2024 하반기와 2025 상반기의 신경향 출제경향을 완벽 분석·반영하였습니다
- 수험생들의 소중한 의견을 반영하여 가독성과 디테일을 더욱 높였습니다
- 최근 개정된 법령내용을 반영하고 하반기에 개정될 예정인 「정부조직법」 개정방향까지 수록하였습니다.
- 아울러 최근에 학계에서나 정부 내에서 새롭게 이슈가 되고 있는 신경향 이슈들을 대거 포함시켰습니다.
- 간혹 고난도 문제가 출제되고 있는 지방인사제도와 지방예산제도의 주요 내용도 일목요연하게 정리하였습니다.
- 효율적인 마무리 학습을 위해 세부 주제와 파트별로 중요도를 별표로 표시해두었습니다.

- 끝으로 최근 여다나 압축이 기본서를 대신할 정도로 마무리 학습교재로 많이 애용되고 있는 가운데 색인(찾아보기)이 있으면 좋겠다는 의견이 많아 이번 2026판에는 맨 뒤에 찾아보기(색인)를 추가하였습니다.

앞서 출간된 2026 기필고 선행정학이 입문요약서라면, 2026 여다나 압축은 수험중반 이후 필요한 마무리요약서입니다. 수험후반기에 기출문제집 등과 함께 보시면 방대한 행정학을 빠르게 마무리·정리하는데 많은 도움이 되리라 믿습니다.

여러분들의 합격을 기원합니다.
감사합니다.

2025. 8. 24.　김중규

**PREFACE**

머리말

# 2021 김중규 여다나압축 선행정학을 펴내며

이지패스 압축 선행정학이 2021 여다나압축 선행정학으로 새롭게 태어났습니다.

모든 과목이 마찬가지겠지만 특히 행정학은 워낙 방대하여 효율적인 마무리를 도와주는 잘 압축된 요약서가 매우 중요합니다. 시험이 3~4개월 앞으로 다가오면 행정학을 어떻게 마무리할지 누구나 고민에 빠지게 됩니다. 기본서로 마무리하자니 양이 너무 많고, 기출로만 마무리하기엔 이론이 불안하고, 미니북(여다나포켓 선행정학)으로 마무리하자니 너무 확 줄인 것 같은 느낌이 드실 것입니다. 이 기간에는 군더더기 없이 시험에 꼭 나올 것만 빠짐없이 빠르게 반복할 수 있는 잘 압축된 요약서를 보셔야 합니다. 여다나압축은 기본서같은 지루한 서술형도 아니고 설명 한 줄 없는 답답한 도표나열식도 아닌 기본서와 정리도표, 강의내용이 잘 농축된, 그야말로 가볍지도 않고 무겁지도 않은 최적 분량의 마무리요약서입니다. 수년간 대부분의 합격생들이 여다나압축을 영순위로 추천하는 이유입니다.

이번 2021 여다나압축 선행정학(전면개정판)은 다음과 같이 더욱 완벽해졌습니다.

첫째, 편제와 디자인이 완전히 새로워졌습니다. 4도 편집으로 가독성을 획기적으로 높였습니다.
둘째, 분량을 종전 330쪽에서 400쪽으로 늘려 내용 측면에서도 개정법령과 최신 이론, 새로운 출제경향 등을 더욱 알차게 보완하였습니다.
셋째, AB급 주제뿐 아니라 CD급까지도 충실하게 요약하여 완성도를 높였습니다.
넷째, 종래 하단에 있던 OX지문을 빼고 대신 본문 내용으로 완벽하게 보강하였습니다.
다섯째, 주제별로 맨 앞에는 핵심을 제시하고, 끝 부분에는 시험에서 유의해야 할 함정이나 쟁점, 꼭 알아두어야 할 중요한 내용을 "주의"로 요약 처리하였습니다.
여섯째, 중요한 내용은 압축된 의미를 정확히 전달하기 위하여 강의 때 강조하는 부분을 첨삭형식으로 부연설명하였습니다.

시험에 임박할 때에는 시간을 효율적으로 활용하여 짧은 시간에 많은 내용을 빠르게 볼 수 있어야 합니다. 2021 여다나압축 선행정학은 작은 공간에다가 짧은 시간에 꼭 필요한 이론을 한 눈에 다 볼 수 있도록 시·공간적 함축성을 최대한 높인 미니기본서 입니다. 여다나 압축교재를 기출이나 동형과 함께 마무리교재로 활용하신다면 입체적이고 효율적인 마무리가 될 것이라 믿습니다. 부디 2021 여다나압축을 통해 행정학에 대한 불안감을 덜고 의미 있고 가성비 있는 마무리를 하시기 바랍니다. 이 교재는 1~2월 압축강의 주교재로 사용되며, 11~12월 기출심화강좌에서도 부교재로 사용됩니다. 감사합니다.

2020. 11. 13.    김중규

## 감사의 글

이 책은 저자가 그 어떤 교재보다 심혈을 기울여 만든 특별한 책입니다. 그저 수익을 내기 위한 책이 아니라 진정으로 수험생들의 합격에 도움이 되는 책을 만들고자 하는 절절한 마음에서 지어진 책입니다. 단순한 암기용 요약서가 아니라 기본서+요약서+기출문제+강의가 집약적으로 농축된 행정학 요약서의 완결판입니다. 이 책이 나오기까지 늘 곁에서 건강을 걱정해주고 격려와 응원을 아끼지 않은 사랑하는 아내(수영)와 가족(동현,윤정,채원)에게 사랑과 감사의 마음을 표합니다. 아울러 저자의 까다로운 요구에도 불구하고 야근까지 불사하며 이 책을 만들어준 카스파 식구들(민규본부장, 용혁과장과 특별히 편집을 맡아준 재상대리)에게 고마움을 전합니다. 더불어 늘 수험생들의 입장에서 지적하고 조언해주는 제자 겸 합격생 조교들에게도 깊은 고마움의 마음을 전합니다. 모든 분들의 정성과 노력, 관심과 지원이 있었기에 가능한 일이었습니다. 모두모두 감사합니다.

## TESTIMONIAL

### 합격생 추천의 글

**행정학이 불안하게 느껴질 때, 확신을 심어준 여다나**

여다나는 시작부터 합격까지 함께할 수 있는 행정학 요약서의 바이블이라고 생각합니다. 각 챕터마다 핵심 내용으로 틀을 잡고 세부 내용을 촘촘히 첨가하여 방대한 행정학을 명확하고 간결하게 정리한 "작지만 강한" 단권화용 교재입니다. 기본서와 기출집으로 공부하는 동안 AB급부터 CD급까지 파편화되어 있던 지식을 여다나 교재와 강의를 통해 도식화하여 체계적으로 정리할 수 있었습니다. 또한 핵심내용은 물론, 지엽적인 부분까지도 세세하게 첨삭글씨로 수록되어 있어 두꺼운 기본서를 다시 찾아볼 필요가 없으며, 고난도의 문제가 나오더라도 대비할 수 있었습니다. 강의에서 교수님이 강조하신 내용들을 가필하여 여다나를 "나만의 비법서"로 만든 후, 모든 커리에 함께 활용하여 지속적으로 회독할 것을 추천드립니다. 시험장에 들어서는 그 순간까지 "나만의 여다나"와 함께 한다면 행정학에 대한 걱정은 금방 자신감으로 바뀔 것입니다. 화이팅입니다.

- 2025 국가9급(행정학 100점) 합격 김진우 -

**기본서, 기출, 헷총을 모두 담은 여다나 압축 - 점수 상승의 변곡점**

여다나 압축은 방대한 행정학을 쾌도난마로 정리할 수 있는 교재입니다. 처음 이론서와 기출을 접할 때는 수많은 학자들과 이론앞에서 막막함을 느끼지만, 압축강의를 수강하면 방대한 이론을 마치 정교하게 설계된 지도를 펼쳐놓은 듯 전체를 조망할 수 있었습니다. 잘 도식화된 표뿐만 아니라 두문자와 첨삭까지 더해져, 반복해서 읽을수록 암기와 이해라는 두 마리 토끼를 동시에 잡을 수 있었습니다. 특히 첨삭내용은 큰 효과가 있었습니다. 본문과 첨삭글자를 제대로 소화하기만 해도 2000제 기출문제를 푸는 것과 비슷한 학습효과를 누릴 수 있습니다. 또한 빨간색 박스(주의)는 헷갈리는 부분과 중요한 논점들이 잘 정리되어 있어, 고난도 문제에 대처하는데 큰 도움이 됩니다. 흔히 기출커리 때 문제가 잘 안풀리면 '이론강의로 다시 돌아가야 하나?' 하는 고민이 생기는데 압축을 수강하면, 해결이 됩니다. 이 지점이 바로 성적 상승(단절?)의 변곡점입니다. 꼭 압축강의를 수강하신 후 시험보는 날까지 무한반복회독 하실 것을 추천드립니다. 압축 교재가 너덜너덜 해져야 합격합니다.

- 2025 국가9급(행정학 100점) 합격 한재희 -

## 숲과 나무로 이해하는 행정학, 시험장까지 들고 갈 나만의 무기!

여다나 압축 교재는 시험장까지 너덜너덜한 채로 지니고 들어갔을 만큼 단연코 공무원 행정학의 최고라 해도 과언이 아니라 생각합니다. 갈피가 잡히지 않았던 방대한 행정학에 대해 큰 흐름을 잡게 되고, 지엽적인 부분에 대한 대비와 내용의 경중을 혼자 따로 고민할 필요 없이 교재와 강의에서 제시된 방향을 따르다보면 AB급의 큰 중심축은 놓치지 않고 어느새 막막하기만 했던 CD급 부분까지 자연스레 회독하며 체득하게 됩니다. 시간적 압박으로 따로 압축노트를 준비하기 힘들기 때문에 시험장까지 들고 갈 나만의 무기로 준비하기 딱 좋은 교재라 생각합니다. 기본서를 보지 않아도 핵심 내용은 필수로 다 수록되어 있고, 별도의 빨간색 작은 글씨로 지엽적인 내용까지 다루고 있기에 고난도 문제에도 대비할 수 있습니다. 내가 약한 부분, 교수님께서 특히나 강조하시는 부분에 대한 추가적인 필기를 함으로써 기출문제, 모의고사 등 모든 커리에 필수로 여다나 교재를 함께 공부하며 휘발성이 강한 과목 특성상 노출 시간을 높여 자연스레 수십 번 회독할 수 있었습니다. 행정학은 더 이상 암기로 커버되지 않는 과목이라 생각하기에 암기가 아닌 이해를 강조하셨던 김중규 교수님의 촘촘하고 세밀한 커리큘럼과 교재야말로 합격으로의 길로 나아갈 수 있는 지름길이라 생각합니다. 2025 여다나 압축 교재와 함께 꼭 좋은 결과가 따르기를 진심으로 응원합니다!

— 2024 국가9급 일반행정 합격 안지영 —

## 방대하고 복잡한 행정학 이론과 개념들을 간결하면서도 명확하게 이해할 수 있게 해준 책

여다나는 행정학의 복잡한 이론과 개념들을 간결하면서도 명확하게 이해할 수 있게 해주는 책입니다. 방대한 행정학의 핵심내용에 집중하며 무엇보다도 효율적인 학습을 하는 데에 많은 도움이 되었습니다. 가장 좋았던 것은, 챕터마다 탄탄한 체계적인 구성으로 학습 흐름을 이해하기 쉬웠다는 점입니다. 처음 행정학을 공부하면 그 양에 압도되어 전체적인 그림을 그리지 못하여 헤메는 경우가 많은데 여다나는 전반적인 구조를 빠르게 파악할 수 있게 해줍니다. 또한 재시생의 경우, 계속 같은 과목을 공부하다보면 보통 필수적이고 중요한 부분은 소홀하게 되고, 기출에서 계속 틀리는 시엽적인 파트들만 반복해서 볼 가능성이 높기 때문에 감을 잃기 쉬워집니다. 이때 여다나 교재와 강의를 통해 전체적으로 중요 내용을 압축요약하면 흔들림없이 행정학의 감을 유지할 수 있습니다. 기출을 풀 때 부족했던 부분, 이론서만 봐서 전반적인 도식화가 안되어 이해가 잘 안되는 부분 등의 약점을 파악하신 후 여다나에 단권화해서 완벽하게 보완하실 것을 추천드립니다. 여다나 압축은 합격의 보증수표입니다.

— 2022 국가9급, 지방9급, 서울7급 합격 장유리 —

## TESTIMONIAL

**합격생 추천의 글**

### 압축교재는 행정학점수의 전환점!

여다나 압축교재는 제게 점수와 자신감의 전환점이 되었습니다. 여다나 압축강의를 만나기 전 제가 확실하게 개념을 이해하고 있는지 몰라서 늘 불안했고, 문제를 풀 때에도 머릿속에 둥둥 떠다니는 개념을 하나씩 끄집어내면서 문제를 겨우 풀었습니다. 당연히 확실한 개념을 필요로 하는 고난도 킬러 문제들 앞에선 자신감이 없었습니다. 이러한 저에게 압축교재는 엄청난 전환점이었습니다. 여다나 압축은 기본서를 안 봐도 될 만큼 핵심 내용이 거의 다 들어있고 내용들이 가독성 좋게 정리되어 있어서 보는 순간 머릿속에 표가 만들어지도록 해주었습니다. 또한 대부분의 수험생들이 평소에 헷갈려하는 부분들이 작은 박스에 일목요연하게 정리가 되어 있어서 고난도 킬러 문제에도 쉽게 대비할 수 있습니다. 이 압축교재만 시험장에 들고 가도 자신감 있게 시험을 치를 수 있습니다. 저에게 여다나 압축은 합격에 대한 필요충분조건이었던 것 같습니다. 필기노트(기필고)도 입문요약서로 좋지만 여다나압축은 마무리용 요약서로 강추합니다. 여러분들도 여다나압축과 함께라면 분명 합격의 길로 나아가실 수 있을 것입니다. 감사합니다.

— 2022 국가9급(행정학 100점), 지방9급(행정학 100점) 합격 이왕도 —

### 여다나 압축은 합격의 이정표였습니다.

올인원과 기출의 커리큘럼을 완료할 당시에도 저는 행정학에 대한 확신이 없었습니다. 행정학이라는 과목 특성상 휘발성이 강해서 어제 외웠던 CD급은 다음날이 되면 잊어버렸고, 조금 복잡하게 출제된 AB급 문제는 계속 틀리고 있었습니다. 이런 상황에서 여다나 압축 선행정학은 제가 가지고 있었던 2가지 고민을 깔끔하게 해결해 주었습니다. 첫 번째는 책의 크기가 작고 중요한 내용만 압축되어 있기 때문에 회독이 편리하다는 장점이 있었습니다. 밥 먹을 때나, 걸어갈 때, 심지어는 자기 직전까지 여다나 교재를 제 곁에 두면서 수십 번 회독할 수 있었고, 시험 날에는 두꺼운 기본서 대신 얇고 가벼운 여다나 교재를 통해 마지막으로 복습을 할 수 있었습니다. 두 번째는 주의 항목이나 그림, 밑줄을 통해 중요한 부분이나 헷갈릴 수 있는 부분을 쉽게 이해할 수 있는 장점이 있습니다. 이러한 장점은 평소 김중규교수님이 강조하셨던 암기가 아닌 이해를 통해 행정학을 공부하게 만들었습니다. 그 결과 기출문제나 모의고사, 실제 시험에서 처음 보는 개념이나 용어를 보더라도 당황하지 않고 침착하게 문제를 풀 수 있었습니다. 여다나는 약 400페이지가 채 안되는 아주 얇은 책입니다. 하지만 이 책에는 교수님과 수많은 합격생들의 노하우가 농축되어있는 알찬 교재입니다. 수험생 여러분들도 이 책에 담겨있는 엄청난 노하우를 캐치해서 꼭 합격하시기를 기원하겠습니다.

— 2022 국가9급 합격 남기현 —

### 문제풀이에서 빠진 부분과 수업 강조점까지 알려주는 여다나 압축

시험이 다가올수록, 모고에서 틀리는 문제가 하나 둘 생길수록 "다시 기본서를 봐야하나?" 라는 생각이 들 때가 있습니다. 하지만 기본서를 회독하기엔 시간이 턱없이 부족할뿐더러 오랜 시간을 들여 회독한다고 하더라도 오래전 학습한 부분은 휘발되기 마련입니다. 가장 중요한 것은 문제풀이로는 빠진 부분을 채우고, 압축 교재로 전범위를 단기간 안에 다회독하며 정리하는 것입니다. 혼자 회독하기가 힘들면 강의 배속을 걸어놓고 반복해서 듣는 걸 추천합니다. 여다나는 압축 교재이지만 중요한 내용은 빠짐없이 들어가 있고 수업때 강조한 수험포인트까지 첨삭글씨로 채워져 있어 가히 기본서만큼의 역할을 해주는 확실한 교재입니다. 그래서 교재 제목이 기본서도 놀랄 필기노트(기필고)입니다. 행정학 때문에 불안한 것은 나만이 아닙니다. 끝까지 중규 쌤을 믿고! 나를 믿고! 시험장까지 가신다면, 헷갈리는 선지 중에서도 정답이 눈에 보일 것입니다. 2023 여다나 교재와 함께 하시는 분들에게 꼭 좋은 결과가 있기를 응원합니다!!

— 2022 국가9급, 지방9급(행정학 100점) 합격 공선화 —

### 선행정학 기본서 + 기출문제 + 여다나 압축은 공무원 수험행정학의 필수 중의 필수!

저는 선행정학 기본이론과 기출문제 교재 및 강의를 통해 수험 행정학에 필요한 이론 내용을 정리했습니다. 하지만 시험에서 좋은 점수를 얻기 위해선 방대한 수험 행정학의 양을 한 번 정리하는 것만으로는 부족하고 양질의 문제 풀이와 적절한 회독이 필요합니다. 그 과정에서 여다나 압축 강의와 교재가 저에게 큰 도움이 되었습니다. 여다나 압축 강의를 듣고 복습하면서 교재의 내용을 제 것으로 만들고자 했고, 기출문제나 모의고사를 풀 때 개인적으로 부족한 부분을 여다나 압축교재에 별도로 정리했습니다. 이렇게 정리된 여다나 압축 교재 덕분에 회독과 시험 직전 마무리 정리를 편하게 할 수 있었고 이 책은 저만의 무기가 되었습니다. 아시다시피 행정학은 한 번 강의를 듣고 교재를 봤다고 해서 이해할 수 있는 과목이 아닙니다. 반복적인 학습과 자기만의 방식으로 정리하고 이해하는 과정이 필요합니다. 여다나 압축 교재가 그 과정에서 여러분에게 큰 도움이 될 것이라고 확신합니다.

— 2022 국가9급, 서울9급 합격 이우성 —

## TESTIMONIAL

**합격생 추천의 글**

### 중규쌤으로 환승한 것이 신(神)의 한 수였습니다

작년에 암기위주로 공부하다 고배를 마시고 고민 끝에 중규쌤으로 갈아탔습니다. 중규샘 심화이론수업을 처음 듣는 순간 마치 행정학의 신세계가 열리는 느낌이었습니다. 설명방법이 스토리텔링으로 쉽게 이해를 시켜주시고 다시 반복해서 암기를 시켜주는 것이 이전 다른 선생님과는 방식이 완전히 달랐습니다. 작년에 그렇게 고통스러웠던 행정학이 중규샘의 기출을 완강하고 압축을 수강할 때에는 점점 행정학에 자신감과 재미를 느끼게 되고 행정학 전체의 윤곽이 잡히면서 "작년에 내가 이런 걸 모르고 용감하게(?) 시험을 봤구나, 행정학이란게 이런거구나" 하는 눈이 트였습니다. 작년에 50~70점을 맴돌던 점수가 올해 시험에서는 모두 95점 이상이 나왔습니다. 특히 그 어렵다던 국가9급에서도 95점을 받아 합격했습니다. 합격생들이 왜 여다나 압축을 추천하는지, 왜 선행정학을 추천하는지 저도 합격하니 알 수 있을 것 같습니다...^^

– 2020 국가7급(행정학 100점), 지방9급(행정학 100점), 국가9급(행정학 95점) 합격 강민철 –

### 행정학 단권화를 위한 최고의 교재

올인원 강좌로 넓혀진 행정학 지식을 중요한 개념 위주로 정리하기 안성맞춤인 책입니다. 그동안 행정학을 '이해'했다면, 이제 시험을 위해 '암기'를 해야 할 차례입니다. 올인원 강좌를 통해 촘촘하게 이해된 개념을 여다나 교재를 통해 반복해서 보고, 또 보면 어느새 정리되어 있지 않고 머릿속을 떠돌던 행정학 지식이 중요도에 따라, 개념에 따라 분류되고 정리되어 가는 것을 느낄 수 있을 것입니다. 그리고 시험 치기 전 마지막 날 행정학을 처음부터 끝까지 1회독 하기위해선 단권화 교재가 필수로 있어야 합니다. 새로운 노트를 만들기보다 '여다나'를 통해 정리하는 것을 강력히 추천합니다. 여다나 압축 교재로 단권화한다면 빠져나가는 개념 없이 중요한 행정학 개념을 모두 훑고 자신감 있게 시험장에 들어갈 수 있을 것입니다. 책뿐만 아니라 김중규 교수님의 강의를 통해 행정학계에서 새롭게 이슈가 되는 신경향 개념까지 익힌다면, 행정학에서 충분히 고득점을 할 수 있을 것입니다. 2025년 시험을 준비하는 수험생 여러분, 김중규 교수님과 함께 포기하지 않고 행정학을 공부한다면 분명 좋은 결과가 따를 것이라 생각합니다. 파이팅입니다!

– 2024년 국가9급 일반행정 합격 최혜서 –

**선행정학 압축교재는 한 마디로 합격의 일등공신입니다**

여다나압축을 만나기 전, 저에게 행정학은 머릿속에 구름처럼 둥둥 떠다니며 와닿지 않는 과목이었던 것 같습니다. 기본서와 기출로 방대하게 공부하던 저에게 압축교재와 강의는 담금질로써 기억을 단단하게 했으며, 이해되지 않았던 앞뒤 부분들을 깔끔하게 연결해주었습니다. 뿐만 아니라 휴대성이 좋아 식사를 기다리는 시간, 도서관을 오가는 시간을 채우기에도 제격입니다. 압축을 통해 비로소 '뭔가 되고 있다'는 자신감을 얻었고, 시험장에는 단권화한 압축교재 하나만 들고 가도 든든했으며, 결국 합격이라는 결과가 여다나압축의 위력을 보여주었습니다. 이번 2021 판은 더욱 보완되어 놀라울 정도입니다. 제가 공부하며 지독하게 헷갈렸던 부분을 시원하게 긁어주는 부분들이 대폭 추가되었고, 밑줄과 그림 등이 입체적으로 추가되어 효율성과 가독성이 한층 높아졌습니다. 대부분의 수험생들이 어렵다고 느끼는 부분을 너무나 잘 짚어주는 고마운 교재이니 2021 여다나압축과 함께 합격의 길로 정진하시기 바랍니다.

— 2020 국회8급, 국가9급(행정학 100점) 합격 권유진 —

**기출 때의 고민이 여다나압축 강의에서 깔끔히 풀렸어요**

제게 행정학은 분명 이론에서는 잘 이해가 되었던 부분도 막상 기출문제에서는 잘 풀리지 않아 고민에 빠졌던 과목이었습니다. 하지만, 김중규 교수님의 강의를 접하면서 이론의 흐름과 올바른 이해를 무장해야만이 이를 바탕으로 실제 문제를 풀 수 있다는 사실을 알게 되었습니다. 특히 시험을 얼마 남겨두지 않은 시점에서 '여다나-OX압축' 강의를 수강한 저는 교수님께서 빈출기출 지문과 신경향 예상지문의 답 풀이뿐만 아니라 이에 해당하는 개념을 반복적으로 설명해 주시고, 놓치기 쉬운 부분까지 명쾌하게 콕콕 집어주셔서 방대한 행정학을 깔끔하게 정리할 수 있었습니다. 여러분도 선행정학을 믿고 커리를 순차적으로 진행해 주신다면 의심의 여지없이 합격의 관문을 통과할 수 있습니다.

— 2020 서울9급(행정학 100점) 합격 김수정 —

## TESTIMONIAL

**합격생 추천의 글**

### 가볍지 않게 무겁지 않게, 여다나압축은 마무리의 최적

시험을 가까이 앞두게 되면 대부분의 수험생들이 "행정학은 기본서로 마무리하자니 양이 너무 많고, 기출로 마무리하기엔 이론이 불안하다"라고 절실히 느끼실 것입니다. 저 또한 그랬지만 돌아보면 결국 마지막에 필요한 작업은 "모르는 부분을 빠르게 없애나가는 일"이었습니다. 마지막에 기출문제에만 너무 올인하는 것은 자칫 이론 부실로 이어져 응용문제나 신경향문제에서 어려움을 겪을 수 있다고 생각하고 끝까지 이론과 문제를 연결하려고 노력했고 저는 시험직전에 선행정학 요약서와 모의고사를 반복하며 그 일을 했습니다. 여다나압축은 가볍지도 않고 무겁지도 않은 최적 분량의 마무리요약서입니다. 여러분들도 마지막이 가까워질 때에는 여다나압축을 통해 불안감을 덜고 의미있는 마무리, 효율적인 마무리를 하실 것을 추천합니다.

– 2019 국가7급(행정학 95점), 국가9급(행정학 95점) 합격 김은선 –

### 압축+헷총이 마지막 불안감을 없애주었어요

저는 마무리 할 때 기출에 표시해둔 것들을 위주로 회독하였습니다. 그런데 기출 지문은 익숙하다보니 정확하지 않은 개념들도 알고 있다고 착각하기 쉬웠습니다. 때문에 이지패스압축과 병행하여 개념을 채우면서 마무리 회독을 하였습니다. 압축책은 얇지만 중요한 것들이 다 포함되어있어 막바지에 내가 공부했던 것들이 부족하지 않을까 하는 불안감을 없애주었습니다. 또한 자투리 시간에는 헷총 강의를 가볍게 들었습니다. 행정학에서 같은 단어라도 모순되거나 이중적이어서 혼란을 줄 수 있는 것들을 헷총에서 한 번에 다뤄주셔서 보다 수월하게 정리할 수 있었습니다. 행정학은 누구나 시험 직전까지도 불안감을 느끼는 과목이라 막판에 마지막 정리를 누가 효율적으로 잘 하느냐에 따라 고득점여부가 뒤늦게 결정되는 과목입니다.

– 2020 국가7급(행정학 95점), 국가9급(행정학 95점), 서울9급(행정학 100점) 합격 윤효주 –

### 방대한 행정학이 한눈에 들어왔어요~

단기 합격을 노리는 제게 기본강의와 기출문제 풀이 후 남은 시간은 딱 2개월이었습니다. 어떻게 하면 효율적으로 마지막 정리를 마치고 시험장에 갈 수 있을지 고민하던 찰나에 접하게 된 커리큘럼이 '압축'이었습니다. 핵심적인 내용이 300여 페이지에 빠짐없이 담겨 있는 압축교재는 큰 매력으로 다가왔습니다. 교재를 공부해 나가면서 그동안 축적해온 행정학 지식들이 체계적으로 정리되는 것을 느꼈고, 이는 자연스럽게 암기로 연결되었습니다. 시험이 다가올수록 반드시 나올 주제, 빈출 주제에 대한 반복이 중요합니다. 더불어 저는 헷갈리는 부분과 자주 틀리는 기출지문을 압축교재에 추가하여 여러 번 회독하였습니다. 방대한 수험 행정학을 '압축'할 수 있었기에 어떤 시험이든 자신감 있는 태도로 임할 수 있었습니다.

– 2020 국가9급(행정학 95점), 지방9급(행정학 100점) 합격 이기민 –

### 작지만 있을 건 다 있는 강력한 압축~

제가 수험시절에 접한 압축 선행정학은 한 마디로 '작지만 있을 건 다 있는 교재'였습니다. 특히 이론을 함축적으로 정리해준 표들이 내용 정리에 큰 도움이 되었습니다. 특히 이번 2021'여다나 압축'은 전면 개정을 통해 더욱 더 완벽해졌습니다. 핵심 내용은 더 깔끔하고 알차게 담았고, 동시에 수험생 입장에서 헷갈리기 쉬운 개념이나 지엽적이어도 중요하기 때문에 놓쳐서는 안 될 심화내용까지도 보기 쉽게 정리되어 있습니다. 처음부터 요약서만 보는 것은 수험에 독이 됩니다. 하지만 기본서와 기출을 회독하면서 정리용으로 활용하면 매력이 배가 되는 교재가 바로 '여다나 압축'입니다. 압축 교재와 강의를 통해 기출 커리 이후 방대해진 양을 일목요연하게 정리해나가면 분명 합격에 결정적인 도움이 될 거라고 확신합니다.

– 2020 국가9급, 서울9급, 국회8급 합격 이예슬 –

# STRUCTURE

이 책의 구성과 특징

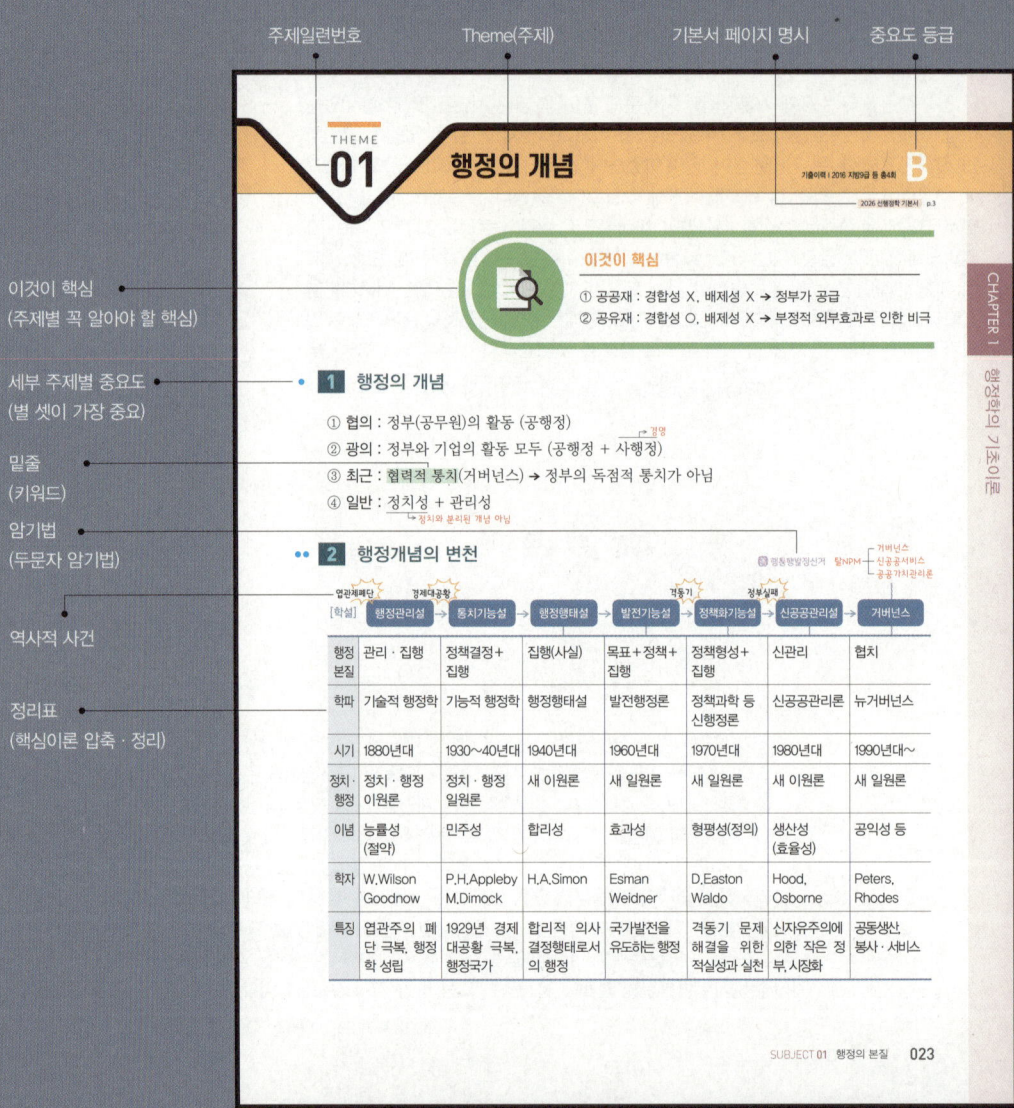

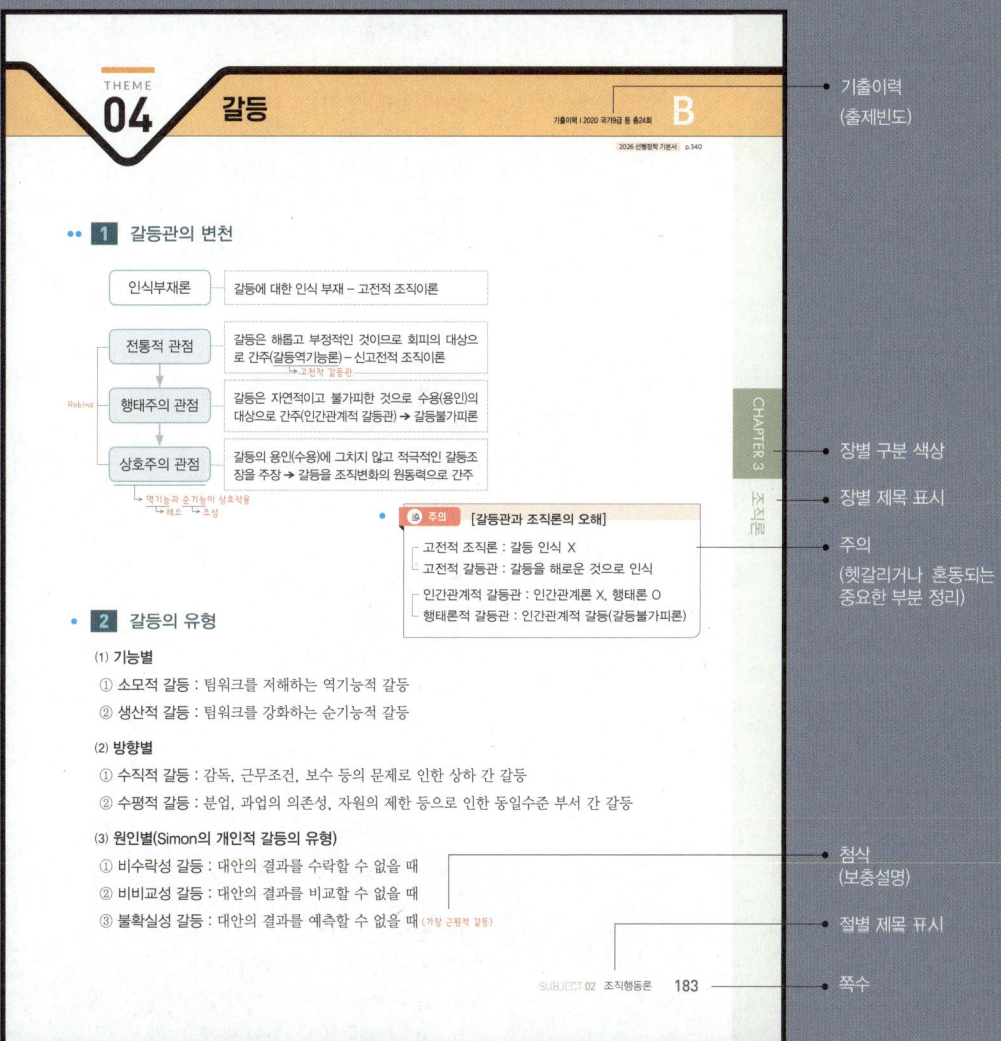

# CONTENTS
이 책의 내용과 순서

## Ch 01 행정학의 기초이론

### SUBJECT 01 행정의 본질
01 행정의 개념 • 23
02 공공재로서의 행정 • 24
03 행정의 변수 · 기능 · 과정 • 26

### SUBJECT 02 행정과 환경
01 행정과 정치 • 28
02 행정과 경영 • 30
03 행정과 법 • 31
04 시민사회와 제3섹터 • 32
05 사회적 자본 • 34

### SUBJECT 03 행정의 변천
01 국가와 행정의 변천 • 37
02 행정국가와 현대행정의 특징 • 38
03 신행정국가 • 39
04 진보주의 정부관과 보수주의 정부관 • 40
05 후기산업사회의 행정 • 41

### SUBJECT 04 행정의 존재이유 – 시장실패와 대응
01 시장실패 • 43
02 정부규제 • 44
03 Wilson의 규제정치모형 • 47
04 행정지도 • 48

### SUBJECT 05 행정의 한계 – 정부실패와 대응
01 정부실패 • 50
02 공공재의 적정 공급규모 • 52
03 감축관리론 – 작은 정부론 • 53
04 공공부문의 민간화 • 54

### SUBJECT 06 행정의 지향과 가치
01 행정과 가치 • 57
02 행정이념의 우선순위와 상호관계 • 58
03 공익성 • 59
04 형평성 • 61
05 정의 • 62
06 합법성 · 능률성 & 민주성 • 63
07 합리성 • 64
08 효과성 • 65
09 가외성 • 66

### SUBJECT 07 행정학의 특징과 체계
01 행정학의 학문적 성격 • 68
02 행정학의 접근법 • 69
03 행정학의 성립과 발달 • 70

### SUBJECT 08 행정학의 주요이론
01 행정의 변천과 흐름 • 72
02 과학적 관리론 • 73
03 인간관계론 • 74
04 행태론 • 75
05 생태론 • 77
06 체제론 • 78
07 비교행정론 • 80
08 발전행정론 • 81
09 신행정론 • 82
10 후기행태주의 • 83
11 현상학 • 84
12 비판행정학과 담론행정 • 85
13 공공선택론(Ⅰ) – 기본가정과 특징 • 86
14 공공선택론(Ⅱ) – 주요 모형 • 88
15 신제도론 • 91
16 신공공관리론 • 93

17 (뉴)거버넌스론 • 95
18 레짐이론 • 97
19 신공공서비스론 • 99
20 탈신공공관리론 • 101
21 공공가치관리론 및 넛지이론 • 103

## Ch 02 정책론

### SUBJECT 01 정책과 정책과학의 본질

01 정책과학의 특성과 본질 • 107
02 정책의 개념과 구성요소 • 108
03 정책의 유형 • 110

### SUBJECT 02 정책의제와 정책목표

01 정책의제의 설정 • 114
02 정책의제 설정에 관한 이론모형 – 국가론 • 117
03 정책네트워크(정책망) 모형 • 120
04 정책목표 • 122

### SUBJECT 03 정책분석과 미래예측

01 정책대안의 평가기준과 정책모형 • 124
02 정책분석의 유형과 차원 • 125
03 비용편익분석(체제분석) • 126
04 관리과학 • 129
05 직관적 예측 • 130
06 불확실성과 미래예측 • 131

### SUBJECT 04 정책결정

01 정책결정의 본질과 과정 • 134
02 정책결정요인이론 • 135
03 정책결정 이론모형(I) – 개인차원의 모형 • 136
04 정책결정 이론모형(II) – 집단차원의 모형 • 139

### SUBJECT 05 정책집행

01 정책집행이론 • 143
02 정책집행에 영향을 주는 요인 • 148
03 정책변동과 학습 • 150
04 기획의 본질과 특성 • 152

### SUBJECT 07 정책평가와 환류

01 정책평가의 본질과 절차 • 155
02 정책평가의 유형 • 156
03 우리나라의 정책평가 – 정부업무 평가 • 157
04 정책평가의 요소 – 인과관계 · 변수 · 타당성 • 158
05 정책평가의 방법 – 실험 • 162
06 정책변동과 환류 • 164

## Ch 03 조직론

### SUBJECT 01 조직의 본질과 기초이론

01 조직의 유형 • 167
02 조직이론의 변천 • 171

### SUBJECT 02 조직행동론

01 인간관과 동기이론 • 174
02 조직문화 • 180
03 의사전달 • 182
04 갈등 • 183
05 권력 • 186
06 리더십 • 187

### SUBJECT 03 조직구조론

01 조직의 구조변수 • 192
02 조직의 원리 • 195

017

# CONTENTS
## 이 책의 내용과 순서

03 관료제 • 197
04 후기관료제(탈관료제) • 199
05 공식조직과 비공식조직, 계선과 막료 • 203
06 위원회 • 205
07 우리나라 정부조직체계 • 207
08 책임운영기관 • 209
09 공기업(공공기관) • 211

### SUBJECT 04 조직환경론

01 거시조직이론 • 215
02 혼돈이론 • 218

### SUBJECT 05 조직관리론

01 정보공개제도 • 220
02 목표관리(MBO) • 221
03 조직발전(OD) • 223
04 전략적 관리와 위기관리 • 225
05 리엔지니어링(RE) • 226
06 총체적 품질관리(TQM) • 227
07 시민헌장제도 • 228
08 성과관리(균형성과관리 중심) • 229

## Ch 04 인사행정론

### SUBJECT 01 인사행정의 기초이론

01 인사행정의 특징과 흐름 • 233
02 엽관주의 • 234
03 실적주의 • 235
04 직업공무원제도 • 236
05 대표관료제 • 238
06 인사행정의 변천과 이념적 가치 • 240
07 중앙인사행정기관 • 241
08 적극적 인사행정 & 인적자원관리 • 243

### SUBJECT 02 공직의 분류

01 경력직과 특수경력직 • 245
02 개방형과 폐쇄형 인사 • 247
03 계급제 • 249
04 직위분류제 • 250
05 고위공무원단 제도 • 253

### SUBJECT 03 공무원의 임용

01 임용과 모집 • 256
02 시험 • 257

### SUBJECT 04 공무원의 능력발전

01 교육훈련 • 260
02 근무성적평정 • 261
03 역량중심의 인사 • 264
04 승진과 배치전환 등 • 265

### SUBJECT 05 공무원의 복지와 사기

01 공무원의 사기 • 268
02 공무원의 보수 • 269
03 공무원 연금 • 271
04 신분보장 • 273
05 공무원 단체 – 공무원노조 • 276

### SUBJECT 06 공직윤리와 부패

01 정치적 중립 • 280
02 공직윤리 • 281
03 공직부패 • 285
04 내부고발자 보호제도 • 287

# Ch 05  재무행정론

## SUBJECT 01 예산의 개념과 본질

01  예산의 본질 • 291
02  예산의 기능 • 294
03  예산의 원칙 • 295
04  예산의 분류 • 297

## SUBJECT 02 예산의 종류

01  일반회계와 특별회계 • 300
02  정부기금 • 301
03  통합예산(통합재정) • 302
04  조세지출예산 • 304
05  남녀평등예산 • 305
06  예산의 제출·성립시기에 따른 예산 구분 • 306

## SUBJECT 03 예산결정이론

01  예산결정이론 – 합리주의와 점증주의 • 308
02  A.Schick의 자원의 희소성이론 등 • 311

## SUBJECT 04 예산제도론

01  예산제도의 개혁과 변천 • 313
02  품목별 예산(LIBS) • 314
03  성과주의 예산(PBS) • 315
04  계획예산(PPBS) • 317
05  영기준예산(ZBB) • 319
06  자본예산(CBS) • 321
07  신성과주의예산(NPBS) • 323

## SUBJECT 05 예산과정

01  예산과정 • 327
02  예산편성 • 328
03  예산심의 • 329
04  예산집행 • 330
05  구매행정(조달행정) • 332
06  결산 • 333
07  정부회계 • 336
08  회계검사 • 338

# Ch 06  행정환류론

## SUBJECT 01 행정책임과 통제

01  행정책임 • 341
02  행정통제 • 343
03  옴부즈만 제도 • 344
04  행정참여 • 345
05  주민참여예산 • 347

## SUBJECT 02 행정개혁

01  행정개혁 • 349
02  선진국의 정부혁신 • 351
03  우리나라의 정부혁신 • 532

## SUBJECT 03 정보화와 행정

01  지식정보화사회와 행정 • 356
02  전자정부 • 360
03  지식행정관리 • 363

# Ch 07  지방자치론

## SUBJECT 01 지방자치의 기초이론

01  지방행정의 개념과 체계 • 369
02  지방자치의 본질과 가치 • 370
03  지방자치의 변천과 촉진요인 • 372
04  우리나라의 지방자치 • 374

# CONTENTS
이 책의 내용과 순서

## SUBJECT 02 지방자치단체와 국가와의 관계

01 정부간 관계(IGR) • 379
02 중앙통제 • 380
03 특별지방행정기관(일선기관) • 382
04 정부 간 갈등과 분쟁 • 383
05 광역행정 • 384

## SUBJECT 03 지방자치단체의 조직

01 지방자치단체의 종류와 계층 • 388
02 자치단체의 기관구성 • 391

## SUBJECT 04 지방자치단체의 기능과 사무

01 지방자치단체의 기능배분 • 396
02 지방자치단체의 사무 • 398

## SUBJECT 05 지방자치단체의 재정

01 지방재정의 본질과 체계 • 401
02 지방세 • 404
03 세외수입 • 406
04 지방공기업 • 407
05 국고보조금 • 408
06 지방교부세 • 409
07 지방채 • 411

## SUBJECT 06 지방자치와 주민

01 주민참여 • 413
02 주민소송 • 414
03 주민투표 • 415
04 주민소환 • 416

## 부록

01 국가행정제도와 지방행정제도의 비교 • 420
02 학자별 저서와 주요 내용 • 422
03 지방자치 관련 법 주요 개정내용 • 426

CHAPTER

# 01

# 행정학의 기초이론

행정이란 무엇인가?
행정학은 어떻게 태동·발전되어 왔는가?

이 編은 행정학이 시작되는 부분이니 당연히 생소하고 낯설 수밖에 없다.
행정학의 기본이 되는 주요 개념과 특성, 이념, 접근법, 행정학이론 등이 설명된다.
이 장에서 소개되는 내용들은 이어지는 장들을 이해하는데 필수적인 내용이므로 잘 정리해야 한다.
그래서 늘 가장 많은 문제가 출제되는 부분이기도 하다.
이 장은 각종 이론들이 많다 보니 여러 가지 의견과 주장들이 분분하여 일부 모순되기도 하고 혼란스럽게 느껴지는 부분도 있다. 그러나 이 책에서 안내하는 대로 따라가기만 하면 길을 잃어버릴 염려는 없다.

김중규**선**행정학

# CHAPTER 01
# 행정학의 기초이론

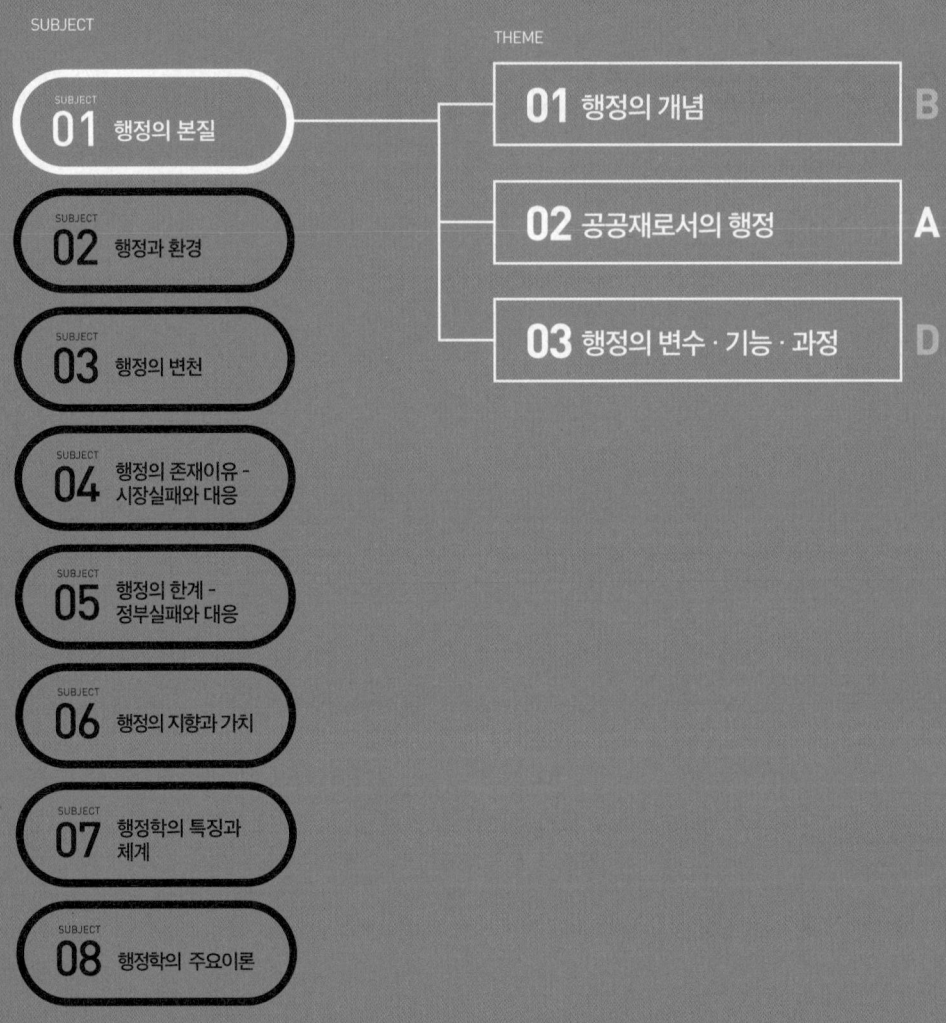

# THEME 01 행정의 개념

기출이력 | 2016 지방9급 등 총4회  B
2026 선행정학 기본서  p.3

## 1 행정의 개념

① 협의 : 정부(공무원)의 활동 (공행정)
② 광의 : 정부와 기업의 활동 모두 (공행정 + 사행정) → 경영
③ 최근 : 협력적 통치(거버넌스) → 정부의 독점적 통치가 아님
④ 일반 : 정치성 + 관리성
  → 정치와 분리된 개념 아님

## 2 행정개념의 변천

[학설] 엽관제폐단 / 경제대공황 / 격동기 / 정부실패 / 탈NPM, 거버넌스, 신공공서비스, 공공가치관리론

행정관리설 → 통치기능설 → 행정행태설 → 발전기능설 → 정책화기능설 → 신공공관리설 → 거버넌스

| | 행정관리설 | 통치기능설 | 행정행태설 | 발전기능설 | 정책화기능설 | 신공공관리설 | 거버넌스 |
|---|---|---|---|---|---|---|---|
| 행정본질 | 관리·집행 | 정책결정+집행 | 집행(사실) | 목표+정책+집행 | 정책형성+집행 | 신관리 | 협치 |
| 학파 | 기술적 행정학 | 기능적 행정학 | 행정행태설 | 발전행정론 | 정책과학 등 신행정론 | 신공공관리론 | 뉴거버넌스 |
| 시기 | 1880년대 | 1930~40년대 | 1940년대 | 1960년대 | 1970년대 | 1980년대 | 1990년대~ |
| 정치·행정 | 정치·행정 이원론 | 정치·행정 일원론 | 새 이원론 | 새 일원론 | 새 일원론 | 새 이원론 | 새 일원론 |
| 이념 | 능률성(절약) | 민주성 | 합리성 | 효과성 | 형평성(정의) | 생산성(효율성) | 공익성 등 |
| 학자 | W.Wilson Goodnow | P.H.Appleby M.Dimock | H.A.Simon | Esman Weidner | D.Easton Waldo | Hood, Osborne | Peters, Rhodes |
| 특징 | 엽관주의 폐단 극복, 행정학 성립 | 1929년 경제대공황 극복, 행정국가 | 합리적 의사결정행태로서의 행정 | 국가발전을 유도하는 행정 | 격동기 문제해결을 위한 적실성과 실천 | 신자유주의에 의한 작은 정부, 시장화 | 공동생산, 봉사·서비스 |

## ● 행정의 개념적 특성

→ 민간기업(경영)이 추구하는 기업적 가치와는 다른 공공가치(인권, 안전, 환경, 일자리, 상생협력 등)

| 행정의 본질적 특성 (사회적 가치의 배분과 관련된 특성) | | | | 경영과 공통된 특성 |
|---|---|---|---|---|
| 공공성 (공익성) | 정치성 | 권력성 (강제성) | 체제성 | 관리성 (합리성) |

→ 정치와 분리될 수 없음    → 환경과의 상호작용  → 인력·물자의 관리

# THEME 02 공공재로서의 행정

기출이력 | 2016 국가9급 등 총33회  A

### 이것이 핵심

① 공공재 : 경합성 X, 배제성 X → 정부가 공급 (무임승차문제)
② 공유재 : 경합성 O, 배제성 X → 부정적 외부효과로 인한 비극

## 1 재화의 유형

|  | 비경합성(비분할성) | 경합성(분할성) |
|---|---|---|
| 비배제성 | 공공재(집합재) ① | 공유재(공동재) ② |
| 배제성 | 요금재(유료재) ③ | 민간재(사적재) ④ |

① 공공재 : 국방, 외교, 치안, 등대 등 정부가 공급하는 것이 원칙
② 공유재 : 국립공원, 국공립도서관, 국공립경기장 등 공공시설이나 목초지, 해저광물 등 자연자원으로 민간이 관리·공급
③ 요금재 : 고속도로, 전기, 통신 등 사회기반시설로 공기업이 주로 공급
④ 민간재 : 빵, 구두 등 시장에서 공급되는 재화로서 일부를 정부가 직접 공급하는 가치재(교육, 의료, 문화, 주택, 교통)도 이에 포함 (공공재 X)

### ● 재화의 유형별 시장실패원인

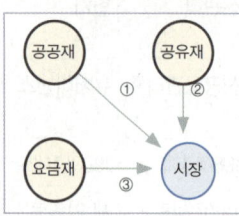

① 순수 공공재를 시장에 방치할 경우 무임승차 문제가 발생하거나 과소공급으로 인해 적정규모의 공급이 어려움 → 정부가 공급하는 것이 원칙
② 공유재를 시장에 방치할 경우 비용회피와 과잉소비의 문제가 발생하여 부정적 외부효과에 의한 고갈(공유재의 비극)의 위험성(비용은 분산되고 (작게 느껴짐) 편익은 집중되기 때문) → 민간이 관리·공급 (크게 느껴짐)
③ 시장이 요금재를 제공한다면 자연독점의 문제가 발생할 우려 → 공기업이 주로 공급

### ● 재화의 구체적 유형(E.Savas)

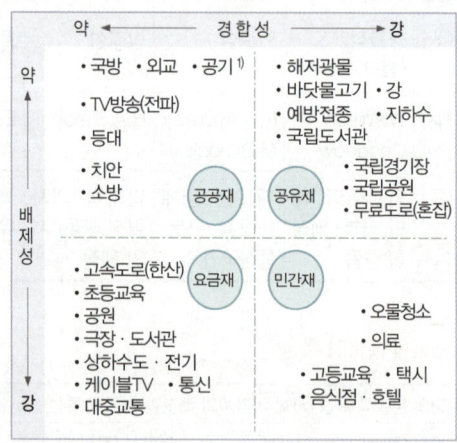

1) 공기는 경합성과 배제성을 띠지 않는다는 점에서 일반적으로 공공재로 분류되지만, 공기는 오염(비극)을 초래할 가능성이 있다는 점에서 공유재로 보는 입장도 있음 → 깨끗한 공기는 공공재, 오염된 공기는 공유재

## 2 공공재의 특징

**(1) 소비측면**

① **비경합성** : 특정인의 소비가 다른 사람의 소비를 감소시키지 않는 현상
② **비배제성** : 비용을 부담하지 않는다고 하여 특정인을 이용에서 배제시킬 수 없는 현상 → 무임승차의 원인
③ **내생적 선호** : 개인의 선호에 따른 자유로운 상품 선택 불가

**(2) 공급측면** : 비시장성, 무형성, 비경쟁성, 비축적성 등

## 3 공유재의 비극

### (1) 개념
① 합리적 인간에 대한 가정을 전제로 G.Hardin(1968)이 주장
② 비용은 다수에게 분산되어 작게 느껴지고, 편익은 소수에게 집중되어 크게 느껴지는 경우 부정적 외부효과 유발
③ 개인의 이익의 합(사적 극대화)이 전체 이익의 합(공적 극대화)과 일치하지 않는다는 시장실패 (1/N : 집단행동의 딜레마)를 설명 → 공유재의 사유화, 정부 규제(공권력) 또는 사회적 합의가 필요
　　　　　　　　　　　　　　　　　　　　　　　자발적 규칙

### (2) 비극의 해결

| 고전적 시각 | 공유재의 사유화 (소유권의 명확화 등) | Coase [1] |
| 행정국가 | 정부가 이용을 규제 (교정적 조세, 낚시면허제 등) | Pigou [2] |
| 현대 시민사회 | 구성원간 자발적 합의 (사회적 자본이나 신제도 등) | E.Ostrom [3] |

→ 보편적 패러다임 부정

1) 외부효과가 발생할 경우에도 소유권이 명확하다면 정부개입이 불필요하다는 입장 → 코즈의 정리
2) 부정적 외부효과가 발생한 만큼 조세를 부과해야 한다는 입장 → 교정적 조세(피구세)
3) 구성원간 자발적 규칙으로 해결하는 것이 바람직하다는 입장

### ● 유료재의 공급

| 고전적 시각 | 시장이 공급 |
| 행정국가 | 정부나 공기업이 직접 공급 |
| 현대 시민사회(오늘날) | 민간참여(BTO, BLT 등 민자유치) |

> **주의** [재화의 특성 쟁점]
> ① 가치재 : 정부가 일정 수준 공급 O, but 공공재 X, 사적재 O
> ② 공유재의 비극 발생 주된 원인 : 무임승차(비배제성) X, 비배제성 + 경합성 O

# THEME 03 행정의 변수·기능·과정    D

## 1 행정이론의 변천과 행정변수

> 고전기3관왕

| 시대 | 고전기(1880년대) | 신고전기(1930~40년대) | 현대(1950년대~ ) | | |
|---|---|---|---|---|---|
| 행정이론 | 과학적 관리론<br>관료제 이론<br>행정관리설 | 인간관계론<br>행태론 | 생태론<br>체제론 | 비교행정론 | 발전행정론<br>신행정론 |
| 변수 | 구조 | 인간 | 환경 | 기능 | 인간(가치관과 태도) |

→ 발전행정론 : 변동의 역군
→ 신행정론 : 문제해결자

## 2 행정의 기능

### (1) 성질별 기능

| 규제행정기능 | 법령에 기초하여 국민생활을 일률적으로 제한하는 기능 |
|---|---|
| 조장·지원기능 | 정부가 직접 사업주체가 되어 특정사업을 조장·지원 |
| 중재·조정기능 | 이해관계 대립이나 분쟁을 조정하고 합의를 이끌어내는 기능 |
| 기업행정기능 | 수익사업기능(우편, 우체국예금, 조달, 양곡관리 등) |

→ 사회간접자본 건설 등

### (2) 과정별 기능

| 기획 | plan | 부 |
|---|---|---|
| 집행 | do | 청 |
| 평가 | see | 처 |

## 3 행정과정과 POSDCoRB

(1) 의의
 ① Gulick & Urwick(1937)이 공저한 「행정과학논총」에서 Gulick이 고위관료 등 최고관리층의 7대 기능으로 주장
 ② 행정을 기본적으로 관리로 이해하는 고전적 행정관리설(정치행정이원론)의 핵심모형
 ③ 하향적 조직관리(분업) 방식에 의한 조직편제기준

(2) 내용 : 기획(Plan), 조직(Org.), 인사(Staff), 지휘(Direct), 조정(Coordinate), 보고(Report), 예산(Budget)
→ Control X, Cooperation X
 * Poland(1971)는 평가(E : Evaluating) 추가 → POSDECoRB

# CHAPTER 01
# 행정학의 기초이론

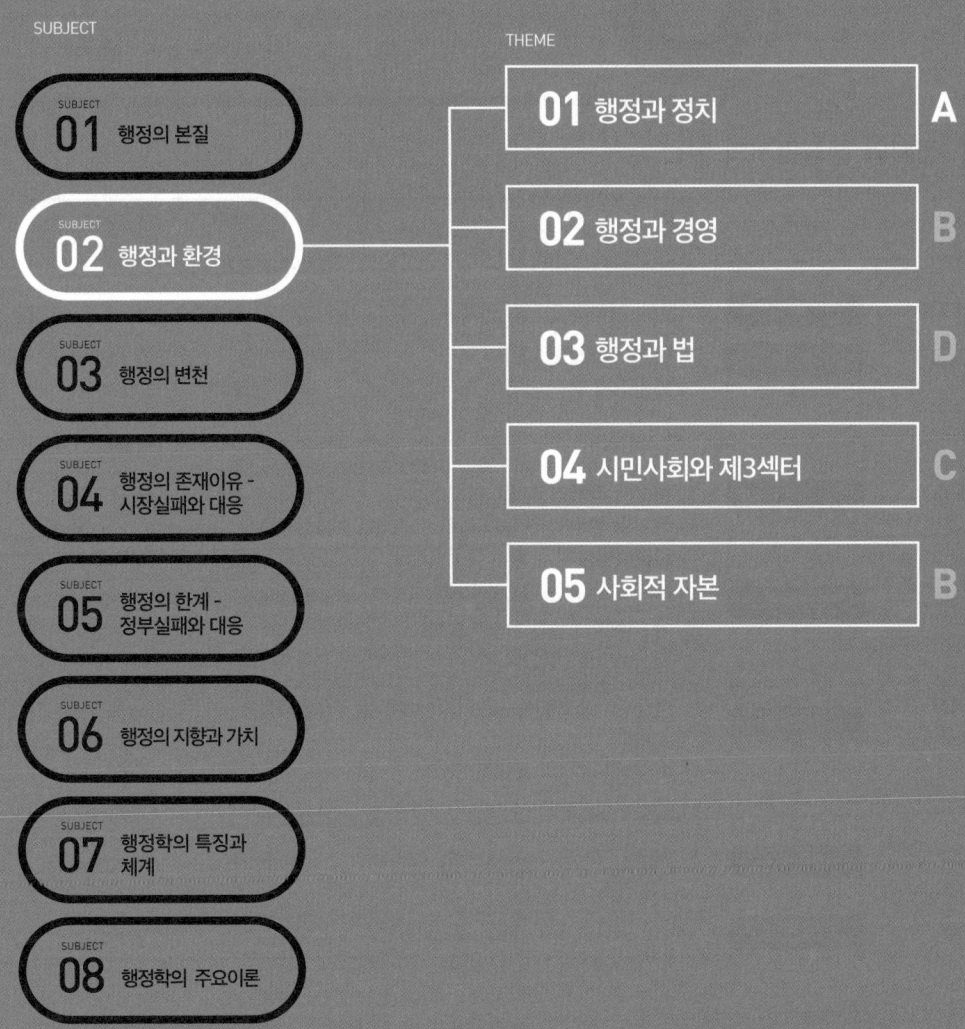

# THEME 01 행정과 정치

기출이력 | 2021 지방9급 등 총34회   A

2026 선행정학 기본서  p.17

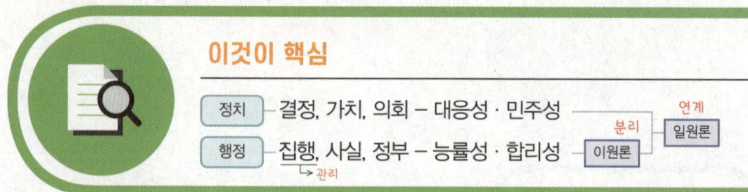

**이것이 핵심**
- 정치 — 결정, 가치, 의회 — 대응성·민주성
- 행정 — 집행, 사실, 정부 — 능률성·합리성
  → 관리
- 분리 → 이원론
- 연계 → 일원론

## 1 정치와 행정관계의 변천

| [시기] | [이론] | 특징 | 관련 행정이론 | 대표적 인물 |
|---|---|---|---|---|
| (14C~18C) | | 정치와 행정의 미분화 | 절대군주국가 | |
| (19C초) | 정치우위론 (→정치+행정의 연계) | 미분화, 행정과 정치의 연계 | 입법국가, 엽관주의 | Jackson |
| (1880) | 정치·행정이원론 | ① 정치와 행정의 분리<br>② 엽관주의 폐단 극복이 대두배경<br>* 뉴욕시정연구회(1906), 태프트 위원회(1910)의 과학적관리론 도입 건의 | 행정관리설, 기술적 행정학 | W.Wilson<br>L.D.White<br>Goodnow<br>Gulick |
| (1930) | 정치·행정일원론 | ① 행정의 정책결정기능 중시<br>② 정치와 행정의 연속성 강조<br>③ 경제대공황의 극복이 대두배경 (→시장실패) | 행정국가, 통치기능설, 기능적 행정학 | M.E.Dimock<br>P.H.Appleby<br>D.Waldo |
| (1940) | 새 이원론 | ① 행정연구대상을 사실에 국한<br>② 가치판단 배제(논리실증주의) (→가치부정 ×)<br>③ 행정이론의 과학화 | 행정행태설 | H.A.Simon |
| (1960~70) | 새 일원론 | ① 행정은 사회변동 관리자(change agent)<br>② 제3세계 국가의 근대화 지원 | 발전행정론 | Esman<br>Weidner |
| | | 사회문제 처방을 위한 행정의 가치주의 | 신행정론 | D.Waldo |
| (1980) | 새 이원론 | 정부실패 극복을 위한 행정의 경영화·시장화 강조 (→탈정치화) | 신공공관리론 | Osborne<br>Hood |
| (1990~) | 새 일원론 | 시민의 정치적 참여 중시, 재정치화 | 뉴거버넌스 | Peters |

● **정치행정이원론과 일원론의 본질**
- 정치행정이원론 : 행정은 정치와는 분리·독립된 영역으로 경영과 유사한 능률적인 관리·집행 행위
- 정치행정일원론 : 행정과 정치는 분리될 수 없는 상호연계된 개념으로 행정은 정책결정(정치)과 집행의 혼합

## ● 정치·행정이원론과 일원론의 대표적 학자

(1) 이원론
① W.Wilson : 행정의 연구(1887) – 행정은 정치가 아닌 관리(경영)
② Gulick : POSDCoRB(1937) – 행정(최고관리층)의 7대 관리기능
③ Goodnow : 정치와 행정(1900) – 정치는 국가의사의 결정이고 행정은 그 실천·집행으로 양자는 엄격히 구분됨
④ H.Simon : 행정행태론(1945) – 행정은 합리적 의사결정, 가치와 사실의 구분, 사실중심의 과학적 연구

(2) 일원론
① M.Dimock : 현대정치와 행정(1937) – 행정과 정치는 연속적 관계, 사회적 능률
② P.Appleby : 정책과 행정(1949) – 행정과 정치는 혼합적 관계 ➔ 양자의 구분은 부적절
③ D.Waldo : 행정국가론(1948) – 능동적·가치지향적 행정  ↳ 융합적·정합적 관계

### 2 이원론·일원론과 새이원론·새일원론의 차이

| 관계 | 해당이론 | 정치의 의미 | 가치문제 | 우위문제 |
|---|---|---|---|---|
| 이원론 | 행정관리설 | 엽관정치 | 가치 부정 | |
| 일원론 | 통치기능설 | 정책형성 | | 정치 우위 |
| 새이원론 | 행정행태설 | | 가치 인정 | |
| 새일원론 | 발전행정론 | | | 행정 우위 |

### 3 정치행정이원론과 정치행정일원론의 비교

| | 정치행정이원론 | 정치행정일원론 |
|---|---|---|
| 의미 | 행정은 정책의 집행 또는 관리 | 행정은 정책형성+정책집행 |
| 배경 | 엽관제 극복을 위한 정치행정의 분리 | 경제대공황 등 시장실패에의 대응 |
| 가치와 사실 | 가치를 배제, 사실에 국한 | 가치와 사실의 혼합, 가치 고려 |
| 행정학의 성격 | 과학성(science) 강조 | 기술성(art) 강조 |
| 행정윤리 | 부패가능성 낮음 | 부패가능성 높음(정치의 영향) |
| 책임과 통제 | 외재적 책임과 외부통제 중시 | 내재적 책임과 내부통제 중시 |
| 학자, 학파 | Wilson, Goodnow 등 고전기 학자 (과학적 관리론 등) | Dimock, Appleby, Sayre, Waldo 등 기능적 행정학 |
| 이념 | 능률성, 합리성, 생산성, 중립성 | 민주성, 대응성, 책임성, 형평성, 공익성 |
| 정책집행 | 하향적 집행 ↳ 대내적 가치 | 상향적 집행 ↳ 민의 등 대외적(대국민) 가치 |

# THEME 02 행정과 경영

기출이력 | 2014 국가9급 등 총15회   B

**이것이 핵심**
- 행정 — 정부가 공익을 위하여 하는 공행정
- 경영 — 기업이 사익을 위하여 하는 사행정

## 1 행정과 경영의 공통점과 차이점

| 공통점 | 차이점 | | |
|---|---|---|---|
| ① 협동행위<br>② 관리기술(관리성)<br>③ 목표달성수단<br>④ 의사결정행위<br>⑤ 관료제적 성격<br>⑥ 봉사성 | | 행정 | 경영 |
| | 주체 | 정부 | 기업 |
| | 목적 | 공익 | 사익 |
| | 정치성 | 강함 | 약함 |
| | 권력성 | 강제적 권력 | 공리적(功利的) 권력 |
| | 능률의 척도 | 사회적 능률 | 기계적 능률 |
| | 법적 제한 | 강함 | 약함 |
| | 평등성 | 적용 | 배제 |
| | 독점성 | 강함 | 약함 |
| | 공개성 | 강함 | 약함 |
| | 신분보장 | 강함 | 약함 |

⑤ 관료제적 성격 → M.Weber의 관료제의 보편성
⑥ 봉사성
암기 목관협의관봉

경제적(물질적) → 공리적(功利的) 권력

## 2 행정과 경영 차이의 변화

(1) **상대화(1980~1990)** : 차이가 약화됨.
 ① 공·사가 혼합된 제3섹터의 등장
 ② 공공부문의 탈관료제화, 민영화, 공동생산
 ③ 신공공관리론의 영향 등
    └→ 행정의 경영화 중시

(2) **절대화(1990~)** : 차이가 강조됨.
 ① 거버넌스론과 신공공서비스론 등 탈신공공관리론
 ② 공공가치관리론(공공가치실패론 및 공공가치창출론 등)

**주의** [행정과 경영]
관료제적 성격 : 차이점 X, 유사점 O

# THEME 03 행정과 법

기출이력 | 2011 지방7급 등 총2회

D

2026 선행정학 기본서 p.26

## 1 행정과 법의 상호관계

- ① 행정의 합리적·합법적 권위 부여의 원천
- ② 행정에 대한 수권 및 행정활동의 정당화
- ③ 행정의 근거와 한계 설정
- ④ 행정의 책임성, 안정성, 예측가능성 확보
- ⑤ 목표와 수단(법규)의 전환 또는 행정의 탄력성 저해

[행정] ← → [법]

→ 현대 행정국가
- ① 법의 집행 기능, 준입법적 기능, 준사법적 기능
- ② 그러나 권력분립을 부정하거나 행정부가 입법적·사법적 기능까지 대행하는 것은 아님

> **주의** [현대 행정국가의 특징]
> ① 현대행정 : 사법적 기능 X, 준사법적 기능 O
> ② 권력 분립 : 부정 X, 중대한 변화 O

# THEME 04 시민사회와 제3섹터

기출이력 | 2011 지방7급 등 총10회   C

2026 선행정학 기본서  p.28

### 이것이 핵심
① 제3섹터는 정부실패와 시장실패를 동시에 극복하기 위한 대안 ← 거버넌스와 함께 등장
② 공동생산 기능 O, 정부에 영향력 O, 전문성 X, 책임성 X

## 1 섹터의 구분

| | 공공기관(공적 영역) | 민간기관(사적 영역) | |
|---|---|---|---|
| 비영리 | 비영리공공기관 | 비영리민간기관 | |
| | | 준비정부조직(QUANGO) | 비정부조직(NGO) |
| 영리 | 영리공공기관 | 영리민간기관 | |
| | 준정부조직(QUAGO) | 공기업 | |

## 2 준정부기관

① 정부조직(일반행정기관)이 아님. → 독립된 법인
② 영리보다는 공익 실현의 목표를 지님 → 공공비영리기관 ∴ 일반정부부문에 포함
　　　　　　　　　　　　　　　　　　　　　정부가 설립·감독 　　　　　　　　　　실질적(제도적)인 정부영역
③ 준정부기관의 권력은 정부로부터 비롯됨.
④ 정부의 대리인의 자격으로 공적 기능(서비스)을 위탁받아 원가 이하로 제공
⑤ 공공행정의 책임성을 훼손시키기도 함 → 대리정부론(D.Kettle), 관청형성론(P.Dunleavy)

## 3 정부와 NGO의 관계 모형

| 대체적 관계 | 국가의 한계로 인해 실패한 공공재 등의 공급을 NGO가 대신 맡게 된다는 모형 |
|---|---|
| 보완적 관계 | 정부의 재정(비용)지원 하에 정부와 NGO가 긴밀한 협조관계 유지 |
| 대립적 관계 | 정부와 NGO는 서로 투명한 활동을 위해 상호 감시하는 관계 → 우리나라의 「비영리민간단체지원법」(2000)¹⁾ |
| 의존적 관계 | 사회가 다원화되지 못한 개도국에서 정부가 비정부조직의 성장을 육성·유도 |
| 동반자 관계 | 독립된 파트너로 서로의 존재를 인정하고 협력하는 관계로서 최근의 가장 일반적이고 바람직한 관계모형 → 거버넌스 시대 |

1) 공익활동을 목적으로 하는 등록된 비영리민간단체는 정부로부터 사업비를 지원받을 수 있으며, 그 경우 사업계획서와 사업보고서를 시·도지사 또는 행안부장관에게 제출해야 함.

## 4 NGO의 효용과 기능

① **공동생산자** : 정부실패와 시장실패가 동시에 나타나는 현대행정에서 협력적 통치(governance)나 공동생산(co-production)의 기능 수행 → 시민은 정규(단독)생산자가 아닌 공동(소비)생산자임
  ↳ 행정국가시절 관료
② **정책감시자** : 정부활동의 감시·견제·비판
③ **정책제언자** : 문제의 발굴, 문제에 대한 관심의 환기, 여론형성, 대안제시 등
④ **정책파트너** : 정보의 수집제공, 정책에 대한 압력행사, 집행된 정책에 대한 오류 수정 등
⑤ **공공서비스 공급주체** : 재해구조, 사회봉사 등 공공서비스를 직접 공급함으로써 정부조직의 확대 없이 공공서비스의 공급총량 증대
⑥ **국제적 협조자** : 국경을 초월한 연대
⑦ **민관 간의 거리감 해소와 선의의 협조관계** : 근린정부에 의한 자율적인 규제로 정부규제 축소
⑧ 정부나 의회의 공식 역할 보완

## 5 NGO의 한계

① **전문성·책임성 부족** : 박애적 아마추어리즘 → 영향력은 크나 전문성·책임성은 부족
② **활동분야의 제한성** : 비정치, 집행분야에 국한
③ **관변단체화** : 행·재정적 자율성 부족
④ **정치적 성향** : 순수성 상실

### ● 사회적 기업

① 취약계층에게 서비스나 일자리를 제공하기 위한 사회적 목적의 기업
② 유급근로자를 고용하고 영업활동을 해야 함(무급근로자만으로는 운영 불가)
③ 고용노동부장관은 5년마다 실태조사와 기본계획 수립
④ 연계기업은 사회적 기업의 이익을 취할 수 없으며, 고용상 책임도 지지 않음.
  ↳ 후원기업        ↳ 2/3 이상은 사회적 목적으로 사용

# THEME 05 사회적 자본

기출이력 | 2019 서울7급 등 총16회  B

2026 선행정학 기본서 p.35

**이것이 핵심**

사회적 자본이란 신뢰와 협력을 토대로 사회문제를 공동으로 해결하려는 수평적·자발적 연계망(네트워크)

## 1 사회적 자본의 개념

경제적 자본(인적·물적 자본)에 대비되는 개념으로 사회구성원이 <mark>신뢰와 협력</mark>을 토대로 자신들의 공동의 문제를 해결하는 데 자발적으로 참여하려는 조건 또는 <mark>사회적 연계망</mark>
↳ Putnam이 이탈리아 남북부를 비교 연구

● **사회적 자본 연구 학자**

- **퍼트남(Putnam)**: 이탈리아 남북부 간 지방정부의 제도적 성과 비교연구, 사회적 자본을 거시적 관점에서 사회적 연계망으로 정의
- **부르디외(Bourdieu)**: 미시적 관점에서 사회적 연계망을 통해 얻을 수 있는 능력이나 자원으로 정의
- **후쿠야마(Fukuyama)**: 사회적 자본을 신뢰로 정의
  ↳ 한국을 사회적 자본이 낮은 저신뢰사회로 분류

## 2 사회적 자본의 속성

① <mark>자발적</mark> 네트워크 : <mark>수평적·협력적·가변적·상향적·지속적</mark>
   (강압 ✗)  (수직 ✗) (경쟁 ✗) (영구 ✗) (하향 ✗) (일시 ✗)
② **호혜주의**: 이기주의적인 것이 아니며 그렇다고 무료(대가 없는 <mark>무조건적</mark>)봉사도 아님
③ **상호신뢰**: 집단행동의 딜레마 극복 → 신뢰는 사회적 자본
   ↳ 후쿠야마
④ 친사회적 사회규범
⑤ 공동체주의
⑥ 정치·경제발전의 윤리적 기반
⑦ 국력과 국가경쟁력의 실체 → 국가의 최후 고정자산이자 실질적인 경제력

## 3 사회적 자본의 특징

① 사회적 자본은 사회적 관계 속에 존재하는 무형적·정신적 자본
② 사회적 자본은 이익이 공유되는 특성을 지님
③ <mark>등가물의 동시적 교환이 아님</mark> → 경제적 자본의 거래형태와 다름

④ 사회적 자본은 거시적 차원에서 공공재임
⑤ 사용하지 않을수록 줄고 사용할수록 느는 정합적 관계 → 지속적인 유지 노력 필요
⑥ 국가 간 이동성·대체성 낮음
⑦ 오랜기간을 거쳐 구축되고 쉽게 사라지지도 않는 지속성
⑧ 세계은행 등 국제금융기구는 개도국 개발사업에 지표로 활용

## 4 사회적 자본의 효용과 한계

| 효용 | 한계 |
| --- | --- |
| ① 개인의 행동을 촉진시키는 능력이자 자산<br>② 참여자들이 공동으로 소유하는 자산<br>   → 배타적인 소유권 행사 불가<br>③ 협력적 행태 촉진 → 혁신적 조직발전 촉진<br>④ 행동의 효율성 제고<br>⑤ 거래비용 감소 ← 신뢰 제고, 가외성의 필요성 최소화<br>⑥ 사회적 자본하에서 다양성은 창의력과 학습의 원천<br>⑦ 사회적·도덕적 규범으로 제재력 발휘 | ① 거래 및 형성과정이 불투명·불확실 → 무형적 자본이므로<br>② 동조성의 요구로 개인의 사적 선택 제약<br>③ 집단결속력(폐쇄성)으로 타 집단과의 관계에서 부정적 효과 초래 우려<br>   → 결속형(폐쇄형) 사회적 자본의 폐단<br>④ 측정의 기술적 곤란<br>   우리나라의 사회적 자본(선진국은 교량형 사회적 자본)<br>   ↳ 교육·소득·금융 등은 사회적 자본의 구성요소(측정지표) X |

# CHAPTER 01
# 행정학의 기초이론

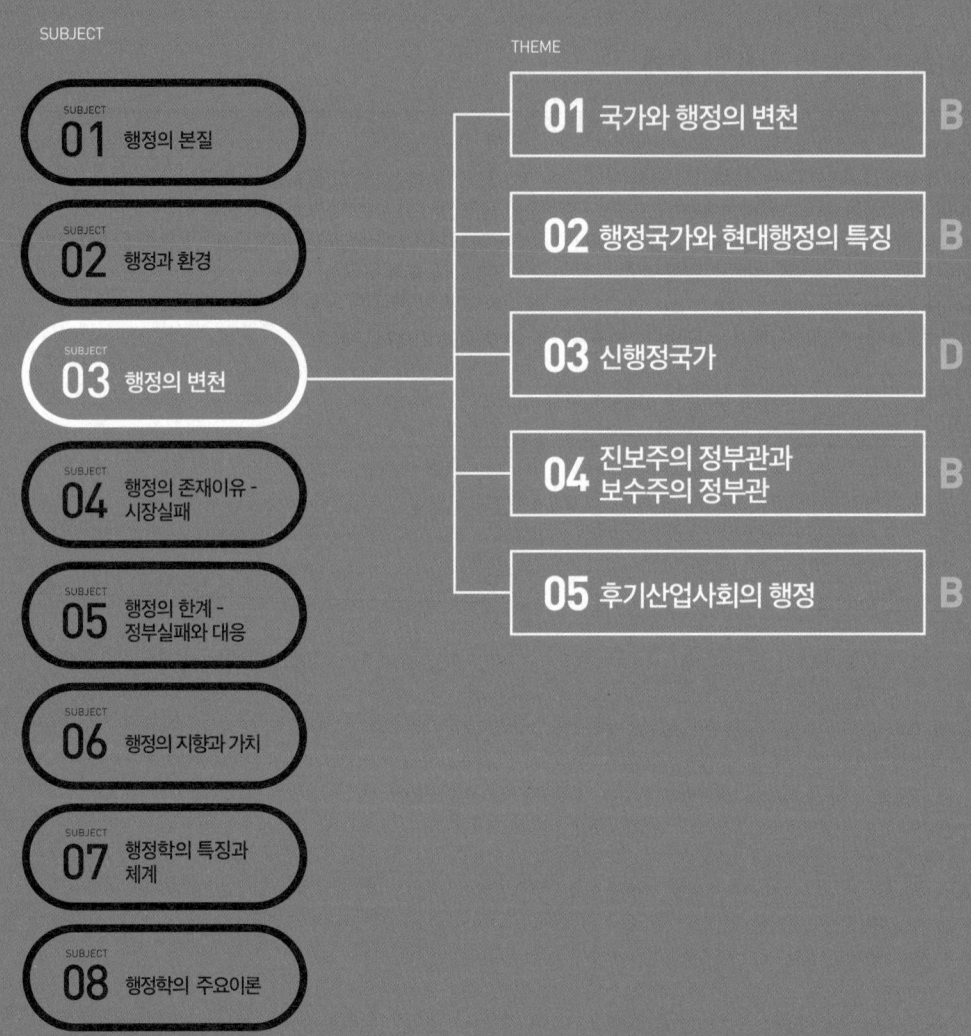

# THEME 01 국가와 행정의 변천

기출이력 | 2020 지방9급 등 총9회    B

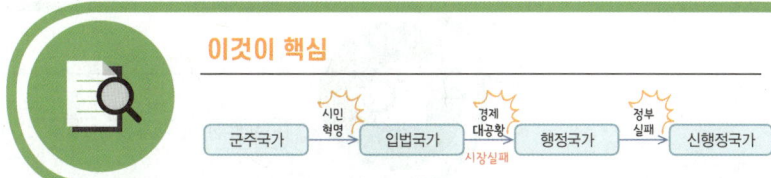

이것이 핵심

군주국가 →(시민혁명)→ 입법국가 →(경제대공황/시장실패)→ 행정국가 →(정부실패)→ 신행정국가

| [국가] | [특징] | [사상적 기초] |
|---|---|---|
| **절대군주국가** (14C~18C) | ① 왕권신수설 : 군주와 국민은 지배-피지배관계<br>② 행복촉진주의적 복지국가 : 절대군주의 통치술을 연구한 관방학 성행<br>③ 중상주의 : 상업자본주의, 보호무역, 수출장려, 식민지 개척<br>④ 강력한 상비군과 관료제 육성 | Machiavelli<br>군주론 |
| ↓ 시민혁명 | | |
| **근대입법국가** (19C~1930) | ① 국민주권주의 및 의회민주주의<br>② 자유방임주의와 소극정부관 : 국가는 최소한의 기능(국방, 외교 등)만 수행 (→야경국가) (→작고 약한 정부(최소행정이 최선의 정부))<br>③ 고전파 경제학 및 산업자본주의 | A.Smith<br>국부론 |
| ↓ 경제대공황 | | |
| **현대행정국가** (1930~1970년대) | ① 배경 : 경제대공황 및 시장실패 치유를 위한 정부의 개입 (→크고 강한 정부(최대봉사가 최선의 정부))<br>② 케인즈 경제학과 수정자본주의의 등장 : 혼합경제 (→시장경제 + 계획경제)<br>③ 뉴딜 정책과 정부개입 및 정부기능 확대 : 정부에 의한 위기 극복 (→수요경제학)<br>④ 규제 및 복지정책 강화 | Keynes<br>일반이론<br>(수요경제학) |
| ↓ 정부실패 | | |
| **신행정국가** (1980년대~) | (→작지만 강한 정부)<br>① 정부실패로 인한 작은 정부<br>② 케인즈 경제학의 한계 : 케인즈 이론에 바탕을 둔 정부의 개입정책으로 스태그플레이션 발생<br>③ 통화주의와 신고전파 경제학 : 재정정책(수요경제학)보다는 금융정책(공급경제학) 선호<br>④ 신자유주의와 신공공관리론 : 세계화, 규제 완화, 민영화, 시장주의 (←최소정부가 최선의 정부)<br>⑤ 뉴거버넌스 : 공동체주의와 사회적 자본 (←더 나은 정부가 최선의 정부) | Hayek<br>노예의 길<br>↓<br>Friedman<br>공급경제학 |

# THEME 02 행정국가와 현대행정의 특징

기출이력 | 2022 국가9급 등 총19회    B

2026 선행정학 기본서 p.40

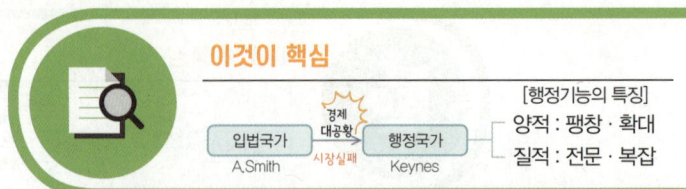

**이것이 핵심**

입법국가(A.Smith) → 경제대공황/시장실패 → 행정국가(Keynes)

[행정기능의 특징]
- 양적 : 팽창 · 확대
- 질적 : 전문 · 복잡

## 1 근대입법국가와 현대행정국가

| 근대입법국가( ~ 1920) | 현대행정국가(1930 ~ 1970) |
|---|---|
| ① A.Smith(국부론) | ① Keynes(화폐 · 이자 · 고용에 관한 일반이론) |
| ② 최소의 행정이 최선의 행정(작은 정부) | ② 최대의 행정이 최선의 행정(큰 정부, 규제강화) |
| ③ 자유방임사상 | ③ 수정자본주의(계획경제요소를 가미한 혼합경제) |
| ④ 공급이 수요를 창출(J.Say의 법칙) – 공급경제학 | ④ 수요가 공급을 창출 – 수요경제학 |
| ⑤ 소극적 기능(치안, 외교, 질서, 국방, 조세징수 등) | ⑤ 적극적 기능(복지 등) |
| ⑥ 소극국가, 야경국가, 싸구려정부 | ⑥ 적극국가, 복지국가, 경제국가 |
| ⑦ 보이지 않는 손에 의한 조화(예정조화설) | ⑦ 정부의 적극 개입에 의한 시장실패 치료 |
| ⑧ 시장실패 초래(경제대공황) → 정부개입(행정국가) | ⑧ 정부실패 초래 → 민영화, 복권화(신자유주의) |

## 2 수요경제학과 공급경제학

| | 수요경제학 | 공급경제학 |
|---|---|---|
| 해당국가 | 행정국가, 큰 정부 | 신행정국가, 작은 정부 |
| 등장배경 | 시장실패(경제대공황) | 정부실패 |
| 대표학자 | Keynes(수요가 공급을 창출) | Friedman(공급이 수요를 창출) |
| 학파 | 재정학파(조세 · 지출 등 재정정책 선호) | 통화학파(금융정책 선호) |

## 3 파킨슨의 법칙

공무원의 수는 본질적인 업무량의 증가와는 관계없이 심리적 요인으로 증가(연평균 5.75%)

- 영국 해군성 · 식민성 연구
- 상승하는 피라미드법칙
- 관료제국주의
- 리바이어던 현상

(1) **부하배증의 법칙** : 경쟁자(동료)보다도 부하를 배증하려는 심리
(2) **업무배증의 법칙** : 파생적 업무(지시 · 감독 · 보고)를 의도적으로 창조하려는 심리

→ 상호작용

# THEME 03 신행정국가

## 1 신행정국가의 의의

행정국가보다 국가의 역할이 감소된 국가로서 적극적인 복지제공자(지원자)로서의 정부에서 소극적인 시장형성자(규제자)로서의 정부로 전환된 국가 ➡ 뉴거버넌스로서의 행정을 강조하는 국가

① 국가의 역할 : 적극국가에서 규제국가로 전환 (행정국가 X, 신행정국가 O)
② 국정운영방식 : 의회정체에서 분화정체로 전환
   - 의회만이 정부 견제
   - 시민사회 등으로의 권한 분산

## 2 분화정체로서의 신행정국가

영국에서 1979년 이후 추진된 신자유주의적 정부개혁은 전통적 국정운영 모형인 '대의민주제적 의회정체(Westminster Policy)'에서 '분화된 정체(Differentiated Policy)'로의 이행을 가져옴

| 전통적인 의회정체 모형 | 새로운 분화정체 모형 |
|---|---|
| 단방제 국가 | 정책연결망과 정부간 관계 |
| 내각정부 | 공동화 국가 |
| 의회주권 | 핵심행정부 |
| 장관책임과 중립적 직업 관료제 | 신국정관리(new governance) |

# THEME 04 진보주의 정부관과 보수주의 정부관

|  | 진보주의(좌파) ← 정부주의(큰 정부론) | 보수주의(우파) ← 시장주의(작은 정부론) |
|---|---|---|
| 정부관 | ① 정부의 개입을 중시하는 정부주의<br>② 큰 정부 | ① 시장의 자율에 맡기자는 시장주의<br>② 작은 정부 |
| 인간관 | ① 욕구, 협동, 오류의 가능성이 있는 인간<br>② 경제인관 부정 | ① 오류의 가능성이 없는 인간<br>② 합리적이고 이기적인 경제인 |
| 자유관 | ① 자유를 열렬히 옹호(무엇인가를 할 수 있는 적극적 자유, 정부에로의 자유) | ① 자유를 강조(간섭이 없는 소극적 자유, 정부로부터의 자유) |
| 공평관 | ① 결과의 공평을 증진시키기 위한 실질적인 정부개입 허용<br>② 공익의 실체설(공동선, 시민의 미덕)<br>③ 배분적 정의<br>④ 보편적 복지(적극적 복지) | ① 기회의 공평과 경제적 자유 강조(소득, 부 또는 결과의 공평은 경시)<br>② 공익의 과정설(개인의 자유)<br>③ 교환적 정의(평균적 정의)<br>④ 선별적 복지(소극적 복지) |
| 시장관 | ① 효율과 공정, 번영과 진보에 대한 자유시장의 잠재력 인정<br>② 시장의 결함과 윤리적 결여 인지<br>③ 시장실패는 정부개입에 의해 치유 가능 → 큰 정부 | ① 자유시장에 대한 신념<br>② 정부불신, 정부는 개인자유를 위태롭게 하고 경제조건을 악화시키는 전제적 횡포 → 작은 정부 |
| 정책관 | ① 소외집단을 위한 정책 선호<br>② 공익목적의 정부규제정책<br>③ 조세제도를 통한 소득재분배정책 | ① 소외집단을 위한 정책 비선호<br>② 정부규제 완화와 시장지향 정책 선호<br>③ 조세 감면 내지는 완화 |
| 기타 | ① 복지국가, 혼합자본주의, 규제된 자본주의, 개혁주의<br>② 낙태금지를 위한 정부권력 사용 반대<br>③ 공립학교 종교교육 반대 | ① 자유방임적 자본주의<br>② 낙태금지를 위한 정부권력 사용 찬성<br>③ 공립학교 종교교육 찬성 |

**주의** [진보주의] [보수주의]
① 자유 : 열렬히 옹호 – 강조
② 시장 : 잠재력 인정 – 신념 강함

# THEME 05 후기산업사회의 행정

기출이력 | 2020 지방7급 등 총10회    B

2026 선행정학 기본서 p.46

## 1 현대산업사회와의 비교

| 모더니티(산업사회) | 포스트모더니티(후기 산업사회) |
|---|---|
| ① 합리주의, 객관(결과)주의(외면주의=행태주의) | ① 주관주의(내면주의), 과정 중시 |
| ② 특수주의(전문주의) | ② 구성주의 |
| ③ 과학주의(주지주의) | ③ 주의주의 : 동기나 의도 중시 |
| ④ 기술주의(행정=기술) | ④ 상대주의 |
| ⑤ 기업가 정신 | ⑤ 시민정신 |
| ⑥ 이성·합리성(인간중심) | ⑥ 인본주의(but 인간중심의 행정 X) ← 보편적 진리·패러다임 X |
| ⑦ 메타설화(보편적 진리) | ⑦ 다원주의 : 다양한 가치의 공존(맥락적 진리) |
| ⑧ 근원주의, 거시주의 | ⑧ 해방주의, 미시주의(거시설화 비판) |
| ⑨ 소품종 대량생산 체제 | ⑨ 다품종 소량생산 체제 |

↳ 개인의 다양성 인정

## 2 후기산업사회 행정의 특징

Farmer의 반관료제이론 : 상상, 해체, 탈영역화, 타자성    상해영타

① **상상** : 부정적으로 볼 때는 규칙에 얽매이지 않는 것이고 긍정적으로 볼 때에는 문제의 **특수성**·다양성을 인정하는 것
② **해체** : 텍스트(언어, 몸짓, 이야기, 설화, 보편적 진리, 지배적 권력, 이론)의 근거 해부
③ **영역해체(탈영역화)** : 지식의 고유영역과 경계 타파 → 학문간 통합
④ **타자성** : '즉자성'(타인의 존재를 인정하지 않는 자족적 상태)과 대비되는 개념으로 타인을 인식론적 타자나 대상(객체)으로서가 아니라 나와는 생각이 다른 **도덕적 타자**(주체)로 인정
   → 행정윤리, **소통과 참여**의 근거
      ↳ 간주관성(감정이입작용, 상호인식작용)    ↳ 타자의 대상(객체)화 X

> **주의** [후기산업사회의 특징]
> ① 결과보다 과정·행동 중시
> ② 인본주의(해방주의) 표방 O, 인간중심적 관점 X, 인간의 이성·합리성 X
> ③ 타자성 강조 O, 인식론적 디지(객체) X, 도덕적 타사(수제) O

# CHAPTER 01
# 행정학의 기초이론

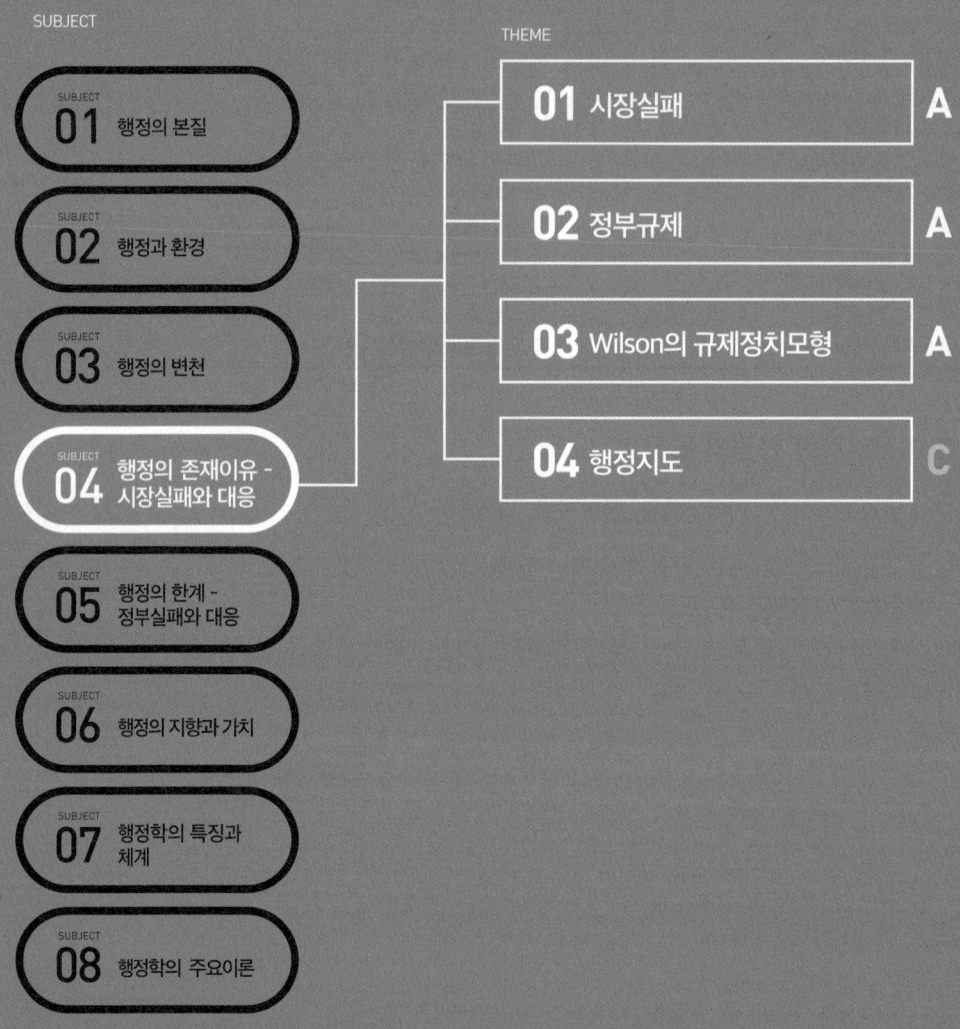

# THEME 01 시장실패

기출이력 | 2021 국가9급 등 총29회  A
2026 선행정학 기본서 p.49

## 1 의의

시장에서 자원배분이 효율적이지 못하거나 소득분배의 형평성이 달성되지 못한 상태
- 사회 총효용의 크기만 강조하는 공리주의적·상대적 가치기준
- 누구(약자)의 효용이 증가하느냐를 중시하는 공동체주의적·절대적 가치기준

## 2 시장실패의 원인

**효율 X**
① **공공재의 존재**: 공공재는 비경합성과 비배제성을 띠므로 시장에서 공급 불가
② **불완전한 경쟁 및 자연독점**: 담합·합병에 의한 불완전경쟁이나 기술에 의한 자연독점은 경제주체가 가격순응자가 아닌 가격설정자로서 횡포
③ **비용체감산업(과도한 규모의 경제)**: 생산량을 늘릴수록 평균비용이 줄고 평균수익이 과도하게 늘어나는 비용체감산업(고정비용＞변동비용)은 자연독점 유발
④ **외부성(외부효과)**: 경제주체가 대가의 교환 없이 남을 해롭게 하는 부정적 외부효과(소음, 공해 등)는 정부의 개입이 없으면 과다공급, 남을 이롭게 하는 긍정적 외부효과는 정부의 장려(보조금 등)가 없으면 과소공급됨 ← 교정적 조세(피구세)로 대응
⑤ **정보격차(위험과 불확실성)**: 경제주체 간 정보의 비대칭성으로 인한 대리손실은 일차적으로 시장실패의 원인이 됨 ← 역선택 및 도덕적 해이

**형평 X**
⑥ **불공평한 소득분배**: 시장에서는 약자나 패자에 대한 배려가 없음

(상충관계)

## 3 시장실패 원인별 정부의 대응방안

🔖 시장-자정공불소규외

| 원인 \ 대응방식 | 공적공급(조직) | 공적유도(유인) | 공적규제(권위) |
|---|---|---|---|
| ① 공공재의 존재 | ○ | | |
| ② 외부효과의 발생 | | ○ (긍정적 외부효과) | ○ (부정적 외부효과) |
| ③ 자연독점 | ○ | | ○ |
| ④ 불완전경쟁 | | | ○ |
| ⑤ 정보의 비대칭성 | | ○ | ○ |

⑥ 과도한 규모의 경제(비용체감산업) → 자연독점으로 귀결
⑦ 소득분배의 불공평 → 복지정책(사회보장정책)으로 대응

SUBJECT 04 행정의 존재이유 – 시장실패와 대응

# THEME 02 정부규제

기출이력 | 2019 국가9급 등 총32회  A

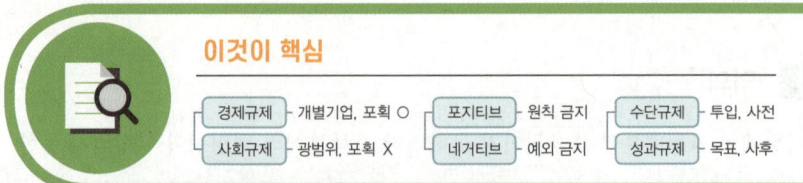

## 1 규제영역에 따른 유형 – 경제적 규제와 사회적 규제

|  | 경제적 규제(광의) | | 사회적 규제 |
|---|---|---|---|
|  | 경제적 규제(협의) | 독과점 규제 |  |
| 규제 대상 | 개별 기업(차별적 규제) | 모든 산업(비차별적 규제) |  |
|  | 기업의 본원적 활동(설립, 생산, 판매, 퇴출 등) |  | 기업의 사회적 책임(국민·소비자·노동자 보호, 공해, 안전, 보건, 차별 등) |
| 예 | 진입규제, 퇴거규제, 가격규제, 품질규제 등 (최저가격규제) | 불공정거래규제, 합병규제, 경제력 집중 억제, 가격담합규제 등 | 의약품규제, 식품안전규제, 자동차안전규제, 범죄자규제, 산업안전규제, 보건규제, 환경규제, 차별규제, 소비자보호규제, 최고가격규제 등 |
| 재량여부 | 재량적 규제 | 비재량적 규제 |  |
| 규제역사 | 오랜 역사 |  | 짧은 역사 |
| 시장경쟁 | 경쟁 제한 (규제로 인한 독점이익) | 경쟁 촉진 | 경쟁과 직접 관계 없음 |
| 정치경제학적 속성(규제실패) | 포획 및 지대추구 발생 (동조로 인한 규제실패 우려) | 포획 및 지대추구 없음(대립현상) |  |
| 규제개혁방향 | 완화 | 유지 또는 강화 |  |
| 규제개혁목표 | 부패방지, 경쟁 촉진 | 경쟁 촉진, 폭리 등 횡포 방지 | 삶의 질(QOL) 향상, 기본권 신장, 약자 보호 |

## 2 규제주체에 따른 유형 – 직접규제와 간접규제

| 직접규제 | | 정부(규제주체)가 기업(객체)을 직접 규제 |
|---|---|---|
| 간접규제 | 공동규제 | 민간단체에 규제권한을 위임하여 공동 규제 |
| | 자율규제 | 규제대상자가 규제주체가 되어 스스로 규제 |

→ 피규제자의 자율성 X, 규제의 유연성 X, 공정성 O, 실효성 O

→ 피규제자의 자율성 O, 규제의 유연성 O, 규제의 전문성 O, 공정성 X, 실효성 X
by 대기업에 유리한 기준설정 등

## 3 규제강도에 따른 유형 – 명령지시적 규제와 시장유인적 규제 (수단)

| 구분 | 명령지시적 규제(기준, 규칙 등) – 직접규제 | 시장유인적 규제(유인, 표시, 공개 등) – 간접규제 |
|---|---|---|
| 환경규제 | ① 환경기준의 설정<br>　– 기술기준 또는 성과기준<br>② 규칙의 제정, 명령 · 처분(인가, 허가 등)　(처명기규) | ① 공해배출 부과금 제도<br>② 공해권 경매(거래)제도(오염허가서 제도)<br>③ 보조금제도 |
| 산업안전 및 보건규제 | ① 안전기준 설정과 공장검사<br>② 보건기준 설정과 공장검사 | ① 안전정보의 제공<br>② 상해세의 부과 |
| 소비자안전 및 보호규제 | ① 물품의 안전기준 설정<br>② 허위 · 과장광고 규제<br>③ 불공정 거래행위 규제 | ① 정보공개 : 표시, 공시<br>② 품질인증제도<br>③ 등급 사정 및 제품 표준화 |
| 위반시 처벌 | 강함(형사처벌 등) | 약함(과징금 등) |
| 장단점 | ① 이해가 쉽고, 실효성 및 직관적 설득력 높음<br>② 기업에 불필요한 비용부담 초래 | ① 유연성 · 자율성 보장 → 효율성 제고<br>② 규제효과 약함 |

## 4 규제대상에 따른 유형 – 수단규제, 성과규제, 관리규제

| 수단규제 | 정부가 목표달성을 위하여 필요한 기술 · 행위 등 수단(투입)을 사전적으로 규제하는 것(예 원료규제)<br>→ 규제강도 강함 |
|---|---|
| 관리규제 | 수단과 성과가 아닌 과정(절차)을 규제하는 것 (예 위해물질 중점관리기준) → 규제강도 중간　(HACCP) |
| 성과규제 | 특정 사회문제 해결에 대한 목표달성 수준만을 정하고 피규제자에게 이를 달성할 것을 요구하는 사후 규제 (예 신약 부작용 허용치 등) → 규제강도 약함 |

## 5 개입범위에 따른 유형 – 포지티브규제와 네거티브규제

(1) **포지티브규제** : 원칙 금지, 예외 허용(자유) → 규제강도 강함, 피규제자의 자율성 X
(2) **네거티브규제** : 원칙 허용(자유), 예외 금지 → 규제강도 약함, 피규제자의 자율성 O

## 6 우리나라의 규제개혁

**(1) 규제영향분석**
① 신설·강화되는 규제에 대한 비용·편익분석
② 규제의 경제·사회적 영향을 과학적으로 분석 → 타당성 평가
③ 편익보다 비용(숨겨진 조세)에 주안점 → 국민부담 최소화
④ 정치적 이해관계의 조정과 수렴기회 제공

**(2) 행정규제기본법** ↳ 행정부에만 적용(국회 X, 의원입법 X), 1997년 제정
① 규제법정주의
② 규제최소주의
③ 규제일몰주의 : 존속시한(5년)이 지나면 강제 폐지
④ 규제영향분석 및 규제사전심사 : 신설·강화 시 규제영향분석 실시 및 규제개혁위 사전심사 (각 부처가 자율 실시 / 대통령 직속, 위원장 2인 포함 20~25인의 위원)
⑤ 규제등록제도

**(3) 기타 규제개혁**
① 포괄적 네거티브 규제로의 전환
  • 우선허용·사후규제 제도
  • 규제샌드박스 제도 : 신기술·신제품 출시에 대한 규제 유예(영국에 이어 2019 도입)
② 한시적 규제 유예 조치 : 우리나라가 최초(2006)
③ 중소기업 규제 차별화 : 소상공인 등에 대한 규제 면제·유예
④ 규제 맵(규제지도) 제도 도입 : 규제간 연계관계 도식화
  → 규제간 정합관계 유도

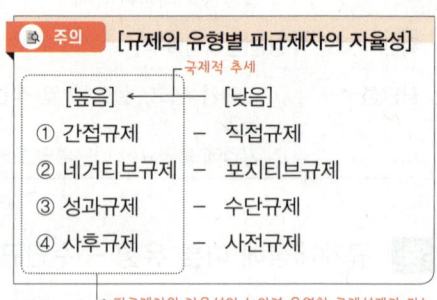

[규제의 유형별 피규제자의 자율성] (국제적 추세)
[높음] / [낮음]
① 간접규제 - 직접규제
② 네거티브규제 - 포지티브규제
③ 성과규제 - 수단규제
④ 사후규제 - 사전규제
↳ 피규제자의 자율성이 높아져 유연한 규제설계가 가능

# THEME 03 Wilson의 규제정치모형

## 1 의의

J.Wilson은 규제비용과 편익의 집중·분산여부에 따른 정치상황을 기준으로 4가지 모형 제시

|  |  | 규제의 편익 | |
|---|---|---|---|
|  |  | 집중 ① | 분산 ② |
| 규제비용 | 집중 ① | 이익집단 정치 | 운동가의 정치(기업가적 정치) |
|  | 분산 ② | 고객의 정치 | 다수의 정치(대중정치) |

암기 반집이운다고집편

① 비용·편익이 집중되면 정치활동이 활발
→ 활동적 소수(active minority)
② 비용·편익이 분산되면 정치활동이 약해짐
→ 침묵적 다수(silent majority)

## 2 모형별 특징

### (1) 이익집단 정치
① 비용과 편익이 모두 소수의 동질적 집단에 국한되어 크게 느껴지는 경우
② 쌍방이 막강한 정치조직적 힘을 바탕으로 <U>첨예하게 대립</U>
예) 노사규제, 한·양약규제, 의약분업규제 등 영역규제

### (2) 운동가의 정치(기업가적 정치)
① 비용은 소수에 집중되어 크게 느껴지나 편익은 불특정다수에게 분산되어 작게 느껴지는 경우 → 극적사건·위기발생시 규제 채택 계기
② 소수 비용부담자의 강력한 반대 로비로 <U>의제 채택이 가장 어려움</U>
예) 오염규제, 안전규제, 최고가격규제 등 사회적 규제
→ 다수 소비자 보호

### (3) 고객의 정치
① 규제비용은 불특정다수인에게 분산되어 작게 느껴지나, 편익은 소수에게 귀속되어 크게 느껴짐
→ 수혜집단
② 규제기관은 조직화된 소수의 피규제집단에 의하여 <U>포획</U>(로비)당하는 반면, 다수의 비용부담자는 1/N(집단행동의 딜레마)이 일어나 가장 쉽게(은밀하게) 규제가 채택됨
예) 수입규제, 진입규제, 최저가격규제 등 협의의 경제규제
→ 소수 생산자 보호

### (4) 다수의 정치(대중정치)
① 규제의 비용과 편익이 모두 이질적인 불특정다수에게 분산되어 작게 느껴지는 경우
② 쌍방 모두 집단행동의 딜레마에 빠지게 됨(단, <U>공익단체</U>에 의하여 규제의 필요성이 제기되는 경우가 있음)
예) 낙태규제, 음란물 규제, 차별규제, 언론규제, 종교활동규제, 교통규제 등
→ 차량10부제 등

# THEME 04 행정지도

## 1 행정지도의 의의

① 행정주체가 의도하는 바를 실현하기 위하여 국민의 임의적 협력을 기대하여 국민에게 영향력을 미치려는 비권력적 사실행위(권고, 협조요청, 알선 등)
② 공권력을 배경으로 하지만 법적 구속력이나 강제력을 수반하지는 않음

## 2 행정지도의 발생원인

① 민간부문의 정부의존적 성향
② 시장실패를 극복하기 위한 정부개입의 일종으로 행정국가와 함께 팽창
③ 입법이 탄력적이지 못하여 법과 현실 간 괴리 발생

## 3 행정지도의 효용

① 임시적이고 새롭거나 긴급한 행정수요에 응급적으로 대응
② 행정의 간편성과 원활화
  → 복잡한 입법절차 불필요
③ 냉혹한 법 집행이 아닌 온정적 행정의 촉진

## 4 행정지도의 폐단

① 법치주의의 침해
② 불분명한 행정책임과 구제수단의 미흡
③ 지나친 재량으로 행정의 형평성 상실과 밀실화
④ 정부규제와 함께 행정의 과도한 경계 확장과 팽창 초래

> **주의** [행정지도의 성격]
> ┌ 권력적 행위 X
> └ 공권력 배경 O

# CHAPTER 01
# 행정학의 기초이론

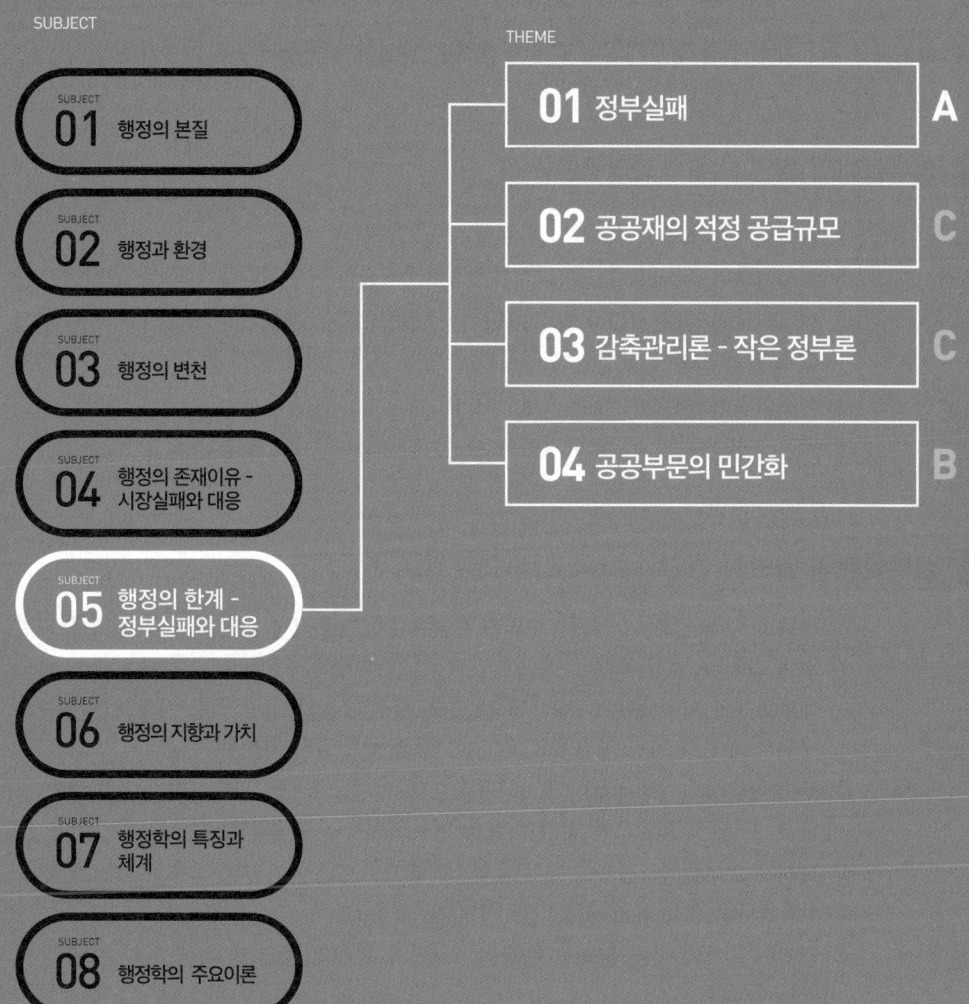

# THEME 01 정부실패

기출이력 | 2020 지방7급 등 총33회　A

2026 선행정학 기본서　p.63

- **1 의의**

  시장의 실패를 치유하기 위한 정부개입이 효율과 형평을 달성하지 못하거나 악화시키는 현상

- **2 정부실패의 원인** : 수요와 공급 측면(Wolf)

  **수요 측면** (개인적 요인)
  - ① 행정수요의 팽창 : 시민들의 피동성·의존성 증대
  - ② 정치인들의 왜곡된 정치적 보상체계 : 문제해결의 당위성만을 강조(공약 남발)
  - ③ 정치인들의 높은 시간적 할인율(단기적 안목) : 짧은 재임기간으로 인해 정치적 시간 할인율이 높아 장기적인 이익과 손해의 현재가치를 낮게 평가 ↳ 할인율에 반비례

  **공급 측면** (구조적·본질적요인)
  - ① 정부성과의 무형성 : 성과 측정이 곤란
  - ② 독점적 생산구조 : 경쟁의 결여와 생산기술(생산함수)의 불명확성

- **3 정부실패의 일반적 원인** : 수요와 공급측면의 결합

  **효율 X**
  - ① 비용과 수익(산출)의 절연 : 수익자부담주의가 적용되지 않아 비용과 원가에 대한 인식 결여 ➡ 낭비 초래
  - ② 내부목표와 사회목표의 괴리(사적목표의 설정) : 사회적(공익적) 목표보다는 관료 자신의 개인적 이익(사적목표)을 우선 고려 ➡ 행정의 내부성
  - ③ X-비효율성 : 자원배분이나 법(규정)으로 설명할 수 없는 행정이나 관리상의 심리적·기술적 요인으로 인한 비효율(비용 상승) ➡ 경쟁의 결여가 원인
  - ④ 파생적 외부효과 : 정부의 개입(유인, 규제)으로부터 야기되는 잠재적·비의도적 확산효과나 부작용 ➡ 규제로 인한 지대추구행위 등
    ↳ 독점적·반사적 이득을 얻기 위한 로비(적극 찬성)

  **형평 X**
  - ⑤ 권력의 편재에 따른 분배적 불공평 : 권력과 특혜의 남용(편재)에 의한 분배의 왜곡(포획 등)

### 4 정부실패 원인별 대응방안

| 원인 \ 대응방식 | 민영화 | 정부보조 삭감 | 규제 완화 |
|---|---|---|---|
| ① 사적 목표 설정 | O | | |
| ② X-비효율 | O | O | O |
| ③ 파생적 외부효과 | | O | O |
| ④ 권력의 편재 | O | | O |

⑤ 비용과 수익의 절연 : 수익자 부담주의 X

### 5 시장실패와 정부실패의 원인 비교

| 개념 | 시장실패 | 정부실패 |
|---|---|---|
| 원인 | ① 공공재의 존재<br>② 외부효과(외부경제 및 외부불경제)<br>③ 자연독점 및 불완전경쟁<br>④ 평균수익의 증가와 평균비용의 감소<br>　* 규모의 경제<br>⑤ 정보의 비대칭성 및 불완전성(정보의 편재)<br>⑥ 소득분배의 불공평성 | ① 정부조직의 내부성(사적목표의 설정)<br>　* 정보독점, 예산극대화, 최신기술에의 집착 등<br>② 파생적 외부효과(비의도적 역작용)<br>③ 비용과 수익(혜택)의 분리 : Wolf의 비시장실패<br>　* 수익자 부담주의 X, 무임승차성<br>④ X의 비효율성<br>⑤ 독점성(경쟁결여)<br>⑥ 권력과 특혜에 의한 가치배분의 불공평성(권력의 편재) |
| 대책 | 정부규제 및 정부개입 필요 | 민영화 및 규제완화 필요 |

> **주의** [시장실패와 정부실패의 원인]
> ① ┌ 내부성 : 정부실패 O
> 　 ├ 외부성 : 시장실패 O
> 　 └ 파생적 외부효과 : 정부실패 O
> ② ┌ 소득분배의 불공평 : 시장실패 O
> 　 └ 권력 · 특혜에 의한 불공평 : 정부실패 O
> ③ X-비효율 : 경쟁의 결여로 인한 비용 상승 → 정부실패

# THEME 02 공공재의 적정 공급규모

## 1 의의

공공재는 성격상 적정공급이 어렵다는 정부실패 연장선상의 모형

## 2 과소공급설

| Galbraith의 의존효과 | 공공재는 선전이 이루어지지 않아 공적 욕구를 자극 못함 |
|---|---|
| Duesenberry의 전시효과 | 공공재는 체면 유지를 위한 과시효과가 민간재보다 작아 소비가 자극되지 않음 |
| Musgrave의 조세저항 | 국민들의 조세저항(재정환상)이 공공재의 과소공급을 유도(체감편익 < 체감비용) |
| Downs의 합리적 무지 | 합리적 개인들은 공공재에 대해서 정보를 적극적으로 수집하지 않음 |

## 3 과다공급설

| Wagner의 경비팽창의 법칙 | 경제성장·소득 향상·도시화에 의한 행정수요 팽창 |
|---|---|
| Peacock & Wiseman의 전위효과·대체효과 | 전쟁 등 위기시에 국민의 조세부담증대의 허용수준이 쉽게 높아지고, 위기시에 늘어난 재정수준은 위기가 사라져도 그 이전으로 돌아가지 않는 현상(공적 지출이 사적 지출을 대체하는 현상) |
| 보몰병(Baumol's Disease) | 정부부문의 노동집약적인 성격으로 생산비용이 빨리 증가하여 민간부문과 생산성 격차 발생(고정비용 < 변동비용) |
| Niskanen의 예산극대화 모형 | 자기부서의 이익이나 권력·개인효용의 극대화를 위한 과잉예산 확보 |
| Parkinson의 법칙 | 부하배증과 업무배증의 상호작용에 의하여 본질적인 업무량과는 관계없이 공무원 수가 증가 → 관료제국주의 |
| Romer & Rosenthal의 회복수준이론 | 국회로 제출된 예산안에 대해 all or nothing식의 심의를 강요하는 관료들의 행태로 예산 팽창 |
| Buchanan의 리바이어던 가설 ↳ 관료제국주의 | 대의 민주주의하에서 투표의 거래나 담합(log-rolling) 또는 관료들의 집권적·독점적 재정권에 의한 재정 또는 공무원 수 팽창 |

# THEME 03 감축관리론 - 작은 정부론

기출이력 | 2019 서울9급 등 총4회

2026 선행정학 기본서 p.68

## 1 감축관리의 의의

과다·중복·불필요한 기구·기능·인원·절차를 정비하여 '작은 정부에 의한 효율적인 행정관리'를 수행하는 것

## 2 감축관리의 대두요인

① 자원난 시대의 도래와 재정난 : 규제와 복지 축소 필요
② 행정권의 지속적 비대화로 인한 체제의 과중부담 : 행정국가하에서 무절제한 행정 팽창
③ 정부실패 : 정부실패를 극복하려는 신자유주의사상과 신고전파 경제이론의 영향
   └ 신공공관리론의 토대

## 3 감축관리의 특성과 목적

① 전체적인 효율성 제고 : 소극적 절약논리가 아닌 행정의 전체적인 효율성(총효과성) 제고가 목적
   └ 크고 비효율적인 정부와 대조
② 정책종결과 정책형성의 통합적 관리 : 모든 분야를 줄이자는 것은 아님
③ 감축관리의 대상은 행정부 : 낭비를 줄여 생산성을 제고하려는 적극적 행위 → 입법부나 사법부는 작은 정부 대상이 아님
④ 정부의 체감규모가 중요 : 공식규모(기구·인력)보다는 실질적인 규모를 줄여야 함
   └ 권력·기능·규제·산하 단체 등 체감규모

## 4 감축관리 방안

① 정책종결 및 예산의 감축 : 영기준예산(ZBB) 또는 일몰법 예산
② 조직·인력의 축소·정비 : 다만 이는 감축관리의 수단이지 목표는 아니므로 강조되어서는 안됨
③ 규제완화 및 행정절차의 간소화, 정부기능의 민간 이양 : 민영화 등

## 5 감축관리의 방향

① 행정의 선제적인 효율성 제고 구현
② 가외성의 고려 및 허용 : 감축관리는 가외성과 상반·충돌되는 개념 아님

# THEME 04 공공부문의 민간화

기출이력 | 2020 서울·지방9급 등 총29회  B
2026 선행정학 기본서  p.70

## 1 민간화의 의의

① 정부기능을 민간에게 넘기거나 민간기법을 받아들이는 것 → 정부실패 해소를 위해 신공공관리론에서 강조한 대안적 서비스 공급체계(ASD)
② 공급(Provide)과 생산(Produce)을 분리 → 공공서비스 제공 방식의 다양화
  ↳ 공급결정=주선=배열(책임)    ↳ 공급권을 부여받아 서비스 전달, 정책집행(공급이라 표현하기도 함)

## 2 민영화의 필요성과 한계

| 필요성 | 한계 |
|---|---|
| ① 경쟁을 통한 효율성 | ① 역대리·민간부패 우려 (정보격차로 인한 대리손실 심화) |
| ② 정부규모의 적정화, 고용의 유연화 | ② 형평성(보편성)의 저해 : 약자 소홀 |
| ③ 근린행정의 구현 | ③ 공공서비스의 안정적 공급 저해 |
| ④ 전문성 제고 | ④ 요금의 저렴성 저해 |
| ⑤ 서비스의 질 향상  → 통화의 안정적 관리 | ⑤ 책임성의 저하 |
| ⑥ 민간경제(자본시장)의 활성화 | ⑥ 지나친 영리 추구로 서비스 수준 저하 |
| ⑦ 정부재정의 건전화(공공재정의 확충) | ⑦ 민영화 과정에서 특혜 등 부작용 |
| ⑧ 보수인상 요구의 자제 | |

## 3 민영화의 유형

### (1) 공공서비스 공급방식의 유형(E.Savas)

| 구분 | | 공급 | |
|---|---|---|---|
| | | 정부부문 | 민간부문 |
| 생산 | 정부부문 | • 정부서비스<br>• 정부 간 협약 | • 정부판매 |
| | 민간부문 | • 민간계약<br>• 독점허가<br>• 보조금 | • 구매권(바우처)¹⁾<br>• 시장<br>• 자기생산<br>• 자원봉사 |

1) 바우처를 민간공급·민간생산 방식으로 보는 입장
   ↳ 결정   ↳ 집행

### (2) 공공서비스 생산방식의 유형(전통 국내문헌)  7급용

| 구분 | | 주체 | |
|---|---|---|---|
| | | 공공부문 | 민간부문 |
| 수단 | 권력 | 일반행정 | 민간위탁 |
| | | 정부의 기본업무 | 안정적 서비스 공급 |
| | 시장 | 공적 책임이 강한 경우 | 시장 탄력적 공급 |
| | | 책임경영 | 민간기업 |

## 4 민영화 방안별 특징

| [방식] | [개념] | [장단점(특징)] |
|---|---|---|
| 민간위탁 | 정부의 책임하에 계약에 의해 민간이 서비스를 생산(Contracting out) | 경쟁입찰을 통한 생산주체 선정, 정부가 비용 부담, 고용과 인건비의 유연성 확보 |
| 면허 | 민간조직에게 일정한 구역 내에서 공공서비스를 제공하는 권리를 인정 (경쟁적 허가) | 경쟁 미약시 이용자의 비용부담 증가 우려 |
| 프랜차이징 | 독점허가(특허) 또는 독점생산·판매 | 독점으로 인한 가격 인상 및 서비스의 질 저하 우려 |
| 보조금방식 | 외부경제를 유발하는 생산업체(민간조직)에게 재정 또는 현물 지원 | 서비스가 기술적으로 복잡할 때 이용 (공급자가 다수일 때 효과적, 보조 = 복잡) |
| 바우처 | 생산자가 아닌 빈곤계층(소비자)에게 금전적 가치가 있는 쿠폰을 주어 소비자가 공급자를 선택하는 방식 (현금지출에 대한 실비 보상O, 직·간접적 보수 지급 X) | 재분배성격, 서비스의 선택이 가능, 수요자·공급자간 결탁 및 서비스의 누출(전매) 우려 |
| 자원봉사자 | NGO 등 무보수 자원봉사단체에 의한 자발적 서비스 공급(레크리에이션, 복지 등) | 재정 확대 없이 서비스 공급총량 증대 가능 |
| 자조활동 | 주민 스스로 공급하고 소비하는 자기생산 (순찰, 보육 등) | 수혜자와 공급자가 같은 집단에 소속되어 서로 돕는 형식 |

## 5 민자유치제도

|  | BOO | BOT | BTO | BLT | BTL |
|---|---|---|---|---|---|
|  | Build(민간이 건설) Own(민간이 소유) Operate(민간이 운영) | Build(민간이 건설) Operate(민간이 운영) Transfer(소유권 이전) | Build(민간이 건설) Transfer(소유권 이전) Operate(민간이 운영) | Build(민간이 건설) Lease(정부가 임대운영) Transfer(소유권 이전) | Build(민간이 건설) Transfer(소유권 이전 민간이 운영권 획득) Lease(정부가 임대운영) |
| 전제 | 민간이 소유·운영 | 민간이 운영(기업은 시설대상자산으로부터 일정 기간 동안 사용료 수익을 소비자로부터 받는 방식) | | 정부가 운영(기업은 Lease 대상 자산을 기초로 일정 기간 동안 임대료(리스료)를 정부로부터 받는 방식) | |
| 사례(특징) | | ① 수익사업(도로, 철도 등 투자비 회수가 가능한 장기 대규모 사업) ② 민간이 위험을 부담함 ③ 적자보전협약에 의하여 최소운영수익 보장(MRG) → 부작용으로 MRG 최근 폐지(2009) | | ① 비수익사업(공공임대주택, 노인요양시설, 수목원 등 투자비 회수가 곤란한 시설) ② 민간에게는 위험 부담이 거의 없음 ③ 최소운영수익 보장(MRG) 없음 | |
| 소유권 이전시기 | 소유권 이전 X | 운영종료 시점 | 준공 시점 | 운영종료 시점 | 준공 시점 |

수익형 민자사업: BOT, BTO
임대형 민자사업: BLT, BTL

CHAPTER **01**

# 행정학의 기초이론

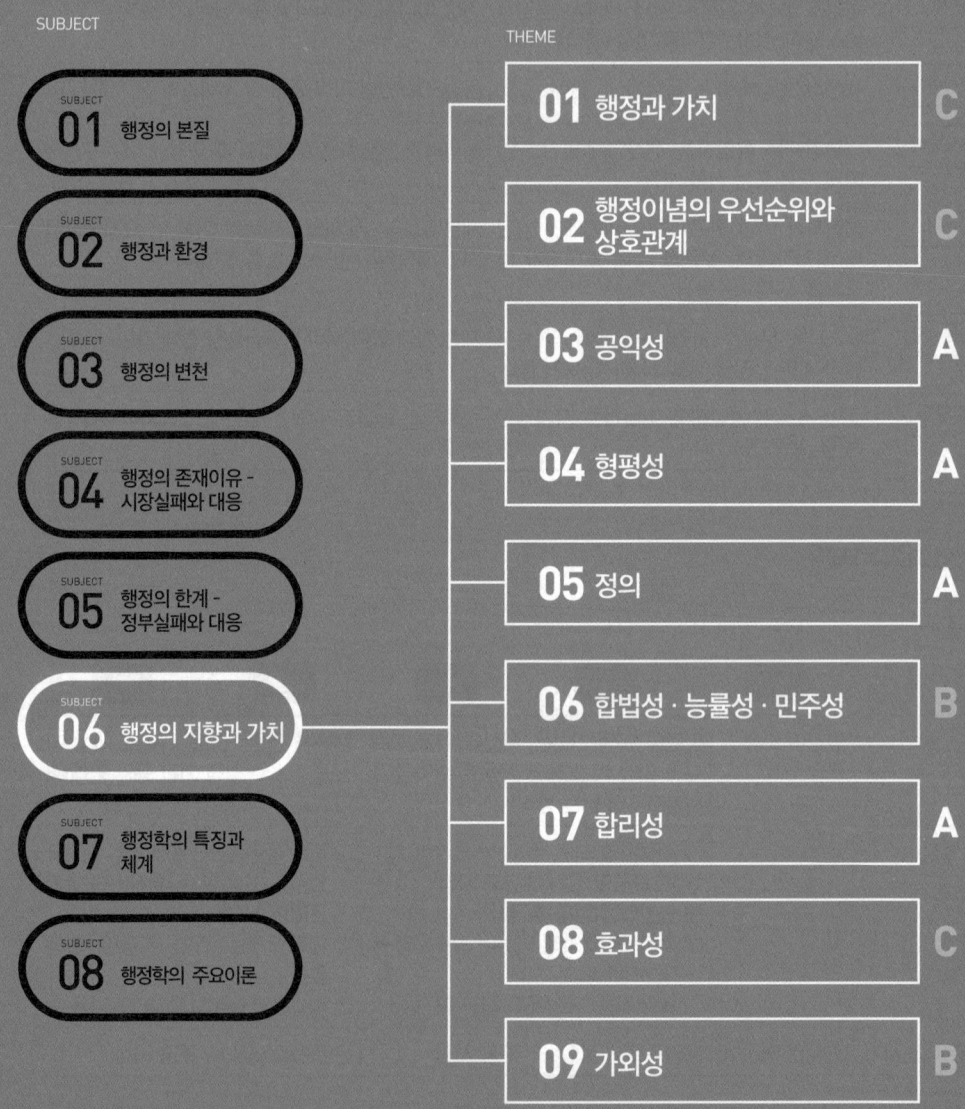

# THEME 01 행정과 가치

## 1 가치와 사실

(1) **가치(value)** : 바람직한 것에 대한 주관적인 관념으로 사회과학의 기초
(2) **사실(fact)** : 있는 그대로 객관적인 현상으로 재생가능하며 자연과학의 기초

## 2 가치의 본질

① **목적론(상대론)** : 결과를 기준으로 옳고 그름을 상대적으로 판단해야 한다는 입장 (공리주의)
  → 사후처벌 위주
  ↳ 비교기준에 따라 달라지는 상대적 가치기준(효율성·효과성 등)

② **의무론(절대론)** : 동기를 기준으로 옳고 그름을 보편적·절대적 기준으로 판단해야 한다는 입장 (정의론, 공동체주의)
  → 문제해결이 목표
  ↳ 비교기준이 없는 절대적 가치기준(합법성·형평성 등)

## 3 행정이념의 변천

법능민합효형생공

| [이념] | 개념 | 행정이론 |
|---|---|---|
| 합법성 | 법률적합성 | 행정학 성립이전 입법국가 |
| 능률성 | 산출/투입의 비율 | 행정관리설(행정학 성립기) |
| 민주성 | 국민을 위한 행정, 국민여망에의 부응 정도(대응성) | 통치기능설 |
| 합리성 | 목표에 대한 수단의 적합성 | 행태론 |
| 효과성 | 목표달성도 | 발전행정론 |
| 형평성 | 소외계층 위주의 행정(비용부담과 수익배분의 공평성) | 신행정론 |
| 생산성 | 능률성 + 효과성 = 효율성(생산성) | 신공공관리론 |
| 공공성 | 공익성·민주성·대응성·책임성 등 공공가치 | 신공공서비스론, 공공가치관리론 |

# THEME 02 행정이념의 우선순위와 상호관계

## 1 본질적 가치와 수단적 가치

| 본질적 가치 | 공익성, 사회적 형평, 정의, 자유, 복지, 평등 | 공자형평정복 |
| --- | --- | --- |
| 수단적 가치 | 합법성, 능률성, 민주성, 합리성, 효과성, 가외성, 생산성, 신뢰성, 투명성 등 | |

## 2 민주성을 위한 가치와 능률성을 위한 가치

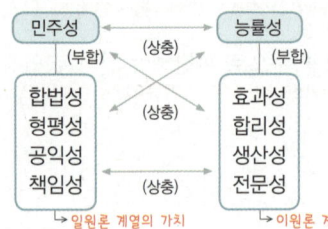

① 정치행정일원론 계열의 가치인 민주성 계열의 가치와 정치행정이원론 계열의 가치인 능률성 계열의 가치는 대체로 서로 상충 관계
② 합법성은 정치행정이원론 계열의 수단적 가치로 보는 입장도 있음

## 3 이념 간 우선순위와 관계

① **이념 간 우선순위** : 이념 간에는 엄격한 우선순위를 정할 수는 없으나 동일한 비중도 아님
    능률성이 수단적·양적·기술적·과정적 이념이라면, 효과성은 목적적·질적·기능적·결과적 이념 ➔ ∴ 서로 상충 소지
② **대체적인 우선순위가 있을 뿐임** : 본질적 가치가 수단적 가치에 대체로 우선
    정치행정일원론이 추구하는 민주성 계열의 가치가 정치행정이원론이 추구하는 능률성 계열의 가치보다 대체로 우선
③ **상대적 관계** : 시대정신에 따라 상대적으로 이해하여야 하며, 충돌되는 가치라도 적극 포용해야 함

# THEME 03 공익성

기출이력 | 2022 지방9급 등 총49회  A

## 1 공익에 대한 관심 대두

① 정치행정일원론(→ 신행정론) 대두
② 자원 배분권·재량권 확대
③ 행정의 최고의 윤리적 준거기준 필요성

## 2 공익의 본질에 관한 학설

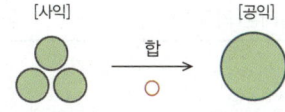

| 실체설(적극설) | 과정설(소극설) |
|---|---|
| ① 공익은 사익의 단순한 집합을 초월한 도덕적·규범적인 것으로 실체(기초)가 존재 → 기초주의<br>② 공익은 사익과 구별(대립)<br>③ 공익우선주의이므로 공익과 사익 간에 궁극적인 갈등은 없음<br>④ 투입기능이 활성화되지 못한 개도국의 입장<br>⑤ 행정의 목적적 역할을 강조하는 국가주의나 엘리트주의와 연관 → 큰 정부<br>⑥ 비민주적 공익관<br>⑦ 공익개념이 추상적이며 국민의사를 외면하는 구실 제공<br>　　→ 상징적 수사에 불과하다는 비판(by 과정설)<br>⑧ 통일된 공익관 도출 곤란<br>⑨ 플라톤, 루소, 아리스토텔레스, 마르크스, 롤즈 등이 주장 | ① 사익과 본질적으로 구별(충돌)되는 공익의 실체는 없음 → 공익은 적법절차 준수의 산물<br>② 공익은 수많은 사익 간의 갈등의 조정·타협의 소산물<br>③ 개인의 이익을 보호·증진시키는 것이 곧 공익<br>④ 공익은 사익의 민주적 조정과정<br>⑤ 투입기능이 활발하고 다원화된 선진사회에 적용<br>⑥ 국가는 국민주권원리에 입각하여 (중립적)조정자 역할만 담당 → 작은 정부<br>⑦ 다원주의(민주주의) 사회나 점증모형과 연관<br>⑧ 대립적 이익들을 평가할 수 있는 사전기준 제시 불가<br>⑨ 토의·협상이 발달되지 못한 신생국가에는 적용 곤란<br>⑩ 집단이기주의의 폐단 우려, 기계적 관념이라는 비판<br>⑪ 공익은 공유된 이익이 아니라 절차적 합리성이나 적법절차의 준수 내지는 이해관계의 균형적인 반영임<br>⑫ 홉스, 흄, 벤담, 소라우프, 슈버트 등이 주장<br>　　　　　　　　　　　　　　→ 공리주의 |

● 절충적 실체설

- 실체설 : 개별이익(사익)의 합 ≠ 전체이익(공익) → 전체이익의 극대화가 공익
- 과정설 : 개별이익(사익)의 합 = 전체이익(공익) → 개별이익의 극대화가 공익
- 절충적 실체설 : 개별이익(사익)의 합 = 전체이익(과정설적 입장 일부 수용) → but 전체이익의 극대화가 공익
- 민주적 실체설 : 담론에 의해 도출된 공동체의 공유된 가치 → 신공공서비스론 및 공공가치론의 입장

### 3 실체설과 과정설의 비교

| 실체설 | 과정설 |
|---|---|
| 적극설 | 소극설 |
| 선험적 | 경험적 |
| 공익 ≠ 사익의 합 | 공익 = 사익의 합 |
| 의사결정의 합리모형 | 의사결정의 점증모형 |
| 개도국 | 선진국 |
| 권위주의, 엘리트주의, 국가주의, 전체주의 | 다원주의, 민주주의, 개인주의 |
| 국가우월주의 (국가는 적극적인 목민관) | 국민주권주의 (국가는 중립적 조정자) |
| 내부주도형에 의한 의제 설정 | 외부주도형에 의한 의제 설정 |
| 공동체주의, 절대론(의무론) | 공리주의, 목적론(상대론) |
| ↳ 형평성, 합법성, 동기 중요 | ↳ 효율성, 결과 중요 |

> **주의** [공익관 쟁점]
> ① 실체설: 공익과 사익 구별·대립 O, 갈등 X, 비민주적 공익관
> ② 과정설: 국가는 중립적 조정자 O, 민주적 공익관, 공리주의적 공익 O, 목적론(상대론) 윤리관 O, 상대적 가치기준(효율성 등) O
> ③ "사회전체효용의 증가 = 공익": 실체설 O(개별이익 보다), 과정설 △(누구(특정개인)의 효용이 증가하느냐보다)

# THEME 04 형평성

## 1 형평성의 등장배경

① **신행정론이 강조** : 1960년대 말 미국의 격동기 문제(빈곤과 차별 등)를 해결하기 위해 신행정론자들이 주장한 본질적 가치
② **가치중립적 행태론에 대한 비판** : 기존의 행태론은 적실성(relevance)과 실천성(action)의 부족으로 현실의 절박한 문제를 해결하지 못하는 나약한 이론이라는 비판 위에서 등장

## 2 형평성 관련이론 : Aristotle의 배분적 정의 기준

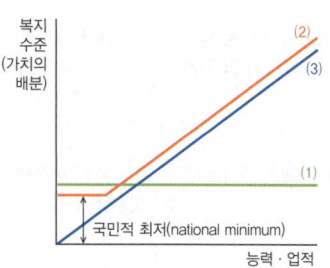

(1) **욕구이론** : 개인의 능력과 관계없는 절대적 평등
　→ 사회주의자   └ 같은 것은 같게
(2) **평등이론** : 최소한의 욕구, 즉 국민적 최저(national minimum)는 능력에 관계없이 충족시켜주어야 한다는 절충설
(3) **실적이론** : 개인의 능력에 비례하는 상대적 평등
　→ 자유주의자   └ 다른 것은 다르게

## 3 수평적 공평과 수직적 공평

(1) **수평적 공평** : 같은 것은 같게 취급하는 것이 공평하다는 입장 → 사회주의자
　　(┌ 인간의 기본적인 욕구, 존엄)
(2) **수직적 공평** : 다른 것은 다르게 취급하는 것이 공평하다는 입장 (정당한 불평등 인정) → 자유주의자

| | 능력·실적 | 다른 것은 다르게 | | 사회주의적 성격 O, but 사회주의제도 X |
|---|---|---|---|---|
| 실적이론 | 자유주의 | 수직적 공평 | 할당임용제(대표관료제), 누진세(종합소득세) | 다실직자 |
| 욕구이론 | 사회주의 | 수평적 공평 | 공채(公採)제도, 비례세, 동일노동 동일임금 |
| | | └ 같은 것은 같게 | └ 공개경쟁채용(but 공채(公債)발행은 세대간 공평으로 수직적 공평에 해당) |

# THEME 05 정의

## 1 원리의 도출배경

J.Rawls는 극단주의와 자유주의의 **중도적 입장**에서 불확실한 **원초적 자아** 상태 하에서 (→ 가상적 개념(by 무지의 베일)) 구성원들이 합의하는 원칙이 가장 공정할 것이라고 전제하고 정의의 두 가지 원리를 도출
(→ 사회계약론의 가정과 유사)

(1) **원초적 상태와 무지의 베일** : 자신의 신분, 계급, 재능, 직업 등을 전혀 알지 못하는 불확실한 상태
(2) **최소극대화의 원리(maximin)에 의한 의사결정** : 약자들의 이익이 극대화되는 의사결정
  (→ 최대최소원칙 = 최소극대화원리 = 최대최솟값기준)

## 2 정의의 원리

[예]

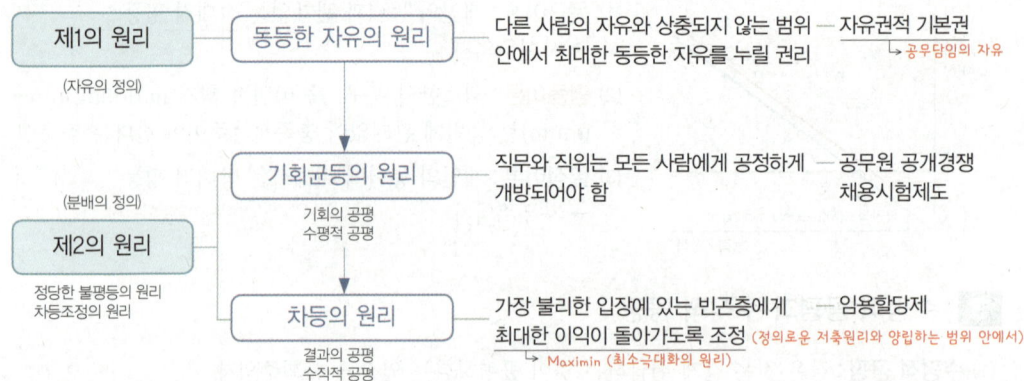

## 3 정의의 원리 간 관계

① 제1의 원리가 제2의 원리에 우선 (→ 동등한 자유의 원리)
② 제2의 원리 중에서도 기회균등의 원리가 차등의 원리에 우선 (→ 차등조정의 원리)

## 4 정의에 대한 비판

(1) **공리주의와의 충돌** : 사회총효용의 희생 위에서 약자들의 이익만을 배려
(2) **개념 도출과정의 인위성** : 원초적 상태 등 현실성 없는 가상적 개념을 전제로 연구가 진행됨

## THEME 06 합법성·능률성·민주성

기출이력 | 2019 지방9급 등 총24회
2026 선행정학 기본서 p.90

### 1 합법성

① 의의 : 행정의 법률적합성
② 효용 : 행정의 안정성, 예측가능성, 일관성, 통일성, 공평성을 높여줌
③ 한계 : 동조과잉(목표의 대치), 경직성(융통성 저해), 행정편의주의 초래
   ↳ 탄력적 대응성 저해, 환경의 특수성(맥락) 고려 ×

### 2 능률성

**(1) 의의**
① 투입 대 산출의 비율
② 좁은 의미의 효율
③ 행정학 성립기 때 과학적 관리론의 영향을 받은 행정관리설에 의하여 주장

**(2) 기계적 능률과 사회적 능률**

| 구분 | 기계적 능률 | 사회적 능률 |
| --- | --- | --- |
| 행정이론 | 과학적관리론(1880), 관료제이론 | 인간관계론·통치기능설(1930~1940) |
| 유사개념 | 대차대조표적 능률, 수치적 능률, 금전적 능률, 물리적 능률, 양적 능률, 단기적 능률, 몰가치적 능률, 객관적 능률, 사실적 능률, 좁은 의미의 능률성 → 돈이나 수치에 의한 능률 | 인간적 능률, 대내적 민주성, 상대적 능률, 장기적 능률, 발전적 능률, 가치적 능률(가치와 능률의 조화), 질적 능률, 합목적적 능률, 넓은 의미의 능률성 → 사실상 민주성(사회목적의 실현, 다원적 이익의 통합·조정) |
| 대두요인 | 행정기능의 확대·변동 및 과학적 관리론의 영향 | 과학적 관리론 및 인간의 기계화에 대한 노조 측 반대 |
| 비판 | 인간적 가치 무시 | 능률의 본질을 애매화, 자원낭비에 대한 변명구실 |
| 학자 | Gulick(능률과 절약이 행정의 기본적인 善) | E.Mayo, M.E.Dimock |

### 3 민주성

(1) **대외적** : 국민의 의사를 존중하고(응답성), 국민에게 책임을 지며(책임성), 국민을 위한 행정(위민성)
(2) **대내적** : 공무원의 인간적 가치를 충족시키는 인본주의적 행정관리 및 의사결정과정의 민주화

# THEME 07 합리성  A

2026 선행정학 기본서 p.93

## 1 의의

수단의 목표 적합성, 목표달성에 대한 수단의 기여 여부

## 2 Simon의 유형

| | |
|---|---|
| 내용적 합리성 | ① 목표성취에의 기여 여부, 목표·수단 간 인과관계(우선순위) 여부<br>② 결과적·객관적·절대적·이상적 합리성<br>③ Simon은 인간의 인지 능력상 한계로 인하여 내용적 합리성 포기 |
| 절차적 합리성 | ① 인지력 등 제약조건 속에서의 합리성<br>② Simon이 만족모형에서 중시한 합리성<br>③ 결과보다는 인지적·지적 과정을 중시하는 주관적·과정적·상대적·현실적·제한된 합리성 |

## 3 Diesing의 유형

| | | |
|---|---|---|
| 기술적 합리성 | 목표를 성취하기 위한 적합한 수단, 본래 의미의 합리성 | → 고유한 의미의 합리성 |
| 경제적 합리성 | 비용과 편익을 측정·비교하여 경쟁적 목표를 평가·선택하는 과정 | |
| 사회적 합리성 | 사회체제의 구성요소 간의 조화로운 통합성 – 갈등해결 여부 | → 가장 비합리적 개념 |
| 법적 합리성 | 인간행위를 법적으로 예측가능하게 하며, 행정의 공식적 질서를 탄생 | |
| 정치적 합리성 | 정책결정구조의 합리성 | → 가장 중요한 합리성 |

경기사정법

## 4 합리성 종합

실기-절내-실형-사기

| | | |
|---|---|---|
| K.Mannheim | 실질적 합리성 | 기능적 합리성 |
| H.A.Simon | 절차적 합리성 | 내용적 합리성 — 실질적 합리성으로 표현하기도 함 |
| M.Weber | 실질적 합리성 | 형식적 합리성 |
| P.Diesing | 사회적 합리성 | 기술적 합리성 |

[절차적 합리성]
Simon이 의사결정의 만족모형에서 중시한 합리성

상대적 합리성
주관적 합리성
절차적 합리성    ≠
현실적 합리성
제한된 합리성

절대적 합리성
객관적 합리성
결과적 합리성
이상적 합리성
완벽한 합리성

[형식적 합리성]
M.Weber가 관료제모형에서 중시한 합리성

# THEME 08 효과성

## 1 효과성의 의의

① 개념 : 산출이 목표를 달성한 정도
② 대두 : 발전행정론에서 중시

## 2 능률성 등과의 차이

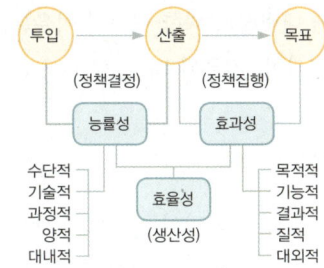

## 3 효과성 평가모형

### (1) 전통적 모형과 현대적 모형

| 전통적 접근 | 특정국면 기준 평가 | 목표모형 | 목표달성(결과) 기준 |
|---|---|---|---|
| | | 체제자원모형 | 투입(수단)이나 과정 기준 |
| 현대적 접근 | 복수국면 기준 평가 | 이해관계 접근법 | 내·외부의 다양한 이해집단 기준 |
| | | 경쟁적 가치 접근법 | 조직과 인간, 통제와 유연 기준 |

### (2) 효과성 평가를 위한 경쟁적 가치 접근법(Quinn & Rohrbaugh)

| 구조＼지향 | 조직(외부지향) | 인간(내부지향) |
|---|---|---|
| 통제<br>(안정성) | 합리적 목표모형 – 합리(과업)문화<br>• 목적 : 생산성, 능률성, 수익성<br>• 수단 : 기획, 목표설정, 합리적 통제 | 내부과정모형 – 위계문화<br>• 목적 : 안정성, 통제와 감독, 균형<br>• 수단 : 정보관리, 의사소통 |
| 유연성<br>(융통성) | 개방체제모형 – 발전(혁신)문화<br>• 목적 : 성장, 자원획득, 환경 적응<br>• 수단 : 유연성, 용이함, 준비성, 외부평가 → 창의성 | 인간관계모형 – 집단(관계)문화<br>• 목적 : 인적자원 발달, 능력발휘, 구성원 만족<br>• 수단 : 응집력, 사기 |

# THEME 09 가외성

기출이력 | 2020 서울속기9급
2026 선행정학 기본서 p.97

## 1 가외성의 의의

① 불확실성(위기)에 대비하기 위한 행정의 여유분으로 M.Landau가 주장
② 1960년대 말 정보과학, 컴퓨터 기술, Cybernetics이론의 발달 등과 함께 대두
  └→ 불확실한 상황에서 정보의 피드백을 통하여 체제를 안정된 일정 상태로 유지시켜 주는 시스템

## 2 가외성의 특성

(1) **중첩**: 하나의 기능을 여러 기관이 공동으로 관리(상호 의존·협력)
(2) **중복**: 동일한 기능을 여러 기관이 독자적으로 수행(관여하지 않음)
(3) **동등잠재력(여유분)**: 주된 기관이 제 기능을 못할 때를 대비한 보조 조직

## 3 가외성의 효용

暗 적신안창

적응성 · 신뢰성 · 안정성 · 창조성 확보
       └→ 정보수집 능력상 한계로 인한 오류의 최소화

## 4 가외성의 한계

① 능률성(경제성) 저해(충돌)
② 자원의 한계
③ 중첩·중복으로 인한 갈등과 대립
④ 중첩·중복으로 인한 책임 모호
⑤ 불확실성에의 소극적 대처

# CHAPTER 01
# 행정학의 기초이론

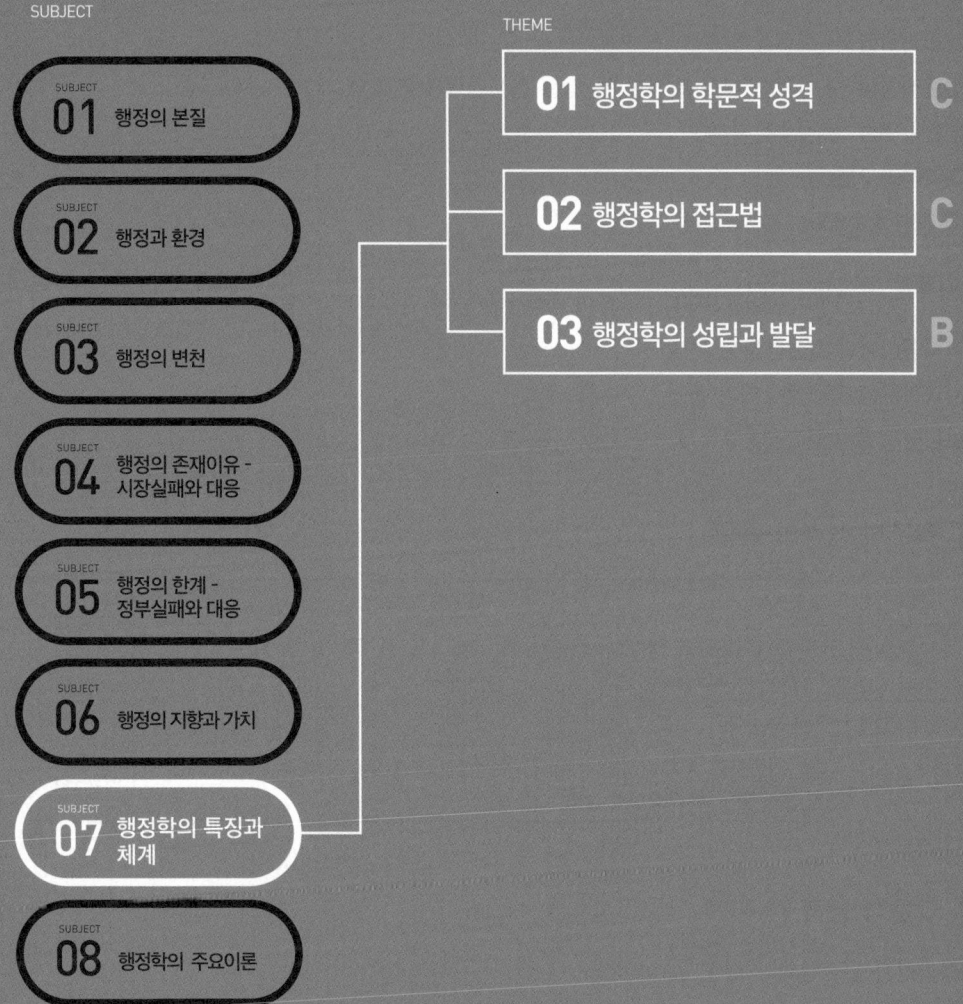

# THEME 01 행정학의 학문적 성격

기출이력 | 2020 군무원9급 등 총4회

## 1 행정학의 학문적 성격

(1) **사회과학성**: 사회현상 탐구
(2) **전문직업성**: 현실의 문제를 해결할 수 있는 전문직업역량 고양 제고(D.Waldo)
(3) **연합학문성**: 종합학문적 성격
(4) **과학성과 기술성**
  ① 과학성(science) ── 사실중심 ─────────┐
                                                      ├─ 대립
  ② 기술성 ┬ Waldo : 문제처방행위(Art) ── 가치중심 ─┘
                │                           → 기능적 행정학
                └ Simon : 목표달성 방법·수단(Practice) → Wilson은 이런 의미의 기술성 강조
                                                         → 고전기 행정학(기술적 행정학)
(5) **가치중심성과 사실중심성**: 양면성
(6) **분과학문성(정체성)**: 위기 논란
(7) **보편성과 특수성**: 양면성

## 2 학문적 성격의 종합

| 정치·행정이원론 | 과학성(이론) | 보편성 | 가치중립성· |
|---|---|---|---|
| | 가치를 배제하고 객관적·경험적 지식 탐구, H.A.Simon이 강조 | 여러 나라에 적용될 수 있는 일반법칙 추구 | 가치맹목성 |
| 정치·행정일원론 | 기술성(실제)<br>→ 행태론 | 특수성 | 가치지향성· |
| | 가치지향으로 문제해결을 위한 실천적 전략 탐구, D.Waldo가 강조<br>→ 신행정론 | 정치체계별 특수한 맥락 속에서 이해 | 가치함축성 |

## 3 학문적 성격 간 관계

          ┌─ 경험적  ┌─ 규범적  ┌─ 실천적 접근
① 과학성과 기술성의 조화(Presthus)
② 신행정학자 Waldo도 과학성을 부정하지 않았고, 행태론자 Simon도 기술성을 부정하지는 않았음

# THEME 02 행정학의 접근법

기출이력 | 2015 국회9급 등 총5회
2026 선행정학 기본서 p.104

## 1 방법론적 개체주의와 전체주의

|  | 방법론적 개체주의 | 방법론적 전체주의 |
|---|---|---|
| 개념 | 개체(부분)가 전체를 결정 | 전체가 부분(개체)을 지배 |
| 유사개념 | 환원주의, 사회명목론, 미시이론 | 신비주의, 우주론, 사회실재론, 거시이론 |
| 해당이론 | 행태론, 현상학, 공공선택론 등 | 생태론, 체제론 등 |
| 한계 | 합성(구성) 또는 환원의 오류 | 분할(생태론)의 오류 |

## 2 규범적·경험적 접근과 실천적 접근

(1) **규범적 접근**: 당위적 차원에서 무엇이 바람직한가를 연구하는 실천적·처방적 접근
(2) **경험적 접근**: 사실 그대로의 현상을 객관적으로 연구하는 실증적·과학적 접근
(3) **실천적 접근**: 규범적 연구와 경험적 연구의 통합
   → 행정학이 추구하는 접근법

## 3 연역적 접근과 귀납적 접근

(1) **연역적 접근**: 일반원리에서 개별사실 도출
(2) **귀납적 접근**: 개별사실을 종합하여 일반원리 도출

## 4 결정론과 임의론

(1) **결정론**: 결과(현상)는 원인이 지배(행정의 종속변수화)
(2) **임의론**: 원인 없이도 결과(현상)가 발생(행정의 독립변수화)

## 5 과학적 접근과 논변적 접근

(1) **과학적 접근**: 인과성 등을 규명하여 확실한 법칙 발견(행태론 등) → 1950~60년대
(2) **논변적 접근**: 결정의 정당성을 위한 논리 제시 및 합의·소통·담론 등 민주적 절차 중시
   → Toulmin    → 1980~90년대

# THEME 03 행정학의 성립과 발달

기출이력 | 2019 서울 사복9급 등 총12회   B

## 1 미국 관료제의 규범적 모형

해제매작-연자다민-중지이업

| Hamilton 연방주의 | 중앙집권화에 의한 강력하고 능률적인 행정방식이 최선임을 강조 |
| --- | --- |
| Jefferson 자유주의 | 연방주의에 반대하여 지방분권화를 통한 민주적 행정 강조 |
| Madison 다원주의 | 다양한 이익집단의 요구에 대한 조정을 위해 견제와 균형을 중시 |
| Jackson 민주주의 | 공직경질제(엽관제)를 통한 민주주의 행정 실현을 역설 |

→ 건국초기 지배적 입장

## 2 미국 행정학의 성립

진보적 행정개혁운동의 일환으로 Wilson의 능률주의(Wilsonianism)에 의하여 성립

(1) **엽관주의의 극복 노력**
  → 정당정치
  ① 19C말 엽관주의의 폐해 등 행정의 역기능, 비능률, 낭비 극복을 위한 시민적 요청(Curtis 등)과 정치적 시녀로 전락한 행정을 개혁하기 위한 진보주의 개혁운동
  ② 1883년 정치·행정의 분리와 실적주의 확립을 위한 Pendleton법 제정
                                                                    → Taft 위원회
(2) **행정개혁 운동과 과학적 관리론** : 뉴욕시정연구회(1906), 절약과 능률에 관한 대통령위원회(1910) 등에 의한 과학적 관리론 도입

(3) **고전기 행정학의 태동**
  ① W.Wilson(1887)이 Pendleton법을 이론적으로 뒷받침하기 위하여 유럽의 행정학을 참고하여 「행정의 연구」 출간
       → 경영
  ② 행정은 정치가 아닌 관리의 영역으로 정립되면서 고전기 행정학 태동

## 3 고전적(기술적) 행정학의 특징

(1) **행정관리설 및 능률주의, 정치행정이원론** : 행정을 권력현상이 아닌 공공정책의 구체화, 즉 사무·관리·기술·집행현상으로 파악하고 기계적 능률과 절약 추구

(2) **공식구조 중심주의 및 합리적 경제인관(X이론)** : 최적의 공식구조가 최적의 업무수행을 가져온다고 보고 인간을 합리적 경제인으로 가정(피동적 인간관) → 조직은 기계, 인간은 부품으로 인식

(3) **과학적 관리와 원리접근법** : 과학적관리론의 영향으로 공·사조직에 적용될 수 있는 보편적 원리 중시

# CHAPTER 01
## 행정학의 기초이론

# THEME 01 행정의 변천과 흐름

## ● 행정의 변천과 흐름

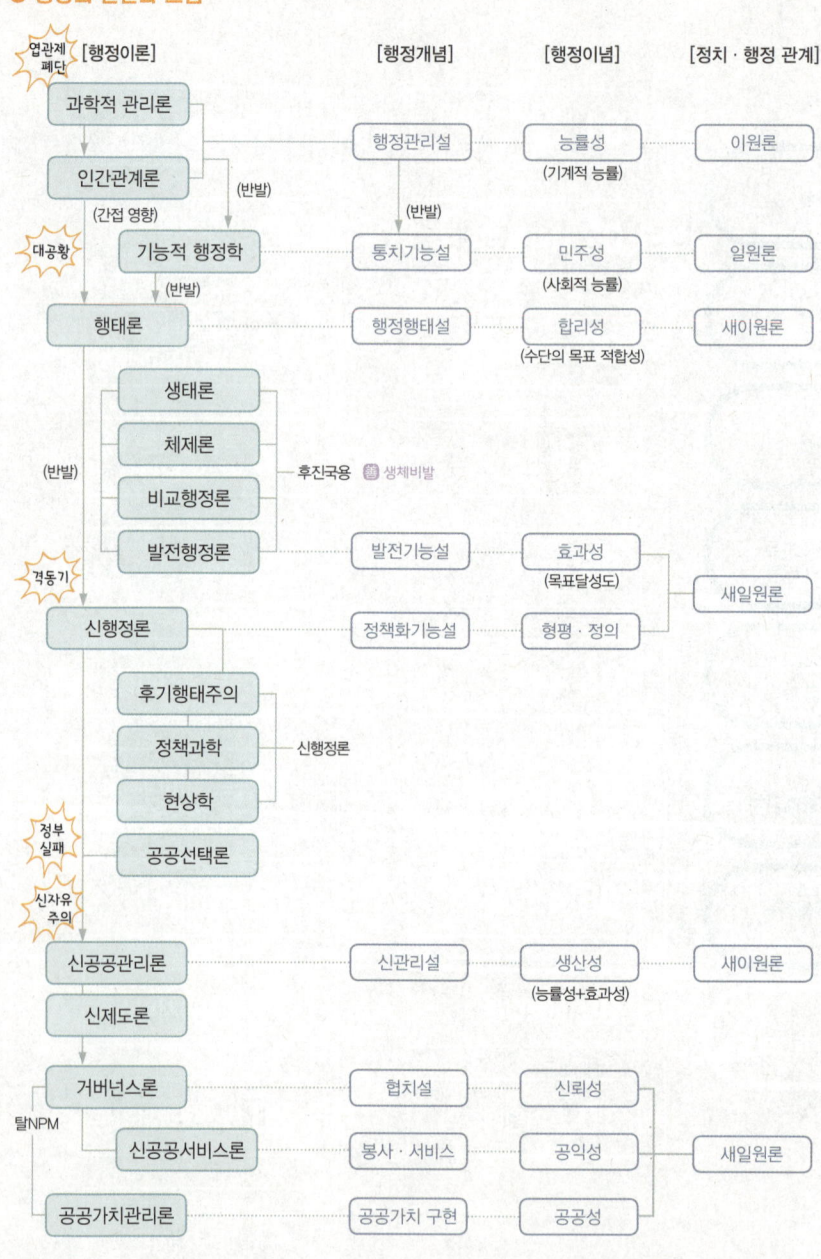

# THEME 02 과학적 관리론

기출이력 | 2021 군가9급 등 총7회   C

2026 선행정학 기본서   p.114

## 1 고전적 행정이론의 범주

→ 행정관리설, 관료제이론과 함께 고전기 행정학의 주류  참 고전기 - 3관왕

| 구분 | 관료제이론 | 행정관리설 | 과학적 관리론 |
|------|----------|-----------|-------------|
| 학자 | M.Weber | Gulick, Wilson | Taylor, Ford, Fayol |
| 이념 | 합법성, **능률성** | **능률성**, 전문성 | **능률성**, 전문성 |

- 행정관리설: POSDCoRB
- 과학적 관리론: 시간연구 & 동작연구, 성과급, 노·사·고객 모두를 위한 생산성 / 고임금·고수익·저가격 / 외재적 / 14대 관리원칙

## 2 과학적 관리론의 이념과 특징

(1) **이념으로서 능률 중시** : 기계적 능률

(2) **변수로서 공식구조** : 최적의 공식구조가 최적의 업무수행을 보장해 준다고 간주

(3) **합리적 경제인** : 인간(행정인)을 명령이나 지시·억압 내지는 경제적 보상에 따라 움직이는 피동적이고 기계적·경제적·합리적 존재로 가정(X이론적 인간관) → 조직은 기계, 인간은 부품으로 인식

(4) **폐쇄적 환경관** : 행정을 내부적인 관리로만 인식

(5) **유일최선의 원리 추구** : 원리학파
   └ The best one way

## 3 과학적 관리론의 평가

(1) **공헌**
   ① 고전기 행정학 성립 : 정치·행정이원론 및 공·사행정일원론 등 미국 고전기 행정학의 성립과 태동에 결정적 영향
   ② 엽관제 폐단 극복 : 미국 행정학 성립과정에서 행정개혁운동의 원동력으로 작용하여 엽관주의 폐단 극복 계기

(2) **한계**
   ① 공식구조 지상주의 : 인간의 기계화·부품화에 따른 사기 저하, 비공식적 요소 경시
   ② 능률지상주의 : 기계적 능률의 강조로 인격 상실 초래
   ③ 편향된 인간관 : 인간을 경제적 존재로만 인식

# THEME 03 인간관계론

기출이력 | 2012 서울9급 등 총6회

C

2026 선행정학 기본서 p.117

- **1 인간관계론의 특징과 이념**
  ① 호돈실험으로 등장 : 생산성은 인간관계 및 비공식적인 집단규범에 의해 결정 ← 본래 의도와는 다른 결론
  ② 경쟁보다는 협력에 의한 생산 : 집단의 일원으로서의 협력·단결 중시
  ③ 비공식구조의 역할 중시
  ④ 사회적 능률 중시
  ⑤ 경제인관이 아닌 사회인관 : Y이론에 의한 집단사기, 대인관계, 사회심리적 측면, 의사소통, 비경제적 보상 등 중시

- **2 과학적 관리론과의 비교**

| 과학적 관리론 | 인간관계론 |
| --- | --- |
| 직무중심 | 인간중심 |
| 공식적 구조관 | 비공식적 구조관 |
| 기계적 능률성(능률과 민주 조화 X) | 사회적 능률성(능률과 민주 조화 O) |
| 경제적 동기(물질적 자극) | 비경제적·인간적 동기 |
| 과학적 원리 강조 | 보편적 원리 비판 |

- **3 인간관계론에 대한 오해 (쟁점)**
  ① 정치행정일원론 아님 : 정치행정이원론, 관리기술적 접근, 능률학파
  ② 자아실현인관 아님 : 자아실현인이 아닌 사회인관(수동적·피동적 인간관 → 젖소사회학)
  ③ 인간성 실현이 궁극 목적 아님 : 조직 관리의 민주화나 자아실현이 아닌 능률 또는 성과 제고가 궁극적 목적
  ④ 참여관리론 아님 : MBO(목표관리)나 후기인간관계론(동기이론, 인적자원관리)과 다름
  └ 1960년대 McGregor의 Y이론, Argyris의 성숙인모형 등 자아실현인관

# THEME 04 행태론

> **이것이 핵심**
> ① 자연과학적 연구 → 논리실증주의 도입
> ② 가치와 사실 구분 → 사실중심의 연구
>   ↳ 가치중립적 연구

## 1 행태론의 특징과 전제

(1) **자연과학적 연구** : 사회현상 = 자연현상
(2) **논리실증주의** : 주관과 의식 배제, 경험적 검증
(3) **태도, 의견, 개성을 행태개념에 포함** : but 연구대상은 관찰 가능한 외면적 형태
(4) **인과성 전제** : 행태의 규칙성을 경험적으로 입증
(5) **가치중립성** : 가치와 사실의 구분(정치행정새이원론), 가치(규범) 배제 → 반규범적 바이어스
   ↳ 가치의 부정 X                                                    ↳ 가치중립적
(6) **계량적·조작적 분석** : 통계적 확률 중시
(7) **방법론적 개체주의** : 집단의 고유특성 불인정
(8) **학제적 접근** : 연합학문적 연구 → 정체성 위기 초래
(9) **종합적 관점** : 고전과 신고전의 통합
(10) **일반이론화** : 개별국가의 특수성 부정, 정치체제에 대한 투입 중시(투입주의)

## 2 주요 쟁점

① **연구대상** : 직접적인 연구대상은 관찰 가능한 외면적인 행태이지만 행태라는 개념 속에는 태도, 의견, 개성 등도 포함됨
② **가치문제** : 가치와 사실을 분리하여 연구하는 정치행정새이원론이지만 가치판단요소(정치적 요소)의 존재를 부정한 것은 아니며 행정의 본질을 의사결정과정으로 봄
③ **방법론** : 방법론적 개체주의이므로 집단의 고유특성을 인정하지는 않지만, 행정의 본질을 협동적 집단현상으로 간주
④ **귀납과 연역의 혼합** : 대체로 귀납적이지만, 연역적으로 도출된 가설을 귀납적으로 검증하는 연역과 귀납의 혼합

가설 —검증(귀납적)→ 이론 —도출(연역적)→ 가설
↳ 검증된 가설만 이론으로 수용    ↳ 기존의 이론에서 새로운 가설 도출

## 3 공헌과 한계

**(1) 공헌**
① 행정연구의 과학화 : 경험적 · 실증적 연구
② 정치행정새이원론 확립 : 가치를 연구대상에서 배제

**(2) 한계**
① 기술 및 방법에 치중한 나머지 연구대상과 범위의 제약 : 주관적인 내면세계를 다루지 못함
② 지나친 객관주의 · 조작주의 · 계량주의 : 자료조작 가능성
③ 가치판단배제의 비현실성과 경험적 보수주의 경향 : 가치중립적 입장은 절박한 사회문제를 처방하지 못하고 보수주의 초래 → '실천과학'이 아닌 '관조(觀照)과학'으로 전락
④ 논리상의 구별을 현실상의 구별과 혼동
⑤ 공행정의 특수성 과소평가 : 행정의 공공성이나 공행정의 특수성을 과소평가하는 정치행정새이원론
⑥ 어용학설 : 가치나 철학의 결여로 정책조언에 유용 X → 엘리트를 위한 이론적 도구로 전락
⑦ 개도국에의 적용 곤란 : 이중 구조적 · 폐쇄적 사회에 적용 곤란
⑧ 결정론적 인간관 : 인간을 목표달성의 합리적 도구로 인식

> **주의** [행태론의 쟁점]
> ① 가치와 사실 구분 O, 가치의 부정 X
> ② 대체로 귀납적 O, 가설의 도출은 연역적 O

# THEME 05 생태론

기출이력 | 2012 국가9급 등 총3회　C

2026 선행정학 기본서　p.123

## 1　Gaus – 행정에 관한 고찰

Gaus는 행정이론을 정치이론으로 보고 행정체제에 영향을 미치는 생태적인 요인 7가지를 제시

> 주인장이물사위

(1) **주민**(people) : 국민의 연령이나 분포
(2) **인물**(personality) : 지도적 인물의 성품이나 개성 등
(3) **장소 · 지리**(place) : 공간적 변화
(4) **이념 · 욕구 · 사상**(wishes & ideas) : 국민의 바람이나 사회를 지배하는 이데올로기
(5) **물리적 기술**(physical technology) : 자동차 기술이나 컴퓨터공학의 발달
(6) **사회적 기술**(social technology) : 주식제도 및 금융실명제 등 경제 · 사회기술의 변화
(7) **위기 · 재난**(catastrophe) : 전쟁이나 경제대공황 등 천재지변

## 2　Riggs – 사회삼원론

| 구조 | 융합사회(Fused Society) | 프리즘적 사회(Prismatic Society) [신생국 행정모형] | 분화사회(Refracted Society) |
|---|---|---|---|
| 사회구조 | 농업사회(Agraria) | 전이 · 과도 · 굴절사회(Transitia) | 산업사회(Industria) |
| 관료제모형 | 안방 모델(Chamber Model)<br>* 공 · 사의 미구분 | 사랑방 모델(Sala Model) | 사무실 모델(Office Model)<br>* 공 · 사의 구분 |

프리즘적 사회 특징:
- 다규범성 : 우규범성
- 연고우선주의
- 형식주의(구조 ≠ 기능) : 구조기능주의(구조와 기능간 선형적 인과관계 부정)
- 의존증세(권력+재력)

## 3　공헌과 한계

(1) 공헌
① 각국 행정의 정치 · 경제 · 사회적 조건(환경) 적극 규명
② 후진국 행정연구와 중범위이론 정립에 기여 : 후진국 행정현상을 이해하는 데 크게 기여하였으며, 보편적 이론보다는 중범위이론에 자극을 주어 행정연구의 과학화에 기여

(2) 한계　[환경에 대한 행정의 종속변수성 강조]
① 생태론적 결정론 : 국가발전에 대한 독립변수로서의 쇄신적 행정엘리트의 주체적인 역할 경시
② 동태적인 변화와 발전 설명 곤란 : 정태적이고 균형적인 이론
③ 일반이론화에 한계 : 특정국가의 개별적 환경만을 연구

# THEME 06 체제론

## 1 행정체제의 구성요소

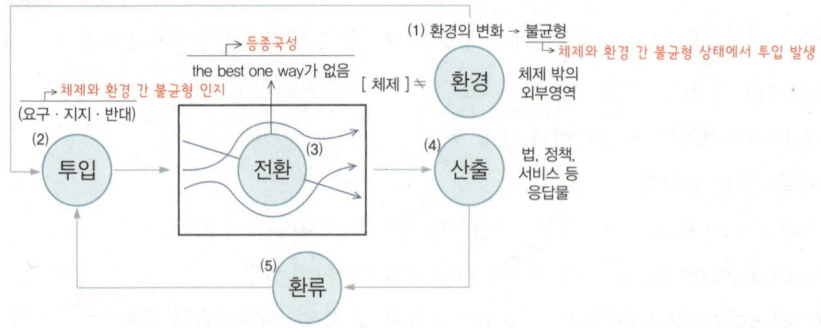

(1) **환경** : 체제에 대한 요구나 지지를 발생시키고 산출을 받아들이는 에너지의 근원이 되는 외부 영역
(2) **투입** : 요구(demand) · 희망 · 지지(support) · 자원(resources ; 인력 · 물자 · 자금 · 정보 등)
(3) **전환** : 투입을 산출로 전환시키는 작업절차로서 목표를 설정하고 필요한 정책을 결정하는 일련의 내부과정 ➜ the best one way 없음
(4) **산출** : 환경에 응답하는 결과물로서 정책 · 법령 · 재화 · 규제 · 용역(서비스) 기타 모든 형식적인 응답
(5) **환류** : 투입에 대한 산출의 결과가 다음 단계의 투입요소에 연결되는 과정(시정조치단계)

## 2 개방체제의 특징

① **총체주의적 관점** : 경계가 존재하지만 개체주의가 아님(부분적 인식이 아닌 전체적 인식)
② **5단계의 시간적 순환** : 환경 ➜ 투입 ➜ 전환 ➜ 산출 ➜ 환류
③ **4대기능(AGIL)** : 적응, 목표달성, 통합, 체제유지
④ **동태적 균형** : 동적 항상성(안정상태의 추구)
⑤ **부(-)의 엔트로피** : 부정적 엔트로피를 통해 해체 · 소멸을 방지
⑥ **전체성** : 하위체제간 개별적 분석이나 구조와 기능간 선형적 인과관계를 통하여 전체의 이해가 가능하다는 입장(방법론적 개체주의)에 반대하며, 전체로서의 통합관계를 중시
⑦ **구조 · 기능 · 절차의 다양성** : 환경의 복잡성에 비례하여 구조와 기능이 분화(다양화)되어야 함(필수 다양성) ➜ 목표달성 방법 · 절차 · 경로의 다양성 : 등종국성(유일최선책 부정)
⑧ **체제의 진화** : 분화와 통합을 통한 끊임없는 진화 · 발전

## 3 체제론의 특징

(1) **연합학문적 관점** : (다)학제적 성격(정치학, 사회학, 행정학 등)
(2) **총체주의적 관점** : 체제는 부분(하위체제)의 유기적 합이라는 거시적 관점
(3) **목적론적 관점** : 모든 체제는 목적을 가진다는 유목적적 관점
(4) **계서적 관점** : 하위체제는 상위체제 속에 속해있으며 체제 간에 존재하는 관계의 배열이 계층적임
(5) **시간적 관점** : 투입 – 전환 – 산출 등 시간선상에서 움직여 나가는 순환적·동태적인 현상
(6) **추상적·관념적 관점** : 연구대상을 상징으로서 취급
(7) **구조기능주의** : 구조(외형)와 기능(실제)간 괴리 분석

## 4 체제론의 공과

(1) **공헌**
 ① 비교행정론에 영향 : 신생국 행정체제의 비교연구를 위한 비교행정론의 발달에 기여
 ② 거시적 관점 : 환경을 고려하는 거시적 시각

(2) **한계**
 ① 변화와 발전 설명 곤란 : 투입을 전제로 산출을 설명하고 있어 균형적·정태적 이론임 → 생태론적 결정론의 범주를 탈피 못함
 ② 인적 요소 과소평가 : 인물의 성격·개성·리더십 등 인적요소나 조직 내 정치권력이나 갈등, 의사전달, 정책결정, 가치판단문제, 인간의 심리적·감정적·질적·행태 요인 불고려
 ③ 개도국보다는 선진국에 적합한 연구
 ④ 전환과정 설명 미흡 : 전체나 결과를 중시한 나머지 체제 내에서 진행되는 구체적인 운영 및 전환과정 설명이 미흡 → Black Box라는 비판

> **주의** [체제론의 쟁점]
> 
> ① 개방체제는 정태적 균형이 아니라 동태적 균형을 추구하지만, 체제론은 균형을 중시하므로 정태적·균형적인 이론 (→ but 체제가 항상 동태적 균형 추구 X)
>
> | 틀림 [×] | 맞음 [○] |
> |---|---|
> | 동태적 이론 | 정태적 이론(변화·발전보다는 균형·안정 중시) |
> | 정태적 균형 | 동태적 균형(투입과 산출을 통한 균형) |
> | 변화와 발전 설명 | 분화와 통합을 통한 진화·발전(체제의 탄력성) |
>
> ② 생태론과의 차이
>  • 생태론은 후진국의 특수한 행정현상 연구에 기여한 데 비해, 체제론은 후진국보다는 선진국에 더 적합
>  • 생태론은 행정의 특수성을 강조하는 중범위이론임에 비해, 체제론은 더 거시적이고 일반화된 이론

# THEME 07 비교행정론

기출이력 | 2015 국가9급 등 총2회

## 1 비교행정론의 의의

각국의 행정현상을 비교하여 여러나라 행정현상을 설명할 수 있는 일반법칙 연구

## 2 대두배경

① 기존 미국행정학의 신생국(후진국) 적용상 한계
② 행정학의 과학화·객관화 요청 : 구조기능주의적 접근(T.Parsons)이나 문화횡단적 접근(F.W.Riggs) 요청
  - 생·체·비 : 구조기능주의
  - 발 : 실용주의
③ 생태론과 비교정치론의 영향
④ 후진국에 대한 경제·기술원조(마셜플랜)
⑤ 비교행정연구회(CAG)의 활동

## 3 한계

① 독자적인 연구대상 획정 곤란 : 비교정치학과 중복
② 정태적·종속적·결정론적 접근 : 환경의 영향을 지나치게 강조 → 후진국 국가발전에 대한 비관적 숙명론으로 귀결

# THEME 08 발전행정론

## 1 발전행정론의 의의

① 행정체제가 국가발전을 주도하는 실천적 전략을 연구 → 실용주의
② 후진국(제3세계)의 근대화와 경제성장을 뒷받침

## 2 특징과 지향

(1) **정치행정새일원론과 처방성(기술성) 강조** : 행정이 정치를 유도한다는 행정우위론
(2) **변화지향적 이념으로서의 효과성 중시** : 목표달성도 중시
(3) **불균형적 접근법의 중시** : 행정체제를 발전시켜 다른 하위체제의 발전을 유도하려는 유도발전전략
(4) **엘리트주의 및 국가주의의 관점** : 발전의 주역으로 행정엘리트, 정부관료제의 역할 중시
(5) **경제성장 제일주의** : 경제성장을 빈곤 탈피의 지렛대로 인식

## 3 발전행정론의 한계

(1) **발전개념의 모호성과 서구적 편견** : 서구화(미국화)를 발전이라고 인식
(2) **권력의 집중과 행정의 비대화** : 행정의 무절제한 팽창과 비대화를 뒷받침하는 이론적 무기로 전락
(3) **이론적 과학성 미흡** : 실천적·처방적·규범적 성격을 띤 나머지 경험적 검증을 거친 이론이 드묾
(4) **투입기능의 경시** : 일방적인 산출에만 주력한 나머지 투입(국민의 의견 등)을 무시하는 비민주적·독단적 행정 초래 가능성 → 개발독재의 우려
(5) **가치배분권의 남용과 비민주적·불공정한 행사** : 정부실패(개발독재 등)의 요인

# THEME 09 신행정론

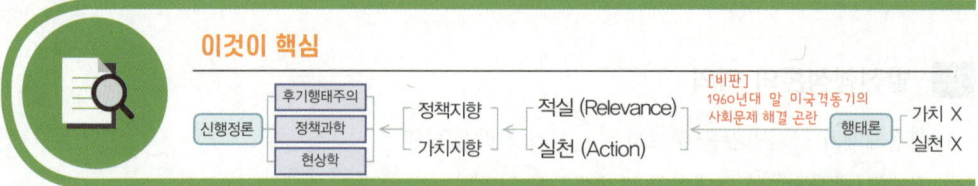

- **1 신행정론의 의의**

  ① 1960년대 말 미국 사회 격동기의 절박한 국내문제(흑인폭동, 빈곤과 흑백차별, 월남패망, 워터게이트사건, 뉴레프트, 반전운동 등)를 해결하기 위하여 반(反)행태론의 관점에서 등장
  → 도덕적 윤리와 가치로 무장되지 못한 직업적 기능인(≠ Waldo의 전문직업성)
  ② 행태론은 물론, 전문직업주의와 (가치)중립적인 관리론을 비판 → 가치의 중시
  ③ 신행정론은 후기행태주의와 정책과학, 현상학을 포함하는 개념

- **2 주요 특징**

  (1) **사회적 형평 등 행정의 새로운 가치 중시** : 가치주의, 인본주의 행정학
    → 규범주의
  (2) **격동에의 대응과 행정의 독립변수적 역할 및 적극적 가치관 중시**
    ① '관조'가 아니라 사회문제 해결자로서의 '실천'하는 적극적 행정인 중시
    ② 적실성(relevance)과 실천(action) 강조 → 행정의 독자적 주체성 강조
        → 제도 X    → 사실 X   → 이론 X
  (3) **정책·가치·문제 및 규범지향성** : 격동기의 사회문제를 처방하기 위한 정치행정새일원론
  (4) **행태론의 지양과 현상학적 접근법 추구** : 간주관성 및 능동적, 사회적 자아 중시
  (5) **과학적 방법을 포기(배격)한 것은 아님** : 과학적 지식을 문제해결에 활용할 것을 주장
  (6) **사회적 적실성·기술성(처방성)·대응성 강조** : 현실적합성의 신조와 철학
  (7) **후기관료제모형** : 계층제의 타파로 민주적·동태적·도덕적·분권적·다원적 조직 주장
  (8) **고객지향적 행정과 민주적 행정모형 강조** : 수익자의 참여와 소외계층에 대한 적극적 배려
        → 복지정책(위대한 사회 : Great Society)

# THEME 10 후기행태주의

## 1 후기행태주의 등장배경

① **행태론에 대한 반발**: 행태주의가 격동기의 사회문제를 해결하는 데 한계가 있다고 보고, D.Easton에 의하여 주창 (→ Waldo 등)
② **1960년대 말 신행정론자들이 도입**: 현상학·정책과학과 함께 신행정학의 핵심이론이자 후기 산업사회 행정이론의 출발점

## 2 후기행태주의의 특징

① 적실성(relevance)과 실천(action)을 강조
② 정책과학의 견인차 역할
③ 사회문제 해결을 위한 행정의 가치지향성, 정책지향성 강조 (→ 규범)
④ (행태론을 비판은 하였지만) 과학적 방법을 반대·배격·포기·부정한 것은 아님

# THEME 11 현상학

## 1 현상학의 특징

(1) **신행정론의 연구방법**: Harmon의 행위이론(1981)에 의하여 신행정론의 연구방법으로 도입

(2) **인간중심적 접근법(인본주의)**: 물질주의, 관료제화, 공식화, 법제화 등에 의하여 초래된 인간의 물상화 현상을 배격하고 인간을 자유의지를 지닌 자발적·능동적 자아로 간주

(3) **상호주관성 중시**: 인간을 고립된 개체로 보지 않고 자유로운 의사소통을 통한 간주관성(間主觀性; inter-subjectivity) 중시

(4) **행태(behaviour)가 아닌 행위(action) 중시**: 표출된 행위와 의도된 행위는 다르므로 의도가 결부된 '의미있는 행동'을 연구해야 한다고 주장 → 가치와 사실, 내면과 외면, 주관과 객관은 분해할 수 없음

(5) **과학적 방법보다는 철학적 연구방법 중시**: 실증주의 비판 → 선험적 관념론
  ↳ 논변적 접근, 현상학적 접근 등
  ↳ 경험적 실증론

## 2 행태론과의 차이

| 현상학 | 구분 | 행태론 |
| --- | --- | --- |
| 주관주의·내면주의·주의주의 | 관점 | 객관주의·외면주의·결과주의·주지주의 |
| 사회명목론 | 존재 | 사회실재론 |
| 반실증주의(철학적) | 인식 | 실증주의(과학적) |
| 자발론(인본주의), 독립변수 | 인간 | 결정론(도구주의), 종속변수 |
| 개별사례 중심 | 방법 | 일반법칙적 |
| 능동적·사회적 자아(신비주의)[1] | 자아 | 수동적·원자적 자아(개체주의) |
| 대응성, 책임성 | 이념 | 합리성, 능률성 |
| 사회현상 ≠ 자연현상 | 사회관 | 사회현상 = 자연현상 |

1) 현상학도 미시이론(개체주의)이지만 행태론에 비교할 때는 상대적으로 신비주의
  ↳ 전체주의

# THEME 12 비판행정학과 담론행정

## 1 비판행정학

(1) 의의

인간을 억압하는 요인(관료제, 자본주의, 기술문명, 법률, 실증주의 등)들을 타파하려는 후기산업사회의 인본주의 운동

(2) 특성

① **총체성(totality)** : 사회는 고립된 '부분'이 아니라 전체적인 '연관'
② **의식과 이성 중시** : 인간의 내면적인 '비판적 이성(reason)'을 중시
③ **인본주의** : 인간의 무력감, 고독, 물상화 등 인간소외 극복
④ **비판적 관점** : 기존의 진리가 최고불변의 진리라는 근원주의나 보편주의 및 메타설화를 부정
⑤ **상호 담론(discourse)** : 왜곡 없는 자유로운 의사소통과 토론으로 공공행정의 위기(참여 배제, 인간소외, 권력과 정보의 비대칭성, 왜곡된 의사소통 등)를 극복해야 한다고 주장

## 2 담론행정

(1) 이론적 기초와 효용

① **Fox & Miller** : 포스트모더니즘 하에서 가장 바람직한 행정은 담론(discourse)이어야 한다고 주장
② **공공행정의 주체가 종전의 '관료기구'에서 '에너지영역(energy field)'으로 대체** : 공공에너지영역은 사회적 담론을 가능하게 하는 운동장 → 담론은 행정에 있어서 직접(심의)민주주의의 가능성 제고
③ **의미의 포착** : 정책은 소수 전문관료제에 의한 '합리적 분석'이 아니라 '담론에 의한 의미의 포착'
→ 담론이론의 이론적 기초는 현상학, 해석학
④ **담론이론의 이념적 기초와 효용** : 의사소통을 통한 행정의 민주성, 대응성, 정당성 제고
⑤ **바람직한 담론의 형태는 적정수 담론** : 책임 있는 전문가와 공무원들로 구성된 정책공동체 형태
⑥ **숙의(심의) 민주주의나 논변적 접근, 공론조사의 토대** : 시민참여·소통 중시
  └→ 직접 민주주의    └→ 확실한 과학적 법칙 발견보다 결정의 정당성 중시(Toulmin)

(2) 한계

① 정책평가기준의 다양화 및 상대화(주관화) 문제
② 시간적 한계와 정보의 부정확성 문제

# THEME 13 공공선택론(Ⅰ) - 기본가정과 특징

기출이력 | 2020 국가7급 등 총39회    A

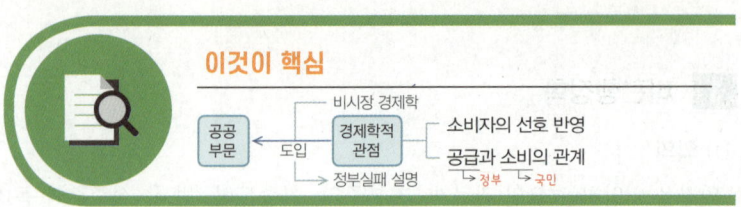

## 1 공공선택론의 의의

① 공공부문에 **경제학적 관점** 도입 : 공공부문도 시장에서처럼 자신의 선호에 따라 공공재를 선택할 수 있다고 보는 접근법(Ostrom) → 정치경제학적 접근법
② 행정을 공공재의 공급과 소비관계로 파악 : 정부는 공공재의 공급자, 국민은 소비자로 규정

## 2 문제의식

① 공공부문의 시장경제화 : 비시장적 의사결정에 관한 경제학적 연구
② 공공부문에서의 파레토 최적 실현
③ 전통적인 정부관료제의 한계 : 계층구조는 소비자인 시민의 선택을 억압하여 정부실패 초래
④ **시민 개인의 선호 중시** : 소비자의 선택(이동, 투표, 중첩, 민영화 등)과 경쟁을 통하여 행정의 **대응성·효율성** 제고
⑤ 교환으로서의 정치 : 정치도 일종의 교환(거래)

## 3 기본가정과 특징

① 방법론적 **개체주의**
② 공공재와 의사결정구조에 관한 연구 : 재화와 용역의 공공성 및 정책의 파급효과 강조
③ **합리적인 이기주의자** : 집단의 이익보다는 개인의 이익 중시
④ 민주주의에 의한 집단적 결정
⑤ **연역적 이론**과 수학적 공식의 사용
⑥ 탈관료제적 처방 : 새로운 제도적 장치로서 **중첩적인** 관할구역과 **분권적인** 조직장치(다중공공관료제) 필요

### 4 행정개혁 처방

① 다원조직제 : 정부, 준정부, 비정부, 시민공동체 등
② 비계서적 조정 : 전통적인 획일적·계서적 조직의 한계 지적
③ 정부역할 축소 : 정부역할의 대폭 축소 및 시장기제와 원리 강조
④ 고객중심의 행정 강조 : 효율성·대응성 제고
⑤ 준시장적 수단 활용 : 소비자 부담원칙 등 강화

### 5 유용성과 한계

| 유용성 | 한계 |
| --- | --- |
| ① 현대 행정개혁 논리의 기초 : 고객중심주의, 소비자중심주의, 분권화와 자율성 제고, 시민참여의 확대, 경쟁원리<br>② 민주주의 행정모형 : Wilson의 능률주의에 비교시 Ostrom의 패러다임은 '민주주의 모형'<br>③ 정부실패의 원인 분석과 대응책 제시 | ① 시장실패 우려 : 인간관에 대한 경제학적 가정의 편협성, 시장논리나 경제적 동기만 중시, 약자에 대한 배려 부족, 효율성·대응성만 중시한 나머지 수직적 형평성 저해 등<br>② 국가역할에 대한 보수적 견해 : 국가역할을 경시, 시장적 자유의 극대화만 중시 → 기득권을 타파하지 못하는 현상유지적·균형적·보수적 이론으로 시장실패 우려<br>③ 현실적합성 부족 : 가정의 비현실성 및 급진적 처방 |

> 🔍 주의 [공공선택론의 쟁점]
> ① 시장실패 연구 X, 정부실패 연구 O
> ② 시장경제학 X, 비시장경제학 O
> ③ 효율성 O, 대응성 O, 형평성 X
>    └→ by 시장기제  └→ by 선호 반영  └→ 약자 배려 X

# THEME 14 공공선택론(Ⅱ) - 주요 모형

## 1 Buchanan과 Tullock의 적정참여자수 모형

정책결정에 있어서 동의의 극대화를 위하여 참여자를 늘릴 경우 정책결정비용(내부비용)이 늘어나므로 총비용의 극소화와 동의의 극대화를 조화시켜 적정한 참여자의 수를 찾으려는 규범적 모형 → 참여자가 너무 많거나(만장일치) 적을 때(관료제모형) 정부실패 발생

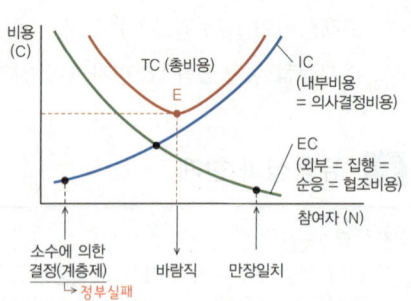

## 2 Ostrom의 민주행정패러다임

전문능력을 가진 관료가 계층제를 통하여 일방적으로 국가목적을 능률적으로 달성할 수 있다는 전통적인 Wilson식 행정관 비판 → 새로운 민주적·제도적 장치로서 분권과 관할구역의 중첩을 통한 다중공공관료제(민주행정패러다임) 제시

→ 행정은 정치 영역 밖에 있다고 비판(행정은 정치영역 밖에 있다고 본 대부분의 공공선택론자들의 입장과 반대)
→ 정치행정일원론

## 3 중위투표자정리

Black, Downs & Hotelling이 주장한 것으로 양대정당체제 하에서 과반수의 득표를 얻기 위해 양대 정당의 정강정책은 거의 일치하게 되고, 극단적인 선호를 가진 투표자들은 기권을 하게 되므로 투표당사자 모두의 선호에 일치되는 선택이 이루어지기 힘들다는 모형

## 4 티부가설

(1) **의의** : '발로 하는 투표(vote by feet)'의 의미를 가진 말로 중앙정부와 달리 지방정부에서는 주민들이 자신의 선호에 따라 지방 간에 자유롭게 이동가능하기 때문에 이러한 시장배분적 과정을 통하여 지방공공재 공급의 적정규모가 결정될 수 있다는 이론 → 소규모 자치구역에 의한 행정의 효율성(지방자치의 당위성) 강조

→ Samuelson의 중앙정부론(정치논리)
→ 티부가설의 정당성을 입증한 오츠(Oates)의 분권화 정리와 유사

(2) **티부가설의 전제조건**
① 다수의 이질적인 소규모 지역사회(지방정부) 존재 → 자치정부
② 완전한 정보 : 정보의 균형화
③ 지역간 자유로운 이동 : 완전한 이동

④ 단위당 평균비용 동일 : 규모의 경제 작용 안됨, 규모수익 불변
⑤ 외부효과나 국고보조금 등의 부존재
　　　　　　　　　　　　　　고용기회가 제약조건으로 작용 X
⑥ 배당수입에 의한 소득 : 동일한 고용기회와 재산세에 의한 소득 형성
⑦ 한 가지 이상의 고정적(한정된) 생산요소 존재
⑧ 최적규모의 추구 : 규모가 크면 주민 유출, 작으면 주민 유입

## 5 K.J.Arrow의 불가능성 정리

(1) 의의 : 투표의 역설(모순)이라고도 하며, 투표에 의한 어떠한 사회적(집단적) 의사결정도 민주적(비독재적)인 동시에 효율적(합리적)이기가 불가능하다는 모형

(2) 다섯 가지 가능성의 조건(정리)　　　　↳ 5가지 가능성의 정리가 동시에 충족되기 힘듦

| 합리성의 원리 | 파레토의 원리 | 모두가 A＞B 라면 투표에 의한 사회적 선택도 A＞B라야 한다. |
| | 이행성의 원리 | A＞B이고 B＞C 라면 A＞C 라야 한다(선호가 단봉이라야 한다). |
| | 독립성의 원리 | 대안간에 서로 영향을 주지 말아야 한다(제3의 대안 고려 X). |
| 민주성의 원리 | 비독재성의 원리 | 인간은 모두 이기적이므로 한 사람에 의한 독재적 의사결정은 안된다. |
| | 선호의 비제한성의 원리 | 자신의 선호가 제한 없이 표출될 수 있는 자유가 있어야 한다. |

## 6 Niskanen의 관료예산극대화 가설

(1) 의의 : 모든 개인들은 자신들의 개인적 효용을 극대화하려 한다는 다른 공공선택이론과 달리 정치인과 관료들의 목적함수가 다르다고 보고 관료들은 승진·소득·명성 등의 자신의 이익을 극대화하기 위하여 한계편익(MB)과 한계비용(MC)이 일치하는 a지점(최적생산) 대신 총편익과 총비용이 일치하는 b지점(과다생산)까지 생산량을 늘려 과잉생산을 초래한다는 모형

(2) 정치가와 관료의 행태 차이

| | 정치가 | 관료 |
|---|---|---|
| 목적함수 | 사회후생의 극대화 | 개인효용의 극대화 |
| 서비스 공급 | 순편익(B-C)의 극대화 지점<br>한계편익(MB) = 한계비용(MC) | 순편익(B-C) = 0 지점<br>편익(B)=비용(C) |
| 생산수준 | 최적생산(a) | 과다생산(b) |
| | 득표의 극대화 | 예산의 극대화 |
| | 쌍방독점관계 | |

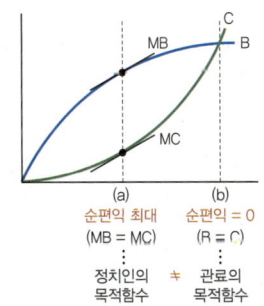
순편익 최대　　순편익 = 0
(MB = MC)　　(B = C)
정치인의　≠　관료의
목적함수　　　목적함수

## ● 니스카넨(Niskanen)의 예산극대화가설과 던리비(Dunleavy)의 관청형성전략 비교

**(1) 던리비(Dunleavy)의 관청형성론**
① 관청형성동기 강조 : 고위관료는 가시적이고 책임이 수반되는 계선기능은 준정부기관이나 책임운영기관 등 다양한 정부조직을 형성하여 떠넘기고 자신들은 정치권력의 중심에서 참모기능을 선호 → 정부조직의 다양화·분권화
② 니스카넨 이론 비판 : 예산의 유형과 기관의 성격에 따라 예산극대화동기가 달라짐
③ 한계 : 정부팽창의 은폐수단 또는 책임회피수단, 행정통제력 약화수단으로 악용 소지

| 예산의 유형 | 기관의 성격 | 예산극대화동기 | 관청형성동기 |
|---|---|---|---|
| 핵심예산 | 전달기관·봉사기관 | O(중하위관료) | X |
| 관청예산 | 이전기관 | O(고위관료) | X |
| 사업예산 | 통제기관 | X | O(합리적 고위관료) |
| 초사업예산 | | | |

**(2) 니스카넨(Niskanen)의 예산극대화가설과 던리비(Dunleavy)의 관청형성전략 비교**
① 던리비(Dunleavy)는 니스카넨(Niskanen)의 예산극대화 행동은 모든 기관·예산·관료들에게서 일률적으로 나타나는 것이 아니라 예산의 성격, 예산의 유형과 직위의 관계, 기관의 유형, 시대적 상황 등의 측면에서 다양하게 나타날 수 있다고 주장
② 던리비(Dunleavy)는 합리적인 고위관료들은 예산극대화동기 대신 관청형성동기가 더 강하다고 주장

| 공통점 | 차이점 | |
|---|---|---|
| | Niskanen (관료예산극대화가설) | Dunleavy (관청형성론) |
| ① 공공선택론의 기본가정(이기적 인간관) 수용<br>② 정부실패 가능성 인정 | ① 모든 예산, 기관, 직위에서 관료들의 예산극대화 동기를 일률적으로 강조<br>② 관청형성동기보다 예산극대화동기 강조<br>③ 예산팽창으로 인한 정부실패 | ① 예산의 유형, 기관의 유형, 직위 등에 따라 예산극대화동기가 달라짐<br>② 예산극대화동기보다 관청형성동기 강조<br>③ 관청형성으로 인한 정부실패 |

## ● 신제도론과 제도의 안정·변화

신제도론은 제도의 지속(안정)과 변동을 둘 다 설명하고자 함. ⇨ 단, 초기 연구에서는 제도의 안정성에, 후기 연구에서는 제도의 변동성에 초점을 둠.

| 안정을 설명하는 요인 | ① 잠금효과(Lock-in effect) : 한번 결정된 제도가 이해관계 등으로 쉽게 변화하지 않는 현상<br>② 경로의존성(path-dependence) : 제도는 역사적 맥락이나 경로에 의존하므로 쉽게 변하지 않는 지속성을 지님 |
|---|---|
| 변동을 설명하는 요인 | ① 결절된 균형 : 쿠데타나 혁명 등 역사적 대전환에 의한 변화<br>② 동형화 : 배태성의 원리에 따라 서로 닮아가는 현상<br>③ 권력 불균형 : 주도집단(국가 등)이 나타나 제도를 변화시키는 현상<br>④ 우연 : 의도적·계획적이지 않게 나타난 변화(돌연변이 등) |

# THEME 15 신제도론

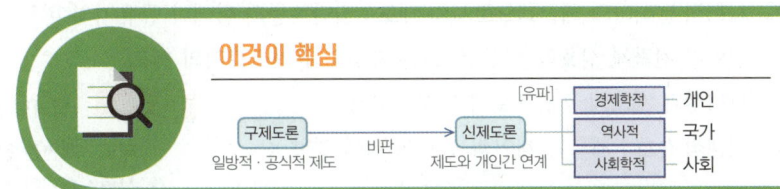

## 1 구제도론과의 차이

| | 구제도론 | 신제도론 |
|---|---|---|
| 제도의 개념 | 공식적인 법규, 정부조직 | 공유하고 있는 규범, 규칙 |
| 제도의 형성 | 외생적 요인에 의하여 일방적으로 결정 | 제도와 행위자 간의 상호작용으로 형성 (맥락적) |
| 제도의 특성 | 구체적 · 정태적 · 보편적 · 공식적 · 유형적 | 비공식적 · 상징적 · 문화적 · 동태적 · 무형적 |
| 접근법 | 거시주의(인간 불고려) 〔구구정보공유〕 | 거시와 미시의 연계(인간 고려) |
| 기술의 초점 | 제도의 기술 자체(인간의 행위나 사회현상 불포함) | 제도라는 변수를 통해 인간의 행위나 사회현상, 정책환경, 국가정책 등 설명 (내생변수로 취급) |

## 2 다원주의 · 행태주의와의 차이

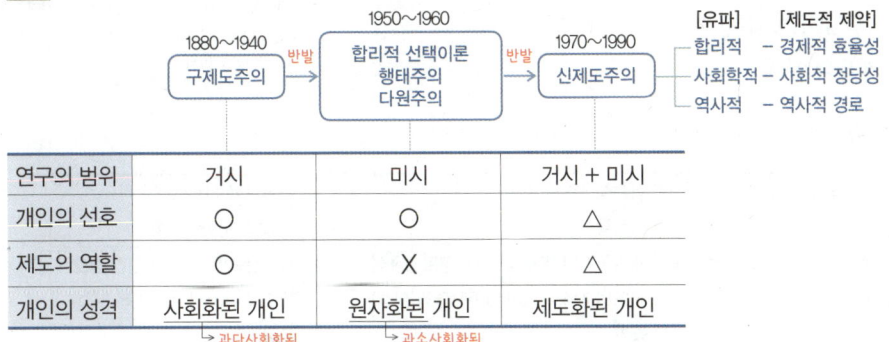

● **신제도론의 특징**
① 행태주의 등에 대한 반발
② 제도를 사회의 '구조화된 측면'으로 봄.
③ 제도를 독립변수이자 동시에 종속변수로 봄.
④ 제도는 공식적인 것일 수도 있고 비공식적인 것일 수도 있음.
⑤ 정책 및 정책환경을 내생변수화하여 직접 분석
⑥ 제도와 행위자간 상호작용을 동태적으로 분석
⑦ 일단 형성된 제도는 일정기간 안정성을 지님(but, 변동가능성 인정) → 지속과 변동을 둘 다 설명 (초기 연구 / 후기 연구)

## 3 신제도론의 유파

**(1) 합리적 선택의 신제도주의의 특징**
① 사회적 딜레마의 해결책으로서의 제도 : 집단행동의 딜레마(공유지의 비극) 해결
② 개인간 전략적 상호작용(선택) 또는 게임의 규칙으로서의 제도
③ 합리성과 제도의 결합으로서의 사회현상
   └→ but 표출에는 영향 ○
④ 외생적 선호 : 제도가 개인의 선호 형성에 영향 X

> **주의** [합리적 선택의 신제도론]
> ① 제도 : 개인간 전략적 상호작용의 산물 ○
> ② 선호 : 개인간 상호작용의 산물 X

**(2) 역사적 (정치학적) 신제도주의의 특징**
① 독립변수이자 종속변수로서의 제도 인식
② 정치체제(국가)의 상대적 자율성
         └→ 국가의 역할 강조
③ 권력관계의 불균형 : 다원주의 부정
④ 역사와 맥락에 대한 강조 : 국가 간 정책(제도)의 상이성 중시
⑤ 역사적 조망과 거시 구조적 분석의 결합
⑥ 제도의 지속성과 경로(맥락)의존성, 환경변화에 대응 못하는 비효율적인 제도의 존재를 인정
   └→ but 결절된 충격 및 우연에 의한 변화 인정 → 제도의 지속과 변동을 둘 다 설명
        by 잠금효과, 경로의존성 등           by 결절된 균형 등

**(3) 사회학적 신제도주의의 특징**
① 제도의 비공식적 측면 중시 : 문화, 상징, 인지구조 등
② 규범적 측면보다 인지적 측면 중시 : 사회가 개인을 창조
③ 결과성보다 적절성의 논리 중시 : 제도적 동형화(isomorphism)
                                  └→ 배태성
   ┌→ 규범적 동형화 : by 전문화과정
   ├→ 강압적 동형화 : by 압력과 통제(규제)
   └→ 모방적 동형화 : by 불확실성에 대비한 자발적 벤치마킹
   * but 시장의 압력속에서 생존하기 위해 경쟁력 있는 조직형태와 기법을 합리적으로 선택하는 것은 "제도적" 동형화가 아닌 "경쟁적" 동형화에 해당
④ 실증적·귀납적 방법론
⑤ 보편적 제도의 부정

### ● 신제도론의 유파별 특징 비교

| 구분 | 합리적 선택의 신제도주의 | 역사적 신제도주의 | 사회학적 신제도주의 |
|---|---|---|---|
| 학문 | 경제학 | 정치학 | 사회학, 문화인류학 |
| 개념 | 제도 = 개인의 합리적·전략적 선택 | 개별국가의 역사적 맥락, 경로의존성의 산물 | 사회문화 및 상징(개인간 상호작용) ←동형화 |
| 중점 | 제도적 균형성 | 제도의 지속·상이성(종단면적 분석) | 제도의 유사성(횡단면적 분석) |
| 차원 | 개인 | 국가 | 사회 |
| 측면 | 공식 | 공식 | 비공식 |
| 범위 | 좁음(미시) | 중범위(거시) | 넓음(거시) |
| 변화 | 거래비용 감소 | 결절된 균형, 우연 | 동형화(Isomorphism) |
| 선호 | 외생적(개인간 상호작용 X) | 내생적 | 내생적 |
| 접근 | 연역적 | 귀납적(사례·비교연구) | 귀납적(민속학) |
| 기준 | 경제적 효율성 | 역사적 경로 의존성 | 사회적 정당성 |

# THEME 16 신공공관리론

기출이력 | 2021 지방9급 등 총28회   A

2026 선행정학 기본서 p.157

## 이것이 핵심

```
1970                    정부실패        1980              ┌ 시장화
 NPA          →  영향                NPM              ├ 민영화
신행정론         공공선택론          신공공관리론   ┌ 시장주의  └ 규제완화
              경제학적 신제도주의              └ 신관리주의
```

### 1. 신공공관리론의 의의

① 정부실패를 해결하기 위해 공공부문에 시장기제를 도입하려는 새로운 관리운동 : 시장주의 + 신관리주의
　　　　　　　　　　　　　　　　↳ 민영화·시장화 등

② 신자유주의를 사상적 기초로하여 등장
　　↳ 신공공관리론의 정치적 토대

### 2. 기업형 정부 – 신공공관리론의 핵심모형(Clinton 행정부)

| 전통적 관료제 | | 기업형 정부(NPM) |
|---|---|---|
| 노젓기(rowing) | → | 방향키(steering) 역할 |
| 직접 해줌(service) | → | 할 수 있도록 함(empowering) |
| 독점 공급 | → | 경쟁 도입 |
| 규칙중심 관리 | → | 임무중심 관리 |
| 투입중심 | → | 성과중심 |
| 관료중심 | → | 고객중심 |
| 지출지향(지출절감) | → | 수익창출 |
| 사후치료 | → | 예측과 예방 |
| 집권적 계층제(명령과 통제) | → | 참여와 팀워크 (협의와 네트워크 형성) |
| 행정메커니즘 | → | 시장메커니즘 |

↳ Gov에 비교시는 고객중심

### 3. 행정개혁 방향

🔔 전성기고시작

(1) **기업형 정부** : 기업 마인드 도입, 정책과 집행기능의 분리에 의한 책임행정체제 확립(책임운영기관 등)

(2) **작은 정부** : 정부와 시장기능의 재정립을 통한 정부역할의 합리적 축소, 시장성 테스트(CCT) 등 공급의 경쟁화에 의한 작은 정부
　　　　　　　　　　　　　　　　　　　　　　　　↳ 일방적·외형적 축소 X

(3) **시장지향** : 공공부문 내에 경쟁원리와 시장기제 도입으로 성과·효율 제고
(4) **고객중심의 행정체제 확립** : 시민헌장제도, TQM 등
(5) **성과중심의 행정 강화** : 성과중심의 인사, 조직, 예산, 감사, 평가 등
(6) **전자정부 구축** : 문서 없는 행정으로 투명하고 열린 행정 구현

- **4** NPM의 특징

| 작은 정부 | 시장성 검증, 민영화 등에 의한 정부기능 및 조직 감축 |
|---|---|
| 성과중심의 행정 | 성과중심의 인사, 조직, 재정 운영 |
| 비용가치의 증대(value of money) | 납세자들의 돈의 가치 제고 |
| 권한위임과 융통성 부여 | 내부규제를 완화하고 관리자들에게 재량권 부여, 관리자들에게 힘 실어주기 |
| 책임과 통제 강화 | 권한에 상응하는 성과 확보를 위한 책임과 통제 |
| 시장적 기제의 도입 | 경쟁원리 및 가격원리 |
| 정부규제의 개혁 | 민간의 자율과 창의 부여 |
| 분권과 협력 강화 | 정부간 파트너십 |
| 정책능력 강화 | 노젓기가 아닌 방향잡기에 주력 |
| 민간화 | 행정과 경영의 차이를 부정하고 민간기법 도입 |

- **5** NPM의 한계

① **정책과 집행(관리)의 분리 곤란** : 가능하다고 해도 행정의 분절화 초래
② **공행정의 특수성 무시** : 기업적 가치만 중시한 나머지 행정 본연의 공공가치(공익성, 책임성, 형평성, 대응성) 무시
  ↳행정의 정당성
③ **정치적 측면 무시** : 내부관리의 효율이나 시장(경영)원리에 치중한 나머지 정치논리를 무시, 정치방임, 정치실종
④ **소비자관의 한계** : 국민을 국정의 주체인 시민이 아닌 객체인 소비자(고객)로 전락시킴
⑤ **동기부여의 편협성** : 편협한 금전적인 보상논리
⑥ **절차적 정당성 무시** : 성과만을 중시
⑦ **행정의 공동화** : 정부조직 및 역할의 과도한 축소로 행정공백 발생 우려

> 🔍 주의  [분절화]
> ① 신공공관리론의 문제점 ○ : 정책과 집행의 단절
> ② 거버넌스의 문제점 △ : 협치로 인한 집행통제의 곤란

# THEME 17 (뉴)거버넌스론

기출이력 | 2021 국가9급 등 총28회   A

2026 선행정학 기본서  p.162

**이것이 핵심**  사회문제를 협력적으로 해결하는 제반기제 → 협치

- 국가 중심 ── NPM, 기업형 정부 등: 초기(시장 거버넌스)  → 광의의 Gov.
- 시장 중심 / 시민 중심 ── 참여정부모형 등: 후기(참여 거버넌스)
- NPM에 대한 반론
- New Gov. → 오늘날 일반적 개념

## 1 주요 모형

### (1) Peters의 모형

시신참탈-독영계내

| 구분 | 전통적 정부모형 | 시장적 정부모형 | 신축적 정부모형 | 참여적 정부모형 | 탈내부규제 모형 |
|---|---|---|---|---|---|
| 문제의식 | 전근대적 권위 | 독점 | 영속성 | 계층제 | 내부규제 |
| 조직개혁 | 계층제 | 분권화 (시장화) | 가상조직 | 평면조직 | ─ |
| 관리개혁 | 직업공무원제, 절차적 통제 | 성과급, 민간기법 | 가변적 인사관리 임시조직 | 총체적 품질관리 팀제 | 재량권, 역할 확대 |
| 정책결정 개혁방안 | 정치·행정 구분 | 내부시장, 시장적 유인 | 실험 (by 비정규직) | 협의, 협상 | 기업형 정부 (→시장적 정부 X) |
| 공익기준 | 안정성, 평등 | 저비용 | 저비용, 조정 | 참여, 협의 | 창의성, 활동주의 |
| 조정방안 | 상의하달식 명령 | 보이지 않는 손 | 조직개편 | 하의상달 | 관리자의 자기이익 |
| 오류수정 | 절차적 통제 | 시장적 신호 | 오류의 제도화 방지 | 정치적 신호 | 보다 많은 오류 수용 |
| 공무원제 개혁방안 | 실적제 | 시장기제로 대체 | 임시고용, SES | 계층제 축소 | 내부규제 철폐 |
| 책임확보 | 대의정치 | 시장에 의존 | ─ | 소비자불만에 의존 | 사후통제 의존 |

※ 정부실패의 원인

### (2) Rhodes의 모형

최신기종사자

| 모형 | 개념 | 특징 |
|---|---|---|
| 최소국가 | 시장 확대, 정부 축소 | 시상수의 |
| 신공공관리 | 신관리주의 + 신제도주의 경제학 | 시장경영기법 도입 |
| 기업적 거버넌스 | 기업의 관리철학 도입 (개도국 적용) | 내부시장화, 경영화 등 |
| 좋은 거버넌스 | 신공공관리 + 자유민주주의 | 참여, 협력 |
| 사회적 인공지능체계 | 정부 없는 거버넌스 | 독점적 국가거버넌스에 대한 반발 |
| 자기조직화 연결망 | 공동화된 네트워크(공공거버넌스) | 계층제와 시장의 중간지대 |

### 2  신공공관리론과의 비교

- (1) **공통점**: 신공공관리론은 (뉴)거버넌스의 이론적 토대
  ① 정부 역할 축소
  ② **방향잡기 강조**
  ③ 공·사 구분의 상대성 및 민관 협력 — 정부의 독점적 통치 부정
  ④ **정부실패에의 대응**
  ⑤ 투입보다 산출에 대한 통제

- (2) **차이점**

| 구분 | 신공공관리 | 뉴거버넌스 |
|---|---|---|
| 인식론적 기초 | **신자유주의**·신공공관리 | **공동체주의**·참여주의 |
| 관리기구(공급주체) | 시장주의 | 서비스연계망(공동체)에 의한 공동생산 |
| 관리가치 | **결과**(효율성, 생산성) | **과정**(민주성, 정치성, 신뢰) |
| 관료의 역할 | 공공기업가 | 조정자 |
| 작동원리 | **갈등과 경쟁체제(시장 메커니즘)** | **신뢰와 협력체제(참여 메커니즘)** |
| 서비스 | **민영화**, 민간위탁 | **공동생산**(시민·기업의 참여)[1] |
| 관리방식 | 고객지향 | 임무중심 |
| 분석수준 | **조직내** | **조직간** |
| 이데올로기 | 우파 | 좌파 |
| 혁신의 초점 | 정부재창조(미국) – 기업가정신 | 시민재창조(영국) – 시민정신(시민권) → 시민성 |
| 참여의 형태 | 공리주의, 자원봉사주의 | 시민주의 |
| 정치성 | 탈정치화(정치행정이원론) | 재정치화(정치행정일원론) |

1) 거버넌스는 NPM과 달리 파트너십과 유기적 결합, 사회적 자본과 신뢰, 불확실한 환경, 고객이 아닌 국정의 동반자로서의 국민을 특징으로 한다. 따라서 모형화가 곤란하고, 책임의 분산으로 민주주의 정치질서에 부정적이라는 비판이 있다.

### 3  Gov의 공헌과 한계

(1) **공헌**: 시장주의(→NPM)에서 경시된 대응성·책임성·민주성·공익성 등 공공의 가치 중시

(2) **한계**
  ① 내재화된 변수가 많아 모형화 곤란
  ② 모두의 책임은 모두의 **무책임** → 선거기제에 의한 **민주주의 정치질서 구현에 부정적**
     └ 분절화로 인한 집행통제 곤란때문   └ 책임주체의 소멸위기   └ 책임정치
  ③ 정보부족으로 인한 조정 곤란

# THEME 18 레짐이론 D

## 1 의의

① **도시거버넌스** : 정부와 기업, 국가와 시장, 정치와 경제 등이 어떤 이유로, 어떤 과정을 통해 도시개발 정책결정에서 합의와 협력을 이루어 내는가에 대한 이론적 설명으로 일종의 도시거버넌스이론(local governance) → 연대 → 지방정부 권력이론

② **정부와 기업의 협력** : 기업에 대한 정부의 경제적 종속성을 인정하면서도 기업은 국가의 정치적 독자성 수용

③ **성장연합이론이 배경** : 성장연합(교환가치 강조)이 반성장연합(사용가치 강조)을 누르고 도시성장을 주도하게 된다는 성장기구론 또는 성장연합이론에 바탕을 둠. → 개발가치 / 일상적 사용이나 보존가치

④ **의도적·선별적 형성** : 레짐은 의도적으로 형성되며, 모든 지역에서 형성되는 것은 아님.

● 레짐이론의 형성과정(지방정부 권력이론의 변천)

| 폐쇄적 권력구조론 (내생변수 중심) | 다원론 | 이익집단이 주도, 동등한 접근기회, 정부는 수동적(중립적) 심판관 |
|---|---|---|
| | 엘리트이론 | 소수지배계층이 주도 |
| | 신다원론 | 정부가 능동적, 상이한 접근기회, 정부내부 기구분화가 중요 |
| | 신엘리트론 | 무의사결정론(엘리트가 기득권에 반하는 주장 기각·방치) |
| 도시한계론(외생변수 중심) | | 경제사회적 구조 및 환경 등 외생변수 중시, 고소득층·대기업의 유출을 막고 도시재정기반을 위해 재분배정책보다 경제사회적 파급효과 큰 개발정책에 주력할 수 밖에 없는 경제·사회적 구조(환경) 및 도시정부의 한계 중시 |
| 절충설 (내생+외생) | 성장기구론 | 성장연합(교환가치 중시)이 반성장연합(이용가치 중시)에 승리 → 도시정부는 성장세력에 종속 |
| | 레짐이론 | 도시정부(내생변수)와 민간부문(외생변수)간 협력(협치) 강조 |

→ 권력구조 내 행위자

## 2 유형

### (1) Stone의 모형

| 구분 | 현상유지 레짐 | 개발 레짐 | 중산계층 진보 레짐 | 하층기회 확장 레짐 |
|---|---|---|---|---|
| 추구 가치 | 현상 유지 | 지역 개발·성장·발전 | 자연환경 보호, 평등 | 저소득층 보호 |
| 구성원간 관계 | 친밀성이 높은 소규모 지역사회, 갈등 없음 | 갈등 심함 | 시민참여·감시 강조 | 대중동원이 과제 |
| 생존능력 | 강함 | 비교적 강함 | 보통 | 약함 |

(2) Stoker의 모형

| 구분 | 유기적 레짐 | 도구적 레짐 | 상징적 레짐 |
|---|---|---|---|
| 변화에 대한 인식 | 현상유지 | 단기 성과, 실용적 동기 | 변화 지향 |
| 구성원간 관계 | 높은 결속력과 합의 | 정치적 파트너십 | 경쟁적 동의 |
| 존속 | 안정적 | 단기적 | 과도적 |
| 대상 | 소규모 도시지역 | 국제이벤트 유치를 위한 레짐 | 발전·변화 지향적 도시 |

# THEME 19 신공공서비스론

기출이력 | 2021 국가9급 등 총28회  A

2026 선행정학 기본서 p.168

## 이것이 핵심

정부실패를 문제삼는 → 공공선택론 →(반론)→ 신공공서비스
정부규모를 축소하려는 → 신공공관리론 → 행정을 봉사·서비스로 이해
행정을 관리로 이해

## 1 이론적 기초

↳ 신행정학의 계승·부활이라는 평가가 있음

시민행정학(신행정학), 민주적 시티즌십이론, 사회공동체와 시민사회이론, 조직상 인도주의, 담론행정이론, 비판행정학 등 후기산업사회 행정이론
↳ by R.Denhardt & J.Denhardt

## 2 기본원리와 특성

(1) **방향잡기가 아닌 서비스** 제공자로서의 정부 : 조종하기보다 시민에게 봉사
(2) **담론을 통한 공익의 중시** : 공익은 부산물이 아니라 목표
   ↳ 공동체가 공유하는 가치에 대한 담론의 결과
(3) **전략적 사고와 민주적 행동** : 전략적으로 생각하고 민주적으로 행동
(4) **시민에 대한 봉사** : 고객이 아니라 시민 모두에게 봉사
(5) **책임의 다원성** : 책임은 단순하지 않음(헌법·법률, 정치규범, 시민의 요구에의 부응 등)
(6) **인간존중** : 생산성만을 중시하는 것이 아니라 사람을 존중
(7) **시티즌십과 공공서비스의 중시** : 기업가정신보다 시티즌십(시민정신)과 공공서비스 동기 중시 (J.Perry)

● **공공서비스동기(PSM)의 구성요소(J.Perry)**

(1) 의의
  ① 외재적·물질적 보상 또는 이윤보다는 이타심·사명감 등 시민정신에 부응하려는 내재적 욕구
  ② 공직입직 이전 사회화 과정부터 형성

(2) 차원     합감규-이정공

| 합리적 차원 | 공공정책에 대한 일체감이나 호감도(매력), 특정한 이해관계 지지, 정책과정에의 참여 |
|---|---|
| 감성적 차원 | 선의의 애국심·동정심, 사회적으로 중요한 정책에 대한 몰입 등 정서적 차원 |
| 규범적 차원 | 공익에 대한 몰입(공익에 대한 봉사요구, 의무감이나 정부전체에 대한 충성도, 사회적 형평 추구 등) |

SUBJECT 08 행정학의 주요이론

## 3 전통적 행정이론·신공공관리론과의 비교

전통행정이론 → 신공공관리론 → 신공공서비스론

| | 전통행정이론 | 신공공관리론 | 신공공서비스론 |
|---|---|---|---|
| 합리성 | 개괄적 합리성 | 기술적·경제적 합리성 | 전략적 합리성 |
| 관료역할 | 행정가 | 기업가 | 조정자(중재자) → 협상·타협 X, 숙의·토론 O |
| 공익 | 법률로 표현된 정치적 결정 | 개인들의 총 이익의 합 | 공유가치에 대한 담론의 결과 |
| 대상 | 고객·유권자 | 고객 | 시민 |
| 정부역할 | 노젓기 | 방향잡기 | 봉사, 서비스 |
| 조직 | 기존 정부기구 | 민간·비영리기구 → 정부계층제 배제 | 공공기관, 비영리기관, 개인 간 연합체 구축 → 정부 계층제 배제 X |
| 책임 | 계층제적 | 시장지향적 | 다면성·복잡성 |
| 구조 | 관료적 조직 | 분권적 조직 → 시장화된 조직 | 협동적 구조 → 네트워크화된 조직 |
| 동기 | 임금과 편익, 공무원 보호 | 기업가 정신 | 시민정신(공공서비스) |
| 재량 | 제한된 재량 | 넓은 재량 | 재량 + 제약·책임 수반 |

## 4 공헌과 한계

**(1) 공헌**

신공공관리론이 경시했던 행정의 공공성 등 전통적인 규범적 가치 중시 (→ 공공가치)

**(2) 한계**

① 새로운 규범적 가치에 대한 구체적 처방 제시 X

② 전문성·효율성 등 수단적 가치 소홀

# THEME 20 탈신공공관리론

기출이력 | 2020 지방7급 등 총4회

2026 선행정학 기본서 p.171

## 1 탈신공공관리론의 의의

① 정부규모의 일방적 축소와 시장원리만을 강조하는 NPM에 대한 반발 (거버넌스 + 신공공서비스)
② 신공공관리론의 부정·대체가 아니라 보완·조정

## 2 탈신공공관리론의 특징

① 구조적 통합을 통한 분절화의 축소
② 재집권화와 재규제의 주장
③ 총체적 정부 또는 합체적 정부의 주도 (분절화의 축소 → 통정부)
④ 역할모호성의 제거 및 명확한 역할관계의 안출
⑤ 민관파트너십 강조
⑥ 집권화, 역량 및 조정의 증대
⑦ 중앙의 정치·행정적 역량 강화
⑧ 환경적·역사적·문화적·맥락적 요소에의 유의

## 3 신공공관리론과 탈신공공관리론의 비교

| | 신공공관리론 (탈탈탈) | 탈신공공관리론 (재재재) |
|---|---|---|
| 정부시장 관계 | 시장지향주 규제완화(탈규제, 탈정치) | 정부 역량 강화, 재규제, 재정치, 정치적 통제 강조 |
| 행정가치 | 능률, 성과 등 경제적 가치 강조 | 민주성·형평성 등 전통적 가치도 고려 |
| 정부규모 | 정부규모의 감축, 시장화·민영화 | 민간화·민영화의 신중한 접근 |
| 기본모형 | 탈관료제 모형 | 관료제와 탈관료제의 조화 |
| 조직구조 | 유기적·비계층적·임시적·분권적구조 | 재집권화 : 분권과 집권 조화 |
| 조직개편 | 소규모의 준자율적 조직으로 분절화 | 분절화 축소, 총체적·합체적 정부 |
| 통제 | 결과·산출중심 통제 | 과정과 소통 중심 |
| 인사 | 경쟁적·개방적인 성과중심 인사관리 | 공공책임성 중시 |

## ● 최근 주요 행정이론 비교

| | | NPA<br>신행정론 | PCM<br>공공선택론 | NPM<br>신공공관리론 | GOV<br>거버넌스론 | NPS<br>신공공서비스론 |
|---|---|---|---|---|---|---|
| 국가의 역할 | | 적극적인 문제해결자<br>(정부역할) | 국가의 역할 대폭 축소 · 부정 → 시장으로 전환 | 국가의 역할 대폭 축소는 아님 → 시장원리로 정부 개혁 | 국가와 시장, 시민사회가 함께 문제해결 → 공동생산 | 국가가 좀 더 적극적으로 많은 봉사와 서비스 → NPA의 계승 |
| 방향잡기 & 노젓기 | | 구분 X | 구분 X | 방향잡기 O (정부)<br>노젓기 X → 시장 | 방향잡기 O (정부)<br>노젓기 △ : 함께 | 구분 X (불가능)<br>* 정부가 모두 |
| 행정이념 | 효율성 | X | O | O | △ 1) | – |
| | 대응성 | O | O (선호) | X | O | O |
| | 민주성 | O | △ (Ostrom)<br>→ 민주행정패러다임 | X | O | O (민주적 행동) |
| | 형평성 | O | X | X | – | O (약자 배려) |
| | 공익성 | O | X | X (과정설) | – | O (실체설, 궁극목표) |
| | 책임성 | O | X | △ 2) | △ 3) | O (다면, 복잡) |

1) 거버넌스는 민주성과 책임성을 강조한 나머지 상대적으로 효율성을 소홀히 하지만 효율성을 결코 희생시키지는 않는다는 평가가 있음.
2) 신공공관리론은 성과에 대한 책임은 강조하나, 대국민 · 민주적 · 공공책임성은 약화됨.
3) 거버넌스는 대국민 · 민주적 · 공공책임은 강조하지만 공동생산에 의한 모두의 책임은 무책임(분절화)으로 이어져 선거직을 통한 책임 확보라는 민주주의 정치질서에 부정적 영향을 미칠 수도 있다는 지적이 있음.

## ● 최근 행정이론의 변천(정부역할의 재정립)

신불재거서공(일원동 - 산불제거성공)

[1970]
- **신행정론** — 미국 격동기 문제를 해결하기 위한 가치와 실천, 적실성 강조(1968)
- **정부실패론** — 미국 정부가 격동기의 문제들을 해결하지 못하면서 정부불신 초래
- **감축관리론** — 석유파동 이후 나타난 작은 정부론
- **공공선택론** — Ostrom의 미국 행정학의 지적 위기(1973)

[1980]
- **신공공관리론** — 정부불신으로 신자유주의 기조 속에서 민영화 추진과 정치행정이원론 재등장(1982)
- **전문직업주의** — 직업공무원의 재량권을 축소하고 정치적으로 임명되는 공무원 수를 증가 → 엽관주의 부활
- **블랙스버그 선언** — 행정의 정당성과 직업관료제 옹호(1985) → 행정재정립운동의 토대
- **행정재정립론** — 직업공무원제를 옹호하는 행정재정립운동(Refounding Movement) 등장
  ① 스바라(Svara) : 기존의 정치행정이원론을 재해석하여 정책과정에서 공무원의 적극적인 역할 강조 → 비판적 해석 → ∴ 정치행정일원론
  ② 웜슬리(Wamsley) : 행정재정립론(1990)
  ③ 굿셀(Goodsell) : 정부재창조보다 정부재발견 강조

[1990]
- **정부재창조론**
  ① 오스본 & 게블러는 정부재발견보다는 정부재창조 강조(1992)
  ② Clinton 행정부의 기업형 정부 개혁기반 : NPM을 적용하여 공공서비스 공급에 민간의 참여 강조
- **뉴거버넌스** — 네트워크에 의한 민관협치(1996)

[2000]
- **신공공서비스** — 누구를 위한 행정인가? → 고객중심적 행정에 대한 새로운 연구 경향(2000)
- **탈신공공관리** — 신공공관리론적 한계 극복 경향
- **공공가치관리** — 공공가치실패론(2002)과 공공가치창출론

# THEME 21 공공가치관리론과 넛지이론

## 1 공공가치관리론
↳ NPM에 대한 반론

| 공공가치실패론<br>(B.Bozeman, 2002) | 시장메커니즘이 효율적으로 작동하고 있음에도 불구하고 시장은 사회가 필요로 하는 본질적 가치(공익, 정의, 형평 등)를 제공하지 못하므로 정부개입이 필요하다는 입장(2002) → 공공가치실패를 진단(판단)하기 위한 '공공가치 지도그리기' 제안<br>\* 광의 : 시장이나 공공부문이 공공가치를 창출하지 못하는 현상(2007) |
|---|---|
| 공공가치창출론<br>(Moore, 1995) | 민주적으로 선출되어 정당성을 부여받은 정부관리자들이 공공자산(정부조직, 정부예산 등)을 활용하여 시장에서는 공급될 수 없는 공공가치(공익, 정의, 형평 등)를 적극 창출·제공해야 한다는 이론 → 행정의 정당성 위기를 극복하고 공공가치 창출을 위하여 전략적 삼각형 모형과 공공가치 회계모형을 제시 ↳ by 숙의·담론 |

↳ 공공가치의 편익 − 공공가치 창출비용 = 순공공가치

● 공공가치 매핑(Bozeman)
↳ 지도그리기

① 의의 : 공공가치 실패 진단기준
② 공공가치 핵심 : 인간 존엄, 지속가능성, 시민참여, 개방과 기밀, 타협, 온전, 강건 등
③ 공공가치 실패 진단기준 : 가치 표출·결집 메커니즘 왜곡, 불완전독점, 혜택 숨기기, 공급자 부족, 단기적 안목, 자원의 대체 가능성 수용, 인간의 존엄 위협 등

● 전략적 삼각형 모형(2013, Moore)

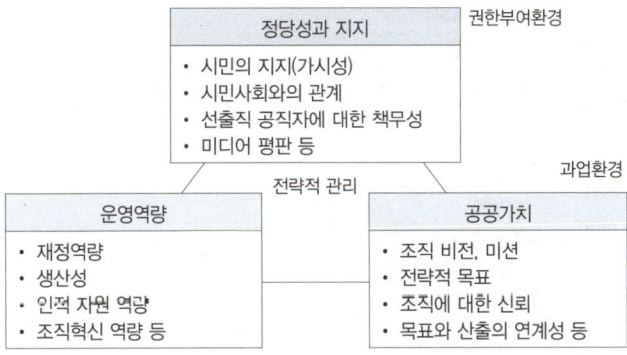

● 공공가치 회계모형(Moore)

순공공가치 = 공공가치 수익 − 공공가치 창출비용
↳ 미션 달성, 의도치 않은 긍정적 결과, ↳ 재정적·사회적 비용, 의도치 않은 부정적 결과 등
사회적 성과, 정의 & 형평 등

## 2 넛지이론

**(1) 의의** → 인지오류와 행동편향으로 인한 비합리적 의사결정
① 행동적 시장실패 해결을 위한 정부의 부드러운 개입 강조
② 구성원의 올바른 선택을 유도하기 위한 자유주의적 개입주의 → 도덕적 설득 X, 경제적 유인 X, 강압적 규제 X
③ 탈러(Thaler)와 선스타인(Sunstein)에 의해 2008년 이후 급부상(2017년 노벨경제학상 수상)

**(2) 넛지이론의 핵심**
① 정부는 사람들의 선택의 자유를 존중하면서 더 나은 결정을 도와주는 선택설계자
② 간접적이고 유도적인 방식의 정부개입으로 촉매적 정책수단을 강조
③ 설정된 기본값(디폴트 옵션)를 그대로 따르려는 행동편향을 이용한 전략적 정책설계 중시
④ 엄격하게 검증된 증거에 기반한 정책 결정 중시 : 행동경제학의 특성
⑤ 행동적 시장실패를 해결하기 위한 급진적 점증주의에 기초
  → 외부효과에 의한 전통적 시장실패론과 달리 내부효과에 의하여 발생
  → 인지오류와 행동편향 등

● **신공공관리론과 넛지이론의 비교**

| 구분 | 신공공관리론 | 넛지이론 |
|---|---|---|
| 이론적 토대 | 신고전파 경제학, 공공선택론 | 행동경제학 |
| 합리성 | 완전한(경제적) 합리성 | 제한된 합리성 |
| 정부역할이론 | 신자유주의, 시장주의 | 자유주의적 개입주의 |
| 정부역할의 근거와 한계 | 시장실패와 제도실패, 정부실패 | 행동적 시장실패, 정부실패 |
| 공무원상 | 정치적 기업가 | 선택설계자 |
| 정부정책목표 | 고객주의, 개인이익 증진 | 행동변화를 통한 삶의 질 제고 |
| 정책수단 | 경제적 인센티브 | 넛지(선택설계) |
| 정부개혁모델 | 기업가적 정부 | 넛지정부 |
| 시장실패의 원인 | 외부효과 | 내부효과 |
  → 인지오류와 행동편향 등

● **신고전학파 경제학과 행동경제학의 비교**

| 구분 | 신고전학파 경제학 | 행동경제학 |
|---|---|---|
| 인간관 | • 완전한 합리성<br>• 완전한 이기성<br>• 경제적 인간(homo economicus) | • 제한된 합리성, 생태적 합리성<br>• 이타성·호혜성(사회적 본능, 사회적 선호)<br>• 심리적 인간(homo psychologicus) |
| 의사결정 모델<br>(선택행동이론) | • 효용극대화 행동<br>• 기대효용이론(효용함수) | • 만족화 행동, 휴리스틱<br>• 전망이론(가치함수) [1] |
| 연구방법 | 가정에 기초한 연역적 분석 | 실험을 통한 귀납적 분석 |
| 정부 역할의<br>근거와 목적 | • 시장실패와 제도실패<br>• 재화의 효율적인 생산·공급 | • 행동적 시장실패<br>• 바람직한 의사결정 유도(행동변화) |
| 정책 수단 | 법과 규제, 경제적 유인 수단 | 넛지(선택설계) |

1) 전망이론은 정통경제학과 달리 효용보다 손실을 더 크게 생각함으로써 효용의 극대화보다 손실의 극소화를 더 중시한다는 카너먼의 이론 (2002 노벨 경제학상)

CHAPTER

# 02

# 정책론

정책은 어떻게 결정·집행되는가?

이 후은 정책과정을 공부하는 공간이다.
정책의 유형과 특성을 익히고 나서는 정책이 결정되는 과정을 정책의제 ⇨ 정책분석 ⇨
정책결정 ⇨ 정책집행 ⇨ 정책평가 순으로 각 단계별 이론과 성격을 공부한다.
이 장은 정책을 중심으로 행정이 한바퀴 순환되는 느낌을 받는다. 결정에서 평가까지……
현대행정학은 정책학이라 할 만큼 비중이 있는 장이다. 미국 대학에는 행정학과가 없고 정책학과가 있을
정도로 최근 중시되고 있는 분야이다. 그래서 1장 다음으로 많은 문제가 출제되는 부분이기도 하다.

김중규**선**행정학

# CHAPTER 02
# 정책론

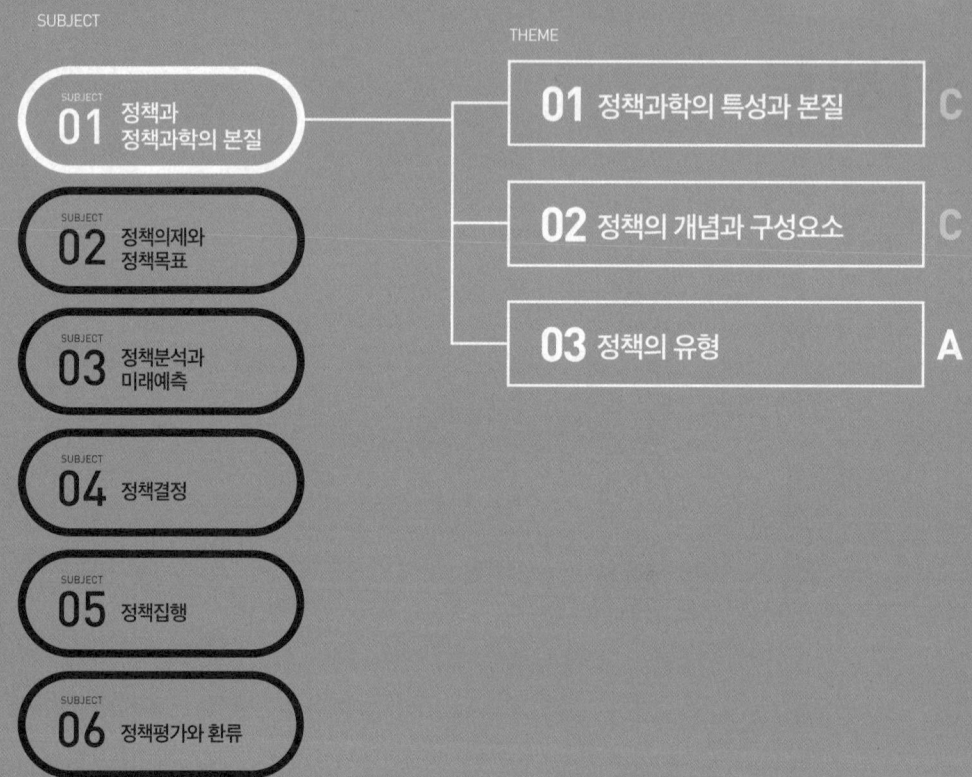

# THEME 01 정책과학의 특성과 본질

## 1 정책과학의 의의

보다 나은(최적의) 정책을 결정하기 위해 그 방법·지식·전략·체제를 다루는 학문(Y.Dror) → 상위정책(meta policy)

## 2 정책과학의 등장과 발달

Policy Orientation → 규범적 연구 (for : 필요한 지식) / 실증적 연구 (on : 관한 지식) → 통합 → 정책학의 정체성 확립에 기여

- H.D.Lasswell ― 1951년 「정책지향」에서 정책연구의 중요성 역설(인본주의 정책학) ⇨ 행태과학에 밀렸음
- D.Easton ― 1960년대말 격동기 문제를 해결하기 위해 후기행태주의 선언 ⇨ 정책과학의 견인차 역할
- Y.Dror ― 1971년 H.D.Lasswell의 「정책학 소개」와 함께 정책과학의 독자적인 틀 완성 (신행정론)

## 3 정책과학의 특징과 패러다임

| Lasswell | Dror |
|---|---|
| ① 문제 지향성 : 사회문제 해결<br>② 맥락성 : 사회화 과정<br>③ 연합학문적 연구<br>④ 규범지향성과 당위성 | ① 공공정책 결정체제의 개선<br>② 거시적 수준에 초점<br>③ 학문간 경계의 타파 : 범학문성<br>④ 순수연구와 응용연구의 통합<br>⑤ 묵시적 지식의 중시 : 초합리성<br>⑥ 시간관의 중시(과거와 미래의 연결) |

※ 정책결정전략 등 상위정책(Meta-policy)

■ 문액연구 / ■ 드로욱

● 정책학의 연구목적(H.D.Lasswell)

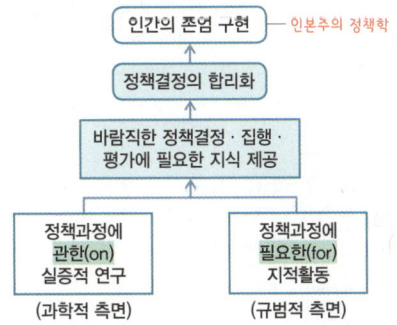

# THEME 02 정책의 개념과 구성요소

기출이력 | 2022 지방9급 등 총18회   C
2026 선행정학 기본서 p.189

### 이것이 핵심

 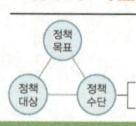

- 직접적 수단 : 직접대부, 정부소비, 공공정보, 공기업, 경제규제
- 간접적 수단 : 공적보험, 보조금, 바우처 등

## 1 정책의 개념

정부목표 달성 또는 공적 문제 해결을 위한 수단 →정치행정일원론에서 중시

(1) **정치적 관점** : 사회문제 해결을 위한 가치의 권위적 배분활동(D.Easton)
(2) **경제적 관점** : 목표 달성을 위한 자원의 효율적 활용계획

## 2 정책수단의 유형(Salamon) — 전통적 3분법에 의한 정책수단

- 도덕적 설득 - 설교 - 정보적 도구
- 유인과 보상 - 사탕 - 경제적 도구    ⎬ Vedung
- 규제와 강압(처벌) - 채찍 - 규제적 도구

### (1) 직접성 기준

| | |
|---|---|
| 높음 | 공적보험, 직접대부, 경제적 규제, 공공정보, 공기업, 정부소비(직접 시행, 정부기관) |
| 중간 | 조세지출(조세감면), 계약(민간위탁), 사회적 규제, 벌금, 부과금(교정조세) |
| 낮음 | 손해책임법(불법행위책임), 보조금, 대출보증(지급보증), 정부출자기업(정부지원기업), 바우처 |

### ● 직접성이 높은 정책수단의 유형(Salamon)
                                    🔑 대소정(보)공경

| | |
|---|---|
| 공적보험 | 유사시에 정부가 운용하는 공공보험에서 보험금 지급 →직접성은 높으나 간접적 수단임 |
| 직접대부 | 정부가 집행에 필요한 자금을 민간에게 직접 대출 |
| 경제규제 | 민간의 경제활동을 직접 규제(인허가 등 진입규제)하여 집행 |
| 공공정보 | 정부가 민간에게 공적정보를 직접 제공(공개) |
| 공기업 | 정부가 소유한 기업에 의하여 정책을 집행 |
| 정부소비 | 정부가 공적조직을 만들어 예산으로 직접 시행 |

→ 가장 전통적으로 광범위하게 활용되어 온 정책수단

→ 직접적 수단

**주의** [공적보험]
① 직접성 높음 O —전통문헌
② 직접적 수단 X —최근문헌

### (2) 강제성 기준
                        🔑 강제-사경

| | |
|---|---|
| 높음 | 경제적 규제, 사회적 규제 |
| 중간 | 바우처, 보험, 보조금, 공기업, 대출보증, 직접대부, 계약, 벌금 |
| 낮음 | 손해책임법, 정보제공, 조세지출 |

## 3 정책수단의 분류와 선택(Salamon)

### (1) 정책수단의 분류기준과 선택기준

| 분류기준 | 직접성 [1], 강제성 [2], 자동성 [3], 가시성 [4] |
|---|---|
| 선택(평가)기준 | 효과성, 효율성, 형평성, 관리가능성, 정당성 |

[주의] **[정책수단과 영향]**

|  | [직접성·<br>강제성] | [효과성·<br>형평성] | [효율성·<br>정당성] |
|---|---|---|---|
| 높은 수단 |  | O | X |
| 낮은 수단 |  | X | O |

[1] 직접성 : 정부가 직접적인 집행주체가 되는지 여부
[2] 강제성 : 강제력이 수반되는지 여부
[3] 자동성 : 이미 존재하고 있는 수단을 유지할 수 있는지 여부
[4] 가시성 : 예산과정 등이 가시적인지 여부

### (2) 직접성의 정도에 따른 행정수단과 영향

| 수단 | | 영향 | | | | |
|---|---|---|---|---|---|---|
| 직접성 | 종류 | 효과성 | 효율성 | 형평성 | 관리성 | 정당성 |
| 낮음 | 손해책임법, 보조금, 대출보증, 정부출자 기업, 바우처 | 낮음 | 높음 | 낮음 | 낮음 | 높음 |
| 중간 | 조세지출, 계약, 사회적 규제, 벌금 | 낮음/중간 | 중간 | 낮음 | 낮음 | 높음 |
| 높음 | 보험, 직접 대부, 경제적 규제, 정보제공, 공기업, 정부소비 | 높음 | 중간 | 높음 | 높음 | 낮음 |

※ 정당성 → 정치적 지지

### (3) 강제성의 정도에 따른 행정수단과 영향

| 수단 | | 영향 | | | | |
|---|---|---|---|---|---|---|
| 강제성 | 종류 | 효과성 | 효율성 | 형평성 | 관리성 | 정당성 |
| 낮음 | 손해책임법, 정보 제공, 조세지출 | 낮음 | 중간 | 낮음 | 중간 | 높음 |
| 중간 | 바우처, 보험, 보조금, 공기업, 대출보증, 직접대부, 계약, 벌금 | 중간 | 높음 | 중간 | 중간 | 중간 |
| 높음 | 경제적 규제, 사회적 규제 | 높음 | 높음/낮음 | 높음 | 낮음 | 높음/낮음 |

● **활용요소별 정책유형(국내학자)**

- 조직을 활용한 수단 – 정부소비, 공기업, 시민단체(NGO), 시장
- 자금을 활용한 수단 – 조세지출, 보조금, 바우처, 직접대부, 공적보험
- 권위를 활용한 수단 – 규제
- 정부를 활용한 수단 – 공공정보, 권고, 설득

# THEME 03 정책의 유형

기출이력 | 2022 국가9급 등 총45회  A
2026 선행정학 기본서 p.192

### 이것이 핵심

- Almond & Powell — ① 분배정책  ② 규제정책  ③ 추출정책  ④ 상징정책
- Lowi — ① 분배정책  ② 규제정책  ③ 재분배정책  ④ 구성정책
- Ripley & Franklin — ① 분배정책  ② 경쟁적 규제정책  ③ 보호적 규제정책  ④ 재분배정책

## 1  Almond & Powell의 유형

🔖 아몬드 - 상추분규

| 구분 | 개념 및 특징 | 예 |
|---|---|---|
| 추출정책 | 환경(국민)으로부터 인적·물적 자원(수단)을 확보(부담)하는 동원정책 | 징세, 징집, 노력동원, 모집, 성금모금, 준조세, 토지수용 |
| 상징정책 | 정부가 정치체제에 대한 정통성과 신뢰성 및 국민 통합성을 증진시키기 위한 이미지나 상징과 관련된 정책 | 국경일·국기·국화의 제정, 동상, 특정인물의 영웅화, 스포츠 행사, 축제, 궁궐복원 |
| 분배정책 | 공적 재원으로 서비스를 불특정 다수에게 나누어 주는 정책 | 도로, 공원, 비행장, 항만 등 사회간접자본 건설이나 중소기업에 대한 보조금, 국유지나 택지불하, 주택자금 대출, 연구비 지원, 농어민 지원 |
| 규제정책 | 개인·집단 행동의 제약과 관련된 정책 | 환경규제, 안전규제, 진입규제 등 |

## 2  Lowi의 유형

### (1) 정책유형 도출논리

🔖 배구규재

| 강제력 | | 강제력의 적용대상 | |
|---|---|---|---|
| | | 개별(행위) | 사회전체(환경) |
| 강제력의 적용방법(강도) → 행사 | 간접적 | 배분정책 | 구성정책 |
| | 직접적 | 규제정책 | 재분배정책 |

→ 강제력이 행위의 환경에 직접 적용

* Lowi의 분류기준 — 배타성 X / 포괄성 X / 구체성 X

(2) 정책유형

🔖 Lowi - 배구규제

| 구분 | 개념 | 예 | 정책결정 과정상 특징 | 주도 세력 | |
|---|---|---|---|---|---|
| 구성정책 | 행정체제 정비 | 정부기관 신설, 선거구역 획정 | 게임의 법칙, 권위적·총체적 →안정적인 연합 | 정당 | 🔖 권총게임 |
| 배분정책 | 서비스 배분 | SOC, 보조금 등 | 포크배럴, 로그롤링, 철의 삼각 | 의회 | 🔖 철·포로배분 |
| 규제정책 | 제약과 통제 | 진입규제, 독과점규제 | 다원주의(포획과 지대추구), 제로섬게임 | 이익집단 | 🔖 지포다규제 |
| 재분배정책 | 부의 이전 | 사회보장정책, 계급·이전정책 | 엘리트이론, 제로섬게임, 가시적 갈등 | 엘리트 | 🔖 엘리재궁 |

## 3 Ripley & Franklin의 유형

🔖 분경보재

(1) 정책 유형

| 정책분류 | 개념 | 예시 |
|---|---|---|
| 분배정책 | 행정서비스의 제공이나 이득·기회의 배분과 관련된 정책 | 사회간접자본(도로·항만 등) 구축, 국공립학교를 통한 교육서비스 제공 |
| 경쟁적 규제정책 | 다수의 경쟁자 중에서 경쟁범위를 제한하여 승리자에게 이권을 주고 규제를 가하는 정책(진입규제 등)으로 희소한 자원의 분배와 관련된 정책 | TV나 라디오 방송권의 부여, 항공노선 취항권의 부여 |
| 보호적 규제정책 | 민간활동이 허용 또는 제한되는 조건을 설정함으로써 일반대중을 보호하는 정책 | 작업장 안전을 위한 기업 규제, 국민건강보호를 위한 식품위생 규제, 환경오염 방지를 위한 기업 규제 |
| 재분배정책 | 고소득층으로부터 저소득층으로의 소득 이전을 목적으로 하는 정책 | 누진세(종합소득세), 실업수당, 노령연금, 임대주택 등 사회보장 정책 |

(2) 정책유형별 집행과정상 특징

| 집행상 특징 \ 정책의 유형 | 안정적인 루틴 | 관련자들 간 관계의 안정성 | 논쟁과 갈등 | 반발의 정도 | 이데올로기의 논쟁 정도 | 감축 압력 | 성공적 집행 가능성 |
|---|---|---|---|---|---|---|---|
| 분배정책 | 높다 | 높다 | 낮다 | 낮다 | 낮다 | 낮다 | 높다 |
| 경쟁적 규제정책 | 보통이다 | 낮다 | 보통이다 | 보통이다 | 어느 정도 높다 | 어느 정도 높다 | 보통이다 |
| 보호적 규제정책 | 낮다 | 낮다 | 높다 | 높다 | 높다 | 높다 | 보통이다 |
| 재분배정책 | 낮다 | 높다 | 높다 | 높다 | 매우 높다 | 높다 | 낮다 |

→ 수혜자, 피해자가 미리 결정되어 있음 ≠ 안정적 연합(철의 삼각)
→ 분배정책

● 분배정책과 재분배정책의 차이

| 정책 | 이념 | 재원 | 갈등 | 집행용이성 | 지배요소 |
|---|---|---|---|---|---|
| 분배정책 | 능률성, 효과성 | 조세(공금) | 없음(논제로섬 게임) → 정합게임 | 집행 용이 | 이해관계 |
| 재분배정책 | 형평성 | 고소득층 소득 | 많음(제로섬 게임) | 집행 곤란 | 이데올로기 |

→ 영합게임(게임의 결과(합)가 영(0)이 되는 게임)

> **주의** [정책유형별 특징]
> ① 분배정책은 이해관계가, 재분배정책은 이데올로기가 작용 ○
> ② 재분배정책은 관련자간 관계의 안정성 ○, 분배정책은 당사자간 안정적 연합 ○
> ③ 분배정책의 주요행위자는 관료나 하위정부, 재분배정책은 대통령 등 엘리트
> ④ 정책유형에 따라 정책과정의 특징이 달라짐
>  ┌ Lowi : 결정과정
>  └ Ripley & Franklin : 집행과정

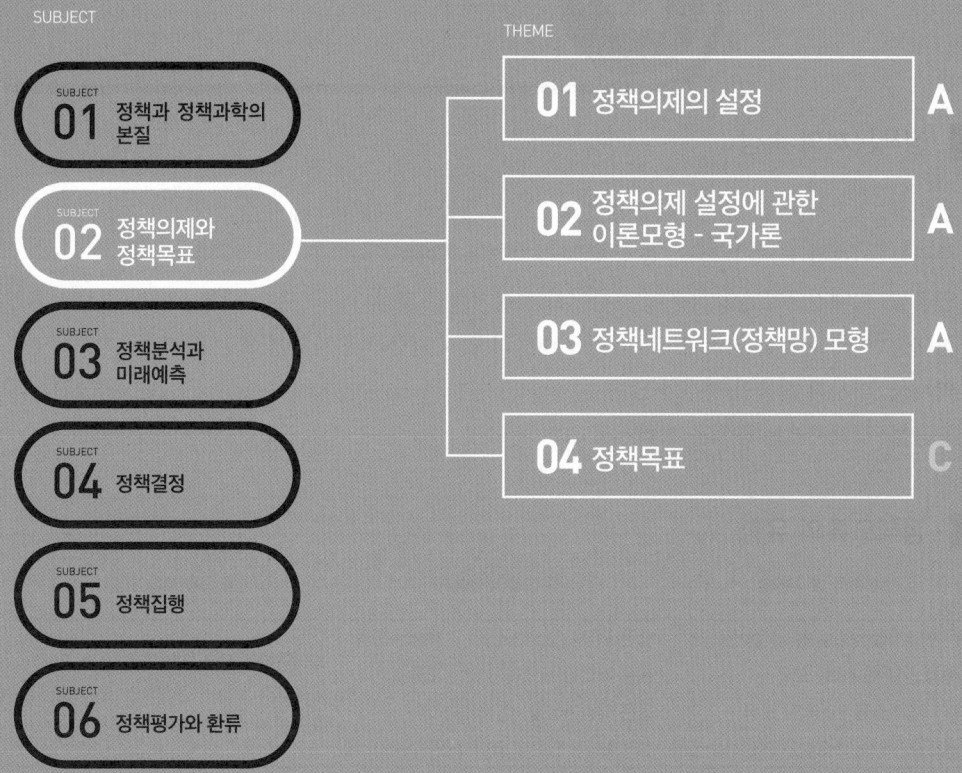

# THEME 01 정책의제의 설정

기출이력 | 2022 지방9급 등 총32회  A

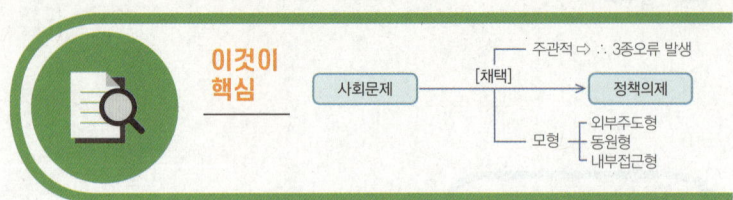

## 1 정책문제의 속성

(1) **정치성**: 정치적 투쟁, 협상, 타협이 전개되므로 객관적 합리성이 제약됨
(2) **주관성**: 이해관계, 가치관, 능력 등에 따라 영향을 받음
  ↳ 객관성 ✗
(3) **인공성**: 이해집단의 상호작용이 이루어지는 정치적인 과정
  ↳ 자연성 ✗
(4) **동태성**: 여러 문제와 얽혀 있고 한 곳에 머물러 있지 않음(복잡다양성 또는 상호의존성)
  ↳ 정태성 ✗
(5) **역사성**: 역사적 산물인 경우가 많음
(6) **공공성**: 정책문제는 공익을 지향
  ↳ 사익성 ✗

## 2 정책오류의 유형

| 1종 오류(알파에러) <br>옳귀기신 | 2종 오류(베타에러) | 3종 오류(메타에러) |
|---|---|---|
| 옳은 귀무가설(영가설)을 기각하는 오류 | 틀린 귀무가설(영가설)을 인용하는 오류 | 정책문제를 잘못 인지하여 정책 문제가 해결되지 못하는 근원적인 오류(정답이 없는 문제의 답을 찾으려고 하는 것) |
| 틀린 대안을 채택하는 오류 | 옳은 대안을 채택하지 않는 오류 | |
| 틀린 대립가설을 인용하는 오류 | 옳은 대립가설을 기각하는 오류 | |
| 정책효과가 없는데 있다고 판단하는 오류 | 정책효과가 있는데 없다고 판단하는 오류 | |

(1-α = 신뢰수준) 1종 오류를 범하지 않을 확률    (1-β = 검정력) 2종 오류를 범하지 않을 확률

## 3 정책문제의 구조화방안

경계가분유

| 경계분석 | 메타문제(문제군)의 추정, 문제의 위치와 범위를 찾는 것 |
|---|---|
| 계층분석 | 문제의 다양한 원인을 계층별로 찾는 것(가능성 있는 원인, 개연성 있는 원인, 행동가능한 원인) |
| 가정분석 | 대립되는 여러 가정들을 창조적으로 통합 |
| 분류분석 | 문제상황을 구체적 구성요소로 분류 |
| 유추분석 | 유사한 문제간의 관계 분석을 통해 문제 정의(시네틱스) |
| 브레인스토밍 | 문제상황을 식별하고 개념화하는데 도움을 주는 전문가들의 아이디어, 목표, 전략을 끌어내는 방법 |

## 4 정책의제의 유형

| Cobb | 특징 | Eyestone | Anderson |
|---|---|---|---|
| 체제의제 | 국민이 정부의 소관사항에 속한다고 보는 일반 관심사, 구체화되어 있지 않고 갈등이 높은 포괄적인 환경의제, 채택 전 의제 | 공중의제 | 토의의제 |
| 제도의제 | 정책결정자가 직접 검토하고 관심을 가지는 구체적 의제, 정부의제, 기관의제, 채택된 의제 | 공식의제 | 행동의제 |

## 5 정책의제 설정과정(Cobb & Elder)   *사이체제*

① 사회문제 : 개인문제가 불특정 다수인에게 장기간에 걸쳐 반복적으로 일어나는 문제
② 사회적 이슈 : 원인과 대책에 대해 논쟁의 대상이 되어있는 문제(쟁점화, 확장)로서 상징의 활용 등 촉매장치가 이슈화의 계기가 됨
③ 체제의제 : 정부가 문제해결을 하는 것이 정당하다고 일반국민(공중) 모두가 인정하는 문제
④ 제도의제 : 정부가 공식적으로 해결하기로 명백히 밝힌(언명한) 문제 ⇨ 협의의 정책의제

## 6 정책의제 설정모형

### (1) Cobb & Ross

| | 외부주도형 | 동원형 | 내부접근형(음모형) |
|---|---|---|---|
| 형성 방향 | 외부 → 내부 (① → ② → ③ → ④) | 내부 → 외부 (① → ④ → ② → ③) | 내부 → 내부 (① → ④) |
| 주도 | 문제당사자, 강요된 문제 | 정책담당자(높은 지위의 관료), 채택된 문제, PR 이용 →공공관계캠페인 | 정책담당자(낮은 지위의 관료) & 전문가 집단, PR 및 공중의제화 단계 X |
| 공개성 | 높음 | 중간 | 낮음 |
| 참여도 | 높음 | 중간 | 낮음 →후진국, but 미국 등에서도 가끔 |
| 사회 | 평등사회 (다원적·민주적인 선진사회) | 계층사회 (권위주의 사회) | 불평등사회 (부와 권력이 편중된 사회) |
| 용이성 | 의제 채택 가장 곤란 | 의제 채택 비교적 용이 | 의제 채택 가장 용이 |
| 특징과 사례 | 민간이 주도, 이슈와 해결방안은 정부당국에 의해 변형될 수 있음 | 우리나라의 새마을운동, 올림픽·월드컵 유치 등 | 극소수의 외부집단(전문집단)과 정책담당지들이 주도 |

**(2) P.May, Howlett & Ramesh**

| 주도자 \ 대중지지 | 높음 | 낮음 |
|---|---|---|
| 사회적 행위자들 | ① 외부주도형 | ② 내부접근형 |
| 국가 | ③ 굳히기형 (공고화형) | ④ 동원형 |

① 외부주도형 : 시민단체 스스로 이슈를 제기하거나 심볼이나 매스미디어를 통해 이슈화, 정부는 외부요구에 민감하게 반응
② 내부접근형 : 특별한 관심집단(전문가집단 등)에 의해 주도
③ 굳히기형 : 광범위한 대중의 지지를 바탕으로 의제화가 가장 용이하게 이루어짐.
④ 동원형 : 공공관계 캠페인(PR)을 활용하여 국가가 공공의 지지를 끌어내어 이슈화

## 7 의제 설정에 영향을 미치는 요인

(1) **문제의 중요성** : 이해관련집단이 크고 내용이 대중적이고 중요한 것일수록 의제 채택이 용이
  but 이해관계가 넓게 분포하고 조직화가 약할수록 의제 채택이 곤란
(2) **쟁점화의 정도** : 관련집단들에 의하여 예민하게 쟁점화된 것일수록 의제화 용이
(3) **문제의 인지집단의 규모** : 문제를 인지(제기)하는 집단의 규모가 클수록 의제화 용이
(4) **문제의 구체성** : 논란이 있으나 문제가 추상적일 때 의제화 가능성이 높다는 의견이 지배적
(5) **사회적 중요성** : 사회 전체에 주는 충격의 강도(파급효과)가 클수록 의제화 용이
(6) **선례의 유무** : 관례화된 문제일수록 의제화 용이
(7) **해결책의 유무** : 해결책이 있을수록 의제화 용이
(8) **문제의 특성** : 전체적 이슈, 전체적 편익을 주면서 부분적 비용을 수반하는 정책문제 → 공해문제 등
   (전체적 이슈 : collective issue)일수록 채택이 곤란 (Crenson의 문제특성론)
(9) **문제의 복잡성** : 문제가 복잡하면 의제화 가능성이 낮고, 단순하면 의제화 용이

● **기타 정책의제 설정모형**

| 정책흐름모형 | 쓰레기통모형 및 흐름창모형 등 조직화된 혼란상태에서의 의제 설정과정을 흐름의 과정으로 설명 |
|---|---|
| 포자모형 | 정책문제의 성격자체보다는 의제설정에 유리한 환경이 조성될 때 정책의제화가 이루어짐 |
| 이슈관심주기 모형 | 이슈관심에는 주기가 있기 때문에 하나의 문제에 대하여 일반 대중은 오랜 기간 관심을 가지지 못함 |
| 동형화이론 | 정부 간 정책전이현상을 동형화로 이해 — 모방적 동형화 : 불확실성에 대비한 일상적 대응 / 강압적 동형화 : 의존조직의 압력 또는 규제 |
| 혁신확산이론 | 시간의 경과에 따라 새로운 아이디어와 기술이 확산 — 규범적 동형화 : 전문화의무 모강규 |
| 사회적구성론 | 의제설정은 인과관계가 아니라 구조화 행위의 연관성 속에서 사회적으로 구성 |

# THEME 02 정책의제 설정에 관한 이론모형 - 국가론

기출이력 | 2020 국가9급 등 총40회

2026 선행정학 기본서 p.204

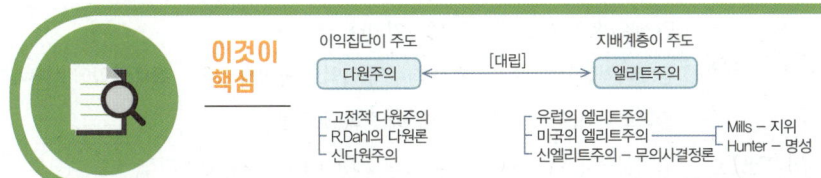

## 1 국가론의 기본모형

(1) **다원주의(Pluralism)**: 사회를 구성하는 이익집단들 사이에 권력은 널리 불공평하게 분산되어 있으나, 사회 전체적으로는 균형유지, 접근기회는 동등, 국가는 그들 간의 세력균형과 조정결과를 그대로 반영해주는 풍향계(거울)에 불과
   └ 정보격차가 커질수록 설명력 ↑
(2) **엘리트주의(Elitism)**: 소수 권력엘리트(지배계층)가 다른 계층에 책임을 지지않고 정치체제나 일반대중을 지배한다고 보며, 국가의 정책은 엘리트집단의 이익을 대변
(3) **마르크스주의(Marxism)**: 국가는 중립적인 기관이 아니라 지배계급(자본가계급)의 도구
   └ 정부관료제
(4) **국가주의(Statism)**: 국가의 자율성과 지도적·개입적 역할을 강조하는 이론
(5) **조합주의(Corporatism)**: 정부와 이익집단은 우호적 협력관계이지만 정부관료제는 여러 이익집단들의 이익을 주체적·권위적으로 조정하는 실체
   └ by 조합

## 2 국가론 정리(종합)

| | | | | |
|---|---|---|---|---|
| 다원주의 | 이익집단이 의제 주도, 국가는 수동적 심판관, 선거가 중요, 동등한 접근기회 | | 신다원주의 | 국가가 능동적 개입, 상이한 접근기회, 우월적 이익집단의 존재, 선거보다는 정부기구의 분화가 중요 |
| 엘리트주의 | 엘리트(지배계층)들이 일반대중 지배 | | 신엘리트주의 | 무의사결정론(엘리트에 의한 의도적 무결정, 기각·방지) |
| 마르크스주의 | 국가는 자본가계급의 도구(K.Marx) | | 신마르크스주의 | 국가의 상대적 자율성(Offe) |
| 국가주의 (베버주의) | 정부관료제의 절대적 자율성 (M.Weber) | | 신베버주의 | 국가의 상대적 자율성(Krasner) |
| 조합주의 | 국가(정부)가 이익집단을 지배·억압 (hy 공식합의) | | 신조합주의 | 중요 산업조직(다국적 기업 등)의 영향력 강조(by 긴밀동맹) |

- 권력분산론/권력균형론: 다원주의
- 권력집중론/권력불균형론: 엘리트주의, 마르크스주의, 국가주의(베버주의), 조합주의
- 사회중심: 다원주의, 엘리트주의, 마르크스주의
- 국가중심: 국가주의, 조합주의

## 3 다원주의 & 엘리트이론

### (1) 다원주의의 변천과 유형

| 이익집단론<br>(집단과정론) | Bentley & Truman의 고전적(초기의) 다원주의 | | |
| --- | --- | --- | --- |
| | 잠재이익집단론 | 침묵적 다수의 이익도 반영될 것임 | 특수이익에 치우치지 않음 |
| | 중복회원이론 | 여러 집단에 중복 소속됨 | |
| 이익집단론에 대한 반론 | 이익집단자유주의 | 활동적 소수(active minority)의 폐단 지적 | 다원론 내부 반론 |
| | 공공이익집단론 | 공익을 주장하는 집단의 이익이 우선될 것 | |
| 다원주의<br>(R.Dahl) | 엘리트는 일반 대중의 요구에 민감 → 이익집단이나 일반 대중이 정책 주도 → 선거가 중요한 장치<br>└정치과정의 핵심은 이익집단 활동, 동등한 접근기회 | | |
| 신다원주의 | 정부의 능동적·전문적 지위 인정 → 정경유착 등 특권적 이익집단 존재 인정 → 선거의 한계 → 정부기구 내부 분화가 중요<br>└접근기회의 동등성 수정 | | |

### (2) 엘리트이론의 변천과 유형

| 유럽의<br>엘리트<br>이론 | 과두제의 철칙<br>(Michels) | 소수 엘리트가 다수 일반대중을 지배하는 현상은 철칙 | 계급·능력 중심의 엘리트이론 |
| --- | --- | --- | --- |
| | 2080 법칙<br>(Pareto) | 소수 20%가 다수 80%를 리드 | |
| 미국의<br>엘리트<br>이론 | 지위접근법<br>(Mills) | 권력은 사회적 지위에서 나옴<br>(전국적 차원, 군산복합엘리트)<br>🔖 전·밀지복 | 계급이나 능력이 아닌 지위나 명성으로 설명 |
| | 명성접근법<br>(Hunter) | 권력은 사회적 명성에서 나옴<br>(지역적 차원, 기업엘리트)<br>🔖 지·헌명기 | |
| 신엘리트<br>이론 | 무의사결정론<br>(Baratz 등) | 지배엘리트들에 의한 의도적 무결정<br>(기각, 방치) | 권력의 두 얼굴 중 다원론은 밝은 얼굴만 보았다고 비판 |

## 4 무의사결정론(신엘리트이론)

① **다원론에 대한 반발** : 엘리트의 한쪽 얼굴만 고려하여 모든 사회문제는 자동으로 정책의제화된다는 R.Dahl의 다원론에 대한 반발 →(밝은 얼굴의 권력)  ∴ 실증적 연구가 곤란

② **의도적 무결정** : 엘리트들은 자신의 이득에 도전해오는 주장들을 의도적으로 은밀하게 방치 또는 기각하여 정책의제로 채택되지 못하도록 한다는 의도적 무결정이론
└주의력이나 가용자원의 부족 또는 무능력·무관심 때문이 아님

③ **관련 이론** : Bachrach & Baratz 등의 무의사결정론(1962, 권력의 두 얼굴 모형), A.Gramsci의 Hegemony 이론 등과 연관
└밝은 얼굴 : 다원론
└어두운 얼굴 : 무의사결정

④ 주로 의제채택과정에서 나타나지만 넓게는 정책과정 전반에 걸쳐 나타남
⑤ 기득권 보호 : 주로 사회적 약자들의 이익이 먼저 무시되어 기득권이 보호되고 가치의 재배분 저해
⑥ 사용수단 : 폭력, 권력, 편견의 동원, 편견의 수정(폭력으로 갈수록 강도 높음) 🔖 폭권동수
　　　　　　↳ 기존의 지배적인 규범·절차

## 5 조합주의

### (1) 유형
① 국가조합주의 : 국가가 강력히 주도했던 초기조합주의(예 우리나라 60~70년대 정부주도 경제성장기)
② 사회조합주의 : 이익집단의 자발적 시도에 의한 조합 형성(예 우리나라 1990년대 노사정위원회(현 경제사회노동위))

### (2) 특징
① 공식합의 : 기업가단체(자본), 노동자단체(노동), 정부대표의 삼자연합이 주요 경제정책을 결정하지만 정부와 이익집단 간 '공식합의(상호협력)'를 중시하므로 이익집단의 자율성은 제약
② 이익집단의 특성 : 단일적, 강제적, 비경쟁적 조직형태를 띰
　　　　　　　　　　↳ 다양 X　↳ 자율 X　↳ 경쟁 X
③ 이익집단의 사회적 책임 : 이익집단은 구성원의 이익증진과 함께 사회적 책임도 중시
④ 확장된 정부기구 : 이익집단은 준정부기관 또는 확장된 정부기구의 일부로 작용
⑤ 우호적 관계 : 정부(국가)는 자신의 이익을 위해 행동하는 주도적·능동적 실체이며 이익집단의 활동을 규정하고 포섭 또는 억압하는 권위주의적이고 독립적 실체로 간주 ⇨ 그러나 국가와 이익집단은 어디까지나 우호적 협력관계
　　　　　　　　　　　　　　　　↳ by 조합

> 🔸 주의　[국가론 쟁점]
> ① 무의사결정 : (주로) 의제채택과정에서 나타남 O, 의제채택과정에서만 나타남 X
> ② 무의사결정론 : 신다원론 X, 신엘리트주의 O
> ③ 조합주의 : 정부가 이익집단 억압·지배 O, but 우호적 협력관계 O

# THEME 03 정책네트워크(정책망) 모형

기출이력 | 2020 지방7급 등 총29회   A

2026 선행정학 기본서   p.211

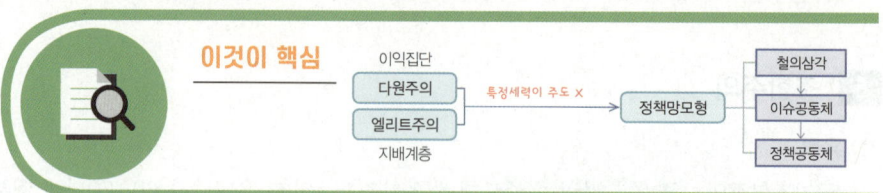

## 1 의의

① 문화인류학의 네트워크 개념을 이용하여 정책을 다양한 행위자들의 동태적 상호작용으로 이해
② 국가중심 아니면 사회중심이라는 이분법적 정책 논리 극복

→ 특정세력이 주도 X

## 2 특징

| | |
|---|---|
| 정책문제별 형성 | 전문화된 영역 또는 사안(문제)별로 형성(정책의 부분화 · 전문화) |
| 다양한 참여자 | 공식적 참여자와 비공식적 참여자 |
| 연계의 형성 | 교호작용을 통한 연계(linkage) 형성 |
| 경계의 존재 | 참여자와 비참여자를 구분하는 경계 존재 |
| 제도적 특성 | 참여자들의 상호작용을 규정하는 공식적 · 비공식적 규칙의 총체 |
| 가변적 현상 | 정책과정 전반을 지배하는 거시적 · 동태적인 현상으로서 시간의 흐름에 따라 외재적 · 내재적 요인에 의하여 변동됨 |

## 3 모형의 종류

(1) 철의 삼각(하위정부)   → 소수 엘리트가 특정 정책을 지배

① 정부관료, 의회상임위원회, 이익집단 등 3자의 이해관계가 일치하는 장기적 · 안정적 · 자율적 · 호혜적인 동맹관계(3자 연맹)
② 대통령 등 엘리트의 관심이 덜한 분배정책에 주로 영향을 미침
   → 이해관계가 지배

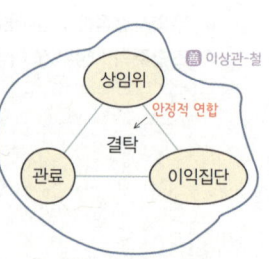

(2) 이슈공동체(정책문제망)

① 관료, 이해관계자 등 다양한 견해의 대규모의 참여자들을 함께 묶는 불안정하고 일시적인 지식 공유집단으로 특정한 경계가 존재하지 않는 광범위한 정책연계망

② '철의 삼각(하위정부모형)'을 비판·대체하려는 개념으로 1970년대 후반 Heclo에 의하여 미국 사회가 점차 다원화되면서 철의 삼각 같은 결정체제가 더 이상은 곤란하다는 다원론적 인식 하에 등장
③ 참여자의 범위가 넓고 개방적이며 인식에 대한 공유나 책임감이 없고 오히려 갈등을 증폭시키기도 함

### (3) 정책공동체
① 정책분야별로 전문가와 행정관료들 상호간 공식·비공식 접촉과 의견교환이 이루어지는 정책망
② 의회와 정당중심으로 논의했던 미국보다는 정책네트워크를 중시하는 영국(Rhodes)의 뉴거버넌스와 연관된 개념 (→정치적 모형(철의 삼각 및 이슈공동체)  →탈정치적 모형)
③ 이슈공동체에 비하여 국가가 자신의 정책이해를 가지고 정책을 주도하는 하나의 행위자가 됨
④ 관료와 전문가들로 참여가 제한되며, 비교적 장기간에 걸쳐 구축되고 안정적인 전문가집단

## 4 모형간 비교

### (1) 이슈공동체와 정책공동체의 비교

| 구분 | 이슈공동체 | 정책공동체 |
| --- | --- | --- |
| 참여자의 범위 | 광범위, 개방적 | 제한적, 폐쇄적 |
| 연계작용 | 불안정(유동적·일시적), 예측 불가능 | 안정적(지속적·장기적), 예측 가능 |
| 참여자의 권한·자원 | 일부만 권한·자원 소유 (권력 불균형) | 모든 사람이 자원·권한을 가지고 교환 (권력 균형) |
| 기본가치·목표 | 공유감 약함 | 공유감 높음 |
| 접촉빈도 | 유동적 | 높음 |
| 행위자간 관계 | 경쟁적·갈등적·영합게임 (negative-sum game) | 의존적·협력적·정합게임 (positive-sum game) |
| 정책산출 | 정책산출 예측 곤란 | 의도한 정책산출 예측 가능 |
| 이익 | 관련된 모든 이익 | 전문직업적 이익 |
| 합의 | 어느 정도 합의, 항상 갈등 존재 | 기본적 가치관 공유, 결과의 정당성 수용 |

### (2) 철의 삼각·이슈네트워크·정책공동체의 비교

| 구분 | 의존성(호혜성) | 폐쇄성(배제성) | 지속성(안정성) | 갈등 |
| --- | --- | --- | --- | --- |
| 철의 삼각 | 높다 | 높다 | 높다 | X |
| 이슈네트워크 | 낮다(갈등적) | 낮다(개방적) | 낮다(유동적) | ○ ← by 이해관계 |
| 정책공동체 | 보통 | 보통 | 보통 | △ ← by 해결방안을 둘러싼 견해차이 |

# THEME 04 정책목표

## 1 목표의 기능

① 정책이나 조직이 나아갈 방향을 설정하고 활동에 대한 지침을 제시 → 조타수 역할
② 정책이나 조직의 존재와 활동을 정당화시키는 근거
③ 효과성 측정의 기준 내지는 척도
④ 권위의 수용범위 확대(권위의 정당성)
⑤ 구성원의 응집성 확보로 조정과 통합 촉진

## 2 목표변동의 유형

🔑 전승다확비종

| 유형 | 내용 | |
|---|---|---|
| 목표의 전환 | 본래 목표가 다른 목표로 대체되는 현상(수단과 목표가 뒤바뀌는 **목표의 대치**, 전도, 왜곡, 동조과잉 포함) | 목표 ⇄ 수단 |
| 목표의 승계 | 목표가 기달성 또는 불가능시 새로운 목표 설정 → 과두제의 철칙 | Ⓐ → Ⓑ |
| 목표의 다원화 | 새로운 목표가 **추가**되는 것 | Ⓐ + Ⓑ |
| 목표의 확대 | 목표달성이 낙관적일 때 목표의 수준을 높이는 것 | Ⓐ →  |
| 목표의 비중 변동 | 목표간 **우선순위**가 바뀌는 것 | Ⓐ Ⓑ<br>Ⓑ Ⓐ |
| 목표의 종결 | 목표 달성시 목표를 **폐지**하는 것 | Ⓐ → X |

### ● 목표의 모호성  [7급용]

(1) 의의 : 목표에 대한 경쟁적(상충적) 해석 가능성
(2) 유형  🔑 사지평우
 ├ 사명이해 모호성 : 임무(Mission)에 대한 이해를 둘러싼 갈등 가능성
 ├ 지시적 모호성 : 구체적 행동지침(Directive)에 대한 갈등 가능성
 ├ 평가적 모호성 : 임무 달성도 평가기준이 모호함으로 인한 갈등 가능성
 └ 우선순위 모호성 : 목표간 우선순위를 둘러싼 경쟁적 해석 가능성

CHAPTER **02**

# 정책론

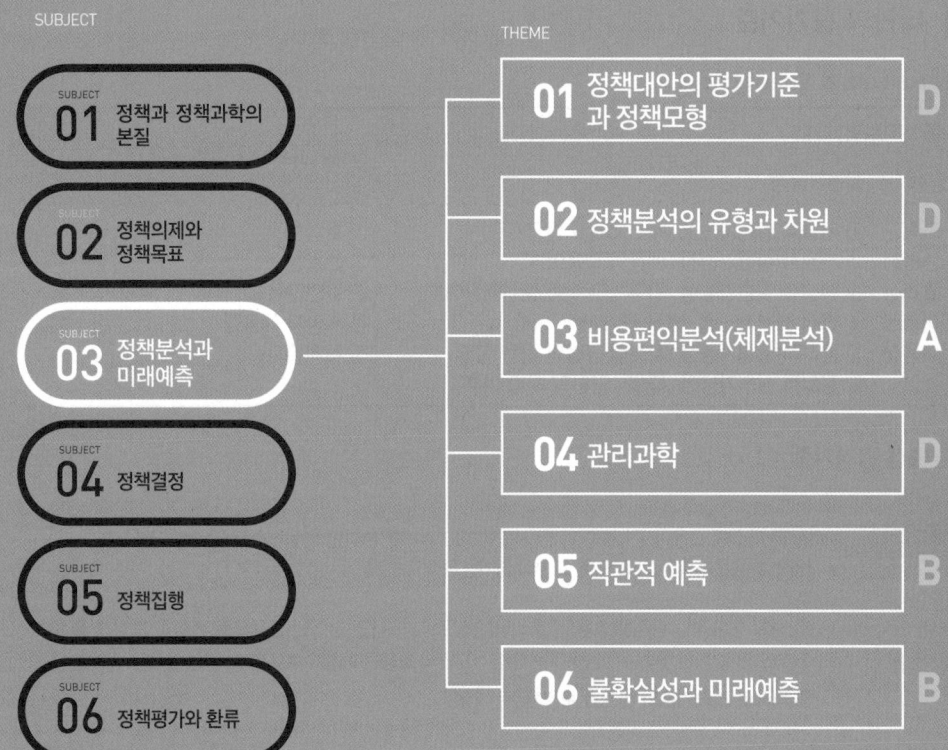

# THEME 01 정책대안의 평가기준과 정책모형

기출이력 | 2011 지방9급 등 총4회   D

2026 선행정학 기본서 p.219

## 1 대안의 평가기준

### (1) Nakamura & Smallwood

→ 형평성 고려 X (but, W.Dunn은 형평성 고려)

| 정책대안의 평가기준 | | 정책효과의 평가기준 |
|---|---|---|
| 소망성 | 실현가능성 | |
| ① 노력<br>② 능률성<br>③ 효과성<br>④ 형평성<br>⑤ 대응성 | ① 기술적 실현가능성 : technology 발달수준<br>② 재정적 실현가능성 : 예산의 허용여부<br>③ 행정적 실현가능성 : 기구·인력 등 행정역량여부<br>④ 법적 실현가능성 : 법적 근거 유무 여부<br>⑤ 윤리적 실현가능성 : 사회적 규범의 허용 여부<br>⑥ 정치적 실현가능성 : 국회·국민의 지지 여부 | ① 효과성<br>② 능률성<br>③ 주민만족도<br>④ 수익자 대응성<br>⑤ 체제유지도 |

🔑 윤정기행재법   🔑 효능만대유

### (2) 능률성 평가기준

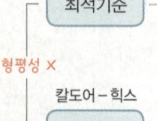

파레토 최적기준 ─ 아무리 다수의 효용이 증대되어도 한 사람이라도 손해를 본다면 바람직하지 않다는 이론으로, 개인의 효용은 동일하지 않으며, 교환이 불가능하다고 전제

형평성 X

칼도어–힉스 보상기준 ─ ① 사회 전체적인 총후생(효용)이 총비용(손실)보다 크다면 늘어난 효용으로 손실을 보상해 줄 수 있으므로 대안채택이 가능하다는 입장 : 개인의 효용은 동일하며 교환이 가능
② 파레토 최적기준의 한계를 보완해주는 기준

→ 비용편익분석(순현재가치법) 등에 이용되는 가장 일반적인 정책분석기준

## 2 정책모형

(1) **의의** : 복잡한 현실을 단순화한 추상적 대치물

(2) **기능** : 원인변수를 조작하여 대안의 탐색을 돕고 대안의 결과를 예측해 줌
   → 결과변수 X

# THEME 02 정책분석의 유형과 차원

기출이력 | 2014 경찰간부 등 총4회
2026 선행정학 기본서 p.221

## 1 분석의 의의

① 대안의 결과를 예측하여 장단점을 비교·평가 → 결정을 도와주는 활동
② 이성과 상식으로 하는 것이며 타협·협상 등의 권력적 작용 아님
  └→ 전문가만 하는 것은 아님

## 2 분석의 3차원

| 분석모형 | | 가치차원 | 분석의 초점 | 분석의 형태 |
|---|---|---|---|---|
| 정책분석 | | 당위성(정치적 합리성+기능적 합리성+경제적 합리성) | 기조방향(where), 방향 분석 | 질적 분석(판단) |
| | 체제분석 | 실현가능성(기능적 합리성+경제적 합리성) | 정책목표나 대안 선택(what), 대안 분석 | 질적+양적(판단+계산) |
| | | 관리과학 | 능률성(경제적 합리성) | 집행계획(how), 집행 분석 | 양적 분석(계산) |

## 3 정책분석과 체제분석의 차이

| 정책분석(PA) | 체제분석(SA) |
|---|---|
| ① 비용·효과의 사회적(외적) 배분 고려<br>② 정치적 합리성과 공익성(정치적 실현가능성)<br>③ 계량분석·비용편익분석 외에 질적 분석 중시<br>④ 가치문제 고려, 목표 분석<br>⑤ 정치적·비합리적 요인 고려<br>⑥ 정치학·행정학·심리학·정책과학 활용 | ① 자원배분의 내적 효율성(비용·편익의 총 크기) 중시<br>② 경제적 합리성<br>③ 계량분석·비용편익분석 위주<br>④ 가치를 고려하지 않음, 수단분석<br>⑤ 정치적 요인을 고려하지 않음<br>⑥ 경제학(미시경제)·응용조사·계량적 결정이론 활용 |

# THEME 03 비용편익분석(체제분석)

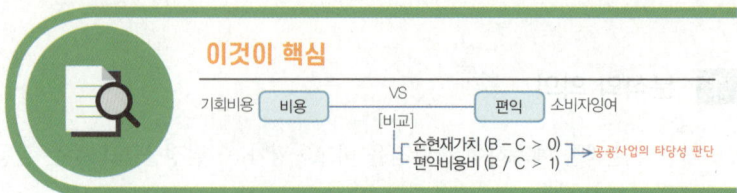

- ### 1  비용편익분석의 의의

    대안에 대한 체계적인 분석으로 공공사업의 타당성 평가 : 비용편익분석과 비용효과분석이 있음
    
    (1) **비용** : 기회비용(특정대안의 선택으로 선택기회가 포기된 사업의 생산비 중 가장 큰 것, 즉 최대 후회값)
    
    (2) **편익** : 소비자잉여(소비자가 지불해도 좋다고 생각하는 가격과 실제 지불된 가격의 차이)
    
    ※ 비용·편익은 시장가격이 아닌 잠재가격으로 추정
    → 시장가격이 적절한 평가기준이 되지 못할 때 비용·편익을 완전경쟁상태로 조정한 주관적 가격(완전경쟁시장이라면 지불해도 좋다고 생각하는 금액) → 가치 왜곡 우려

- ### 2  할인과 현재가치

    (1) **할인율** : 장래의 이익과 손해를 현재가치로 바꿔 주는 교환비율
    
    (2) **할인율의 종류**
    
    | 자본의 기회비용 | 할인율 결정의 기본적 기준, 공공자원을 민간이 사용했을 때의 수익률 |
    |---|---|
    | 민간할인율 | 시중금리, 공공할인율보다 높은 편 |
    | 사회적 할인율 | 사회전체적으로 부여한 집단적 가치, 공공할인율의 기준, 민간할인율보다 낮은 편 |

- (3) **현재가치의 계산**

    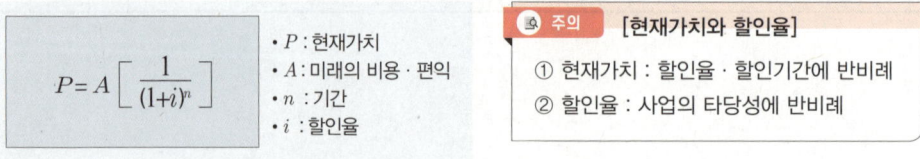

    (4) **할인율과 사업의 타당성** : 할인율이 높아질수록 순현재가치 및 편익비용비율이 낮아져 공공사업의 타당성이 저하됨

- **주의** [비용과 편익의 본질]
  ① 비용·편익을 금전적 가치로 표현 O
  ② 현금적·금전적 비용·편익은 포함 X – 사회총후생 증감과는 관계 없는 금전상 이동
  ③ 실질적 비용·편익은 포함 O – 사회총후생 증감분

## 3 비용편익분석의 평가기준

| | | |
|---|---|---|
| 순현재가치 | 편익의 현재가치 – 비용의 현재가치 → | B – C > 0 이면 타당성 인정(가장 일반적이고 정확한 권장 기준) |
| 비용편익비율 | 편익의 현재가치 / 비용의 현재가치 → | B / C > 1 이면 타당성 인정(이차적·보완적 기준) ┌→ but 널리 알려진 기준 |
| 내부수익률 | 비용과 편익의 현재가치를 같게 해주는 할인율(B – C = 0 or B / C = 1), → | IRR > 기준할인율이면 타당성 인정. 할인율을 모를 때 사용 가능, 복수가 될 수 있다는게 단점 ┌→ 사회적 할인율(실질적으로는 시장이자율) ┌→ 자금흐름이 여럿인 변이적 사업의 경우 |
| 자본회수기간 | 투자원금을 회수하는데 걸리는 시간 → | 짧을수록 우수 (but, 할인율이 높을 때는 단기, 낮을 때는 장기투자가 유리) – 재정력 부족시 적합 |

## 4 평가기준의 적용

| | |
|---|---|
| 우선순위 문제 | 동일한 상황에서도 어떤 기준(B – C or B / C)을 적용하는지에 따라 사업의 우선순위가 달라짐 |
| 사업의 규모 문제 | ┌ 대규모 사업은 B – C기준에서 유리<br>└ 소규모 사업은 B / C기준에서 유리 |
| 부의 편익 문제 | 부(-)의 편익을 편익의 감소로 처리할 것이냐, 비용의 증가로 처리할 것이냐에 따라<br>┌ B – C의 경우에는 결과가 달라지지 않지만<br>└ B / C의 경우 결과(값)가 달라짐 ┌→ ∴ B-C가 더 안정적이고 정확한 기준 |
| 가장 일반적 기준 | 가장 우수(정확)하고 일반적으로 널리 사용되는 기준은 B – C이며, B / C는 보완적 기준으로 사용 |
| 할인율과의 관계 | ┌ 할인율↑ → 초기에 편익이 많이 나는 사업이 유리<br>└ 할인율↑ → 많은 공공 프로젝트의 타당성↓ |

## 5 비용효과분석

① 비용은 금전으로, 효과는 금전 외의 다른 계량적 척도로 표시한다는 점이 비용·편익을 모두 금전으로 표시하는 비용편익분석과는 다름 ─ CBA : 능률성 분석, 경제적 합리성, 가변비용·가변효과 분석
　　　　　　　　　　　　　　　　　　　　　　　　　　　　　　　　　　CEA : 효과성 분석, 기술적 합리성, 고정비용·고정효과 분석
　　　　　　　　　　　　　　　　　　　　　　　　　　　　　　　　　　　　　　　최대효과기준 ↙　　↘ 최소비용기준
② 단일사업의 타당성 검토 또는 이질적 사업간 비교 불가
　　　　　　　　　　　　　　　　↳ 표시단위가 다르기 때문

● **비용편익분석과 비용효과분석의 비교**

| | 비용편익분석(CBA) | 비용효과분석(CEA) |
|---|---|---|
| 표현방식 | 비용·편익을 금전적 가치로 평가 | 비용은 금전적 가치로, 편익은 금전 외의 산출물 |
| 비용·효과의 고정여부 | 가변비용, 가변효과의 분석에 사용 [1] | 고정비용, 고정효과의 분석에 사용 [2]<br>↳ 최대효과기준　↳ 최소비용기준 |
| 성격 | • 양적 분석(공공부문 적용에 한계)<br>• 형평성·주관적 가치문제 다루지 못함 [3] | • 질적 분석(공공부문 적용에 적합)<br>• 외부효과, 무형적·질적 가치분석에 적합 |
| 중점 | 경제적 합리성(능률성) 강조 | 도구적·기술적 합리성(효과성) 강조 |
| 안목 | 장기적, 넓은 안목 | 단기적, 좁은 안목 |
| 시장가격 의존도 | O | X |
| 사회적 후생과의 연결 | O | X |
| 대상사업 | 이질적 목표의 프로그램간 비교 | 유사·동일 목표의 프로그램간 비교 |

1) 비용과 효과가 모두 다른 대안간 분석
2) 비용이 동일할 때 효과만 비교하거나(고정비용분석), 효과가 동일할 때 비용만 비교하는 분석(고정효과분석)
3) 형평성 등을 고려하지 못하는 경제적 비용편익분석과 달리 사회적 비용편익분석은 분배적 효과를 감안한 타당성 평가를 하기 위해 소득계층별로 분배가중치를 적용

# THEME 04 관리과학

기출이력 | 2020 서울 속기9급 등 총3회

## 1 의의

① 집행(관리)결정의 계량적 분석기법 : How to do(수단분석) - 집행분석
② 체제분석(CBA)의 하위기법 : 2차 대전 후 체제분석과 함께 1950 ~ 60년대 활발히 연구·활용됨.
  └→ What to do(대안분석)

## 2 주요 기법

| 선형계획 | 일차함수를 이용하여 주어진(알려진) 제약조건하에서 생산량을 극대화하기 위한 자원의 최적 결합방법 도출 → 투입산출분석 |
|---|---|
| PERT & CPM | 비반복적 사업의 성공적 달성을 위한 경로계획 또는 시간공정(일정) 관리기법 |
| 회귀분석 | 변수 간 인과관계의 유무, 강도, 경로 등을 밝혀 독립변수 한 단위가 변할 때 종속변수의 변화량을 예측 |
| 모의실험 | 위험(risk)적 불확실성하에서 복잡한 현실과 유사한 가상적 장치(simulation)에 의한 실험결과를 통하여 실제현상을 예측 |
| 게임이론 | 상충(conflict)적 불확실성하에서 특정대안의 선택결과가 다른 의사결정자의 행동안 선택에 좌우될 때의 이론적 분석체계 |
| 대기행렬이론 | 서비스를 받기 위한 대기시간·대기행렬(사회적 비용)을 최소화하고 최적의 서비스생산 시설규모 등을 발견하기 위한 이론 |
| 분산분석 | 통계확률에 의하여 둘 이상의 집단간 분산(평균)의 차이를 비교함으로써 가설을 검증하는 방법 |
| 시계열(경향)분석 | 과거의 변동추세를 분석한 결과를 토대로 이를 연장하여 미래를 추정하는 투사법, 보외적 예측, 외삽법, 구간외추정 |
| 계층화분석법 | 문제를 하위계층별로 분해하여 둘씩 짝을 지어 쌍대비교하여 우선순위를 부여한 다음 이를 종합하여 대안의 우선순위를 알아내는 질적 예측방법(Saaty교수가 개발, 우리나라 예비타당성 조사에 사용) |
| 의사결정나무분석 | 축차적 분석으로 여러 단계에 걸쳐 의사결정이 진행되는 불확실성 하에서 최종 확률을 예측하는 기법 |

# THEME 05 직관적 예측

기출이력 | 2020 국가7급 등 총17회
B

2026 선행정학 기본서 p233

## 1 의의

① 경험적 자료나 이론이 없을 때 전문가들의 주관적 판단으로 먼 미래를 예측하는 기법 (연장적 예측 / 이론적 예측 / 직관적(판단적) 예측)
② 집단적 문제해결기법이 대부분임

## 2 직관적 예측기법(집단의사 결정방법)

| | |
|---|---|
| 브레인스토밍 | 대면적 접촉하에 자유분방하게 의견을 교환하는 집단자유토의 기법(두뇌선풍기법), (비판 금지, 질보다 양 중시, 한정된 주제) (익명의 격리된 상태) |
| 전통적 델파이 (그리스 델파이 신전에서 유래) | 독자적으로 형성된 전문가들의 판단을 종합·정리하는 설문조사 기법, 대면적 토의 없음 ⇨ 솔직한 답변, 집단사고 X, 불성실한 답변, 추상적 응답결과 |
| 정책델파이 | 델파이를 정책분석에 응용(다양한 참여자, 선택적 익명성, 갈등의 조성, 양극화된 통계처리 등이 전통적 델파이와 차이) (나중에 공개토론 허용) |
| 교차영향분석 | 연관된(종속적) 사건의 발생여부에 기초하여 조건확률을 이용, 미래 특정사건의 발생확률 판단 (특정조건하에서 어떤 사건이 발생할 확률) |
| 실현가능성분석 | 정치적 갈등이 심한 상태에서 대안의 정치적 실현가능성을 분석 |
| 역사적 유추 | 과거의 유사한 문제 등과의 유추(시네틱스)에 의한 예측 |
| 명목집단기법 | 의사결정에 직접 참여하지 않은채 서면으로 대안 제시 ⇨ 제한된 집단토론 ⇨ 표결(컴퓨터로 표결하는 전자적 회의기법 주로 활용) (충분한 소통·토론 X) |
| 변증법적 토론 | 찬·반 두팀으로 나누어 토론을 진행하여 대안의 장단점을 최대한 도출하는 지명반론자기법 |
| 시나리오 예측 | 미래의 발생상황을 가상적 각본(스토리) 형식으로 이해할 수 있게 해주는 예측기법 (집단사고 방지) |
| 표적집단 면접 | 소수전문가·이해관계자를 모아 사회자가 대면 토론을 진행하는 방식 |

### ● (전통적) 델파이와 정책델파이의 차이

| 구분 | 전통적 델파이 | 정책델파이 |
|---|---|---|
| 적용 | 일반문제(기술적인 문제)에 대한 예측 | 정책문제(정책적인 문제)에 대한 예측 |
| 응답자 | 동일영역의 일반전문가 | 이해관계자 등 식견 있는 다양한 창도자 |
| 익명성 | 철저한 격리성과 익명성 보장 | 선택적 익명성 보장(나중에 상호교차토론 허용) |
| 통계처리 | 의견의 대표값·평균치(중위값) 중시 | 의견차이나 갈등을 부각시키는 양극화(이원화)된 통계처리 |
| 합의 | 합의(근접된 의견) 도출 | 구조화된 갈등(극단적이거나 대립된 견해의 존중·유도)[1] |
| 토론 | 없음 | 컴퓨터를 통한 회의 및 대면(공개)토론 |

1) 대립되는 입장에 내재된 가정과 논증을 표면화하여 갈등 조성

# THEME 06 불확실성과 미래예측

기출이력 | 2019 지방9급 등 총12회  **B**

2026 선행정학 기본서 p.237

**이것이 핵심**

불확실성
├─ 적극적 대처 [불확실성 극복]
│   ├─ 이론적 예측
│   ├─ 연장적 예측
│   └─ 직관적 예측
└─ 소극적 대처 [불확실성 수용]
    ├─ 민감도 분석
    ├─ 분기점 분석
    └─ 가외성 등

## 1 불확실성 대처방안

(1) **일반적 대처방안**: 문제의식적 탐색, 한정적(제한된) 합리성 확보, 표준화 및 공식화 추구, 가외성 확보 및 복수의 대안 마련, 환경이나 상황 제어, 분권화 등의 구조적 대응 등

(2) **적극적 대처방안**: 환경이나 상황의 통제(제어), 모형이나 이론 개발 적용, 정보의 충분한 획득, 정책실험, 직관적 예측 등
   └→ 불확실성 극복

(3) **소극적 대처방안**
   └→ 불확실성 수용

① 최악의 불확실성을 가정하고 대안 모색 : 보수적 접근(결정)
② 중복 및 가외성을 마련하는 방법 : 복수의 대안 마련
③ 민감도 분석 : 모형내 파라미터가 불확실할 때 대안의 결과가 어떻게 달라지는지를 분석
④ 상황의존도 분석 : 정책상황의 변화 등에 따라 정책결과가 어떻게 영향을 받는지 분석 ┐
⑤ 악조건 가중분석 : 최선의 대안은 최악의 상황을, 다른 대안은 최선의 상황을 가정해 보는 분석 ├→ 사후보강분석
⑥ 분기점 분석 : 대안들이 동등한 1차 분석 결과를 유지하기 위해서는 어떤 가정이 필요한지 분석 ┘
⑦ 기타 : 시간 지연, 결정 회피, 분권화 등 구조적 대응

## 2 불확실성하에서의 의사결정기준

(1) **낙관적 기준**
① Maximax(최대극대화) : 편익(이익)의 최대치가 가장 최대인 대안을 선택
② Minimin(최소극소화) : 비용(손실)의 최소치가 가장 최소인 대안을 선택

(2) **비관적 기준**
   └→ 점미미 인키 중 허듕이 인키

① Maximin(최소극대화) : 편익(이익)의 최소치가 가장 최대인 대안을 선택
② Minimax(최대극소화) : 비용(손실)의 최대치가 가장 최소인 대안을 선택

(3) **후르비츠 기준**: 중간 조건부 상황값은 무시하고 최대치와 최소치의 중간값을 구하여 적용
  ↳ (최대치 + 최소치)/2

(4) **라플라스 기준**: 각 상황이 발생할 확률은 동일하다고 가정하고 모든 조건부 성과들의 평균값을 구함
  ↳ (모든 상황 값의 합)/n

  🔖 라플라스 - 다플러스

## 3 예측의 유형

(1) 예측 유형별 기법

| | 개념 | 기법 |
|---|---|---|
| 이론적 예측<br>예견(Predict) | 이론적 모형을 통한 인과적·연역적 예측 | 선형계획, 투입산출분석, 상관분석, 구간추정, 이론지도, 경로분석, 회귀분석, 선형회귀분석, 인과분석, PERT, CPM, 계량적 시나리오 등 |
| 연장적 예측<br>투사(Project) | 추세연장이나 경향분석 등을 통한 귀납적·보외적 예측 | 외삽법, 시계열분석, 구간외추정, 선형경향추정, 지수가중법, 자료전환법, 격변방법 등 |
| 직관적 예측<br>추측(Conjecture) | 주관적 견해에 의존하는 판단적·질적 예측 | 브레인스토밍, 전통적 델파이, 정책델파이, 교차영향분석, 실현가능성 분석, 역사적 유추, 패널토의, 시나리오 예측 등 |

(2) 예측 유형별 성격

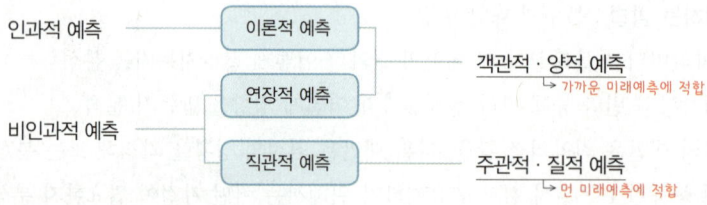

> 🔔 **주의** [예측기법의 분류]
> ① 구간추정은 이론적 예측, 구간외추정은 연장적 예측
> ② 경로분석은 이론적 예측, 경향분석은 연장적 예측
> ③ 계량적 시나리오는 이론적 예측, (비계량적) 시나리오는 직관적 예측

CHAPTER **02**
# 정책론

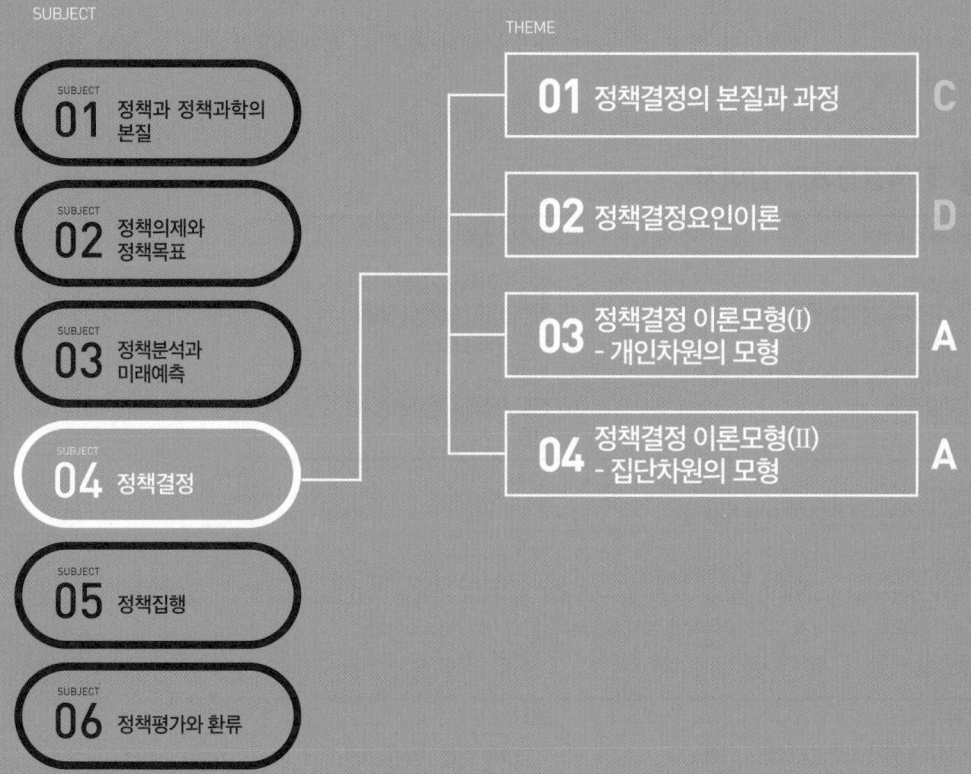

# THEME 01 정책결정의 본질과 과정

## 1 정책과정

정책의제 설정 ⇨ 정책목표 설정 ⇨ 정책대안의 탐색과 평가 ⇨ 정책대안의 선택 ⇨ 정책 집행 ⇨ 정책평가 및 환류

## 2 정책결정에의 참여자

| 공식적 참여자 | 비공식적 참여자 |
| --- | --- |
| ① 입법부<br>② 대통령과 행정수반<br>③ 행정부처<br>④ 사법부 : by 법률의 사후적 해석과 판단<br>⑤ 지방정부 | ① 정당 : 이익의 결집<br>② 이익집단 : 이익의 표출<br>③ 시민단체(NGO)<br>④ 시민<br>⑤ 전문가집단(정책공동체)<br>⑥ 언론 |

● 품의제(우리나라의 정책결정체제)

(1) 개념

하위자(기안책임자)가 기안(起案)을 작성하고 단계별로 상위자의 결재를 거쳐 최고결권자가 결재를 한 다음, 기안책임자가 비로소 집행하게 되는 공식적인 정책결정체제, 민간기업에서도 사용 (→ 대안의 제기·분석)

(2) 장단점

| 장점 | 단점 |
| --- | --- |
| ① 참여에 의한 민주적·상향적 결정<br>② 부하에 대한 통제<br>③ 기록 보존 및 날인 용이<br>④ 실시단계에서의 협력 확보 : 관계부문의 협조 결재<br>⑤ 정책결정과 집행의 유기적 연계 | ① 비능률 초래 : 결재단계가 깊<br>② 전문성 저해 : 막료는 결재권 없음<br>③ 책임한계의 분산과 불명확성<br>④ 기밀행정 : 밀실결재<br>⑤ 주사행정[1]의 폐단<br>⑥ 할거주의 : 실무자간 직접적 협조·조정 곤란<br>⑦ 번문욕례 : 문서·형식 및 절차중심주의 |

1) 하급자(6급 주사)가 기안한 내용이 큰 수정없이 채택되는 현상

# THEME 02 정책결정요인이론

## 1 의의

정책을 종속변수로 보고 정책에 영향을 미치는 요인에 대한 정치학자와 경제학자 간 논쟁
→ 정치체제 중시  → 정책환경 중시

## 2 정책결정요인론의 주요 모형

※ ①②③④는 논쟁의 순서

| 정치학자 | ① V.O.Key & Lockard | 참여경쟁모형(Key-Lockard 모형)에서 정치적 변수가 정책에 영향을 미치는 변수임을 강조 |
| --- | --- | --- |
| | ③ Dawson & Robinson (초기 정치학자) | 허위관계모형(경제적 자원모형)에서 정치체제와 정책의 관계는 허위의 상관관계임을 입증 ⇨ 정책은 경제사회적 요인(정책환경)이 좌우 |
| | ④ Cnudde & McCrone (후기 정치학자) | 혼란관계모형에서 사회경제적 변수 뿐 아니라 정치적 변수도 정책에 독립적 영향을 미친다는 것을 입증 ⇨ Lewis & Beck의 혼합모형과 유사 |
| 경제학자 | ② Fabricant & Brazer | 정치체제보다 경제사회적 요인(정책환경)의 중요성을 역설 |

## 3 Dawson & Robinson의 경제적 자원모형(허위관계모형)
→ 정책결정요인론의 가장 대표적인 모형

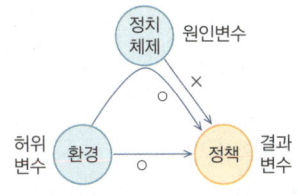

① 정치적 변수는 정책에 단독으로 영향을 미치지 못하는 허위의 상관관계
② 소득·인구 등의 사회·경제적 요인이 정책내용을 결정
③ 사회경제적 변수, 정치체제, 정책은 순차적 관계가 아님
④ 정치체제는 환경변수와 정책내용 간의 매개변수가 아님

## 4 평가

① 변수 선정의 부적절성
→ 정량적 변수만 포함
② 정치적 변수의 대표성 부족 및 과소평가 : 정당간 경쟁, 노사 갈등 등 정성적 변수 불포함
③ 정치체제가 정책에 미치는 영향 과소평가

# THEME 03 정책결정 이론모형(Ⅰ) - 개인차원의 모형

기출이력 | 2020 국가9급 등 총35회

- ## 1 모형의 구분

### (1) 산출지향적 모형과 과정지향적 모형

① **산출지향적 모형**: 행정학자들이 중시하는 규범적·이상적 모형으로 정책결정기준으로써의 '합리성' 중시 ⇨ 합리모형, 점증모형 등 내용중심의 정책분석론이 이에 해당

② **과정지향적 모형**: 정치학자들이 중시하는 설명적·서술적 모형으로서 정책과정에의 참여자로서의 '권력성' 중시 ⇨ 다원론, 엘리트이론 등 과정중심의 정책의제론이 이에 해당

| 산출지향적 모형(합리성 모형) | 과정지향적 모형(권력성 모형) |
|---|---|
| 합리포괄모형 – 완전한 합리성 | 국가주의(조합주의) |
| 만족모형 – 제한된 합리성 | 다원론(집단모형) |
| 점증모형 – 정치적 합리성 | 엘리트모형 |
| 혼합주사모형 – 합리＋점증 | 체제모형 |
| 최적모형 – 초합리성＋합리성 　합만점혼최 | 마르크스주의 |

### (2) 개인차원의 모형과 집단차원의 모형

① **개인차원의 모형**: 합리모형, 만족모형, 점증모형, 혼합주사모형, 최적모형

② **집단차원의 모형**: 회사모형(연합모형), 사이버네틱스모형, 쓰레기통모형, Allison의 모형 등
  ↳ 개인차원의 모든 모형이 집단차원에 그대로 적용되기는 힘듦(특히 합리모형)

- ## 2 주요 모형 – 개인차원

(1) **합리모형**: ① 완전한(절대적) 합리성 ② 목표수단분석 ③ 전체적 최적화 ④ 수리적·연역적 분석 ⑤ 동시적·병렬적·분석적·단발적 문제 해결 ⑥ 선형적 과정(문제정의 → 목표설정 → 대안탐색 → 대안선택 → 대안집행)
  → 목표(가치)와 수단(사실)을 구분하여 분석
  ↳ 단계적

| 효용 | 한계 |
|---|---|
| ① 대안에 대한 과학적·체계적·객관적 분석<br>② 사회가 다원화되지 못한 발전도상국가에 적합<br>③ 미래지향적 문제해결 및 가치지향적 행동 뒷받침 | ① 확실한 상황, 명확히 주어진 목표를 전제하는 등 **비현실적인 모형**<br>② 모든 대안의 총체적 탐색이 불가능하고 정보접근·인간능력도 한계<br>③ 정책목표의 유동성과 신축적 조정을 고려하지 못함<br>④ 계량화할 수 없는 질적 요인이나 다양한 이해관계의 정치적 조정에 대한 고려가 불가능<br>⑤ 정책문제 외적인 요인(정치적 지지 등)에 대한 고려가 없는 폐쇄적 분석<br>⑥ 매몰비용이나 기득권(현실)을 무시하는 이상적·규범적 모형<br>⑦ 분석과정이 복잡하고 비경제적 |

→ 경제인의 종말(관료는 행정인)

(2) **만족모형**: H.Simon의 행태론적 의사결정론에 의해서 주장되었으며, 의사결정자는 인지능력상 한계로 인하여 '최적대안'보다는 '만족스러운 대안', '완전한 합리성'보다는 '제한된 합리성' 추구
→ 보수적 결정 초래, 중대한 결정에 적용 X

(3) **점증모형(Lindblom)**: ① 정치적 합리성 ② 부분적 최적화(약간 향상된 대안과 결과만 고려)
③ 목표수단분석 미실시 ④ 소폭적·점진적·한계적 변화 ⑤ 이전투구
→ 목표도 조절대상(목표와 수단간 상호조정)   → 그럭저럭 헤쳐나가는 시행착오적·비계획적 과정

① 합리모형과 점증모형의 차이

| 합리모형 | 점증모형 |
|---|---|
| 기득권(현실, 매몰비용) 불인정 | 기득권(현실, 매몰비용) 인정 |
| **목표수단분석 실시**(수단을 목표에 합치되도록 선택) | **목표수단분석 미실시**(목표를 수단에 합치되도록 수정) |
| 전체적 최적화 | 부분적 최적화 |
| 근본적 결정(root approach) | 지엽적 결정(branch approach) |
| 사업별 편성(조직간 장벽 제거) | 조직별 편성(조직간 구분 인정) |
| 참여 불인정(소수에 의한 폐쇄적 결정), 하향적 결정 | 참여 인정(동의의 극대화), 상향적 결정 |
| 쇄신적·근본적 변화 | 점진적·한계적 변화 |
| 규범적·연역적 접근(algorithm), 이론에 의존 | 실증적·귀납적 접근(heuristic), 이론에 의존하지 않음 |
| 개도국에 적용(불안정한 사회) | 선진국에 적용(안정된 사회) |
| **경제적 합리성**(목표달성의 극대화) | **정치적 합리성**(바람직하지 않은 상황 수정) |

→ 제한된 합리성, 실현가능성 등

② 점증모형의 장단점

| 장점 | 단점 |
|---|---|
| ① 합리모형의 비현실성이나 복잡성 감소<br>② 현실적으로는 가장 합리적인 모형<br>③ 제한된 합리성 수용+정치적 합리성 강조<br>④ 사회가 안정되고 다원화(민주화)된 경우 적합<br>⑤ 불확실한 상황에 적합<br>⑥ **결정의 간결화 및 갈등 조정의 용이**<br>⑦ 중요한 정치적 가치의 고려 | ① 혁신과 변화에 대한 적응력 약함 - 보수적임<br>② 사회가 안정화되지 못한 후진국에 부적합<br>③ 보수적이고 비계획적인 모형<br>④ 임기응변적이고 급격한 발전과 혁신 곤란<br>⑤ 상시석·근본적인 방향을 바로잡기 곤란<br>⑥ 집단이기주의로 소외집단·약자에게 불리<br>⑦ 중요한 대안이나 가치·결과가 검토 제외 |

> 주의    [합리모형]   [점증모형]
> ① 사회    불안정     안정
> ② 상황    확실      불확실

적용 ─ 합리모형 : 획일적 전체주의 사회
     ├ 점증모형 : 다원주의 사회
     └ 혼합주사모형 : 사회지도체제를 갖춘 능동적 사회 (active society)

(4) **혼합주사모형(A.Etzioni)** : 기본적 결정에는 합리모형, 세부적 결정에는 점증모형을 변증법적(전략적)으로 결합
  └→ 모든 대안을 개략적으로    └→ 한정된 대안을 면밀하게

(5) **최적모형(Y.Dror)**
① 양적인 동시에 질적인 모형 또는 양적이라기보다 질적인 모형에 가까움 : 합리적 요인과 초합리적 요인을 동시에 고려
    초합리성은 합리성을 보완
② 경제성을 감안한 합리성 : 분석과정의 경제적 합리성
    └→ 대안의 내용이 경제적이라는 의미 X
③ 거시적·체계적 결정구조 : 결정을 위한 결정(상위정책 : meta-policy) 단계까지 고려하여 정책성과를 최적화
    └→ 정책결정전략 등
④ 확장된 환류과정 : 정책과정의 각 국면은 중첩성·가외성·환류성이 필요
⑤ 점증모형의 극복 : 점증주의는 개선·극복의 대상

> 주의    [최적모형]
> ① 초합리성 중시(강조) O
> ② 초합리성이 합리성보다 더 중요 X

# THEME 04 정책결정 이론모형(Ⅱ) - 집단차원의 모형

기출이력 | 2022 국가9급 등 총54회

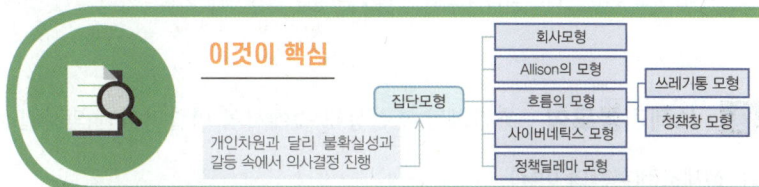

## 1 회사모형

↳ 조직은 정부조직과 달리 상이한 목표를 가진 회사같은 하부조직의 느슨한 연합체 → ∴ 연합모형

① 갈등의 불완전한 해결(준해결)과 제한된 합리성 : 하부조직간 갈등의 타협적 수준의 해결
② 불확실성의 극복이 아니라 회피하는 방법으로 환경 통제 : 단기적 반응과 단기적 피드백(환류) [단기 SOP에 의존]
③ 문제중심적 탐색 : 능력상 한계로 인하여 관심 가는 시급하고 중요한 문제만 순차적으로 탐색
④ 조직의 학습(도구적 학습) : 경험의 전수와 시간의 흐름에 따라 결정이 점차 개선됨
⑤ 가장 효율적인 의사결정규칙인 표준운영절차(SOP)의 발견 : 회사모형의 최종 목표

## 2 Allison의 모형

↳ 쿠바미사일 위기사건(1962) 연구   쌤 합조관

|  | 합리적 행위자모형(모형Ⅰ) | 조직과정모형(모형Ⅱ) | 관료정치모형(모형Ⅲ) |
|---|---|---|---|
| 조직관 | 조정과 통제가 잘 된 유기체적 조직(잘 정비된 명령 복종 체계) | 느슨하게 연결된 하위조직들의 연합체 | 독립적인 개개인 행위자들의 집합체 |
| 권력의 소재 | 단일의 최고지도자가 권력 보유(집권) | 반독립적인 하부조직들이 분산 소유 | 개인적 행위자들의 정치적 자원에 의존 |
| 행위자의 목표 및 갈등 | 조직 전체의 전략적 목표(갈등 없음) | 전체목표+하부조직 목표(하부조직간 갈등의 불완전한 해결) | 전체목표+하위목표+개인목표 (개인간 갈등은 정치적으로 해결) |
| 목표의 공유감 결정의 일관성 | 매우 강하다 | 중간 | 매우 약하다 |
| 구성원의 응집성 | 매우 높다 | 중간 [하부조직별 고유한 관례화된 절차] | 매우 낮다 |
| 정책결정의 양태 (원리) | 최고지도자가 명령하고 지시 (동시적·분석적 해결) | SOP에 의한 대안 추출(순차적 해결) | 정치적 게임규칙에 의한 타협, 협상, 연합, 흥정(정치적 해결) |
| 적용계층 | 전체 계층 [1] | 하위계층 [2] | 상위계층 [3] |
| 합리성 | 완전한 합리성 | 제한된 합리성 | 정치적 합리성 |
| 관련모형 | 합리모형 | 회사모형 | 쓰레기통모형 |

1) 각각의 계층이 아니라 정부라는 하나의 일사불란한 상하일체로서의 행위자가 주도
2) 느슨하게 독립된 하부조직의 연합체가 주도
3) 상층부 개인들간 정치적 상호작용(타협 등)으로 정책이 최종 결정 → 관료정치모형(Ⅲ)의 중요성 강조

● 불확실성 통제

- 극복 – 적극적 – 개인(합리모형) – 인과적 학습    ⓐ 예측 → ⓑ
- 회피 – 소극적 – 집단(비합리모형) – 도구적 학습  ⓐ 예측X ⓑ
  　　　　　　　　　　　　　　　　↳ 적응적·시행착오적(by SOP)

### 3 쓰레기통모형 (by Cohen, March & Olsen) : 조직화된 혼란상태 속에서의 비합리적인 의사결정과정 설명
↳ 응집성이 약함

**(1) 전제조건(혼란의 이유)**

① 문제성 있는 선호 : 불분명한 선호·목표·가치
② 불분명한 분석기술(인과기술) : 대안과 결과 간에 인과관계에 관한 지식과 기술 불분명
③ 수시적 참여 : 참여자들이 유동적이어서 지속적 참여 곤란 → 혼란의 주된 이유
　　　　　　　　　　　　　　　　　　　　　　↳ 부분적·일시적·간헐적·유동적 참여

**(2) 의사결정요소**

네가지 의사결정요소들이 독자적으로 흘러다니다가 대형참사 등 우연한 점화계기로 우연히 의사결정이 이루어짐
↳ 연관성 없이

① 문제의 흐름
② 해결책의 흐름
③ 선택기회의 흐름
④ 참여자의 흐름

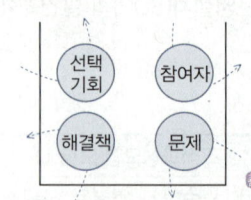

※ 쓰레기 문제는 참여할 기회가 있어야 해결이 된다.

**(3) 의사결정방식**

① 날치기 통과 : 끼워넣기 (by oversight)   ┐ 문제해결전략 X
　　　　　　　　↳ 간과                    │ 합리모형 O
② 진빼기 결정 : 미뤄두기 (by flight)      ┘
　　　　　　　　↳ 탈피

### 4 흐름창 모형 (by Kingdon) : 의사결정에 필요한 3가지 요소가 독자적으로 흘러다니다가 모이면 의사결정의 창이 열림 → 쓰레기통모형을 정책의제 설정 및 정책변동에 응용·발전시킨 모형

　　　　　　　┌ Problem(문제)
　　　　　3P ─ Policy(정책)      상호 연관·순서 X
　　　　　　　└ Politics(정치)

**(1) 의사결정요소**

① 문제의 흐름 : 극적인 사건 등으로 문제 부각 → 정치인이 선도
② 정책의 흐름 : 전문가들의 논의로 특정대안 부각 → 전문가가 선도
③ 정치의 흐름 : 정권교체, 의석 수 변경 등 정치적 분위기의 성숙 → 정치인이 선도
↳ 정책창이 열리는 가장 중요한 흐름

**(2) 특징** : 대안이 존재하지 않거나 정치적 여건이 마련되어 있지 않을 때 정책창은 곧 닫히며 창이 다시 열릴 때까지 오랜 시간 소요

## 5 사이버네틱스모형의 특징

불확실한 상황 속에서 정보를 지속적·자동적으로 제어·환류하여 중요변수가 일정한 상태로 유지되도록 한정된 범위의 변수에만 관심을 집중하는 자동적·적응적 의사결정장치(예 실내자동온도조절장치)
↳ 불확실한 상황에서 복잡한 의사결정을 단순화

① 적응적·습관적 의사결정
② 집단적 의사결정
③ 불확실성의 통제
↳ by 도구적·적응적 학습
④ 하위단위 맥락과 순차적 해결

● 증거기반 정책결정

① 과학적 기반이 부족한 담론, 이념, 신념, 의견 등에 기반한 정책결정 지양
② Head(2010)는 증거기반 정책결정의 요건으로 정보기반, 전문가, 인센티브 구조, 상호 이해 등을 제시
③ 보건, 복지, 교육, 형사정책 분야 등에 제한적으로 활용 가능  ↳ 용이하게
④ 정치적 상호작용을 중시하는 관점에서는 이해관계의 조정 등 정치적 성격을 무시한 비현실적 접근이라고 비판
⑤ 우리나라도 법제화(데이터 기반 행정법, 2020 제정)
⑥ 넛지이론에서도 옵션설계 방식으로 중시

## 6 정책딜레마 모형

**(1) 발생조건**

① 대안의 특성: 구체적이고 명료
② 상황조건
- 갈등집단간의 권력 균형과 강한 내부응집력
- 대안선택에 걸린 이해관계가 클 것
- 특정대안의 선택으로 이익을 보는 집단과 손해를 보는 집단이 명확히 구분됨
- 갈등집단이 결정의 회피나 지연을 불용

**(2) 정책딜레마의 논리적 구성요소**

① 분절성(단절성): 대안 간 절충 불가
② 상충성: 대안 간 이해충돌
③ 균등성: 대안들의 비슷한 결과가치
④ 선택불가피성: 선택 압력
⑤ 명료성: 대안의 구체성

**(3) 대응행동**

| 소극적 대응 | 적극적 대응 |
| --- | --- |
| ① 결정의 회피(비결정)<br>② 결정의 지연<br>③ 책임의 전가<br>④ 상황의 호도 | ① 새로운 딜레마 상황 조성<br>② 정책문제의 재규정<br>③ 대안의 동시 선택 |

## 7 집단적 의사결정의 특징과 한계 : 개인적 결정보다 반드시 우수하다는 보장 없음

① 무임승차: 적극 나서지 않으려는 현상
② 동조압력: 집단이 지향하는 문화적 가치와 목표의 수용
③ 집단극화: 집단이 개인보다 더 극단적인 결정을 하는 집단변환 현상
④ 집단사고(Janis): 응집성이 강한 집단에서 나타나는 만장일치에 대한 환상과 집단우월주의
↳ 집단지성 X(토론을 통해 집합적 지능을 만들어내는 집단지성과는 다름)   ↳ 침묵마저 동의로 간주 → ∴ 의사결정의 민주성 및 타당성 저하

# CHAPTER 02
# 정책론

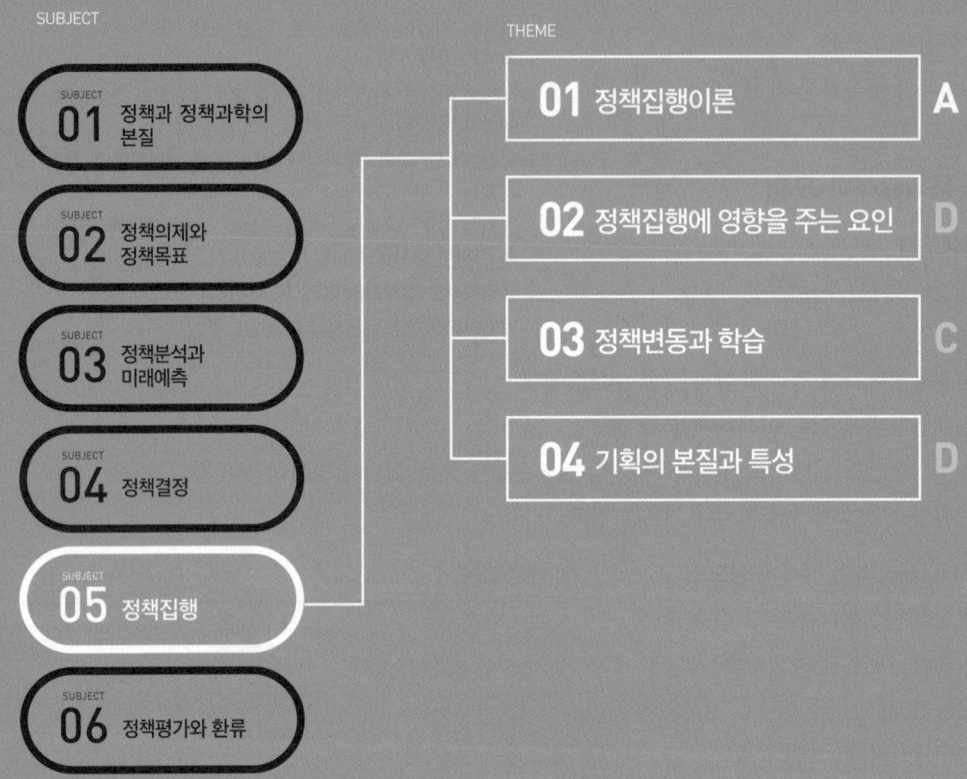

# THEME 01 정책집행이론

기출이력 | 2022 국가9급 등 총59회   A

2026 선행정학 기본서 p.263

**이것이 핵심**

- Sabatier 등 하향식 집행
- Elmore 등 상향식 집행
- Sabatier 통합모형 (정책지지연합모형)
- Nakamura & Smallwood 종합모형
  - 고전적 기술자형
  - 지시적 위임가형
  - 협상자형
  - 재량적 실험가형
  - 관료적 기업가형

## 1 정책집행의 의의

① 특징: 정책결정과 분리·독립된 과정·영역이 아님(특히 오늘날)
② 정책집행단계: 지침 작성 → 자원 확보 → 조직화 → 실현 → 감시(감독) → 환류   📖 지자조실감환

## 2 현대적 집행연구의 전개

| 구분 및 시기 | 접근법 및 학자 | 주요내용 |
|---|---|---|
| 제1세대 연구<br>(1970) | Pressman & Wildavsky의 정책집행론 | ① 정책집행의 실패사례분석을 통하여 집행의 실패요인을 규명<br>② Oakland 사업을 사례로 정책집행의 곤란성(공동행동의 복잡성) 강조<br>③ 정책집행은 정책결정과 분리·독립하여 접근할 수 없다는 현대적 집행론의 기반 제공 (but 하향식 집행론자로 분류됨)<br>[하: 구분 인정 / 상: 구분 부정] |
| 제2세대 연구<br>(1980) | 하향식 접근<br>(Sabatier & Mazmanian) | ① 결정자의 의도대로 집행 → 결정자의 리더십 중시<br>② 정책집행의 실패요인과 성공요인을 분석하여 일반화하는 데 치중<br>(일반요인) (이론화) |
| | 상향식 접근<br>(Elmore, Berman, Lipsky) | 집행현장 상황에 따른 적응적 집행 중시 → 집행자의 재량권 중시 |
| | 통합적 접근<br>(Elmore, Sabatier) | 상향적 접근과 하향적 접근의 통합<br>→ Sabatier의 정책지지연합모형이 대표적   📖 사하통-엘상통 |
| 제3세대 연구<br>(1990) | O'Toole, Goggin<br>→ 통계적연구 바탕 위에서 이론 검증 시도 | 집행과정의 동태성(정치성)과 집행결과의 다양성 강조 |

## 3 하향식 집행과 상향식 집행

### (1) 특징 비교

| 구분 \ 유형 | 하향식 집행(top-down) | 상향식 집행(bottom-up) |
|---|---|---|
| 정책상황 | 안정적 · 구조화된 상황 | 유동적 · 동태화된 상황 |
| 정책목표 수정 | 목표가 명확하여 수정 필요성 적음(합리모형) | 수정 필요성 높음(점증모형) |
| 결정과 집행 | 정책결정과 집행의 분리(이원론), 합리모형 | 정책결정과 집행의 통합(일원론), 비합리모형 |
| 집행자의 재량 | 집행자의 재량 불인정 | 집행관료의 재량권 인정 |
| 정책평가의 기준 | 집행의 충실성과 성과 | 환경에의 적응성 중시, 정책성과는 2차적 기준 |
| 집행의 성공요건 | 결정자의 리더십 → 정책목표 달성에 초점 | 집행관료의 재량권(문제해결능력) → 집행문제 해결에 초점 |
| 핵심적 법률 | 있음 → 고위직이 주도 | 없음 → 하위직이 주도 |
| Berman | 정형적(거시적 · 하향적) 집행 | 적응적(미시적 · 상향적) 집행 |
| Elmore | 전향적 집행(forward mapping) | 후향적 집행(backward mapping) |
| 방향과 흐름 | 집권적, 기계적, 단계적(선형적) [기술적(技術的)] | 분권적, 역동적, 비단계적(쌍방향적, 비선형적) |
| 접근법 | 거시적 · 연역적 · 규범적(이상적) · 예측적 | 미시적 · 귀납적 · 실증적(현실적) · 기술적 [記述的] |

### (2) 장단점(평가)

#### ① 하향식 집행

| 장점 | 단점 |
|---|---|
| ① 집행과정의 법적 구조화의 중요성을 일깨워 줌<br>② 집행과정에서의 문제점 예견 (지침화)<br>③ 집행변수의 일반화와 연역적 연구 가능<br>④ **정책목표를 중시**하므로 객관적인 정책평가 가능<br>⑤ 도출된 변수를 집행과정에서 체크리스트로 활용 | ① 다원적 민주주의체제에서는 명확하고 일관된 정책목표의 설정이 불가능한 경우가 많음<br>② 집행과정의 문제점을 미리 예견 · 반영하기 곤란 (현실상)<br>③ 정책결정자나 정책지지자들의 입장에서만 연구<br>④ 하나의 정책에만 초점을 맞춤 → 집행관료나 대상집단의 반대나 전략을 과소평가 |

#### ② 상향식 집행

| 장점 | 단점 |
|---|---|
| ① **실제 집행과정을 상세히 기술**하여 집행과정의 인과관계를 잘 설명<br>② 의도하지 않은 효과까지도 분석 가능<br>③ 여러 정책들이 동시에 추진되는 경우 정책프로그램이 교차하는 집행 영역을 잘 다룰 수 있음<br>④ 시간의 경과에 따른 전략적 상호작용이 어떻게 형성되고 변화되는지 파악 가능<br>⑤ 정책을 집행하는 주도집단이 없을 때 유용 | ① 정책집행자가 통제할 수 없는 집행의 거시적 틀(사회 · 경제 · 법적 요인 등) 간과<br>② 공식적 정책목표가 무시되므로 집행결과에 대한 객관적 평가가 어려워지며 집행재량의 남용 우려<br>③ 집행현장 중심의 귀납적 연구를 중시하므로 일관된 연역적 분석 틀 제시 곤란<br>④ 선출직에 의한 책임확보라는 민주주의 가치 구현 곤란 |

## 4 일선관료제론(Lipsky)
↳ 상향식 집행모형의 일종

| 일선관료의 직무상 특징 – 직무의 자율성 | ① 일선관료는 고객접점으로서 취약계층을 위한 공공복지행정 분야일수록 중요<br>② 일선관료는 서비스 제공에 있어서 상당한 재량권 보유<br>• 서비스의 기준·양과 질 등에서 고객을 재량적으로 분류(선별) |
|---|---|
| 현실과 업무환경 | ① 인적·물적 자원이나 시간·기술적 지원이 만성적으로 부족<br>② 권위에 대한 도전과 위협이 존재<br>③ 업무성과를 객관적으로 평가할 기준이 결여되어 있고, 효과적인 통제체제도 없음<br>④ 부서의 목표나 역할이 애매(모호)하거나 이율배반적<br>⑤ 고객은 단순하고 수동적(비자발적)이라는 고정관념 |
| 결론 | 고객에게 민감하지 않은 경향을 보임 → 일선관료들의 잘못된 적응 메커니즘(고정관념에 의한 정형화·단순화) 1)으로 일선행정의 비효율성 초래 |

→ 문제성 있는 3대 환경

1) 부분적·간헐적 정책집행 → 체계적·지속적·계획적 집행 ✕

## 5 통합모형

### (1) Sabatier의 정책지지연합모형
↳ 정책옹호연합모형

① 처음엔 하향적 접근을 주장하다가 나중에 하향식과 상향식을 통합한 정책지지연합모형을 제시
② 정책의 기본적 과정은 신념체계별로 여러 연합으로 구성된 정책하위시스템 내의 경쟁적인 정책지지연합들이 자신의 신념을 관철시키기 위한 경쟁과 갈등·타협과정임 → 상향적 접근
↳ 핵심신념은 쉽게 변동 ✕
③ 정책하위시스템 참여자들의 활동에 영향을 미치는 요소 → 하향적 접근
④ 집행모형이라기보다는 정책의 변동을 중시하는 정책학습모형의 성격이 강함
↳ 장기간(10년)에 걸친 점진적 변동  ↳ 정책지향학습(by 정책연합 내·외부)

→ 통합

● 정책지지연합모형의 신념체계

| 규범핵심신념 | 모든 정책에 적용되는 근본 가치와 철학으로서 거의 변동되지 않음 |
|---|---|
| 정책핵심신념 | 규범적 핵심신념을 특정정책분야에서 실현하기 위한 기본전략으로 쉽게 변동되지 않음 |
| 부차적 신념 | 특정 정책의 실행을 위한 행정규칙, 예산배분, 규정해석 등으로 쉽게 변동되는 이차적 신념 |

### (2) Elmore의 통합모형 : 정책집행의 거시적 환경에 따른 4가지 연계모형  체관조갈

① 정책목표 설계 : 하향적(체제관리모형, 관료적과정모형)
② 정책수단 강구 : 상향적(조직발전모형, 갈등협상모형)

→ 통합

## 6 Nakamura & Smallwood의 집행모형 🔑 고지협재관

(1) **고전적 기술자형**: 정책결정자가 모든 집행과정을 통제하고 집행자에게는 기술적 권한만 위임
(2) **지시적 위임가형**: 정책결정자가 대체적인 방침만 정한 뒤 집행자에게 행정적 권한까지만 위임
(3) **협상자형**: 결정자와 집행자간 정책목표나 수단에 대하여 반드시 의견이 일치하지 않아 정책목표와 수단에 대해 서로 협상
(4) **재량적 실험가형**: 정책결정자가 추상적인 목표만 제시하고 집행자에게 광범위한 재량권을 주어 목표를 구체화하도록 함
(5) **관료적 기업가형**: 집행자가 결정자로부터 권력을 빼앗아 거의 모든 정책과정을 통제하는 모형
  └→ 추상적목표까지 집행자가 설정하고 필요한 수단을 얻기 위해 결정자와 협상

| 유형 | 정책결정자의 역할 | 정책집행자의 역할 | 정책집행의 실패이유 | 정책평가기준 | 집행재량 |
|---|---|---|---|---|---|
| 고전적 기술자형 | 구체적인 목표 설정 | 기술적 권한 소유 | 기술적 결함 | 효과성 | X → 아주 약간의 기술적 재량만 인정 |
| 지시적 위임가형 | | 집행적 권한 소유 | + 협상의 실패 | 능률성, 효과성 | △ →행정적 (어느 정도)상당한 재량 |
| 협상자형 | 목표·수단에 대해 집행자와 협상 | | + 적응적 흡수(정책목표의 왜곡) 및 부집행 | 주민만족도 | — |
| 재량적 실험가형 | 추상적인 목표 지지(제시) | 목표와 수단의 구체화 | + 책임 회피 및 기만(사기) | 수익자 대응성 | ○ →폭 넓은 광범위한 재량 |
| 관료적 기업가형 | 집행자가 설정한 목표 지지 | (추상적)목표 설정 | + 정책의 사전오염(선매) | 체제유지도 | ○ 가장 광범위한 재량 |

🔑 고지협재관   🔑 기행협구추   🔑 기협왜책오   🔑 효능만대유

### [Nakamura 모형 쟁점] ⚠️ 주의

① 추상적 목표 ┬ 결정자가 제시 : **재**
             └ 집행자가 제시 : **관**
② 협상 ┬ 목표와 수단 협상 : **협**
       ├ 집행자간 행정적 협상 : **지**
       └ 목표달성 수단 협상 : **관**
③ 집행재량 ┬ 없음 : **고**
           ├ 상당(어느 정도) : **지**
           ├ 광범 : **재**
           └ 가장 광범 : **관**

### ● 하향·상향·통합모형과 주요 학자

| | |
|---|---|
| 하향 | Pressman & Wildavsky(1973) : 정책집행론<br>Van Meter & Van Horn(1975) : 집행과정모형<br>Bardach(1977) : 집행게임모형<br>Sabatier & Mazmanian(1979) : 집행과정모형(집행단계모형) |
| 상향 | Berman(1978) : 적응적 집행모형<br>Lipsky(1980) : 일선관료제론<br>Elmore(1980) : 후향적 집행모형<br>Hjern & Hull(1982) : 집행구조연구 |
| 통합 | Ripley & Franklin(1982) : 정책유형별 정책집행론<br>Elmore(1985) : 4가지 연계모형<br>Sabatier(1986) : 정책지지연합모형<br>Goggin(1990) : 통합모형<br>Winter(1990) : 통합집행모형<br>Matland : 집행모형 |

7급용

## 7 기타 집행모형

**(1) Berman의 적응적 집행(상황론적 집행)**
① 집행에 영향을 주는 제도적 환경을 거시적 집행구조와 미시적 집행구조로 나눔 (정형적 / 적응적)
② 집행성과는 미시집행과정에서 결정된다고 보고 그중에서도 집행조직과 정책간 상호적응의 관점에서 집행현장의 중요성을 강조

● **거시적 집행구조의 통로(4단계)**

| 행정 | 정책결정을 구체적인 정부 프로그램으로 전환하는 것 |
|---|---|
| 채택 | 구체화된 정부프로그램이 지방정부의 사업으로 받아들여지는 것 |
| 미시적 집행 | 지방정부가 채택한 사업을 실행사업으로 변화시키는 것 |
| 기술적 타당성 | 정책목표와 정책수단 간의 인과관계 |

● **미시적 집행구조 통로(3단계)**

| 동원 | 집행조직에서 사업(project)을 채택하고 실행계획을 수립 | |
|---|---|---|
| 전달자의 집행 | project와 집행조직의 SOP간 상호적응과정 | 부집행 |
| | | 적응적 흡수 (기존 SOP만 내세우며 정책목표의 왜곡) |
| | | 기술적 학습 |
| | | 상호적응 → 하향식 집행론에서 선호 (기존 SOP를 project에 맞춤) / 가장 바람직(by Berman) |
| 제도화 | 채택된 사업을 정형화·지속화 | |

**(2) Elmore의 집행모형**
① 처음엔 상향적 접근을 주장하다가 나중에 통합모형 제시 : 전향적 집행(결정자의 의도를 중시하는 하향식 집행)과 후향적 집행(집행현장 상황을 중시하는 상향식 집행)으로 구분하고 처음에는 후자를 중시(상향적 접근) → 나중에 통합모형 제시(정책목표는 하향적, 정책수단은 상향적)
② 정책집행에 영향을 주는 핵심요인을 기준으로 정책집행의 거시적 환경에 대한 4가지 연계모형 제시 : 체제관리모형, 관료적 과정모형, 조직발전모형, 갈등협상모형 (채관조갈)

**(3) Pressman & Wildavsky의 공동행동의 복잡성모형**
정부사업의 집행이 참여자와 의사결정점의 수가 늘어나면서 집행하기 어려운 복잡한 과정으로 변한다고 설명 (→ 의사결정단계)

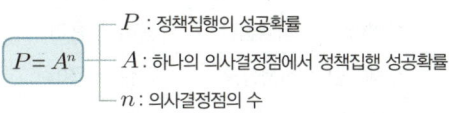

$P = A^n$
- $P$ : 정책집행의 성공확률
- $A$ : 하나의 의사결정점에서 정책집행 성공확률
- $n$ : 의사결정점의 수

# THEME 02 정책집행에 영향을 주는 요인

기출이력 | 2020 군무원7급 등 총4회    D

2026 선행정학 기본서 p.274

- **1 효과적인 정책집행 요건(Sabatier 등)의 집행과정모형 : 단계모형**

  ↗ 하향식 집행모형에서 강조

  문제변수 ─ ① 타당한 인과모형 : 정책수단을 통하여 얻고자 하는 변화와 인과관계(기술적 타당성)가 명확
  ② 명확한 정책지침과 대상집단의 순응 극대화 : 명확한 정책목표, 충분한 재정적 자원, 적절한 집행기관, 집행기관간 계층적 통합, 적합한 의사결정규칙(SOP), 이해관계자의 참여
  ③ 유능하고 헌신적인 집행관료   → 단순한 구조
  비법률변수 ─ ④ 관련집단의 지지 : 조직화된 이익집단, 유권자, 입법자(국회의원), 행정부의 장(대통령)과 관료 등의 지속적 지지
  법률변수 ─ ⑤ 정책목표의 명확성 및 정책목표간 일관성과 안정성

● **사바티어 & 마즈매니언(Sabatier & Mazmanian)의 정책집행과정과 영향요인(집행과정모형 = 단계모형)**
  ↗ 하향식집행모형

| 범주 | 변수 |
|---|---|
| 문제의 성격<br>(문제의 용이성) | ① 타당한 인과모형과 기술<br>② 정책이 요구하는 행태변화의 정도 |
| 법률적 변수<br>(법령의 집행구조화<br>능력) | ① 정책목표의 명확성과 일관성<br>② 재정적 자원<br>③ 유능한 집행관료<br>④ 계층적 통합성(집행기구의 성격) |
| 비법률적 변수<br>(상황요인) | ① 일반대중과 언론의 지원<br>② 상위기관(지배기관)의 지지<br>③ 사회경제적 상황과 기술 |

● **반 미터(Van Meter)와 반 혼(Van Horn)의 정책집행과정 연구**

정책집행을 정책과 성과를 연결해주는 매개변수로 간주
① 정책의 기준과 목표
② 자원
③ 조직 간의 의사소통 및 집행활동
④ 집행기관의 특성
⑤ 정치·경제·사회적 조건
⑥ 집행자의 성향

- **2 대상조직의 규모와 조직력에 따른 정책집행 용이 여부**

| 구분 | 조직화 정도 | |
|---|---|---|
|  | 강 | 약 |
| 수혜집단 | 집행내용의 변화(용이) | 집행 용이 |
| 희생집단 | 집행 곤란 | 집행 용이 |

| 규모 조직화 | 강 | 약 |
|---|---|---|
| 수혜집단 > 희생집단 | 용이 | 용이 |
| 수혜집단 = 희생집단 | 곤란 | 용이 |
| 수혜집단 < 희생집단 | 곤란 | 용이 |

## ● 정책갈등의 유형(이민창)

| 규범 [1] \ 유인 [2] | 강함 | 약함 |
|---|---|---|
| 강함 | 협력형 정책갈등 | 소극적 정책갈등 |
| 약함 | 적극적 정책갈등 | 혼란형 정책갈등 |

1) 규범 : 구성원이 공감하는 가치나 신뢰, 방향 등으로 행정의 공개성, 투명성, 민주적 참여 등이 보장될 때 높아짐
2) 유인 : 정책이 발생시키는 재산권 손실과 미래 가치 보전 등을 제도적으로 보장해주는 일련의 대안

## ● 잉그람과 슈나이더(Ingram & Schneider)의 정책대상집단의 사회적 구성 모형

| 정치적 권력 [2] \ 사회적 형상 [1] | 긍정적 | 부정적 |
|---|---|---|
| 높음 | 수혜집단 | 주장집단 |
| 낮음 | 의존집단 | 이탈집단 |

1) 사회적 형상 : 정책결정자 및 국민들이 정책대상집단에 대해 갖는 긍정적 혹은 부정적 인식
2) 정치적 권력 : 다른 집단과의 연합형성의 용이성, 동원가능한 보유자원의 양, 집단구성원들의 전문성 정도

# THEME 03 정책변동과 학습

## 1 정책집행과 정책변동

(1) **점증모형** : 정책은 쉽게 변동되지 않음 → 보수적 정책
(2) **정책변동모형** : 정책이 어떤 계기로 변동되는지 이유를 설명하는 현대적 모형
 ① **정책지지연합모형(Sabatier 등)** : 정책은 장기간(10년 이상)에 걸쳐 점진적으로 변동되는 학습과정 (↳ 단절 이후 균형 유지)
 ② **정책패러다임변동모형(P.Hall)** : 정책은 급격한 변동이 쉽지 않다는 Sabatier의 주장과 달리 정책의 근본적인 패러다임이 급격히 변동될 수도 있다는 모형
  ↳ 예) 자유방임주의 → 케인즈주의 → 통화주의 등
 ③ **단절적균형모형** : 정책은 단절(변동)을 겪은 후에 다시 균형을 이루어 나간다는 모형

| 점증모형 | 정책변동모형 | | |
|---|---|---|---|
| 정책변동이 쉽지 않음 | 정책지지연합모형(Sabatier) | 정책패러다임변동모형(P.Hall) | 단절적 균형모형(Krasner) |
| | 점진적 변동(정책학습) | 급격한 변동 | 단절 후 균형 |

## 2 정책변동의 이론적 모형

| 모형 | 학자 | 주요 내용 |
|---|---|---|
| 정책지지<br>연합모형 | Sabatier,<br>Jenkins 등 | ① 정책변화 이해를 위해서는 10년 이상의 장기간 필요<br>② 다양한 활동행위자를 포함한 정책하위체제에 중점<br>③ 정책하위체제 안에 신념체계를 공유하는 정책지지연합 간 경쟁이 정책변동을 초래 : 내·외부충격, 정책지향학습, 협상을 통한 참여 등이 정책변동을 초래 |
| 정책패러다임<br>변동모형 | P.Hall | ① 정책형성을 목표, 수단 또는 기술, 환경의 3변수를 포함하는 과정으로 정의<br>② 정책목표와 수단에 있어 근본적·급진적 변동을 정책패러다임의 변동으로 규정<br>③ 정책패러다임이란 정책목표와 수단에 대한 근본적인 사고와 기준의 틀을 의미<br>④ 정책지지연합모형에 비하여 더 급격하고 근본적인 정책변동을 설명 |
| 단절균형모형 | Krasner | ① 정책은 단절(변동)이 있은 후에 균형을 이룬다는 모형으로 정책의 변동가능성을 부인하는 점증모형과 달리 정책변동을 설명하고자 하는 모형 → 역사적 신제도론에서 강조<br>② 외부환경의 변화에 의한 권력구조의 변화가 단절적 균형을 초래<br>③ 단절의 시점을 예측할 수 없다는 점에서 미래지향적 X |
| 이익집단 위상<br>변동모형 | Mucciaroni | ① 사적이익을 추구하는 이익집단의 위상이 변동될 때 정책내용도 변동된다는 것<br>② 이슈맥락과 제도적 맥락의 유불리에 따라 이익집단의 위상이 변동됨<br>③ 기존의 점증모형과 쓰레기통모형의 한계 지적 |

↳ 환경적 요인 등 정책 요인
↳ 정치적리더십 등 제도적 요인

| 정책흐름모형<br>(흐름창모형) | Kingdon | ① 정책문제의 흐름, 정책대안의 흐름, 정치적 흐름이 결합되어 의제가 설정되거나 정책이 변동<br>② 세 가지 흐름의 요소들은 아무런 관련 없이 자신의 고유한 규칙에 따라 흘러다님<br>③ 정책선도자는 각 흐름을 결합, 정책창을 열리게 하여 정책변동을 유도하는 적극적 존재 |
|---|---|---|
| 시차이론 | 정정길 | ① 정책수단들이 어떤 순서와 시점에서 조합되느냐에 따라 정책효과가 달라짐 → 화학적 인과관계<br>② 시차를 이용하여 정책효과의 지연 이유, 정책안정화에 걸리는 기간, 정책평가와 혁신의 시점 등 정책변동의 양상과 원인을 파악<br>③ 한국의 행정개혁 · 정책평가 등의 실패를 분석 |

● **이익집단 위상변동모형(Mucciaroni)**

① 이익집단의 위상의 변동이 정책변동을 초래한다는 모형
② 이익집단의 위상의 변동에 영향을 미치는 요인 : 이슈맥락(issue context)과 제도적 맥락(institutional context)

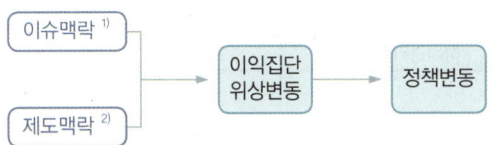

1) 이슈맥락 : 정책의 유지 또는 변동에 영향을 미치는 정책요인(이념, 경험, 환경적 요인 등)
2) 제도맥락 : 정책결정그룹의 제도적 선호나 패턴(의회 상임위원회의 위상과 정치적 리더십 등)

## 3 정책학습

### (1) 개념

시행착오를 토대로 정책목표와 수단을 능동적으로 수정 · 보완해나가는 과정

### (2) 유형

| | Birkland | | Howlett & Ramesh | |
|---|---|---|---|---|
| 수단적 학습 | 집행수단이나 기법을 통한 학습 | 내생적 학습 | 정책목적과 기법들을 소규모로 바꾸는 것 | |
| 사회적 학습 | 정책문제의 정의나 정책목적 자체에 대한 의문 제기 | 외생적 학습 | 외부적인 정책환경의 변화에 맞춰 정부의 대응을 대규모로 바꾸는 것 | |
| 정치적 학습 | 정치적 변화를 찬성 또는 반대하기 위한 학습 | | | |

# THEME 04 기획의 본질과 특성

D

## 1 기획의 본질적 특성

① 목표지향성  ② 미래지향성  ③ 합리성  ④ 의사결정과정  ⑤ 계속적 준비과정
⑥ 변화지향성  ⑦ 행동지향성  ⑧ 정치성  ⑨ 통제성  ⑩ 효율성

● 기획의 유형

|  | 정책기획 | 전략기획 (불확실한 환경 전제) | 운영기획 (전통적 기획(안정된 환경 전제)) |
|---|---|---|---|
| 차원 | 규범적·정책적 차원 | 정책기획을 뒷받침하는 전략적 차원 | 일상적 관리의 관리적 차원 |
| 가치 | 당위성 | 실현가능성 | 능률성 |
| 계층 | 최고관리층 | 중간관리층 | 하위관리층 |

## 2 기획이론의 전개 동향

① 수단적 기획관(가치중립적) → 규범적 기획관(가치지향적) : 수단적 기획관으로는 3종 오류 방지 곤란
② 기계적 기획관 → 인간행동모형 : 가치 판단 중시
③ 부분적 기획관 → 종합적 기획관 : 국가기획 중시

## 3 기획에 대한 찬반 논란

| 기획찬성론 | 기획반대론 |
|---|---|
| ① H.Finer(반동의 길)<br>② K.Mannheim(자유·권력 및 민주적 기획론)<br>③ Waterstone<br>④ Hansen<br>⑤ Holcomb(계획적 민주정부론) 등 | ① Hayek(노예의 길) |

## 4 기획 과정

기획도 하나의 의사결정과정이므로 정책결정의 기본적 과정을 그대로 거침

(1) **기획의제 설정** : 사회문제가 기획문제로 수용되는 과정

### (2) 기획결정(수립)
① 문제인지 : 기획문제의 정의
② 목표설정 : 목표의 제시
③ 정보의 수집분석(상황분석) : 정보를 수집·분석하여 기획대상(현실여건)에 대한 상황분석
④ 기획전제(planning premise)의 설정 : 통제가 불가능한 외생변수의 변화 등 미래에 대한 전망과 가정
⑤ 대안(기획안)의 탐색과 작성
⑥ 대안의 결과 예측 : 미래예측
⑦ 대안의 비교평가
⑧ 최종 대안의 선택

### (3) 기획집행 : 기획을 행동에 옮기는 행동화 과정
### (4) 기획평가 : 기획의 집행상황 및 결과를 평가하는 것으로 일종의 심사분석(집행관리 및 성과분석 등)

## 5 기획의 제약요인

### (1) 기획수립상의 제약성
① 기획의 그레샴 법칙 : 쇄신적인 상위 기획보다 일상적인 단순집행업무가 중시되는 현상
② 개인적 창의력 위축 : 지나치게 세부적이고 집권적인 기획은 공무원들의 창의력 저해

### (2) 계획집행상의 제약성
① 현상타파에 대한 저항과 반발
② 계획의 경직화 경향과 수정의 곤란성

### (3) 행정적 저해요인
① 기획담당자의 능력 및 인식 부족   ② 정치적 불안정   ③ 인사관리의 비합리성
④ 회계·재정제도의 비효율 등

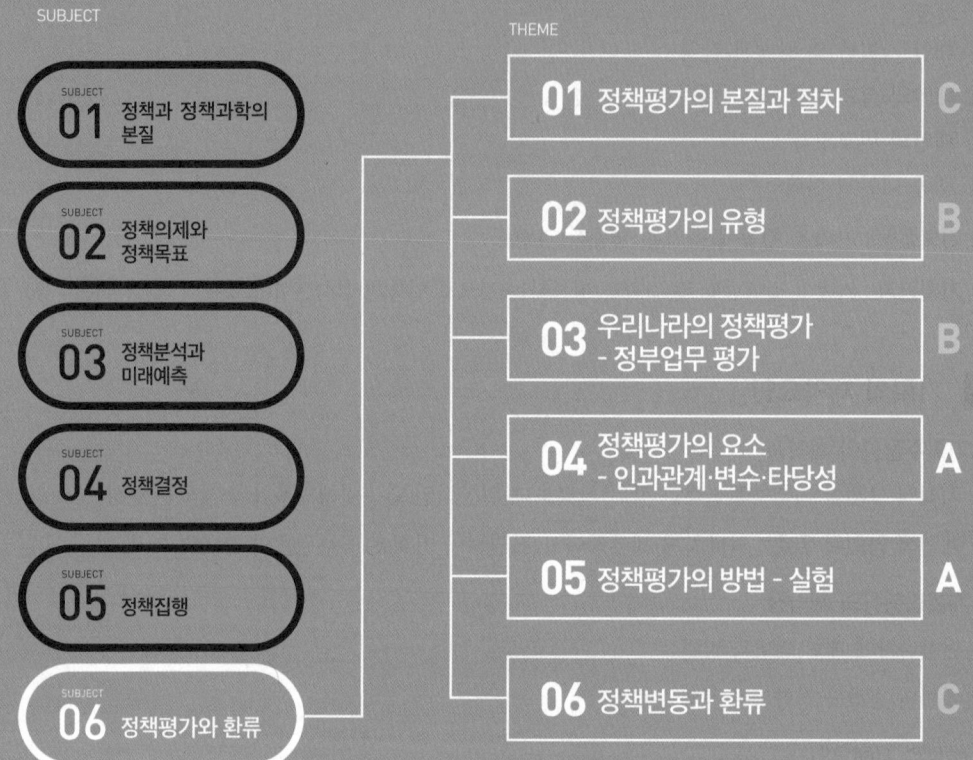

# THEME 01 정책평가의 본질과 절차

## 1 정책평가의 의의

정책수단(대안)과 정책효과(결과)간의 인과관계를 검증하는 것
→ 원인변수        → 결과변수

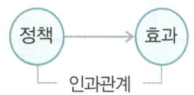

## 2 정책평가의 목적

① 정책결정과 집행에 필요한 정보 제공 및 환류 : 정책의 추진여부 결정, 정책의 내용 수정, 효율적인 집행전략 수립(과정평가)
② 정책과정상의 책임 확보 : 법적 책임, 관리적 책임, 정치적 책임  → 선거를 통해서 지는 책임
③ 이론구축에 의한 학문적 기여 : 학문적 인과성을 밝혀줌으로써 사회과학의 발전에 기여
④ 정책실험과정으로의 유도

## 3 정책평가의 단계

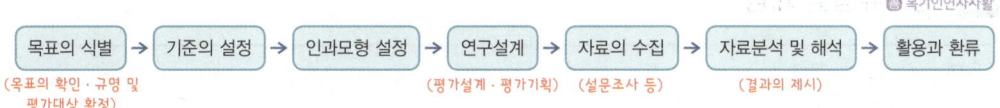

## 4 정책평가의 기준(Nakamura & Smallwood)

→ 형평성 X(W.Dunn이 보완)   🔑 고지협재관 - 효능만대유

| 정책집행모형 | 정책평가기준 | 내용 |
|---|---|---|
| 고전적 기술자형 | 효과성 | ① 효과성 : 목표달성도 → 비용 고려 못함 |
| 지시적 위임가형 | 능률성, 효과성 | ② 능률성 : 산출/투입 → 목표달성결과 고려 못함 |
| 협상자형 | 주민만족도 | 유권자들의 정치적 지지 |
| 재량적 실험가형 | 수익자대응성 | 수익자 여망에의 탄력적 대응성 |
| 관료적 기업가형 | 체제유지도 | 체제(국가나 사회)의 활성화에 기여한 정도 |

→ 가장 포괄적 기준

# THEME 02 정책평가의 유형

기출이력 | 2018 서울9급 등 총20회
2026 선행정학 기본서 p.284

## 1 평가의 유형

| by (평가시기) | 형성평가(도중평가, 논리모형) | 총괄평가(목표모형) |
|---|---|---|
| by (평가목적) | 과정평가(집행과정을 평가) | 총괄평가(영향·효과를 평가) |

- 평가성 사정
  - 평가를 위한 평가
  - 가능성
  - 소망성
- 형성평가
  - 프로그램 이론
  - 프로그램 감시
- 과정평가
  - 프로그램 인과경로의 잘못 수정
- 사전분석
  - 평가설계
  - 착수직전분석
- 총괄평가
  - 정책의 영향·효과 평가
- 메타평가
  - 평가에 대한 평가
  - 평가결산
- 메타분석
  - 평가결과의 종합

**프로그램논리모형**: 프로그램의 인과경로(투입-활동-산출-결과)를 잘 구축·도식화하여 목표 달성여부와 달성과정을 전반적으로 보여줌으로써 이해관계자들로 하여금 이론실패와 집행실패를 구분·이해할 수 있게 하고 평가의 타당성을 제고시켜 주는 형성평가의 도구

**목표모형** — 목표달성평가모형: 산출이나 장단기 목표달성 여부만을 선별적으로 보여주는 총괄평가의 도구

## 2 평가유형별 개념

| 유형 | 개념 |
|---|---|
| 평가성 사정 | 평가의 가능성과 소망성을 사전에 검토하여 평가의 공급과 수요가 올바로 합치되도록 유도 |
| 협의의 형성평가 (집행과정평가) | 프로그램이 유동적일 때 프로그램의 문제점을 발견·시정·개선하고 효율적인 집행전략을 수립하거나 정책내용을 수정·변경하는 데 도움을 주는 평가(집행분석) |
| 협의의 과정평가 | 정책효과 발생의 인과경로를 평가하여 잘못된 인과관계를 시정하고 총괄평가를 보완해주는 평가 |
| 착수직전분석 | 프로그램의 평가를 기획하기 위하여 평가에 착수하기 직전에 수행하는 예비평가 |
| 협의의 총괄평가 (효과평가) | 집행이 완료된 후 정책이 사회에 미친 영향이나 효과를 평가하는 것으로 정책수단과 정책효과간의 인과관계 추정(가장 일반적 의미의 정책평가) → 능률성 평가, 효과성 평가, 영향평가가 있음 |
| 메타평가 | 평가결과에 대한 재평가 |
| 메타분석 (평가종합) | 기존의 평가에서 발견했던 사실들을 재분석하는 것으로 경험적 분석결과들이 얼마나 실제 이용가능한가 등을 다루는 평가(이론적 연구 아님) |

# THEME 03 우리나라의 정책평가 - 정부업무 평가

기출이력 | 2022 국가9급 등 총29회　B

2026 선행정학 기본서　p.286

## 1 의의

① 개념 : 우리나라의 공식적 정책평가 제도(2006년 제정된 「정부업무평가기본법」이 근거)
② 목적 : 중앙행정기관 등 공공기관의 통합적 성과관리체제 구축과 자율적 평가역량 강화로 국정운영의 능률성·효과성 및 책임성 향상이 목적

## 2 주요 내용

① 정부업무평가위원회의 설치 : 국무총리 소속 우리나라 정책평가기구 → 심의·의결기구
② 정부업무평가의 근간으로서의 자체평가 : 각 부처 및 자치단체에 자체평가위원회 구성
   → 위원장 2인 포함, 15인 이내 위원(행안부장관, 기예처장관, 국무조정실장 등)으로 구성　→ 2/3 이상은 민간위원
③ 통합적 국정관리를 위한 특정평가 : 둘 이상의 중앙행정기관에 걸친 정책평가, 국무총리가 실시
④ 평가결과의 공개 및 활용 : 전자통합평가체제
⑤ 평가결과의 환류 : 평가결과는 예산편성, 정책개선, 조직관리, 개인성과계약 등 평가에 반영

## 3 체계

기전시 - 총중중 - 331

| 구분 | 수립권자 | 특징 | 주기 |
|---|---|---|---|
| 정부업무평가 기본계획 | 국무총리 | 정부전체의 기본계획으로서 정부업무평가위원회의 심의·의결 거쳐 수립하고 매3년마다 수정·보완 | 매3년 |
| 정부업무평가 시행계획 | 국무총리 | 기본계획에 기초하여 매년 3월 말까지 수립·통지 | 매년 |
| 성과관리 전략계획 | 중앙행정기관장 | 당해 기관별 중장기계획으로 국가재정운용계획을 반영하여 수립하고 매3년마다 수정·보완 | 매3년 |
| 성과관리 시행계획 | 중앙행정기관장 | 당해 연도별 시행계획으로 매년 수립 | 매년 |
| 자체평가 계획 | 중앙행정기관, 지방자치단체 | 정부업무평가 시행계획에 기초하여 매년 수립 | 매년 |

## 4 유형

중지특공

| | | |
|---|---|---|
| 중앙행정기관 평가 | 자체평가(소속기관 포함), 필요시 재평가(총리) | |
| 지방자치단체 평가 | 자체평가(소속기관 포함), 필요시 평가지원, 합동평가(행정안전부장관) | |
| 특정평가 | 국정의 통합적 관리가 필요한 정책 평가(국무총리) → 다수부처 관련 정책 | 국가위임사무는 합동평가위원회(민간위원 2/3이상)를 구성하여 행안부장관이 주무부장관과 합동으로 평가 |
| 공공기관 평가 | 외부평가(자체평가 불인정) | |

# THEME 04 정책평가의 요소 - 인과관계·변수·타당성

기출이력 | 2021 국가9급 등 총49회
2026 선행정학 기본서 p.289

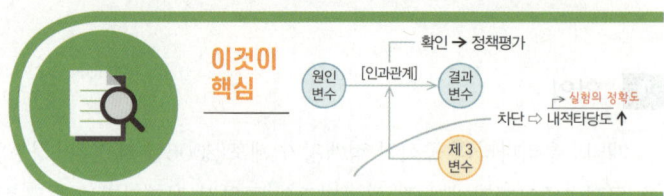

이것이 핵심

## 1 인과관계의 조건

| 시간적 선행성 | 원인변수(정책)가 결과변수(효과)보다 시간적으로 앞서야 함 |
|---|---|
| 공동변화 (→상호연관성) | 정책과 목표(효과)는 모두 일정한 방향으로 변화해야 함 |
| 비허위적 관계 | 경쟁가설 배제(외생변수가 영향을 미치지 않았음을 입증) |

## 2 제3의 변수

| 변수의 종류 | 개념 |
|---|---|
| 선행변수 | 독립변수에 앞서면서 독립변수에 대해 유효한 영향력을 행사하는 변수 |
| 매개변수 | 독립변수와 종속변수의 사이에서 독립변수의 결과인 동시에 종속변수의 원인이 되는 변수 |
| 허위변수 (외재변수) | 독립변수와 종속변수 간에 실제로는 전혀 상관관계가 없는데도 있는 것처럼 나타나도록 하는 제3의 변수, 결과변수의 전부가 허위변수의 영향 |
| 혼란변수 | 독립변수와 종속변수간에 상관관계가 있는 상태에서 두 변수 모두에 영향을 미치는 제3의 변수, 결과변수의 일부가 혼란변수의 영향 |
| 조절변수 | 독립변수와 종속변수 사이에서 두 변수간 관계(상호작용효과)를 강화시키거나 약화시키는 변수 → 인과관계의 강도에 영향 (→둘 이상의 변수가 결합되어 인과강도에 영향) |
| 억제변수 | 두 변수가 서로 상관관계가 있는데도 없는 것으로 나타나게 하는 제3의 변수 |
| 왜곡변수 | 두 변수간의 사실상의 관계를 정반대의 관계로 나타나게 하는 제3의 변수 |
| 구성변수 | 포괄적 개념을 구체적으로 나타내주는 하위변수 |

## 3 타당도의 종류

| 구성적 타당도 | 처리, 결과, 모집단 및 상황들에 대한 이론적 구성요소들이 성공적으로 조작화된 정도 | |
|---|---|---|
| 통계적 결론의 타당도[1] | 정밀하고 강력하게 연구설계(평가기획)가 이루어진 정도로서 제1종 및 제2종 오류가 발생하지 않은 정도 ⇨ 가설 검증의 정확도 | 광의의 내적 타당도 |
| 내적 타당도 | 조작화된 결과에 대하여 찾아낸 효과가 다른 경쟁적인 원인(외생변수)들에 의해서 라기보다는 조작화된 처리(원인변수)에 기인된 것이라고 볼 수 있는 정도 ⇨ 인과적 추론의 정확도 | |
| 외적 타당도 | 실험결과를 다른 상황에까지 일반화(이론화)시킬 수 있는지의 정도 | |

1) 통계적 결론의 타당도는 내적 타당도의 전제조건

## 4 타당도를 저해하는 요인

### (1) 내적 타당도 저해요인

| 역사적 요소(사건효과) | 실험기간 동안에 외부에서 일어난 역사적 사건이 실험에 영향을 미치는 것 |
|---|---|
| 성숙효과(성장효과) | 시간의 흐름에 의한 자연적 성장이나 발전에 의한 효과 ⇨ 정책대상이 사람일 때 나타나며, 실험기간이 길어질수록 사건효과나 성장효과는 커짐 |
| 선발효과 (우작위 배정, 사전측정으로 통제 가능) | 선발의 차이(실험집단과 통제집단간 구성상 상이함)로 인한 오류 |
| 상실요소 | 연구기간 중 집단으로부터 이탈 등 두 집단간 구성상 변화에 의한 효과(이탈효과) |
| 회귀 - 인공요소 (통계적 회귀) | 실험이 진행되는 동안 구성원들이 원래 자신의 성향으로 돌아갈 경우에 나타나는 오차 ⇨ 실험직전 측정이나 단 한번의 측정만에 의한 극단치를 기준으로 집단구성시 나타나는 일종의 실험직전 반응효과 (눈에 띄지 않는 관찰로 통제 가능 → 솔로몬식 4집단 설계(사전 측정 X)) |
| 측정요소(검사요인) | 실험 전에 측정한 사실 그 자체가 사후 측정값에 영향을 주는 것(시험요인) (사전테스트에 익숙해져 통제집단 사전·사후설계(진실험)로도 통제할 수 없음) |
| 오염효과 | 통제집단의 구성원이 실험집단 구성원의 행동을 모방하는 오염 또는 확산효과로서 모방, 누출, 부자연스러운 반응 등이 이에 포함됨 |
| 측정도구의 변화 (도구요인) | 프로그램의 집행 전과 집행 후에 사용하는 측정절차, 측정방법, 측정도구의 변화로 인한 오류 ⇨ 측정도구의 일관성 문제로 평가의 신뢰도와 관련됨 (신뢰도는 타당도의 필요조건 O, 충분조건 X) |

● 내적 타당도를 저해하는 외재적 요인과 내재적 요인

| 구분 | 개념 (실험이 실시되기 전(실험실 밖에서)) | 해당요인 |
|---|---|---|
| 외재적 요인 | 집단구성시 발생(서로 다른 개인들을 할당함으로써 발생하는 편견) | 선발요소 |
| 내재적 요인 | 실험(정책)이 진행(집행)되는 동안 평가과정에 스며들어 나타나는 변화 | 역사적 요소(사건효과), 성숙효과(성장효과), 상실요소, 회귀 - 인공요소, 측정요소, 오염효과, 누출(이전)효과, 측정도구의 변화, 선발과 성숙의 상호작용, 처치와 상실의 상호작용 |

● **내적타당도 저해요인과 통제방안**

| 요인 | 개념 | 통제방안 |
|---|---|---|
| 성숙요인 | 시간의 경과에 따른 대상집단의 특성 변화 | · 통제집단 구성<br>· 실험기간의 제한 등 |
| 역사요인 | 실험기간 중 일어난 사건에 의한 대상집단의 특성 변화 | · 통제집단 구성<br>· 실험기간의 제한 |
| 선발요인 | 실험집단과 통제집단이 다르기 때문에 나타나는 차이 | · 무작위배정<br>· 사전측정 |
| 상실요인 | 실험기간 중 실험집단의 중도포기, 탈락으로 인한 차이 | · 무작위배정<br>· 사전측정 |
| 회귀요인 | 극단치를 보인 실험대상이 재측정시 평균으로 회귀 | · 극단성향의 집단 회피<br>· 신뢰성있는 측정도구 사용 |
| 검사요인 | 사전검사에 대한 친숙도가 사후측정에 미치는 영향 | · 사전검사를 하지 않는 실험(솔로몬식 4집단 설계), 위장검사(눈에 띄지 않는 관찰) |
| 측정수단요인 | 측정기준과 측정수단이 변화함에 따라 나타나는 차이 | · 표준화(일관)된 측정도구 사용 |

**(2) 외적 타당도 저해요인**　　　　　　　　　　　　　　　　　　　　　　　외-대호크다

| 호돈효과<br>(실험조작의 반응효과) | 실험집단 구성원이 실험대상이라는 사실을 알기 때문에 평소와는 다른 특별한 심리적 행동을 보이는 현상으로 외적타당도를 저해하는 대표적 요인 |
|---|---|
| 다수적 처리에 의한 간섭 | 동일 집단에 여러 번의 실험적 처리를 실시하는 경우 실험조작에 익숙해짐으로 인한 영향 발생 |
| 표본의 대표성 부족 | 두 집단간 동질성이 있더라도 사회적 대표성이 없으면 일반화 곤란 |
| 크리밍 효과 | 실험의 효과가 크게 나타날 양호한 사람만 실험집단에 배정 |

→ 준실험에서 나타남

**주의 [정책평가 쟁점]**

① ┌ 허위변수 : 효과가 전혀 없는데 있는 것처럼 보이게 함
　 ├ 혼란변수 : 효과가 일부 있는데 전부인 것처럼 보이게 함
　 └ 억압변수 : 효과가 있는데 없는 것처럼 보이게 함

② ┌ 측정요소 : 사전 측정에 익숙해지는 것 → 내적 타당도 저해
　 └ 다수처리간섭 : 여러 번 처리에 익숙해지는 것 → 외적 타당도 저해

## ● 양적 평가와 질적 평가

|  | 양적 평가 | 질적 평가 |
|---|---|---|
| 자료수집 방법 | 계량적이고 표준화된 측정방법으로 확보된 수치적·정량적 자료 | 인터뷰(면접), 관찰, 사례연구, 설문지, 각종 문서 등 정성적 자료 |
| 자료의 성격 | 경성자료(강성자료) – hard data | 연성자료 – soft data |
| 평가의 성격 | 객관적, 연역적 | 주관적, 귀납적 |
| 해당 평가 | 총괄평가 | 형성평가(과정평가) |
| 평가방법 | 실험적 평가(진실험, 준실험, 비실험) | 면담, 관찰 등 |

## ● 자연실험과 사회실험

|  | 사회실험(Social Experiment) [1] | 자연실험(Natural Experiment) → 자연과학적 실험 X |
|---|---|---|
| 특징 | 통제된 인위적인 실험 | 통제되지 않은 자연스러운 실험 |
| 설계 | 진실험과 준실험 (통제집단 ○) | 비실험(통제집단 X) |
| 비용 | 많이 들어감 | 적게 들어감 |
| 윤리적 문제 | 발생 | 발생하지 않음 |
| 실행가능성 | 낮음 | 높음 |
| 내적 타당도 | 높음 | 낮음 |
| 외적 타당도 | 낮음 | 높음 |
| 시간관 | 미래지향적(예측적) | 과거지향적(회고적) |
| 환경 | 독립변수가 종속변수에 영향을 미칠 때 적합 | 독립변수와 종속변수가 서로 영향을 주고 받을 때 적합 |
| 자료 | 실험자료(정확한 자료) - 경성자료 | 비실험자료(오염된 부정확한 자료 가능성) - 연성자료 |

[1] 넓은 의미의 사회실험에는 진실험과 준실험이 포함됨. 실험집단과 통제집단 간 동질성을 확보할 수 있을 때에는 진실험, 그렇지 못할 때에는 준실험을 사용. 그러나 준실험은 진실험에 비할 때 상대적으로 자연실험의 성격이 강함.

# THEME 05 정책평가의 방법 – 실험

기출이력 | 2020 국가7급 등 총24회

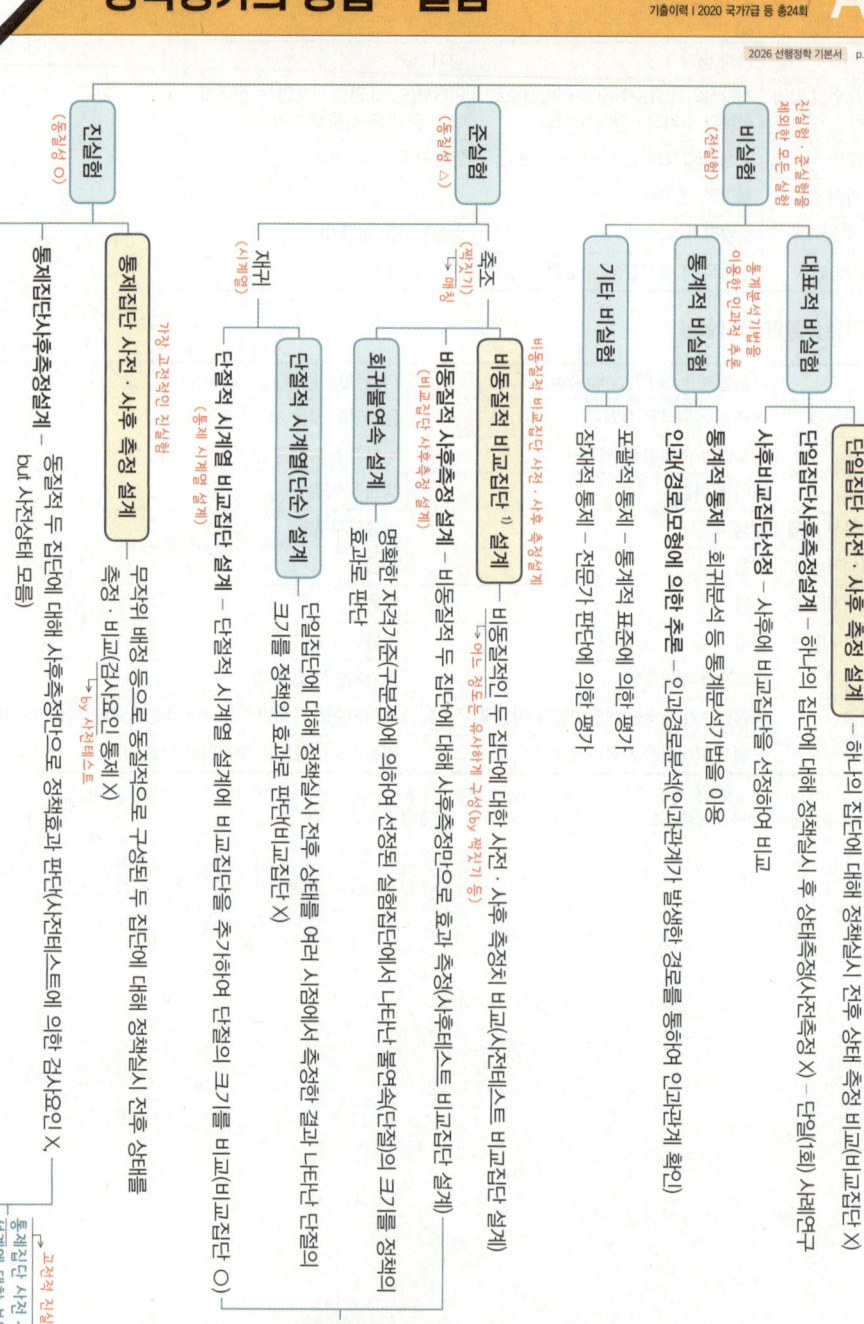

● **실험종류별 특징과 장단점**

| | | 내적 타당도 | 외적 타당도 | 실행 가능성 | |
|---|---|---|---|---|---|
| 비실험 | 통제집단 없이 하는 실험(자연실험) ↳ 과거지향적 | X | O | O | 정확도 × |
| 준실험 | 실험집단과 통제집단간 **동질성을 확보 못하고** 하는 실험 | △ | △ | △ | 가장 널리 이용 |
| 진실험 | 실험집단과 통제집단간 **동질성을 확보하고** 하는 실험(인위적 실험) ↳ by 무작위배정  ↳ 사회실험(미래지향적)-실험실 실험 | O | X | X | 현실성 × |

## THEME 06 정책변동과 환류

### 1 정책변동의 유형(Hogwood & Peters)

| 정책혁신 | 새로운 문제의 등장 | '무'에서 새로운 정책을 만드는 것 |
|---|---|---|
| 정책승계 | 문제의 변질 | 정책목표는 변동되지 않으나 현존정책의 근본적(실질적 내용, 기본적 성격, 주요 정책수단) 수정이나 완전히 새로운 정책으로 대체 |
| 정책유지 | 문제의 지속 | 정책목표나 기본적 성격(실질적 내용)은 변동이 없으나 정책수단(기구·인력·예산)이나 정책산출(수혜자 범위 등)은 부분적 변동 가능 |
| 정책종결 | 문제의 소멸 | 정책 폐지·중단 |

● 정책승계의 유형

① **정책대체** : 선형적 승계(가장 단순하고 전형적인 승계)
② 부분종결
③ 복합적 정책승계
④ 우발적 정책승계
⑤ 정책통합
⑥ 정책분할

● 정책승계와 정책유지의 차이

| 구분 | 정책목표 변동 | 정책의 기본성격(실질 내용) 변경 | 정책수단·산출의 변경 |
|---|---|---|---|
| 정책승계 | X | O | O |
| 정책유지 | X | X | △ |

### 2 정책의 환류

(1) **부정적 환류(소극적)** : 오류의 수정
(2) **긍정적 환류(적극적)** : 목표의 수정

CHAPTER

# 03

# 조직론

조직이란 어떻게 만들어지고 운영되는가?

이 훈은 조직에 대하여 다루고 있다.
조직이 어떻게 만들어지고 관리되는지를 설명하고 있다.
조직론은 조직 속의 인간을 다루는 미시조직론(조직행동론)과 조직의 구조와 형태를 다루는 거시조직론(조직구조론)이 있는데 미시조직론에서는 동기부여나 리더십이론이 핵심이고, 거시조직론에서는 관료제이론과 탈관료제이론이 핵심이다.
이 장에 등장하는 막스 베버는 가장 전형적이고 고전적인 조직인 관료제이론을 창시한 조직론의 아버지이다.

김중규**선**행정학

# CHAPTER 03
# 조직론

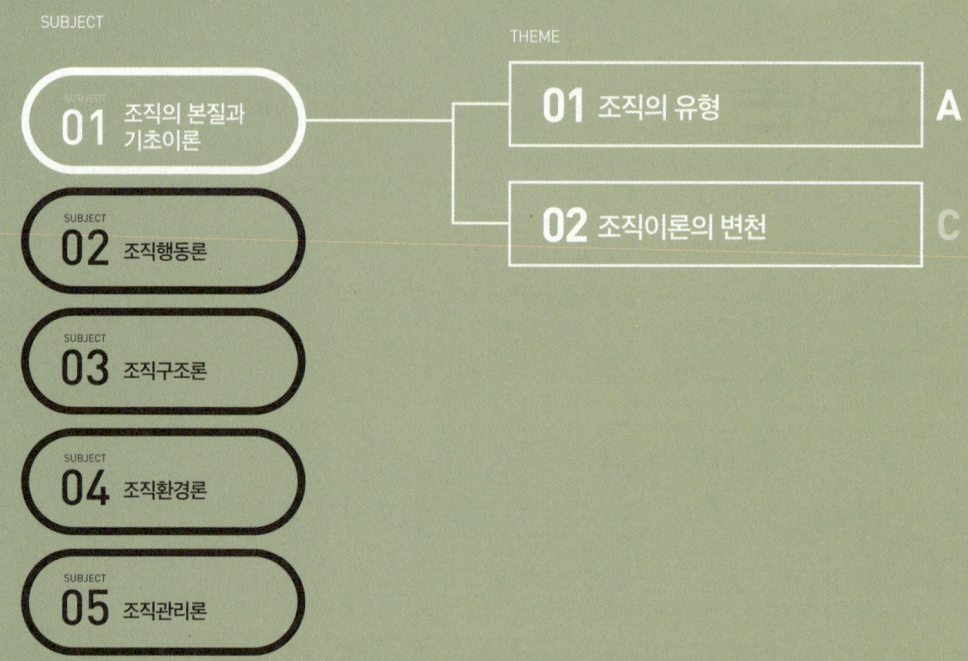

# THEME 01 조직의 유형

기출이력 | 2021 국가9급 등 총44회  A
2026 선행정학 기본서 p.312

이것이 핵심

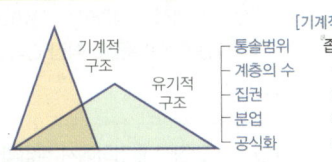

|  | [기계적 구조] | [유기적 구조] |
|---|---|---|
| 통솔범위 | 좁음 | 넓음 |
| 계층의 수 | ↑ | ↓ |
| 집권 | ○ | × (분권) |
| 분업 | ○ | × (협업) |
| 공식화 | ○ | × |

## 1 고전적 분류

### (1) Etzioni의 조직유형(권력·복종 기준)

복종·관여(개인) → 조직

| 권력＼복종(관여) | 굴종적 복종 | 타산적 복종 | 도덕적 복종 |
|---|---|---|---|
| 강압적 권력 | ① 강제적 조직<br>(교도소·경찰서)-질서목표 | | |
| 공리적 권력 | | ② 공리적 조직<br>(기업·평시군대)-경제목표 | X → 조직 성립 불가 |
| 규범적 권력 | | X | ③ 규범적 조직<br>(NGO 등)-문화목표 |

🔑 강공규-질경문

권력(조직) → 개인

### (2) Blau & Scott의 조직 유형(수혜자 기준)

| 유형 | 예 | 수혜자 |
|---|---|---|
| 호혜조직 | 정당, 노조 | 구성원 |
| 기업조직 | 기업체, 은행 | 소유주 |
| 봉사조직 | 병원, 학교 | 고객 |
| 공익조직 | 행정기관 | 일반국민 |

🔑 호기봉공

### (3) T.Parsons의 조직유형(조직의 기능 기준)

| 적응기능(A) | 목표달성기능(G) | 통합기능(I) | 형상유지기능(L) |
|---|---|---|---|
| 경제적 조직<br>(민간기업) | 정치조직<br>(정당, 행정기관) | 통합조직<br>(경찰, 사법기관) | 형상유지조직<br>(교회, 학교) |

🔑 AGIL-경정통형

## 2 Mintzberg의 분류

**(1) 조직유형**: 개방체제하에서 조직의 성장경로를 기준으로 5가지 조직유형 제시

*단기전사임 전기핵중참 작기산*

**단순구조**
① 단순·동태적 환경하에서의 소규모 신설조직
② 최고위층(전략부문)이 직접 감독하는 집권화된 유기적 구조

↓

**기계적 관료제**
① 단순·안정적 환경하에서 작업과정(업무)의 표준화·공식화 추구
② 전형적인 정부관료제, 기술구조의 힘이 강한 유형
→ 작업과정을 설계·표준화하는 곳

↓

**전문적 관료제**
→ 서비스 생산 등 기본적인 일을 수행하는 곳
① 핵심운영부문이 강한 조직
② 전문가들인 작업계층이 표준화된 기술을 내면화

↓

**사업부제구조**
→ 전략부문과 핵심운영부문 연결
① 중간관리층이 시장을 중심으로 자율적인 영업활동
② 산출의 표준화, 성과관리에 적합, 단 비용중복 및 사업영역간 갈등이 단점(할거구조)

↓

**임시특별구조**
→ 기본적인 과업밖의 문제에 대해 핵심운영부문을 간접 지원
① 지원참모의 힘이 강한 유형으로 복잡하고 동태적 환경에 적합
② 표준화 거부, 기계적 관료제와는 달리 분권화된 유기적 구조
↳ 애드호크라시

**(2) 유형별 특징**

| [분류] | | 단순구조 | 기계적 관료제 | 전문적 관료제 | 사업부제 구조 | 임시특별구조 |
|---|---|---|---|---|---|---|
| 조정기제와 핵심 구성부분 | 조정기제 | 직접통제 | 업무(작업)표준화 | 기술표준화 | 산출표준화 | 상호조절 |
| | 구성부분 | 최고(전략)층 | 기술구조 | 핵심운영층 (작업계층) | 중간관리층 (중간계선) | 지원참모 → 별도의 조직단위 X |
| 상황요인 | 기술 | 단순 | 비교적 단순 | 복잡 | 가변적 | 매우 복잡 |
| | 환경 | 단순, 동태적 | 단순, 안정적 | 복잡, 안정적 | 단순, 안정적 | 복잡, 동태적 |
| 구조적 특성 | 전문화 | 낮음 | 높음 | 높음(수평적) | 중간 | 높음(수평적) |
| | 공식화 | 낮음 | 높음 | 낮음 | 높음 | 낮음 |
| | 통합필요 | 낮음 | 낮음 | 높음 | 낮음 | 높음 |
| | 집권/분권 형태 | 집권 | 제한된 수평적 분권 | 수평·수직적 분권 | 제한된 수직적 분권 | 선택적 분권 → 사안·필요에 따라 |

↳ 집권화된 유기적 구조                                    분권화된 유기적 구조 ←

## 3 Daft의 분류

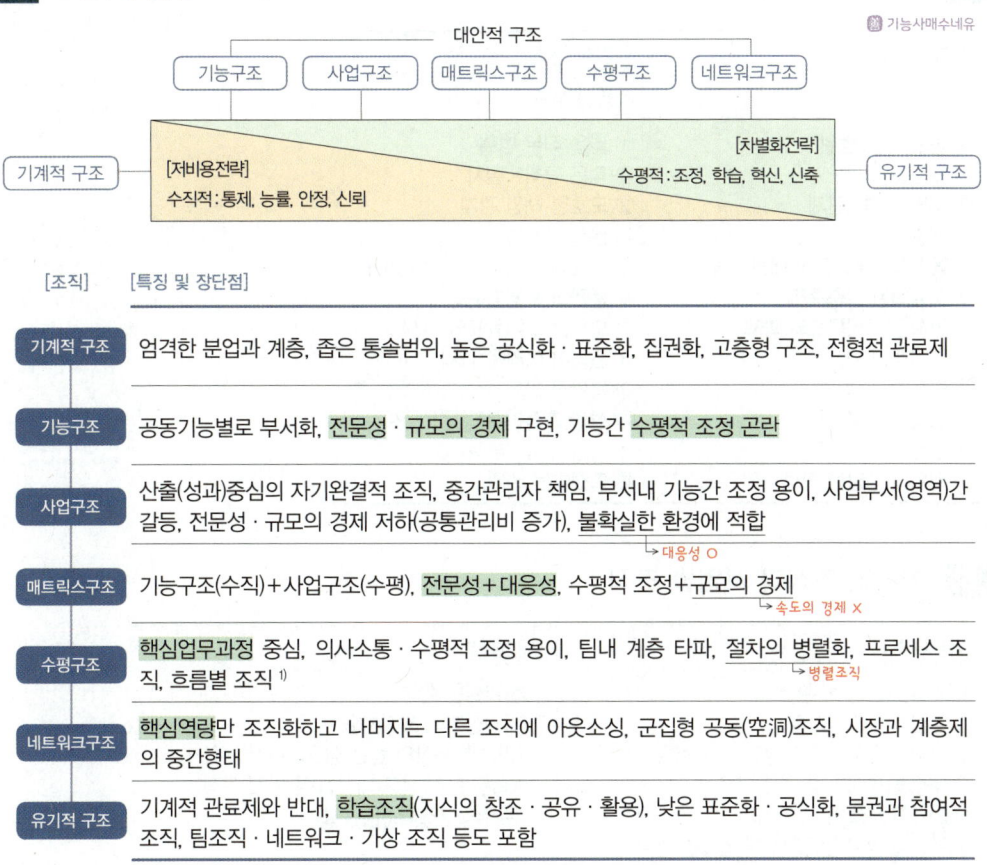

| [조직] | [특징 및 장단점] |
|---|---|
| 기계적 구조 | 엄격한 분업과 계층, 좁은 통솔범위, 높은 공식화·표준화, 집권화, 고층형 구조, 전형적 관료제 |
| 기능구조 | 공동기능별로 부서화, 전문성·규모의 경제 구현, 기능간 수평적 조정 곤란 |
| 사업구조 | 산출(성과)중심의 자기완결적 조직, 중간관리자 책임, 부서내 기능간 조정 용이, 사업부서(영역)간 갈등, 전문성·규모의 경제 저하(공통관리비 증가), 불확실한 환경에 적합 → 대응성 O |
| 매트릭스구조 | 기능구조(수직)+사업구조(수평), 전문성+대응성, 수평적 조정+규모의 경제 → 속도의 경제 X |
| 수평구조 | 핵심업무과정 중심, 의사소통·수평적 조정 용이, 팀내 계층 타파, 절차의 병렬화, 프로세스 조직, 흐름별 조직 [1] → 병렬조직 |
| 네트워크구조 | 핵심역량만 조직화하고 나머지는 다른 조직에 아웃소싱, 군집형 공동(空洞)조직, 시장과 계층제의 중간형태 |
| 유기적 구조 | 기계적 관료제와 반대, 학습조직(지식의 창조·공유·활용), 낮은 표준화·공식화, 분권과 참여적 조직, 팀조직·네트워크·가상 조직 등도 포함 |

1) 수평구조는 기능별로 단절된 기능구조와 달리 핵심과정 중심으로 이어지는 팀 중심의 조직으로 최근 민간기업체 등에서 활용되고 있는 팀 중심의 민첩한 조직(애자일조직)이나 관리자 없는 홀라크라시조직과도 연관됨.
→ agile    → holacracy

**주의** [조직유형 쟁점]
① ┌ Mintzberg 사업부제 : 단순·안정된 환경, 공식화 O, 대응성 X, 유기적 구조 X
   └ Daft 사업구조 : 불확실한 환경, 공식화 X, 대응성 O, 유기적 구조 O
② 전문적 관료제 : 기술의 표준화 O, 공식화 높음 X
③ ┌ 핵심업무(과정) 중심 : 수평구조(팀제)
   └ 핵심역량(기능) 중심 : 네트워크 구조

## 4 기계적 구조와 유기적 구조(Robey)

| 기계적 구조 | 유기적 구조 |
|---|---|
| 예측 가능성 추구 | 적응성 추구 |
| ① 좁은 직무 범위 | ① 넓은 직무 범위 |
| ② 표준운영절차 | ② 적은 규칙·절차 |
| ③ 분명한 책임관계 | ③ 모호한 책임 관계 |
| ④ 계층제 | ④ 분화된 채널 |
| ⑤ 공식적·몰인간적 대면관계 | ⑤ 비공식적·인간적 대면 관계 |
| ⑥ 집권화된 고층구조 | ⑥ 분권화된 저층구조 |
| ⑦ 명확한 조직목표와 과제 | ⑦ 모호한 조직목표와 과제 |
| ⑧ 분업적 과제 | ⑧ 분업이 어려운 과제 |
| ⑨ 단순한 과제 | ⑨ 복합적 과제 |
| ⑩ 성과 측정이 용이 | ⑩ 성과 측정이 어려움 (but 성과중심의 조직 O) |
| ⑪ 금전적 동기부여 | ⑪ 복합적 동기부여 |
| ⑫ 권위의 정당성 확보 | ⑫ 도전받는 권위 |

## 5 기능별 조직과 사업별 조직

| 기능별 조직 | 사업별 조직 |
|---|---|
| ① 확실한(안정적) 환경 | ① 불확실한 환경 |
| ② 일상적인 조직기술 | ② 비일상적인 조직기술 |
| ③ 수평적 조정의 필요성이 낮은 경우 | ③ (기능)부서간의 높은 상호의존성(팀워크) |
| ④ 내적 능률성이 중요한 경우 | ④ 외부지향적 목표(대응성)를 가진 조직 |
| ⑤ 기계적 구조의 하부구조 | ⑤ 유기적 구조의 하부구조 |
| ⑥ 목표 달성에 전문지식이 필요한 경우 | |
| ⑦ 수직적 계층제에 의한 통제가 필요할 때 | |

● **Morgan의 8가지 조직이미지**

| 이미지 | 특징 | 관련이론 |
|---|---|---|
| 기계장치 | 기계와 같은 조직 | 관료제 |
| 유기체 | 살아있는 생명체 | 개방체제론 |
| 두뇌 | 끊임 없는 개선·변화 | 학습조직 |
| 문화 | 조직문화 자체가 조직 | 조직문화론 |
| 정치적 존재 | 경쟁과 타협의 장 | 정치체계론 |
| 심리적 감옥 | 구성원이 조직에 갇힘 | 집단사고 |
| 흐름 | 끊임없는 변화·혼란 | 혼돈이론 |
| 지배 | 지배를 위한 도구 | 착취수단 |

🔔 문심유기정치두흐지

> ⚠️ **주의** [애드호크라시 쟁점]
> ① 유기적 구조 : 성과중심의 조직 △ (학습조직 X, 사업구조 O), 성과측정 용이 X
> ② 애드호크라시 ─ 복잡성·공식성·집권성 : 낮음
>   └ 수평적 분화 : 높음 (by 기능 X, 흐름 O)
> ③ 애드호크라시 ─ 불확실한 환경에 대응성·창조성 O
>   └ 효율성·안정성 X

# THEME 02 조직이론의 변천

기출이력 | 2021 지방9급 등 총7회
C
2026 선행정학 기본서 p.318

## 1 D.Waldo의 모형

| [이론] | [변수] | [특징(중점)] | |
|---|---|---|---|
| 고전적 조직이론 | 구조 | 과학적 관리론, 관료제 이론, 행정관리설 등, 공식적인 요인 중시 | 참고 고전기-3관왕 |
| 신고전적 조직이론 | 인간 | 인간관계론 등, 사회적·비공식적인 요인 중시, 환경유관론 | |
| 현대적 조직이론 | 환경 | 개방체제론, OD 등, 환경 중시 | |

● 조직이론의 변천

| 구분 | 고전적 이론 | 신고전적 이론 | 현대적 이론 |
|---|---|---|---|
| 해당이론 | 과학적 관리론 등 | 인간관계론 | 체제론 이후 |
| 인간관 | 합리적·경제인간 | 사회적 인간 | 복잡한 인간 |
| 가치 | 기계적 능률 | 사회적 능률 | 다원적 목표·가치·이념 |
| 연구대상 | 공식적 구조 | 비공식적 구조 | 동태적·유기적 구조 |
| 주요변수 | 구조 | 인간 | 환경 |
| 환경관 | 폐쇄적(안정된 환경) | 대체로 폐쇄적(안정된 환경) — MBO | 개방적(불확실한 환경) — OD |
| 연구방법 | 원리접근(형식적 과학성) | 경험적 접근(경험적 과학성) | 복합적 접근(경험과학, 관련과학 등) |

## 2 W.Scott의 모형

| | 합리적 | 자연적(비합리적) |
|---|---|---|
| 폐쇄적 | 폐쇄·합리적 이론 | 폐쇄·자연적 이론 |
| 개방적 | 개방·합리적 이론 | 개방·자연적 이론 |

→ 자기조직화이론, 거시조직이론, 혼돈이론 등

## 3 고전적 조직이론의 특징

① **정태적·폐쇄적 조직**: 안정된 환경을 전제
② **공식적 구조 중심**의 접근: 최적의 구조가 최적의 업무수행을 보장한다고 믿음
  → 차별적 성과급(Taylor)
③ **교환모형 및 X이론적 인간관**: 인간은 억압과 통제 내지는 경제적 보상으로 조작 가능

④ **능률지상주의**: 경제적 목표인 기계적·경제적 능률을 최고의 가치로 강조
⑤ **원리학파**: 공·사행정에 보편적으로 적용될 수 있는 과학적 원리 신봉
⑥ **정치·행정이원론(공·사행정일원론)**: 행정을 관리나 경영으로 봄
⑦ **이원적 권력구조**: 상급자의 권력이나 지위와 능력과의 부조화
   → 무능력 수준까지 승진하는 Peter의 원리 때문
⑧ **비개인화**: 인간적 감정을 배제하고 법규에 의한 객관적 행정 추구 → 비정의성·몰인간적 초연성(impersonalism)
⑨ 관료제이론, 행정관리설, 과학적 관리론 등의 조직관  고전기-3관왕

# CHAPTER 03
# 조직론

# THEME 01 인간관과 동기이론

기출이력 | 2022 국가9급 등 총78회    **A**

2026 선행정학 기본서  p.323

## 1 동기이론의 체계

🔖 합사자복 / 기형목학

**내용이론**
- 합리적 경제인 모형 — X이론, 과학적 관리론
- 사회인 모형 — Y이론, 인간관계론
- 자아실현인 모형 — 인간의 성장 중시(X → Y), 고급욕구 중시, 행태론
  - ① Maslow의 욕구단계설   ② Alderfer의 ERG이론   ③ McClelland의 성취동기이론
  - ④ McGregor의 XY이론    ⑤ Likert의 관리체제이론  ⑥ Argyris의 성숙·미성숙이론
  - ⑦ Herzberg의 욕구충족 2개 요인이론
- 복잡인 모형 — 욕구의 복합성과 개인차를 고려하는 Z이론이나 상황적응론
  - ① E.Schein의 복잡인모형  ② Hackman & Oldham의 직무특성론 → 과정이론으로 보는 견해(최근 문헌)도 있음
  - ③ Z이론 : Ouchi의 Z이론

**과정이론**
- 기대이론 — ① Vroom의 동기기대이론  ② Porter & Lawler의 업적만족이론
- 형평성 이론 — Adams의 공정성이론
- 목표설정이론 — Locke의 이론
- 학습이론(강화이론) — Skinner의 강화이론(조건화이론 = 고전적 학습이론)

## 2 내용이론간 관계

| McGregor | A.Maslow | Alderfer | Herzberg | Argyris | Likert |
|---|---|---|---|---|---|
| X이론 | 생리적 욕구 | 생존의 욕구(E) | 위생(불만)요인 | 미성숙인 | 체제 Ⅰ·Ⅱ |
|  | 안전 욕구 |  |  |  |  |
| Y이론 ↳동기부여 극대화 | 애정·사회적 욕구 | 관계의 욕구(R) | 동기(만족)요인 | 성숙인 | 체제 Ⅲ·Ⅳ |
|  | 존경 욕구 |  |  |  |  |
|  | 자아실현 욕구 | 성장의 욕구(G) |  |  |  |

## 3  A.Maslow의 욕구5단계 이론과 Alderfer의 ERG이론

**(1) A.Maslow의 욕구5단계 이론**

① 인간은 영속적으로 무언가를 원하는 존재
② 인간의 욕구는 서로 상관(계층화, 고정화)되어 있으며 역순으로는 진행되지 않음 → 만족진행모형
③ 어느 정도(100%가 아닌) 욕구가 충족되면 다음 단계 욕구로 진행
④ 충족된 욕구는 더 이상 동기부여의 힘을 가지지 못함
⑤ 강도가 가장 강하고 선행되어야 할 기본적인 욕구는 생리적 욕구
⑥ 가장 고차원적이고 추상적인 욕구는 자아실현욕구로서 구체적인 형태는 개인마다 다르며 조직과 개인 간의 갈등이 심함
⑦ 욕구체계를 잘 분석, but 욕구 간 구별이 불분명한 점, 역순으로는 진행이 불가하다는 점이 한계

● A.Maslow의 욕구5단계

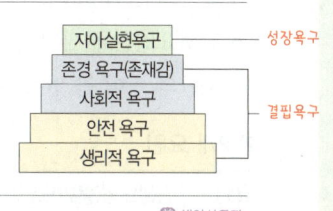

생안사존자

**(2) Alderfer의 ERG이론**

① 욕구가 얼마나 추상적인가를 기준으로 Maslow의 욕구를 3단계로 통합·재분류
② Maslow 이론보다 현실적인 이론
③ 욕구의 복합성 강조 → 복합연결형 욕구단계  (둘 이상의 욕구가 복합적으로 작용하여 하나의 행동을 유발)
④ 역순으로 진행된다는 좌절 – 퇴행접근 현상 가미

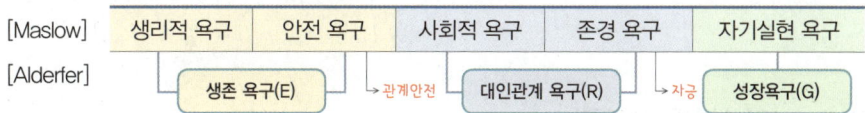

## 4  McGregor의 X·Y이론

인간이 일에 대해 가지고 있는 상반된 태도(욕구)를 중심으로 X·Y로 분류하고 욕구의 성장(X→Y)에 따라 관리전략이 달라져야 함을 강조

① X이론 : 인간은 일을 싫어하고 게으르며 피동적임 → 억압과 통제 내지는 경제적 보상 등 외적 동기 중시
② Y이론 : 일을 휴식처럼 자연스럽게 생각 → 자율 규제와 자율 책임 등 내적 동기 중시
  (내적 동기가 강한 사람에게 보상·통제와 같은 외적 동기는 동기부여 요인이 되지 못함(자기결정론, 인식론적 평가론))

## 5  Argyris의 성숙·미숙이론

- 미숙인 : 수동적, 의존적 인간
- 성숙인 : 능동적, 독립적 인간

성장(예정된 질서) → But 조직은 이에 역행하는 근무환경 조성
  → ∴ 조직과 개인간 갈등 악순환

## 6 Herzberg의 욕구충족 2개 요인이론

(1) 의의

① 불만요인(위생요인)과 만족요인(동기요인)은 서로 별개(독립) ← 욕구가 계층화되어있거나 상관되어 있지 않다는 점에서 Maslow와 다름
② 위생요인은 불만만 없애줄 뿐 동기를 부여해 주지는 못함
③ 불만의 역이 곧 만족은 아니며 만족요인이 충족되어야 동기부여(생산성 증대)가 됨 ← 또는 일시적·소극적인 동기부여에 그침

(2) 2개 요인

| 요인 | 위생요인(불만요인) | 동기요인(만족요인) |
|---|---|---|
| 성격 | 물리적·환경적·대인적 요인<br>(직무맥락 및 근무환경요인) | 사람과 직무와의 관계<br>(직무요인) |
| 예 | 정책과 관리, 임금(보수), 지위, 안전, 감독, 기술, 작업조건, 조직의 방침과 관행, 인간관계(감독자와 부하, 동료 상호간의 관계) 등 | 성취감(자아계발), 책임감, 인정감, 승진, 직무 그 자체에 대한 보람, 직무충실, 성장 및 발전 등 |

(3) 평가

① 회계사 등을 연구대상으로 함 → 일반화 곤란
② 동기요인에 대한 과대평가 → 하위계층에 적용 곤란
③ 개인차를 고려하지 못함

## 7 McClelland의 성취동기이론

① 인간의 욕구는 학습되는 것이므로 개인마다 욕구의 계층에 차이가 있음
② 욕구를 권력욕구, 친교욕구, 성취욕구로 분류하고 그 중 성취욕구를 중시
③ 성취욕구가 강한 사람 : 적당한 목표설정, 계산된 위험 선호, 환류·변화·책임을 두려워하지 않음

## 8 Hackman & Oldham의 직무특성이론

(1) 의의 : 직무특성 5가지와 개인의 성장욕구수준이 부합할 때 동기부여가 됨

$$M(잠재적\ 동기지수) = \left[\frac{(기술다양성 + 직무정체성 + 직무중요성)}{3}\right] \times 자율성 \times 환류$$

← 환자가 중요

### (2) 5가지 직무특성

🔑 다정중환자 - 종완영성책

| (원인변수)<br>직무특성 | | | (매개변수)<br>심리상태 |
|---|---|---|---|
| 기술의 다양성(diversity) | 직무를 수행하는데 요구되는 기술의 '종류'가 얼마나 여러 가지인가? | | 직무에 대해<br>느끼는 의미성 |
| 직무 정체성(identity) | 직무의 내용이 하나의 제품을 끝까지 완성시킬 수 있도록 구성되어 있는가 하는 직무의 '완결도' | | |
| 직무 중요성<br>(significance) | 개인이 수행하는 직무가 조직 내 또는 조직 밖의 다른 사람들의 삶과 일에 얼마나 큰 '영향'을 미치는가? | | |
| 자율성(autonomy) | 개인이 자신의 직무에 대하여 느끼는 '권한과 책임감'의 정도 | | 책임감 |
| 환류(feedback) | 직무 자체가 주는 직무수행 '성과에 대한 정보'의 유무 | | 결과에 대한 지식 |

(결과변수)
→ 성과 · 만족

성장욕구수준
(조절변수)

### 9 V.Vroom의 기대이론(VIE이론)

(1) **기대감(E)** : 노력·능력을 투입하면 성과가 있을 것이라는 주관적인 기대감

🔑 배부름—투기산수보유

(2) **수단성(I)** : 성과(1차산출)가 바람직한 보상(2차산출·결과)을 가져다줄 것이라고 믿는 주관적인 정도(도구성)

(3) **유의성(V)** : 보상(2차산출·결과)의 중요성(가치)에 대한 주관적인 선호의 강도

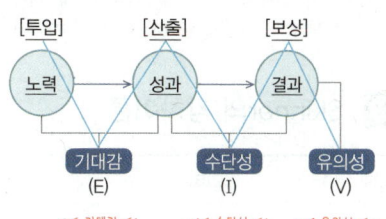

0≤ 기대감 ≤1    -1≤ 수단성 ≤1    -n≤ 유의성 ≤+n

### 10 Adams의 공평성이론

(1) 준거인(동료)과 비교하여 자신의 노력(투입)과 보상(산출) 간 비율의 불일치(불공정성)를 지각하면 이를 제거하는 방향으로 행동이 유발됨
→ 객관적 X, 주관적 O, 실제량 X, 비율 O

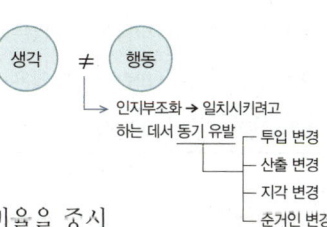

(2) **비교결과 반응** : 노력과 보상의 크기가 아닌 준거인과 비교된 비율을 중시

① 보상/노력 = 타인 : 공평 → 행동유발 없음

┌ ② 보상/노력 < 타인(과소보상) : 불공평 → 편익증대 요구, 노력 감소, 산출의 왜곡, 준거인의 변경, 조직에서의 이탈 등
불공평
└ ③ 보상/노력 > 타인(과다보상) : 불공평 → 노력증대 등

(3) 특징
① 과소보상은 물론 과다보상도 불공평에 포함
② 보상의 공평성에 대한 지각이 중요함을 일러주는 이론이지만 보상의 불공평성을 지각(인지)할 때 이를 제거하는 방향으로 행동 유발
③ 노력(성과)에 대한 보상의 비율이 일치해야 한다는 → 성과에 비례한 보상
   성과급의 중요성 강조

- **11** Porter & Lawler의 업적·만족이론

  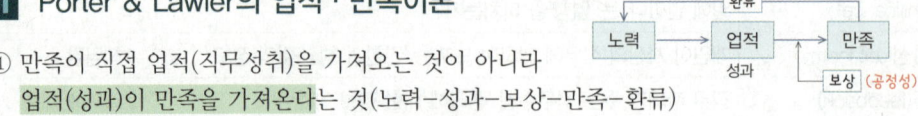

  ① 만족이 직접 업적(직무성취)을 가져오는 것이 아니라 업적(성과)이 만족을 가져온다는 것(노력-성과-보상-만족-환류)
  ② 보상의 공평성에 대한 지각이 만족의 가장 중요한 변수이지만, 만족은 환류를 통해 업적에 간접적으로 영향

- **12** Locke의 목표설정이론

  목표의 성격이나 보상 및 환류기제 여부가 동기부여를 좌우함.
  └→ 구체적이고 어려운 목표일수록 동기부여의 효과가 큼

- **13** Skinner의 강화이론

  | 강화의 유형 | 의미 | 예 | 결과 |
  |---|---|---|---|
  | 적극적 강화 | 바람직한 결과의 제공 | 승진 | 바람직한 행동 유도 |
  | 소극적 강화(회피) | 바람직하지 않은 결과의 제거 | 강등 면제 | 바람직한 행동 유도 |
  | 처벌(제재) | 바람직하지 않은 결과의 제공 | 강등 | 바람직하지 않은 행동 제거 |
  | 소거(중단) | 바람직한 결과의 제거 | 승진 배제 | 바람직하지 않은 행동 제거 |

- 🔔 주의  [동기이론 쟁점]
  ① 직무특성론 : 내용이론 △(전통적), 과정이론 ○(최근 견해)
  ② 공정성이론(Adams)
     ┌ 보상의 공정성 지각이 동기부여에서 중요(영향) ○
     └ 보상의 불공평성을 지각할 때 동기 유발 ○

## ● 조직시민행동(Organ & Muchinsky)

(1) 개념 : 조직이 공식적으로 요구하는 직무범위를 넘어서 구성원이 자발적으로 봉사하려는 이타적인 활동
(2) 구성요소(형태)

📝 이양신예공 - 타요불배책

| 이타적 행동 | 타인을 도와주려는 친사회적 행동 |
|---|---|
| 양심적(성실한) 행동 | 조직의 요구 이상으로 봉사·노력하는 행동(쓰레기 줍기 등) |
| 신사적 행동(스포츠맨십) | 불평·불만·험담을 하지 않는 행동 |
| 예의적 행동 | 남이 피해보지 않도록 배려하고 갈등을 미리 예방하는 행동 |
| 공익적 행동(시민정신) | 책임감을 가지고 솔선수범하는 행동 |

**7급용** ● 조직몰입(Allen & Meyer)

(1) 개념 : 조직에 대한 애착의 정도로 구성원이 조직목표와 일체화되어 그 조직에 남기를 원하는 태도
(2) 몰입의 종류

📝 태타규 - 내이도

| 태도적·정의적 몰입 | 조직의 목적과 가치를 동일화하여 내재화하려는 감정적 애착심에 의한 몰입 |
|---|---|
| 타산적·지속적 몰입 | 조직에 남게될 경우 조직으로부터 받는 보상과 떠날 경우 지불해야하는 비용의 이해타산에 따른 몰입 |
| 규범적 몰입 | 도덕적 또는 윤리적인 이유로 조직에 남는 행동을 의무로 생각하는 몰입 |

**7급용** ● 귀인이론(Kelly)

(1) 개념 : 다른 사람의 행동의 특성(합의성, 일관성, 특이성)을 관찰하여 지각된 행동의 원인이 내면적인 요인인지, 외면적인 요인인지를 추론하여 동기부여에 활용하는 이론
(2) 행동의 유형과 원인

📝 합일특 - 사시상 - 외내외

| 행동유형 | 개념 | 행동의 원인(귀인) | |
|---|---|---|---|
| | | 내적[1] | 외적[2] |
| 합의성 높음 | 다른 사람이 동일한 상황에서 동일하게 행동하는 정도가 높음 | 낮음 | 높음 |
| 일관성 높음 | 같은 사람이 다른 시간에도 동일하게 행동하는 정도가 높음 | 높음 | 낮음 |
| 특이성 높음 | 같은 사람이 다른 상황에서 다르게 행동하는 정도가 높음 | 낮음 | 높음 |

[1] 내면적 요인 : 사람의 능력이나 성취감, 기술 등 개인 내적 요인
[2] 외면적 요인 : 업무의 특성이나 보수, 상급자의 특성 등 개인 외적·환경적 요인

## ● 공공봉사동기(Perry & Wise)

공직입직 이전 사회화 과정을 통하여 주로 형성되지만 입직 이후 재사회화를 통해 형성될 수 도 있음

(1) 개념 : 국가와 지역사회를 위해 봉사하려는 공직자들의 이타적 동기로써 외재적·물질적 보상만을 원하는 민간종사자와는 다른 가치관(신공공서비스론에서 강조)
(2) 차원

📝 합감규 - 이정공

| 합리적 차원 | 공공정책에 대한 일체감이나 호감도(매력), 특정한 이해관계 지지, 정책과정에의 참여 |
|---|---|
| 감성적 차원 | 선의의 애국심·동정심, 사회적으로 중요한 정책에 대한 몰입 등 정서적 차원 |
| 규범적 차원 | 공익에 대한 몰입(공익에 대한 봉사욕구, 의무감이나 정부전체에 대한 충성도, 사회적 형평 추구 등) |

# THEME 02 조직문화

## 1 문화의 특성

① 문화는 인간의 사고와 행동을 결정 : 문화결정론
  → Douglas의 신문화론(인간이 문화형성의 주체)과 반대
② 문화는 후세대에 전수됨 : 축적성
③ 문화는 본능(유전)이 아니라 후천적으로 학습되는 것 : 학습성
④ 어느 사회나 다 있으면서 구체적인 형태는 다양(예 장례문화, 결혼문화 등) : 보편성과 다양성
⑤ 쉽게 바뀌지는 않으나 시간이 흐르면서 변동이 불가피함 : 지속성과 변동성
⑥ 구성원에 의하여 공유됨 : 공유성
⑦ 특정 하위문화가 다른 문화에 영향을 줌 : 전체성

## 2 문화의 기능

| 순기능 | 역기능 |
|---|---|
| ① 조직의 안정성<br>② 구성원의 일탈에 대한 통제<br>③ 구성원간 응집력, 동질감, 일체감<br>④ 조직의 경계 설정 → 조직의 정체성 제공<br>⑤ 조직몰입도 제고<br>⑥ 구성원의 사회화, 모방과 학습<br>⑦ 충성심과 복종심 유발 → 생산성 제고 | ① 변화와 개혁에 장애<br>② 집단사고 → 유연성·다양성과 창의력 저하<br>③ 조정과 통합에 애로 |

● 홉스테드(Hofstede)의 문화 5차원론

장남권력개불

| 차원 | 개념 | 특성 | 문화 |
|---|---|---|---|
| 권력거리 | 구성원이 권력의 불평등한 분배를 수용하고 기대하는 정도 | 권력 거리가 크고 권력의 차이(불평등)를 인정 | 권위주의 |
| | | 권력 거리가 작고 권력의 차이(불평등)를 불인정 | 민주주의 |
| 개인대 집단 | 개인들이 단체에 통합되는 정도 | 개인 간 관계가 느슨하고 개인적 성취와 권리를 강조 | 개인주의 |
| | | 개인 간 긴밀한 결속력을 강조 | 집단주의 |
| 불확실성 회피 | 불확실성과 애매성에 대한 사회적 저항력의 정도 | 불확실성 회피정도가 강하고 공식화 등을 통하여 불확실성을 최소화하려함 | 안정주의 — 무사안일 |
| | | 불확실성 회피정도가 약하고 안정보다는 변화 수용 | 변동주의 — 변화지향 |

| 남성대 여성 | 성별간 감정적 역할의 분화 | 성 역할의 차이가 크고 유동성이 작음 | 남성주의 |
| --- | --- | --- | --- |
| | | 성 역할의 차이가 작고 유동성이 큼 | 여성주의 |
| 단기대 장기 | 사회의 시간범위(시간관) | 현재를 중시하는 시간관 | 단기주의 |
| | | 미래를 중시하는 시간관 | 장기주의 |

● **선진국과 후진국 행정문화의 비교**

→ 우리나라

| 선진국 행정문화 | | | | 후진국 행정문화 | | | |
| --- | --- | --- | --- | --- | --- | --- | --- |
| 개인주의·실적주의 | 개인의 업적과 실적에 따라 관리 | 장점 | 개인의 실적·자격 중심 | 집단주의·연고주의 | 혈연, 지연, 학연 등 귀속적 요인에 의한 배타적 관계 강조 | 장점 | 가족적 분위기, 인간관계 개선 |
| | | 단점 | 경쟁으로 인한 인간관계 저해 | | | 단점 | 개인보다 귀속적 요인 중시 →할거주의 |
| 전문주의 | 자기분야에 대한 전문지식 강조 | 장점 | 깊이가 있고 전문성 제고 | 일반주의 | 일반적이고 상식적인 수준에서 해결하려는 생각 | 장점 | 융통성 확보, 관리자 양성, 넓은 안목 |
| | | 단점 | 융통성 부족, 통합과 조정에 장애 | | | 단점 | 깊이가 없고 상식만 능, 전문성 부족 |
| 사실(객관)주의 | 객관적인 지식을 동원하여 최적의 정책결정을 추구하는 태도 | 장점 | 몰인격성(비개인화), 보편타당한 행정 | 온정주의·정실주의 | 온정이나 의리·정실을 강조하는 태도 | 장점 | 개인적 사정이나 여건 감안 |
| | | 단점 | 냉혹함, 인격의 상실 | | | 단점 | 주관이나 편견, 사회적 압력에 민감, 공평 X |
| 모험주의 | 자연극복 정신 | 장점 | 자연극복정신, 실패를 두려워 않음 | 순응주의 | 외부조건에 맹종하는 행동양식 | 장점 | 상명하복의 계서적 질서 유지 |
| | | 단점 | 시행착오 | | | 단점 | 외부여건에 맹종, 묵종주의 |
| 민주주의 | 대외적으로 국민을, 대내적으로 공무원을 존중하는 태도 | 장점 | 하급자 참여, 국민의사 반영 | 권위주의 | 조직내·외 관계를 불평등한 수직적 관계로 인식 | 장점 | 관료제의 집권적 구조 지탱 기반 |
| | | 단점 | 시간 지연 | | | 단점 | 수직적 관계 강조 → 집권화·비민주화 |
| | | | | 형식주의 | 구조(외형)와 기능(실제)이 불일치 | 장점 | 명분 중시 |
| | | | | | | 단점 | 목표의 전환, 공식규범 위반 |

# THEME 03 의사전달

## 1 의사전달 유형과 변수 간의 관계

| 유형 \ 특징 | 구조 | 변수 | | 환류 | 신속성 | 정확도 |
|---|---|---|---|---|---|---|
| | | 개방도 | 집중도 | | | |
| 바퀴형(윤형) | 기계적·집권적 | 낮음 | 높음 | 낮음 | 높음 | 낮음 |
| 개방형(성형) | 분권적·유기적 | 높음 | 낮음 | 높음 | 낮음 | 높음 |

환류 강화: 신속성 ↓, 정확도 ↑
환류 차단: 신속성 ↑, 정확도 ↓

(바퀴형)輪형 ↔ 반대 ↔ (전체경로형)星형

- 집중도(중심인물) ↑
- 개방도(채널의 수) ↓
→ 기계적 구조

- 집중도 ↓
- 개방도 ↑
→ 유기적 구조

## 2 공식적 의사전달과 비공식적 의사전달

| 구분 | 공식적 의사전달 | 비공식적 의사전달 |
|---|---|---|
| 장점 | ① 상관의 공식적 권위를 유지<br>② 전달자와 피전달자가 분명하고 책임소재 명확<br>③ 정보의 사전입수로 비전문가라도 의사결정 용이<br>④ 정보나 근거의 보존이 용이 | ① 신속하고 적응성이 강하여 실제 의사결정이나 관리에 많이 활용<br>② 배후사정을 소상히 전달<br>③ 긴장·소외감 극복과 개인적 욕구의 충족<br>④ 직원들의 동태 파악과 행동의 통일성 확보<br>⑤ 융통성이 높고 공식적 전달을 보완 |
| 단점 | ① 의사전달의 신축성이 없고 형식화되기 쉬움<br>② 배후사정을 소상히 전달하기 곤란<br>③ 변동하는 사태에 신속히 적응하기 어려움<br>④ 기밀 유지 곤란 | ① 책임소재가 불분명하고, 조정·통제 곤란(왜곡)<br>② 개인목적에 역이용되는 점<br>③ 공식적 의사소통 기능을 마비(왜곡)시키는 점<br>④ 상관의 공식적 권위를 손상 |

# THEME 04 갈등

## 1 갈등관의 변천

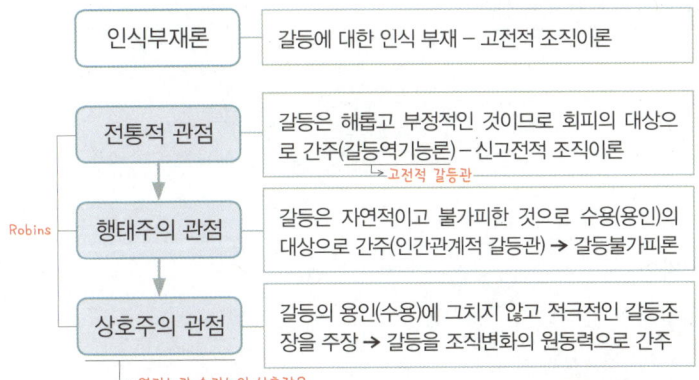

- 고전적 조직론 : 갈등 인식 X
- 고전적 갈등관 : 갈등을 해로운 것으로 인식
- 인간관계적 갈등관 : 인간관계론 X, 행태론적 갈등 O
- 행태론적 갈등관 : 인간관계적 갈등(갈등불가피론)

[갈등관과 조직론의 오해]

## 2 갈등의 유형

(1) **기능별**
① 소모적 갈등 : 팀워크를 저해하는 역기능적 갈등
② 생산적 갈등 : 팀워크를 강화하는 순기능적 갈등

(2) **방향별**
① 수직적 갈등 : 감독, 근무조건, 보수 등의 문제로 인한 상하 간 갈등
② 수평적 갈등 : 분업, 과업의 의존성, 자원의 제한 등으로 인한 동일수준 부서 간 갈등

(3) **원인별(Simon의 개인적 갈등의 유형)**
① 비수락성 갈등 : 대안의 결과를 수락할 수 없을 때
② 비비교성 갈등 : 대안의 결과를 비교할 수 없을 때
③ 불확실성 갈등 : 대안의 결과를 예측할 수 없을 때 (가장 근원적 갈등)

### (4) 진행단계별(Pondy)

| | |
|---|---|
| 잠재적 갈등 | 갈등이 야기될 수 있는 상황 또는 조건 → 과업의 의존성 등 |
| 지각된 갈등 | 구성원들이 느끼게 된 갈등 |
| 감정적 갈등 | 지각이 감정으로 연결된 갈등 |
| 표면화된 갈등 | 노골적으로 표출된 갈등 |
| 갈등의 결과 | 조직이 갈등에 대응한 후 남는 조건 또는 상황 |

## 3 갈등의 원인

① 공동의사결정의 필요성 증대
② 목표나 이해관계의 상충
③ 개인 간 인지·태도·가치관의 차이
④ 역할의 분화(분업)와 상호 기대의 차이
⑤ 의사전달의 미흡이나 왜곡
⑥ 자원의 제약과 희소성 : 제로섬 상황
⑦ 권력이나 목표의 차이가 없을 때 : 수평적 갈등
⑧ 업무의 상호의존성이 높을 때 : 잠재적 갈등의 원인
⑨ 계선과 막료 간 갈등
⑩ 지위와 능력의 부조화 : 피터의 원리
⑪ 관할영역의 모호성

## 4 원인별 갈등관리 전략

① 업무의 상호의존성에 따른 갈등 예방 : 부서 간 접촉 필요성 축소
② 분업으로 인한 갈등 예방 : 분야별 전문교육 대신 직급교육
③ 개인의 특성차로 인한 갈등 예방 : 공감대 형성과 가치관 근접 교육
④ 자원의 희소성으로 인한 갈등 예방 : 자원을 늘리거나 배분기준을 명확화
⑤ 조직 침체 극복을 위한 갈등 조장 : 적당한 긴장과 불확실성 제고

## 5 갈등해소전략(Thomas)

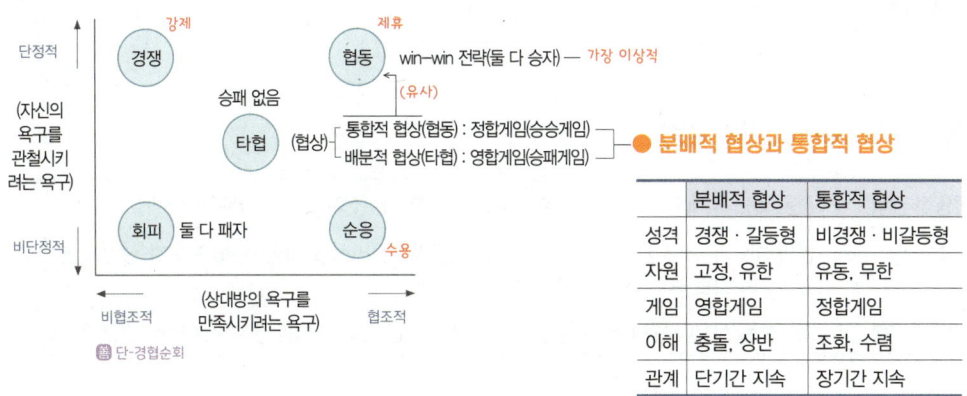

|  | 분배적 협상 | 통합적 협상 |
|---|---|---|
| 성격 | 경쟁·갈등형 | 비경쟁·비갈등형 |
| 자원 | 고정, 유한 | 유동, 무한 |
| 게임 | 영합게임 | 정합게임 |
| 이해 | 충돌, 상반 | 조화, 수렴 |
| 관계 | 단기간 지속 | 장기간 지속 |

## 6 갈등관리전략

| 갈등<br>해소<br>전략 | (1) Thomas의 전략<br>① 회피  ② 순응  ③ 타협  ④ 경쟁  ⑤ 협동<br>(2) 일반적인 해결방안<br>① 문제의 공동해결<br>② **상위목표** 제시<br>③ 집단간 **상호의존성 감소**<br>④ 자원의 확충<br>⑤ 공식적인 계층제적 권위에 의한 방법<br>⑥ **갈등집단의 통폐합** : 구조적 요인의 개편<br>⑦ 공동경쟁대상(공동의 적) 설정 →갈등당사자 분리<br>⑧ 기타 : 의사전달의 촉진, 인사교류 및 공동교육훈련, 조정 기구에 의한 방법, 협상·타협과 완화 등 |
|---|---|
| 갈등<br>조성<br>전략 | ① 정보 및 권력의 재분배 : **정보량의 조절**(억제 또는 확대)이나 정보전달 통로의 의도적 변경<br>② 제도적 갈등조장 방안 : **조직의 분화** 등 조직개편이나 직무재설계<br>③ 충격요법적 방법 : 긴장과 갈등을 야기할 수 있는 의사결정을 앞당기거나 외부집단의 도전이나 위협을 느끼도록 유도  →분위기 쇄신<br>④ 인사정책적 방법 : 순환보직 등 인사이동<br>⑤ 경쟁상황의 창출 : 보수·인사 등에 있어 경쟁원리 도입(성과급, 공모·개방형직위 등) |

**주의** [갈등의 해소와 조성]
① 갈등 해소 : 조직 통폐합, 인사교류, 태도변화   →교류해
   →떼어놓기 →이해·수용
② 갈등 조성 : 조직의 분화, 인사이동, 태도변화
   →순환전보 →이질적 인물과 함께 근무

# THEME 05 권력

## 1 M.Weber의 권력 유형

| 전통적 권력 | 전통 또는 지배자 권력의 신성성에 의한 권위(예 가부장제에서의 가부장의 권위) |
|---|---|
| 카리스마적 권력 | 법과 제도가 아닌 개인의 초인적 자질·영웅성·신비성에 의한 권위. 지도자 상실시 권위의 공백으로 인한 조직 혼란 발생 우려 |
| 합법적 권력 | 법규화된 질서나 공식 직위, 명령의 합법성에 대한 신념에 의한 권위(M.Weber의 근대관료제) |

## 2 French & Raven의 권력유형

| 보상적 권력 | 복종의 대가로 타인이 원하는 것을 줄 수 있을 때 성립하는 권력 |
|---|---|
| 강요적 권력 | 인간의 공포심에 근거를 둔 것으로 상대방을 처벌할 수 있을 때 성립하는 권력 |
| 정통적 권력 | 계층상의 위계(공식적 직위)에 비추어 권력행사자가 정당한 권력을 행사할 수 있는 권리를 가지고 있다고 인정되는 경우에 성립하는 권력 → M.Weber의 합법적 권력 = 권한 = 권위와 유사 |
| 준거적 권력 | 복종자가 지배자와 일체감·유사성을 가지고 자기의 행동모형을 권력행사자로부터 찾으려고 하는 역할모형화에 의한 권력 → 어떤 사람이 자신보다 월등하다고 느끼는 무언가의 매력이나 카리스마에 의한 권력 |
| 전문적 권력 | 공식적 직위에 관계없이 전문기술이나 지식·정보에 기반한 권력 |

# THEME 06 리더십

기출이력 | 2022 지방9급 등 총45회
2026 선행정학 기본서 p.347

## 1 리더십이론의 변천

→ 행태론부터 본격(경험적) 연구 시작

| [이론] | 의의 | 리더십의 본질 |
|---|---|---|
| 특성론(자질론) | 리더십의 자질, 속성 규명 → 무형적·보편적 자질의 관찰·규명 곤란이 한계 | 타고난 자질 |
| 행태론 | 실제 관찰되는 리더행동의 다양성과 차별성 규명(리더행동유형론) → 가장 이상적인 리더십유형 규명 ← 관찰되는 행동스타일과 성과간 관계 규명 | 관찰되는 행동스타일 |
| 상황론 | 리더십의 효율성에 영향을 미치는 상황조건 규명(3차원이론도 포함됨) | 상황 |
| 신속성론 | 변혁적 리더십 등 리더의 속성(카리스마) 중시 | 가치관, 철학, 신념 |

## 2 행태론적 리더십

🔔 아이오미치(고)팔(짝)

| Iowa대학(Lippitt & White) | 민주형, 권위형, 방임형 |
|---|---|
| Ohio대학 | 배려(Consider)와 구조설정(Initiate)에 따라 4가지 유형 — C(배려) : 인간중심 / I(구조설정) : 과업중심 — 이차원 |
| Michigan대학(Likert) | 직무중심행동과 부하중심행동 |
| Blake & Mouton | 81개의 관리그리드(MG)를 이용, 5가지 유형 제시 |

● 관리그리드(관리격자)에 의한 리더십 유형 ← 관리망

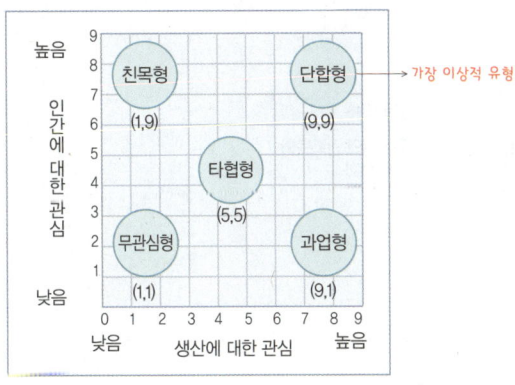

→ 가장 이상적 유형

## 3 상황론적 리더십

- **(1) Fiedler의 상황적응모형**
  - ① 싫어하는 동료(LPC) 척도를 이용 → 과업형과 관계형으로 구분
  - ② 리더십에 영향을 미치는 3가지 상황변수(부하와의 관계, 과업구조, 직위권력) 제시 　관업직
  - ③ 결론 : 상황이 유리·불리할 때는 과업형, 중간일 때는 관계형이 유리

- **(2) Kerr & Jermier의 리더십 대체물이론**
  - ① 대체물 : 리더십을 불필요하게 만드는 요인 → 부하들의 경험, 능력, 전문가적 지향, 환류, 높은 응집력, 일상적 과업 등
  - ② 중화물 : 리더십의 필요성을 약화시키는 요인 → 보상에 대한 무관심, 통제할 수 없는 보상, 리더와 부하 간 긴 공간적 거리

- **(3) Graen의 리더 – 구성원 교환이론(수직적 쌍방관계 연결이론)**
  - ① 리더와 부하 간의 관계에 초점을 두고 리더가 부하와의 관계 설정을 통하여 리더십을 만들어 나가는 과정을 중시 → 리더십 만들기(3단계 : 이방인 → 면식·탐색 → 파트너십)
  - ② 리더의 총애와 배려를 받는 내집단과 그렇지 못한 외집단으로 구분·관리 ↳차별적 관리
  - ③ 내집단 구성원들의 만족감과 성과가 외집단 구성원보다 높음. ↳조직시민행동↑

- **(4) House & Evans의 경로목표모형(3차원모형)**

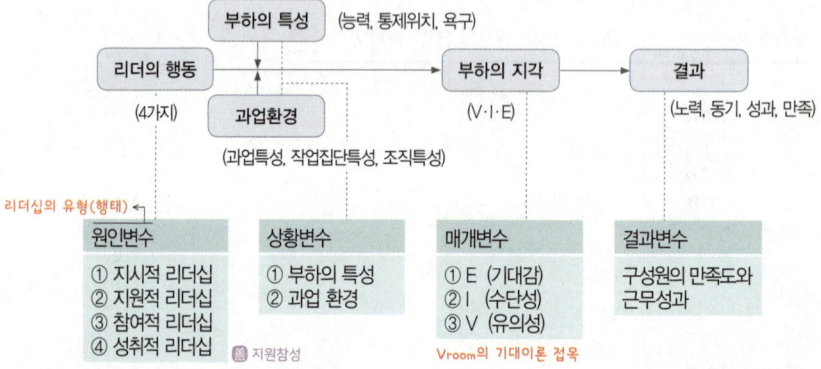

(5) Hersey & Blanchard의 3차원모형(생애주기론, 성숙도이론)

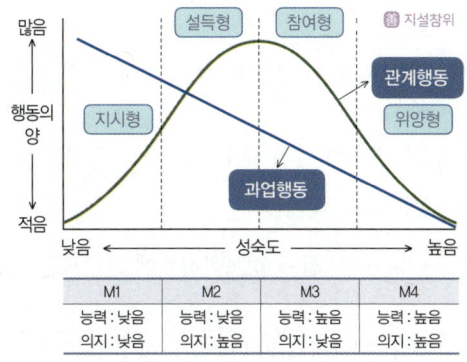

결론: 부하들의 성숙도에 따라 행동과 리더십이 달라져야함

행동
- 과업행동 : 성숙도가 높아질수록 낮춤
- 관계행동 : 성숙도가 중간일수록 높임

리더십 : 성숙도가 높아질수록
지시형 → 설득형 → 참여형 → 위양형

## 4 신속성론 - 현대적 리더십

### (1) 변혁적 리더십

1) 특징 ┌→ 변혁적 리더십과 일부 중첩
① 카리스마적(위광적) 리더십 : 수범, 존경, 신뢰, 헌신, 일체감
② 영감적 리더십 : 도전적 목표와 임무, 자신감과 영감, 미래에 대한 비전 제시·공유
③ 지적 자극 : 관행을 타파하고 창조적 사고와 가치, 새로운 관념 촉발
④ 개별적 배려 : 개개인의 특성·다양성 고려

2) 거래적 리더십과의 차이

| 구분 | 거래적 리더십 | 변혁적 리더십 |
|---|---|---|
| 가치 | 안정 지향, 소극적, 능률 | 변화 지향, 적극적, 적응 |
| 관점 | 폐쇄체제적 관점, 점진적 접근 | 개방체제적 관점, 급진적 접근 |
|  | 단기적, 현실지향적 접근 | 장기적, 미래지향적 접근 |
| 대상 | 중하위관리자 | 최고관리자 |
| 욕구 충족 | 하위 욕구(경제적·사회적 욕구) | 상위 욕구(자기 실현 욕구) |
| 관리 전략 | 리더와 부하 간의 교환관계, 지시(통제)와 지원, 조건적(상황적) 보상, 예외에 의한 관리 | 자신감, 영감과 비전, 개별적 배려, 지적 자극에 의한 동기부여, 도덕성[1] |
| 의사소통 | 하향적, 수직적 | 다방향적, 전방위적 |
| 조직구조 | 기술구조(기술위주), 기계적 구조, 관료제 조직에 적합 | 경계작용 구조(환경과 연계작용), 단순구조나 임시조직 등 유기적 구조, 탈관료제 조직에 적합 |

조건적(상황적) 보상 →목표달성시 보상
예외에 의한 관리 →목표달성 미흡시 예외적으로 통제(시정조치)

1) Burns(2003)는 "리더와 구성원들이 높은 도덕성과 동기수준으로 서로를 이끌어 나가는 리더십"을 변혁적 리더십으로 정의하였으나, 변혁적 리더십이 서번트 리더십에 비하면 일반적으로 도적적 요소를 명시적 특징으로 하지는 않는다는 의견도 있음

### (2) 기타 현대적 리더십

1) **서번트 리더십**
   ① 이끌려는 리더십이 아니라 섬기려는 리더십이라는 점에서 카리스마적 리더십이나 변혁적 리더십과 다름 → 발전적 리더십이라고도 함.
   ② 구성원들의 자율성, 도덕적 요소 중시, 부하의 창의성·잠재력 발휘 유도, 종복정신 강조
      ↳ 권한·책임의 위임                                                              ↳ 하인정신(servantship)
   ③ Greenleaf는 존중·봉사·정의·정직·공동체 윤리를 강조

2) **셀프 리더십** : 구성원 모두가 자기 스스로를 이끌어 나가는 리더십 → 정보화사회에 요구되는 리더십
                                          ↳ by 자기방향성과 자기통제력

3) **수퍼 리더십** : 구성원 스스로가 셀프리더가 되도록 이끌어 주는(지원해주는) 리더십

4) **진성 리더십** : 리더가 정직성과 도덕성을 바탕으로 부하의 믿음을 이끌어 내는 진실한 리더십

5) **윤리적 리더십** : 지도자의 윤리적 모범이 구성원들의 도덕성과 윤리적 행동을 유도

6) **문화적 리더십** : 조직문화의 변화 및 유지와 관련된 리더십으로 변혁적 리더십과 카리스마적 리더십도 이에 포함

7) **임파워먼트 리더십** : 부하가 자유롭게 역량을 펼치도록 부하들에게 힘을 실어주고 리더가 그 자리에 없어도 효과가 이어지도록 하는 리더십

● **팔로워십의 유형(Kelly)**

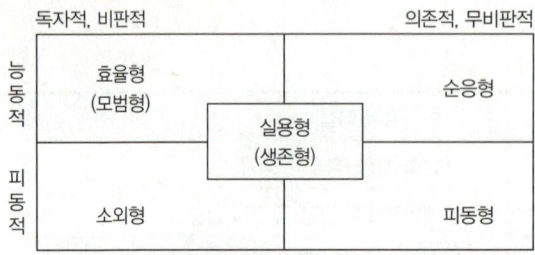

| 유형 | 특성 |
|---|---|
| 소외적 추종자 | 독자적, 비판적이지만 문제해결에는 피동적임. → 가장 위험하고 파괴적임 |
| 순응적 추종자 | • 의존적, 무비판적이지만 문제 해결에는 능동적임.<br>• 무슨 지시에든 복종 |
| 실용적 생존 추구자 | 필요와 상황에 따라 행태가 유동적임. |
| 피동적 추종자 | • 의존적, 무비판적이면서 피동적임.<br>• 책임감과 솔선력 결여 |
| 효율적 추종자 | • 독자적, 비판적이지만 문제 해결에는 능동적임.<br>• 가장 바람직한 추종자 |

# CHAPTER 03 조직론

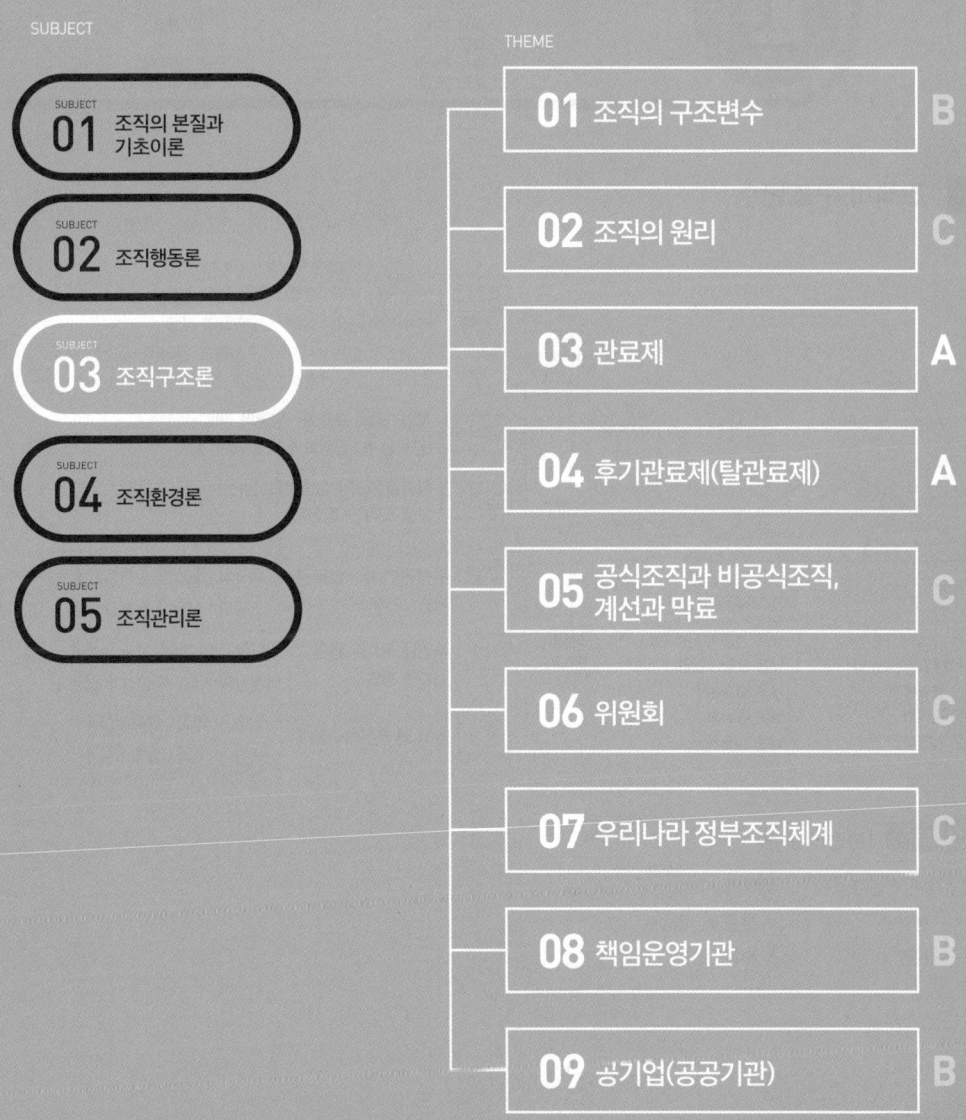

# THEME 01 조직의 구조변수

기출이력 | 2020 서울·지방9급 등 총45회    A

2026 선행정학 기본서  p.356

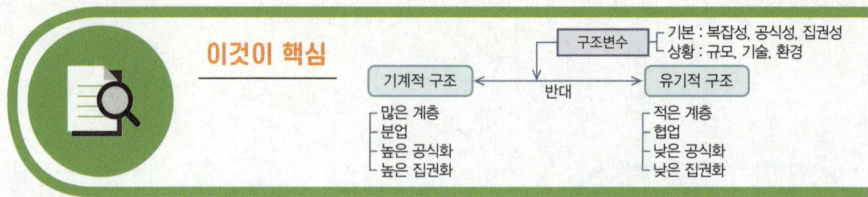

## 1 조직의 구조변수

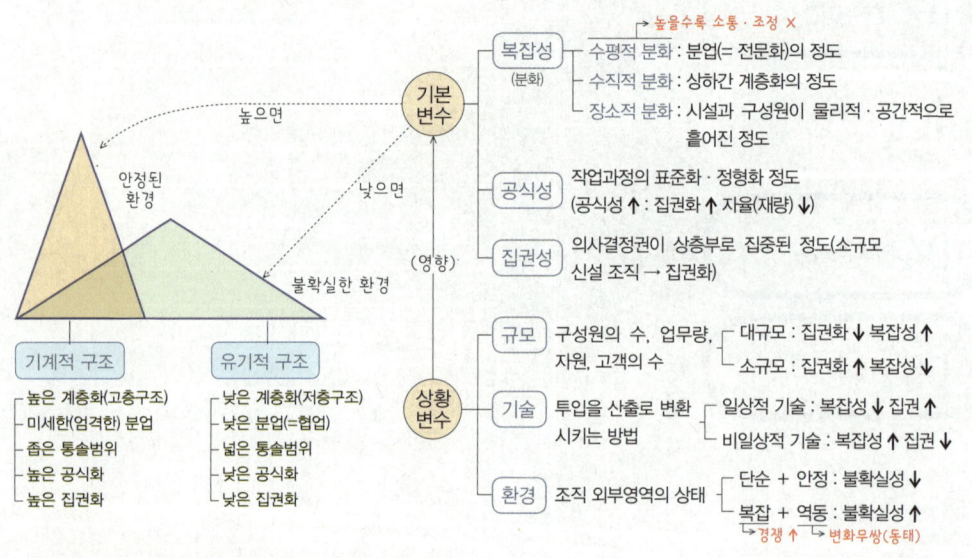

> [주의] **[분업과 분권]**
>
> [기계적 구조]
>  - 분업 O
>  - 분권 X
>
> [유기적 구조]
>  - 분업 X(=협업)
>  - 분권 O

## 2 수직적 전문화와 수평적 전문화

### (1) 업무의 특성

🔖 직고단일고전

| 구분 | | 수평적 전문화 | |
|---|---|---|---|
| | | 높음 | 낮음 |
| 수직적 전문화 | 높음 | 비숙련 단순직무 | 일선관리직무 |
| | 낮음 | 전문가적 직무 | 고위관리직무 |

### (2) 수평적·수직적 전문화와 직무확충의 관계

| 직무설계(전통적 직무설계) – 기계적 구조 | 직무재설계(탈전통적 직무설계) – 유기적 구조 |
|---|---|
| ① 수평적 전문화 : 분업 ⇨ 단순화 초래<br>② 수직적 전문화 : 집권 ⇨ 사기 저하 | ① 수평적 전문화 완화 : 직무확대(Job Enlargement)<br>② 수직적 전문화 완화 : 직무충실(Job Enrichment) |

→ 직무확충
→ 수평적 역량 강화
→ 수직적 역량 강화

## 3 공식화의 장단점

| 장점 | ① 불확실성·변이성 감소 → 반응의 일관성<br>② 직접감독을 간접감독으로 전환<br>③ 담당자가 바뀌어도 업무의 연속성 유지 |
|---|---|
| 단점 | ① 민주적·인간적 의존관계 저해<br>② 집권화, 인격의 상실<br>③ 하급자의 자율·재량 축소<br>④ 탄력적 대응성 상실 → 현장의 특수성 반영 X |

## 4 집권과 분권의 촉진요인

| 집권의 촉진요인 | 분권의 촉진요인 |
|---|---|
| ① 행정의 능률성 : 규모의 경제나 외부효과에 대처<br>② 행정의 전문성 : 기능별로 전문화된 조직은 집권화가 필요<br>③ 강력한 행정력이나 조정이 필요한 경우 (혼란·분열 방지)<br>④ 소규모 조직이거나 신설조직인 경우(단순구조)<br>⑤ 위기의 존재 : 위협을 주는 난국이나 사건(사고)<br>⑥ 교통·정보통신·막료의 발달 : 권한위임 불필요<br>⑦ 복지행정이니 국민적 최저(national minimum)의 구현이 중요할 경우<br>⑧ 단순하고 안정적인 확실한 상황 | ① 지역실정에의 적응 : 행정의 현지성(근린행정)<br>② 주민통제 강화 및 민주성(사회적 능률) 제고<br>③ 관리자의 양성과 능력발전 : 인적 전문화, 책임감 강화<br>④ 다양성 촉진 및 시민적 최저(civil minimum)구현<br>⑤ 탄력적이고 신속한 업무 처리<br>⑥ 오래된 대규모 조직의 경우<br>⑦ 상황이 불확실하고 가변적일 때 : 유기적 구조가 필요<br>⑧ 정보화의 발달 |

## 5 기술의 유형

### (1) Thompson
🔑 중길집-집연교-표예상

| 중개적 기술 | 단순한 기술, 표준화 가능, 규칙, 집합적 의존관계, 조직목표달성에 독자적으로 공헌 예 은행 |
|---|---|
| 길게 연결된 기술 | 갈등 어느 정도 있음, 정례회의(예정표), 수직적 전달, 연속적 의존관계 |
| 집약형 기술 | 갈등 많음, 표준화 곤란, 상호작용, 수평적 전달, 교호적 의존관계 예 종합병원 |

## 6 환경의 불확실성(Daft, Duncan)

| 환경 | | 복잡성[1] | |
|---|---|---|---|
| | | 단순 | 복잡 |
| 동태성[2] | 정태 | 낮은 불확실성 (기계적 구조) 기계적 관료제 | 다소 낮은 불확실성 (대체로 기계적 구조) 전문관료제 |
| | 동태 | 다소 높은 불확실성 (대체로 유기적 구조) 단순구조 | 높은 불확실성 (유기적 구조) 임시특별조직 |

1) 복잡성: 경쟁이 없으면 단순, 경쟁이 있으면 복잡
2) 동태성: 변화가 없으면 정태, 변화무쌍하면 동태

### (2) Perrow

① 기술의 유형 — 직무수행의 복잡성 및 정보의 양과 연관 🔑 일공장비

문제해결의 곤란성 및 정보의 질과 연관

| 분석가능성 (정보 명확성) | | 과제의 다양성(예외의 수) | |
|---|---|---|---|
| | | 낮음(적음) | 높음(많음) |
| | 높음 | 일상적 기술 | 공학적 기술 |
| | 낮음 | 장인적 기술 → 기예적(공예적) | 비일상적 기술 → 비정형적 |

### (3) Woodward
🔑 소대연-유기유

| 소단위 | 유기적 구조 |
|---|---|
| 대량 | 기계적 구조, 공식화↑, 관료제 |
| 연속공정 | 유기적 구조, 농도↑ |

② 기술유형별 특징

| | 과제 다양성 | 분석 가능성 | 조직구조 | 직무수행 & 문제해결의 난이도 | | |
|---|---|---|---|---|---|---|
| 일상적 기술 | 낮음 | 높음 | 집권적 (기계적) | ① 직무수행 간단 ← 과제의 다양성↓<br>② 문제해결 용이 ← 분석 가능성↑ | [통솔범위]↑ | [복잡성]↓ |
| 공학적 기술 | 높음 | 높음 | 다소 집권적 | ① 직무수행 복잡 ← 과제의 다양성↑<br>② 문제해결 용이 ← 분석 가능성↑ | | |
| 장인적 기술 | 낮음 | 낮음 | 다소 분권적 | ① 직무수행 간단 ← 과제의 다양성↓<br>② 문제해결 곤란 ← 분석 가능성↓ | | |
| 비일상적 기술 | 높음 | 낮음 | 분권적 (유기적) | ① 직무수행 복잡 ← 과제의 다양성↑<br>② 문제해결 곤란 ← 분석 가능성↓ | [통솔범위]↓ | [복잡성]↑ |

## 7 구조변수 간 관계
🔑 복공집 / 규기환

| 상황\기본 | 규모(대규모) | 기술(일상) | 환경(불확실) |
|---|---|---|---|
| 복잡성 | + | − | − |
| 공식성 | + | + | − |
| 집권성 | − | + | − |

분화 ← 복잡성

⚠ 주의 [기술과 구조]
① 일상적 기술 = 기계적 구조 O ─┐
② 기계적 구조 = 복잡성 높음 O ─┤ 연결 X
③ 일상적 기술 = 복잡성 높음 X
④ 일상적 기술 = 복잡성 낮음 O

→ 통솔범위가 넓어 분화의 필요성 X

# THEME 02 조직의 원리

기출이력 | 2020 서울·지방9급 등 총8회

2026 선행정학 기본서 p.363

## 1 조직의 주요 원리

계전명통조

고전적 조직론(기계적 구조)에서 중시한 조직설계원리
① 계층제의 원리 : 직무를 권한과 책임의 정도에 따라 등급화
② 전문화의 원리 : 직무를 성질과 종류별로 가급적 세분하여 한 가지 주된 업무를 분담
③ 명령통일의 원리 : 한 사람에게만 보고하고 지시받아야 한다는 원리(명령계통 일원화)
④ 통솔범위의 원리 : 1인의 상급자가 통솔할 수 있는 부하의 수에는 한계가 있다는 원리
⑤ 조정의 원리 : 공동목표 달성을 위하여 구성원의 분화된 행동을 통일시키는 원리
  └→ 제1의 원리(Mooney)

● 조직원리의 유형 구분

| 분업(분화)을 위한 원리 | 조정(통합)을 위한 원리 |
|---|---|
| ① 분업(전문화)의 원리 | ① 조정의 원리 |
| ② 부성화의 원리 | ② 계층제의 원리 |
| ③ 기능명시의 원리 | ③ 명령통일의 원리 |
| ④ 참모조직의 원리 | ④ 통솔범위의 원리 |
| └→ 계선과 참모는 구별되어야 함 | ⑤ 일치성의 원리 |
| ⑤ 동질화의 원리 | ⑥ 예외성의 원리 |
|  | ⑦ 목표중시의 원리 |
|  | ⑧ 집권화의 원리 |

전부기동참

## 2 계층제의 기능

(1) 순기능
① 각종 기준과 통로 : 권한과 책임한계 설정 기준, 내부통제의 경로, 조직 내 분쟁조정 수단
② 조직의 **통일성과 일체감** 유지 : 구성원 동일체의 원칙
③ 신속하고 능률적인 업무 수행
④ 조직의 위계질서 및 안정성 유지

(2) **역기능**
① **단일의 의사결정 중추에 의한 기관장의 독단적 결정** : 귀속감 · 참여감 저해
② **비민주성** : 민주적 인간관계 및 구성원의 자아실현 저해
③ **할거주의** : 자신이 속한 집단의 입장만 강조
④ **피터의 원리** : 무능력 수준까지 승진(능력과 지위의 부조화)
⑤ **집단사고의 폐단** : 만장일치에 대한 환상

## 3 조정기제

| 수직적 조정기제 | 계층제 < 규칙과 계획 < 계층직위의 추가 < 수직정보시스템 |
|---|---|
| 수평적 조정기제 | 정보시스템 < 직접 접촉 < 임시작업단 < 사업관리자 < 프로젝트팀  ※ 정직임관팀 |

↳ Task Force
 (목적달성 후 해체)

↳ Project Team
 (전략적 · 전문적 · 장기적 · 대규모 과제 수행)

● **태스크 포스와 프로젝트 팀의 차이**

|  | 태스크 포스 | 프로젝트 팀 |
|---|---|---|
| 목적 | 긴급현안 문제 해결 | 계획된 사업 수행 또는 제품 개발 |
| 존속시한 | 단기(과제 달성 후 해체) | 중장기(정규조직으로 전환되는 경우도 있음) |
| 성격 | 전술적 · 기동적 · 일회적 | 전략적 · 전문적 |
| 사례 | 기후변화 대응 TF, 관세협상 TF | 신제품 개발팀, 우주선 개발팀 |

# THEME 03 관료제

기출이력 | 2022 지방9급 등 총54회  A

2026 선행정학 기본서 p.369

**이것이 핵심**
- 계층제·분업·집권화를 특징으로 하는 대규모조직
- 고전적 조직(기계적 구조)의 전형
- M.Weber가 창시자(but 절대왕정기에서 유래)
- 고전적 조직의 원리에 충실
- 행정관리설, 과학적 관리론과 함께 고전기 3관왕

## 1 M.Weber 관료제 이론의 특징

① **이념형** : 실존형이 아님
② **보편성** : 공·사조직에 모두 적용 가능
  └→ 동·서양이나 선·후진국을 막론한다는 의미 X
③ **합리성** : 형식적 합리성의 극치(법적·합리적 권위에 기초한다는 점에서 봉건적 지배체계와는 대조)

## 2 근대 관료제의 특징

① **분업·계층제와 집권화** : 엄격한 수직적·수평적 업무 배분, 상하간 지배복종체계의 성격을 띰
  └→ 관료는 시험을 거쳐 상관이 임명
② **능률의 극대화**를 목적으로 하는 고전적·기계적 구조의 전형
③ **법규에 의한 지배** : 공식화와 법 앞의 평등
④ **문서주의와 공·사분리** : 공식주의 추구
  └→ 권한과 책임의 명확화(by 문서화된 법규)
⑤ **기술적 전문화** : 정치적 보상이나 귀속적 기준이 아닌 행정적·기술적 전문성에 따른 임용 → 전문관료제, 실적관료제(공개경쟁채용), 기술관료제
  └→ 정치적 전문성 X
⑥ **직업의 전업화(전임직)** : 직업관료제, 규칙적인 급료(성과급이 아닌 연공급)의 지불
⑦ **비개인화·비정의성**(impersonalism) : 감정과 편견, 열정과 증오 등 인간적 오류 배제(몰인간적 초연성)
  └→ 상대방·민원인의 입장·여건 고려 X

> **주의** [관료제의 양면성]
> - 채용 시 : 실적관료제 - 능력중심의 채용 ──→ 똑똑한 사람 뽑아 바보 만듦
> - 채용 후 : 직업관료제 - 연공서열에 따른 보수·승진 ←
>   └→ 무능력수준까지 승진(피터의 원리)

## 3 관료제의 병리

• **(1) 주요 병리**

| | | |
|---|---|---|
| by 전문화 | 훈련된 무능 (전문가적 무능) | 조직구성원은 한 가지의 지식 또는 기술에 관하여 훈련받고 기존 규칙을 준수하도록 길들여지기 때문에 타 분야에 대한 이해가 부족하고 변동에 대응이 어렵게 되는 현상 → Veblen |
| | 할거주의 | 조직 전체의 이익보다는 자신이 속한 소집단의 목표나 이익에만 집착하는 현상 → Selznick |
| by 연공서열 | 상급자의 불안심리 | 조직구성원들의 불안심리가 더욱 더 권위주의적인 행태로 변해가는 현상 → Thompson |
| | 피터의 원리 | 무능력수준까지 승진하여 관료조직의 전반적인 효율성이 저하되는 현상 |
| | 능력과 지위의 부조화 (이원적 권력관) | 상관의 계서적 권한과 부하의 전문적 권력이 이원화됨에 따라 조직 내에서 갈등이 발생하게 되어 조직구성원들의 불만 증대 |
| by 비개인화 | 인격의 상실 | 집권적이고 권위주의적인 통제와 법규우선주의, 몰인격적(impersonal) 역할관계가 구성원의 사회적 욕구충족을 저해하며 그들의 성장과 성숙을 방해하는 현상 |
| by 법규위주 | 변동에 대한 저항 | 변화를 꺼리는 경직성과 현상을 유지하려는 보수적인 무사안일주의 → Merton & Gouldner |
| | 동조과잉 | 수단(규칙·법규)에 집착하여 수단과 목표가 전도되는 현상(목표의 대치) |
| by 문서주의 | 번문욕례 | 내용보다는 문서의 형식과 번거로운 절차에 집착하는 형식주의 행정 |
| | 관료제국주의 | 관료들의 권한과 세력 팽창 욕구로 기구·인력이 증가하는 현상(파킨슨의 법칙) → Parsons |
| by 규칙·연공 | 상급자 권위에의 의존 | 상급자의 지시에 의한 소극적 일처리 |
| | 무사안일주의 | 현재의 주어진 업무만을 소극적으로 처리 |

• **(2) 관료제의 병리에 대한 주요 학자들의 주장**

| | |
|---|---|
| Merton | 규칙의 엄수가 동조과잉(목표의 전환) 초래 ⇨ 경직성 |
| Blau & Thompson | 개인 심리의 불안정성이 병리(권위주의 행태)의 원인(인간적 유대 저해) |
| Selznick | 권한위임과 전문화가 전체 목표보다는 하위목표에 집착하는 병리(할거주의)의 원인 |
| Gouldner | 부하를 통제하기 위한 규칙이 통제 위주의 관리 초래 ⇨ 무사안일 |

## THEME 04 후기관료제(탈관료제)

기출이력 | 2021 국가9급 등 총72회  A
2026 선행정학 기본서  p.387

이것이 핵심

관료제(기계적 구조) → 탈관료제화 → Adhocracy(유기적 구조)
- 매트릭스구조
- 수평구조
- 네트워크조직
- 학습조직

### 1 의의 & 특징

① 임무와 문제해결중심의 조직 : 계급·신분·연공 중심 X, 능력·성과 중심 O →비일상적 업무
② 비계서적 구조 : 저층형 구조
③ 구조·기능·역할·책임의 잠정성과 불명확성
④ 경계(이음매·칸막이·분업)의 타파·혁신
⑤ 상황적응성 : 표준화(SOP)의 거부
⑥ 팀워크에 의한 집단적 문제 해결 : 협업 O, 분업 X   (by 팀 / by 개인)
⑦ 낮은 구조변수 : 복잡성·공식성·집권성이 낮음
⑧ 팀워크 중심의 자발적 참여와 결과지향적 산출   but, 수평적 분화는 높음 / 기능 X, 흐름 O / 일 X, 사람 O
⑨ 비일상적인 업무나 불확실한 환경에 적합

### 2 수평구조

(1) **의의** : 다양한 기능을 통합하여 핵심업무과정(process)을 중심으로 편제한 흐름별 조직
(2) **특징과 효용**   통합기능팀, 자율결정팀, 자율관리팀, 프로세스조직, 병렬조직, 애자일조직 등

| 특징 | ① 조직구조가 과업, 기능, 지리에 기반하지 않고 핵심 과정(신제품의 개발, 구매, 주문 등)에 기초<br>② 수평구조의 기본 구성단위는 의사결정권한을 가진 자율팀 : 의사결정단계의 축소로 신속한 결정 및 빠른(짧은 주기) 피드백<br>③ 핵심과정에 대한 전체적인 책임은 각 과정의 조정자가 짐<br>④ 팀원은 여러 직무를 수행할 수 있게 훈련<br>⑤ 조직효과성은 핵심과정별 최종성과지표, 고객만족도, 종업원만족도, 재정기여도 등으로 평가 |
|---|---|
| 효용 | ① 고객 수요 변화에 신속히 대응할 수 있는 신축성 제고<br>② 부서 간의 경계가 없어 개인들은 조직 전체 관점에서 업무를 이해하고 팀워크와 조정 및 소통에 유리<br>③ 조직구성원들에 의해 자율관리, 의사결정권한과 책임을 위임함으로써 사기와 직무동기 부여에 기여 |

## (3) 장단점

→ 규모의 경제를 중시하는 기능별 구조와 달리 스피드(속도)의 경제를 추구

| 장점 | 단점 |
|---|---|
| ① 기동성·대응성 – 신속한 의사결정 및 환류<br>② **의사결정단계의 축소** – 자율관리팀<br>③ 고위관료의 권한 축소<br>④ 개인별 업무의 통합 – 통합기능팀<br>⑤ 연공중심 → 성과·능력중심<br>⑥ 통솔범위의 확대·다양화 | ① 계층 부재로 인한 갈등<br>② 내적통제력 약화<br>③ 무임승차·집단행동의 딜레마 우려<br>④ 안정성·일관성 결여 |

### 3 매트릭스 조직

(1) **의의**: 기능별 조직의 전문성과 사업별 조직의 대응성을 화학적(입체적)으로 결합한 조직  
→ 울리적 X, 평면적 X

(2) **특징**: 기능구조(수직적 통제) + 사업부제(수평적 조정) = 균형있는 이중권한 구조

(3) 장단점

| 장점 | 단점 |
|---|---|
| ① 기술적 전문성과 제품(사업)라인의 혁신성 동시 충족<br>② 능력발전·자아실현<br>③ 인적·물적 자원을 **효율적으로 유연하게 활용**   → 범위의 경제 O<br>④ 불확실한 환경에의 대응<br>⑤ 분화 + 통합(체제론적 사고)   → 대응성 | → 명령통일의 원리 X<br>① 명령이원화 → 갈등 가능성<br>② 권한불균형시 제품조직 or 기능구조로 전락<br>③ 부하의 불완전한 장악<br>④ 역할갈등, 권력투쟁 → 원만한 인간관계 X<br>⑤ **신속한 결정 곤란**   → 속도의 경제 X |

### 4 네트워크 조직

(1) **의의**: **핵심적인 기능(전략, 통제, 조정 등)** 위주로 조직화하고 나머지 부수적인 기능은 외주

(2) 기본원리

① 공동의 목적  
② 독립적인 구성원: 분권화된 군집형 조직  
③ 느슨한 연결: 자발적·수평적·분권적·협력적·지속적·느슨한 연결  
④ 복수의 리더(**지도자**)  
⑤ 통합지향성: 계층의 약화, 분업의 타파, 수평적 관계(평면화) → 수직적·수평적·지리적 통합   ↑ 통합    분화 X ↵  
⑥ 언더그라운드 조직: 구조와 계층을 파괴한 실무자 중심의 조직  
⑦ 학습조직: 모든 구성원이 지식을 창출·활용·공유

[계층제] 1人(단일한 중추) 긴밀한 연결 / 거래비용 ↓ 대규모 조직(경직)  
[NW 조직] 느슨한 연결 / 핵심 / 중간형태  
[순수시장] 연결 X 다원화 / 거래비용 ↑ 소규모 조직(유연)

⑧ 의사결정체제의 집권성과 분권성
⑨ 과정적 자율성, 결과(성과)적 책임성
⑩ 정보기술의 활용과 물적 차원의 축소
⑪ 네트워크 관리자의 역할 중요
⑫ 다원적인 대환경적 작용 ← by 다수의 변경조직

(3) 장단점

| 장점 | 단점 |
|---|---|
| ① 조직의 간소화(슬림화)<br>② 직접 감독에 필요한 지원인력 불필요<br>③ 환경 변화에의 신속한 대응<br>④ 막대한 초기투자 없이 신속히 신제품 출시<br>⑤ 직무동기 부여 | ① 연계기관 직접(밀접) 통제 곤란<br>② 대리인문제(조정, 감시비용) 발생<br>③ 제품의 안정적 공급 곤란 – 조직의 안정성 부족<br>④ 경계가 모호하여 정체성이 약하고 응집성 있는 조직문화 형성 곤란 →결속력 X<br>⑤ 네트워크의 폐쇄화 – 관리자 역할 중요 |

## 5 학습조직

but 하이퍼텍스트조직에서는 중간관리자를 지식창출의 주체로 봄

(1) **의의** : 구성원 모두가 새로운 지식의 창출·활용·공유에 능숙한 조직

(2) 특징

효율성이 핵심가치 X ←

① 지식의 창출·공유·활용에 능숙 : 문제해결능력 향상
② 창조적 조직 : 창조적인 변화를 촉진할 수 있는 능력을 가진 실험적 조직
③ 탈관료제 지향 : 분권적·신축적·수평적·유기체적 조직 → 단일한 형태 X, 구체적인 설계기준 X
④ 안정보다는 전략적 사고와 변화를 탐구하는 조직
⑤ 집단학습, 팀 및 상호주관성 중시(부분보다 전체 중시) →개인학습 X
⑥ 자아실현적 인간관과 개방체제를 선제 : 구성원의 권한 강화
⑦ 효율보다는 문제해결이 핵심가치
⑧ 표준화(규칙·절차·관행) 거부
⑨ 환류를 통한 의사소통(비공식소통) 중시
⑩ 시행착오(실험) 허용

● **학습조직의 수련(Senge의 제5의 수련)** 생계-집시공사자

① 자기완성 : 자아실현인(개인적 숙련, 자기계발)
② 사고의 틀 : 생각과 관점, 성찰
③ 공동의 비전 : 조직의 임무·비전 공유
④ 집단적 학습 : 팀 학습(개인학습 X)
⑤ 시스템 중심의 사고 : 통합적 인식

● **관료조직과 학습조직의 비교(Hale)**

| 구분 | 관료조직 | 학습조직 |
|---|---|---|
| 권력 | 조직적 권력<br>(계층적 권력) | 개인적 권력<br>(지식기반 전문적 권력) |
| 지향 | 업무(효율성) | 설계(문제해결) |
| 업무 | 원자적 구조 | 관계적 접근 |
| 학습 | 개인적 학습 | 집단적(조직적) 학습 |
| 행동 | 합리적 행동 | 변화를 위한 학습 |
| 변화 | 자기정체성, 안전 | 안정된 상태 상실, 변화 |
| 업무 | 자율적·개체적 행동 | 집합적 행동 |

⑪ 분명하고 사려 깊은 리더십 중시 : 공유·분배된 리더십
⑫ 기능분립적 구조의 편협함(문맹) 배격

> **주의**   [학습조직과 조직·개인]
> - 개인학습 X, 조직학습 O → 팀학습
> - 개인능력 X, 조직능력 O
> - 개인적 권력 O, 조직적 권력 X
> - 개인적 숙련 O(by 자아실현, 자기완성)
> - 학습주체 : 구성원 모두, 학습촉진자 : 중간관리자

## 6 후기 관료제 조직의 한계

**(1) 장점**
① 불확실한 환경에의 대응성
② 복잡하고 비일상적(비정형적) 과제에 적합
   → 단순·일상적·반복적 과제 X

**(2) 단점**
① 정밀성, 효율성, 안정성, 표준화 결여
② 엄격한 계층제나 분업의 타파로 인한 갈등과 비협조(대립) → 전통적 관료제를 대체하지는 못함
   → 공존·보완관계

> **주의**   [후기관료제모형 쟁점]
> ① 핵심과정 중심으로 편제 : 수평구조
> ② 핵심역량 위주로 편제 : 네트워크구조
> ③ 애드호크라시 : 문제해결 O, 대응성 O, 효율성 X, 표준화 X

# THEME 05 공식조직과 비공식조직, 계선과 막료

기출이력 | 2015 국가9급 등 총8회

이것이 핵심
- by 공식성 유무 – 공식조직 vs 비공식조직
- by 결정자의 수 – 독임형 vs 합의제(위원회)
- by 담당업무의 성질 – 계선 vs 막료
- by 공공성의 정도
  - 순수정부조직
  - 정부기업 ─ 정부기관, 공무원
  - 책임운영기관
  - 공공기관(공기업, 준정부기관) – 법인

## 1 공식조직과 비공식조직

| 공식조직 | 비공식조직 |
| --- | --- |
| ① 인위적 · 제도적 · 외면적 · 가시적 · 합리적 조직 | ① 자생적 · 비제도적 · 내면적 · 비가시적 · 감정적 · 비합리적 조직 |
| ② 공적 성격의 목적 추구 | ② 사적 성격의 목적 추구 |
| ③ 합리성에 따라 인위적으로 구성 | ③ 대면적 접촉에 따라 자생적으로 구성 |
| ④ 능률의 원리가 지배 | ④ 감정의 원리가 지배 |
| ⑤ 전체적 질서를 위한 활동 | ⑤ 부분적 질서를 위한 활동 |
| ⑥ 합법적 절차에 따른 규범의 성립 | ⑥ 구성원의 상호작용에 의한 규범의 성립 |
| ⑦ 수직적 계층관계 | ⑦ 수평적 대등관계 |

## 2 계선과 막료

### (1) 의의

① 계선: 수직적 계층구조를 띠며 결정 · 명령 · 지시 등 조직 목표 달성에 직접적으로 기여하는 중추기관(예 장관 – 차관 – 실 · 국장 · 본부장 – 과장 · 팀장) → 실정법상 보조기관 (보조=계)

② 막료: 계층제 밖에 존재하며 조언 · 정보제공 · 자료분석 등 계선을 지원 · 보좌하는 간접적 공헌기관(예 차관보, 심의관, 담당관 등) → 실정법상 보좌기관

● 행정농도

[유지 · 관리인력] / [전체인력] (%)

- 막료인력: 농도↑ = good = 동태적, 민주적, 개혁적: 선진국 → 고전적 입장 → 조직규모가 커질수록 농도↑
- 막료+감독인력: 농도↓ = good = 유기직, 분권석, 고객 지향석 → 현대적 입장 → 조직규모가 커질수록 농도↓
  - 유기적 구조 · 정보화사회일수록 행정지원인력 비중 ↓
- 절충설(규모가 커질수록 높아지다 낮아짐)

(2) 장단점

|  | 계선 | 막료 |
|---|---|---|
| 장점 | ① 계층제 형태<br>② 결정 · 명령 · 집행권<br>③ 권한 · 책임한계 명확<br>④ 강력한 통솔력 | ① 합리적 결정<br>② 행정의 전문화<br>③ 인격적 보완체<br>④ 통솔범위 확대<br>⑤ 혁신적 |
| 단점 | ① 독단적 결정<br>② 전문성 부족<br>③ 조정 곤란 – 할거주의<br>④ 비민주성 · 경직성<br>⑤ 보수적 | ① 계선과의 알력<br>② 전문가적 무능 |

# THEME 06 위원회

기출이력 | 2022 지방9급 등 총19회
2026 선행정학 기본서 p.392

## 1 의의

복수의 구성원으로 구성되어 민주적 조정과 결정을 촉진시키는 합의제 행정기관
→ 독임제 X

## 2 유형

① 2원설 – 「행정기관 소속 위원회의 설치·운영에 관한 법률」상 분류

| 구분 | 설치근거 | 관청적 성격 | 구속력 | 사무기구 | 상임위원 | 존속기한 | 업무의 성격 |
|---|---|---|---|---|---|---|---|
| 자문위원회 | 대통령령 이하 | X | X | X | X | 5년 이내 | 전문성, 신중성 |
| 행정위원회[1] | 법률 | O | O | O | O | 5년 이내[2] | 전문성, 신중성, 독자성, 상시성 |

1) 중앙행정기관인 위원회 불포함
2) 행정위원회의 경우 존속기한 제한이 없었으나, 「행정기관위원회법」 개정(2023.11.17. 시행)으로 5년 이내의 존속기한이 신설됨.

② 3원설 – 이론상 분류

| 유형 | 예 | 자문 | 의결 | 집행 |
|---|---|---|---|---|
| 자문위원회 | 자치분권위, 경제사회노동위 등 | O | X | X |
| 의결위원회 | 공직자윤리위, 분쟁조정위, 징계위, 책임운영기관위, 정부업무평가위, 공공기관운영위 등 | X | O | X |
| 행정위원회 | 규제개혁위, 중앙노동위, 소청심사위, 방송미디어통신위, 공정거래위, 금융위 등[1] | X | O | O |

1) 중앙행정기관인 위원회 포함

## 3 위원회 조직의 장단점

| 장점 | 단점 |
|---|---|
| ① 결정의 신중성 및 공정성<br>② 다수의 중지를 모아 합리적이고 창의적인 결정<br>③ 이견의 조정과 통합 → by 위원들의 부분적 교체<br>④ 결정의 안정성과 계속성 | ① 기밀 누설 우려<br>② 경비·시간·노력이 낭비 : 신속한 결정 X<br>③ 타협적 결정<br>④ 책임의 분산과 모호<br>⑤ 사무기구의 우월화 |

## 4 우리나라 주요 위원회의 성격 및 소속 구분

| 소속 | 자문위원회 | 행정위원회 |
|---|---|---|
| 대통령 | 자치분권위원회<br>경제사회노동위원회<br>국가인공지능전략위원회 | 방송미디어통신위원회*<br>규제개혁위원회<br>국가교육위원회<br>국가기후위기대응위원회　대 - 기교방규 |
| 국무총리 | 정부업무평가위원회 | 국민권익위원회*<br>공정거래위원회*<br>금융위원회*<br>원자력안전위원회*<br>개인정보보호위원회* |
| 부처 | 공공기관운영위원회(재정경제부)<br>정부공개위원회(행정안전부)<br>책임운영기관운영위(행정안전부) | 중앙노동위원회(고용노동부)<br>소청심사위원회(인사혁신처)<br>무역위원회(산업통상부)<br>중앙환경분쟁조정위원회(기후에너지환경부) |
| 독립 | | 중앙선거관리위원회<br>금융통화위원회<br>국가인권위원회 |

\* 중앙행정기관인 행정위원회　개금방국(립)(중앙)공원

> **주의** [위원회 쟁점]
> ① 대통령 소속 : 방송미디어통신위, 규제개혁위, 국가교육위, 국가기후위기대응위
> ② 중앙행정기관 : 개인정보보호위, 금융위, 방송미디어통신위, 국민권익위, 공정거래위, 원자력안전위

# THEME 07 우리나라 정부조직체계

기출이력 | 2019 지방9급 등 총15회   C

2026 선행정학 기본서 p.394

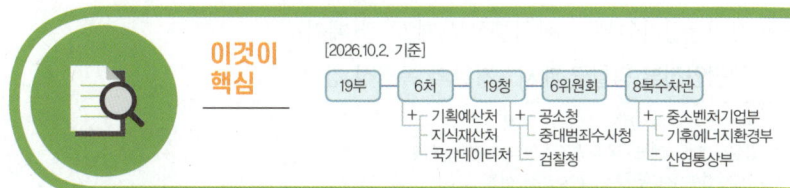

이것이 핵심 [2026.10.2. 기준]
19부  6처  19청  6위원회  8복수차관
+기획예산처  +공소청  +중소벤처기업부
 지식재산처  중대범죄수사청  기후에너지환경부
 국가데이터처  검찰청  산업통상부

## 1 우리나라의 정부조직체계

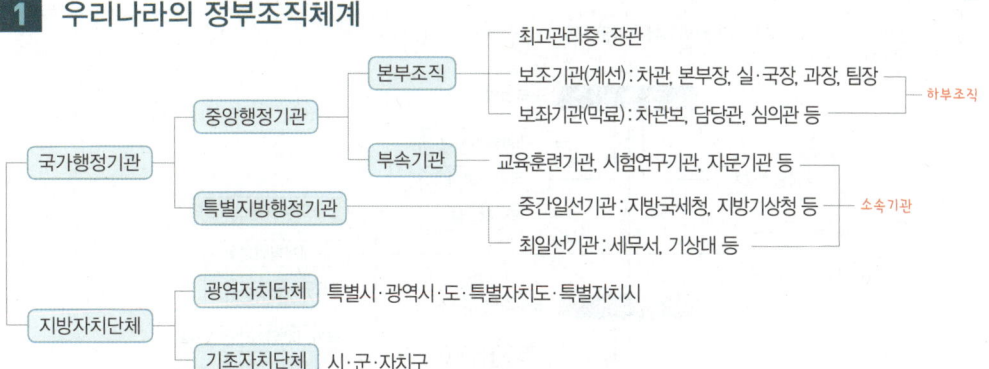

① **중앙행정기관**: 부(19), 처(6), 청(19), 위원회(6)
② **소속기관**: 특별지방행정기관(일선기관) + 부속기관 + 자문기관
③ **하부조직**: 보조기관(차관, 국장, 과장 등 계선의 하부조직) + 보좌기관(차관보, 심의관 등 막료)

## 2 이재명 정부 조직개편의 주요 내용(2025.10.개정, 2026.10.시행)

19부 3처 20청 6위원회 7복수차관 → 19부 6처 19청 6위원회 8복수차관

① 기획재정부 ⇨ 기획예산처(중앙예산기관)와 재정경제부(국고수지총괄기관)로 분리·개편 [1]
② 검찰청 ⇨ 공소청(기소전담, 법무부소속)과 중대범죄수사청(수사전담, 행안부 소속)으로 분리·개편 [2]
③ 환경부 ⇨ 기후에너지환경부로 확대·개편 및 제2차관 신설
④ 방송통신위원회 ⇨ 방송미디어통신위원회로 확대·개편
⑤ 과학기술부총리(과학기술정보통신부장관겸) 신설 및 사회부총리(교육부장관겸) 폐지
⑥ 특허청 ⇨ 지식재산처로 확대·개편

⑦ 통계청 ⇨ 국가데이터처로 확대·개편
⑧ 여성가족부 ⇨ 성평등가족부로 확대·개편
⑨ 중소벤처기업부에 제2차관 신설
⑩ 산업통상자원부 ⇨ 산업통상부(제2차관 폐지)
⑪ 행정안전부 경찰국 폐지 : 경찰의 독립성 강화 [3]

1) 기획재정부 분리·개편 : 2026.1.2. 시행
2) 검찰청 분리·개편 : 공포 후 1년 뒤(2026.10.2.) 시행
3) 행정안전부 경찰국 폐지 : 2025.8.26. 시행

- **3** 우리나라 정부조직 현황(2026.10.2. 기준)

● 중앙행정기관 : 19부 6처 19청 6위원회 8복수차관
(「정부조직법」상)

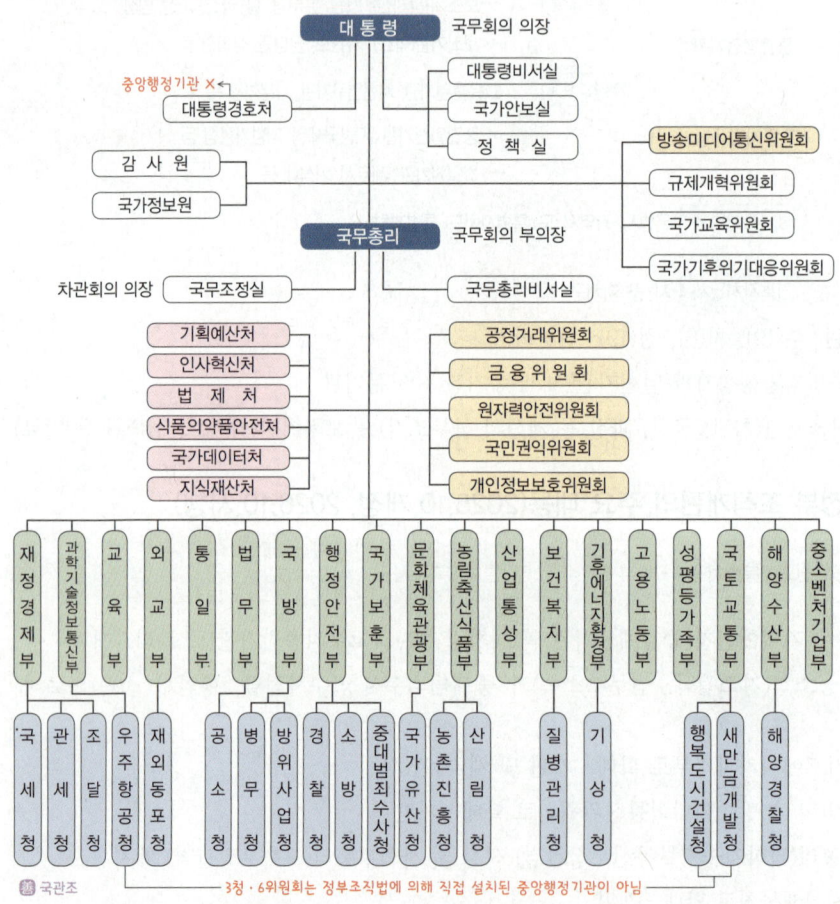

# THEME 08 책임운영기관

기출이력 | 2020 국가9급 등 총29회
B
2026 선행정학 기본서 p.399

## 이것이 핵심

공공성 ○ ─ 경쟁원리·전문성 → 성과관리 → 집행사무 → 자율+성과+책임 → 조화
└ 민영화 X                    (가능·필요)

## 1 책임운영기관의 의의

① **공공성**이 강한 사무 중 **경쟁**의 원리가 필요하거나 **전문성** 및 **성과관리**가 필요한 **집행**사무에 대해 기관장에게 자율성을 주고 성과에 대해 장관에게 책임을 지게 하는 기관(자율+성과+책임의 조화) ⇨ **신공공관리론의 산물**(영국의 Agency가 최초, 우리나라는 1999년 도입)
  └ by Next Steps Program(1988)
② 기관의 성격은 **정부조직**이며 구성원의 신분도 **공무원임 : 내부시장화된 조직**(민영화 X)
③ 기관장은 **공직내외에서 공모 : 5년 범위** 내에서 **임기제** 공무원으로 임명
  └ 소속책임운영기관장        └ 5년 이내, 2년 이상
④ 자체수입 비중이 높은 기관은 특별회계(정부기업예산법 적용), 나머지는 일반회계 적용 : 기획예산처장관이 결정
⑤ 책임운영기관의 지정, 기본계획 수립 및 최종성과 평가 등은 **행정안전부장관** 소관
  └ 매5년

## 2 유형

**(1) 기관의 지위별**

① **중앙책임운영기관** : 중앙행정기관 형태, 기관장 신분은 정무직(임기 2년), **국무총리**와 성과계약 체결
  └ 국무총리가 사업목표 제시 ←
  * 과거에는 특허청이 유일하였으나 이재명 정부의 조직개편(2025.10.1.)에 의하여 특허청이 지식재산처로 확대·승격되면서 중앙책임운영기관에서 지정 해제되었음.
② **소속책임운영기관** : 소속기관 형태, 기관장 신분은 임기제(**5년 이내, 2년 이상**), 소속중앙행정기관장과 성과계약 체결

**(2) 사무의 성격별** : 조사연구형, 교육훈련형, 문화형, 의료형, 시설관리형, 기타  ⓜ 조교문의시기

> **주의** [책임운영기관의 성격]
> 정부조직 ○, 공무원신분 ○, 내부시장화 ○, 민영화(외부시장화) X

### 3 특징

① 집행기능 중심의 조직
② 성과중심의 조직
③ 정부조직의 일종(공무원 신분)
④ 자율+책임의 조화  → 민영화된 조직 X
⑤ 내부시장화된 조직 : 책임경영 방식
⑥ 개방화된 조직 : 기관장 공개모집(5년 이내 2년 이상 임기제 공무원)
  → 성과 탁월시 3년 범위내에서 추가 연장 가능

● 평가유형별 주요 평가기관

| 평가유형 | 소관부처 | 위원회 | 위원장(위원수) |
|---|---|---|---|
| 정부업무 평가 | 국무총리 | 정평위 | 국무총리 등 2인(15인) |
| 책임운영기관 평가 | 행정안전부장관 | 책운위 | 행안부장관(15인) |
| 공공기관 평가 | 재정경제부장관 | 공운위 | 재경부장관(-)[1] |

1) 위원수는 정해져 있지 않지만 회의는 위원장 포함 20인 이내로 구성
* 위원회의 의결요건은 재적 과반 출석과 출석 과반 찬성이 일반적임.

### 4 소속책임운영기관에 대한 통제와 자율

| 구분 | | 대통령 등 중앙차원의 통제 | 소속 중앙행정기관 차원의 자율 | 책임운영기관 차원의 자율 |
|---|---|---|---|---|
| 계획 | 기본계획 수립 (매 5년) | 행정안전부장관 →by 기예처장관·해당 중앙행정기관장과 협의 | | |
| 조직 | 책임운영기관의 설치·해제 | 행정안전부장관이 대통령령으로 설치·해제 | 소속 중앙행정기관장이 설치 요구 | |
| | 소속기관의 설치 | 대통령령 | | |
| | 하부조직 및 분장사무 | | | 기본운영규정(훈령) |
| 정원 | 총정원 | 대통령령 | | |
| | 종류별·계급별 정원 | | 부령 또는 총리령 | |
| | 직급별 정원 | | | 기본운영규정(훈령) |
| 인사 | 직원 임용권 | | 소속 중앙행정기관의 장[1] | 기관장에게 일부 위임 |
| | 채용시험 실시권 | | | 기관장 |
| 예산 | 특별회계 설치 | 기예처장관이 재경부·행안부장관 등과 협의·설치 | | |
| | 특별회계 관리 | 기획예산처장관이 통합하여 관리 | | 관기통 |
| | 특별회계 운용 | | 소속 중앙행정기관장이 계정별로 운용 | 운중계(운종계) |
| 성과 | 존속여부 등 종합평가 (메타평가) | 행정안전부 책임운영기관운영위원회[2] | | |
| | 성과평가(1차) 등 (자체평가) | | 각 부처 책임운영기관운영심의회 | |

1) 중앙책임운영기관의 직원임용권은 중앙책임운영기관장이 가짐.
2) 책임운영기관운영위원회는 위원장 1인과 부위원장 1인 포함, 15인 이내 위원으로 구성(위원장 : 행정안전부장관)

# THEME 09 공기업(공공기관)

## 이것이 핵심

공기업 ┬ 공적(公的) : 공적 지배 → 정부가 출자, 감독, 책임 ─ 행정 ─ 공공성 ─ 민주성 ─ 통제 ┐ 조화
       └ 기업 : 수익사업(돈벌이) ─ 경영 ─ 기업성 ─ 능률성 ─ 자율 ┘

## 1 공기업의 발달 요인

① 민간자본의 부족
② 국방·전략상 고려
③ 정치적 신조 : 정당의 이념
④ 시장실패 치료 : 사회주의적 개입의 필요
⑤ 독점적 성격이 강한 공기업의 경제적 수혜구조 조정

● 공공부문의 구성

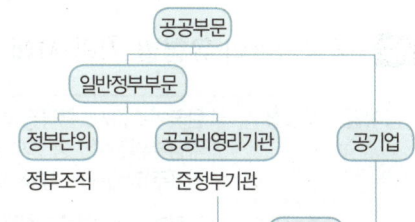

## 2 공기업의 유형별 특성 - 이론적 분류(Friedmann)

|  | 정부부처형 | 주식회사형 | 공사형 |
|---|---|---|---|
| 독립성 | 없음(법인격·당사자 능력) | 있음(법인격·당사자 능력) | |
| 설치근거 | 정부조직법 | 회사법(상법) 또는 특별법 | 특별법 |
| 출자재원 | 정부예산(전액) | 5할 이상 정부출자(주식보유) | 전액 정부출자 |
| 이념 | 공공성 > 기업성 | 공공성 < 기업성 | 공공성+기업성 |
| 직원 신분 | 공무원 | 임원 : 준공무원, 직원 : 회사원 | |
| 예산회계 | 국가예산, 특별회계 (정부기업예산법) | 국가예산 아님, 독립채산제(공공기관 운영에 관한 법률) | |
| 기관 예 | 우편, 우체국예금, 조달, 양곡 + 특별회계 책임운영기관 포함 | 한국전력공사 등 | 한국철도공사 등 |
| 예산성립 | 국회의결 필요 | 국회의결 불필요(이사회 의결로 성립) | |

(주식회사형·공사형 = 법인형)

## 3 공공기관의 유형 구분 – 실정법상 분류

재경부장관이 매년 지정·고시　「공공기관 운영에 관한 법률」
공준기 - 시준 - 기위

- **공기업** (공준기)
  - 수익성 ↑
    - **시장형**: 자산규모 2조 이상 & 자체수입액 85% 이상
    - **준시장형**: 시장형이 아닌 공기업
  - (자체수입액 1/2 이상)
- **준정부기관**
  - 기금관리기관은 85% 이상(대통령령)
  - 공공성 ↑
    - **기금관리형**: 기금이나 자산을 관리하거나 관리를 위탁받은 준정부기관
    - **위탁집행형**: 기금형이 아닌 준정부기관
  - 300인 → 200억 → 30억(by 대통령령)
  - (정원, 수입액, 자산규모 일정기준 이상) 2023.1.1.~
  - 정수자-323
- **기타공공기관**: 공기업과 준정부기관을 제외한 공공기관

## 4 공공기관의 유형별 기관 사례

[2025.9. 현재]

| | | | |
|---|---|---|---|
| 공기업 | 시장형 | 한국가스공사, **한국전력공사**, 공항공사(인천국제, 한국), 한국지역난방공사, 한국남부발전(주) 등 5개 발전회사, 한국석유공사, 한국수력원자력, 한국도로공사, (주)강원랜드 등 (총 14개) | ← 에너지 관련기관 |
| | 준시장형 | **한국마사회**, **한국토지주택공사**, 한국수자원공사, 한국철도공사, 한국광해광업공단, 한국조폐공사 등 | ← SOC 관련기관 |
| 준정부 기관 | 기금관리형 | **신용보증기금**, 예금보험공사, **공무원연금공단**, 국민연금공단, 근로복지공단, 한국자산관리공사, 중소기업진흥공단, 한국무역보험공사, 한국주택금융공사 등 | ← 돈·자산 관련기관 |
| | 위탁집행형 | **한국농어촌공사**, 대한무역투자진흥공사, 한국가스안전공사, 에너지관리공단, 한국환경공단, 국립공원관리공단, 한국산업인력공단, **한국소비자원**, **한국연구재단**, 도로교통공단, 한국재정정보원, 한국관광공사, 한국산림복지진흥원 등 | ← 취약계층 관련기관 |
| 기타 공공기관 | | 항만공사(부산, 인천, 여수·광양, 울산) [1], 대한법률구조공단, 노사발전재단, **대한석탄공사** [2] 등 | |

1) 공공기관 지정기준 변경(2023.1.)으로 4개 항만공사가 공기업에서 기타공공기관으로 변경되었다.
2) 2025.1. 대한석탄공사가 준시장형 공기업에서 기타 공공기관으로 변경되었으며, 현재 청산·폐지 절차 진행 중

## 5 공공기관의 임원과 임명권자

| | 이사회 의장 | 감사 위원회 | 기관장 | 상임 이사 | 비상임 이사 |
|---|---|---|---|---|---|
| 공기업 | 선임 비상임이사 | 설치 의무 | 대통령이 임명 | 기관장 임명 | 재경부장관 임명 |
| 준정부기관 | 기관장 | 설치 임의 | 주무기관장이 임명 | 기관장 임명 | 주무기관장 임명 |

**주의** [공공기관이 될 수 없는 기관]
- 중앙행정기관, 자치단체
- KBS, EBS
- 자치단체가 설립·관여하는 기관
- 상호부조기관

● **공공기관의 지배구조 모델**

|  | 주주자본주의 모델 | 이해관계자 자본주의 모델 |
|---|---|---|
| 주인 | 주주가 기업의 주인 | 공동체가 기업의 주인 |
| 참여 | 종업원자주제 형식 O, 이해관계자 참여 X | 근로자, 이해관계자 경영 참여 O |
| 이익 | 주주이익 우선 | 기업의 사회적 책임과 이해관계자 전체이익 우선 |
| 안목 | 단기업적 | 장기적 성장 |

\* 우리나라 공공기관(특히 공기업)은 주주자본주의 모델의 성격이 강함. → 이해관계자 자본주의 모델로의 지배구조 개선 필요

CHAPTER **03**
# 조직론

# THEME 01 거시조직이론

기출이력 | 2021 국가7급 등 총48회  A

2026 선행정학 기본서 p.412

## 1 이론 체계

| 분석수준 \ 환경인식 | 결정론 ↳ 피동적·수동적 | | 임의론 ↳ 능동적·적극적 | |
|---|---|---|---|---|
| 개별조직 | ① 구조적 상황론 | 개방체제 | ① 전략적 선택론<br>② 자원의존이론 | 전략선택 (관점) |
| 조직군 | ① 조직군 생태론<br>② 조직경제학<br>　├ 주인-대리인이론<br>　└ 거래비용경제학<br>③ 제도화이론 — 사회학적 신제도주의 | 자연선택 | ① 공동체 생태론 | 집단선택 (관점) |

## 2 구조적 상황론(상황적응론)

① 유일최선의 구조는 없음 ↳ 결정론적 입장 : 개별조직이 놓여 있는 상황(규모, 기술, 환경 등)에 따라 조직구조가 달라져야 한다는 상황적합성 이론

② 중범위이론 : 변수를 한정하고 복잡한 상황조건을 유형화하여 분석의 틀을 단순화

③ 해당이론 : Mintzberg의 조직유형론, Burns & Stalker의 상황적응론 등
↳ 안정된 상황에서는 기계적 구조가, 동태적 상황에서는 유기적 구조가 적합

## 3 조직군 생태론

① 조직이 환경에 적응하는 것이 아니라 환경이 조직을 선택한다는 극단적인 결정론

② 조직은 구조적 타성, 매몰비용 등 때문에 환경 적응능력에 한계가 있으며 '제도적 동형화(isomorphism)'에 의해 형성된 환경적소에 의하여 선택되는 조직만 생존 가능
↳ 유사조직군
↳ 배태성(제도적 환경에 의해 맥락지어짐)

③ 종단적 분석 중시 : 변이 → 선택 → 보존
↳ 시간적 순환과정　↳ by 의도적 + 우연적 변화

### 4 주인-대리인이론

**(1) 의의**
① 사회관계를 주인과 대리인의 계약관계로 상정하고 대리손실의 최소화가 조직생존의 관건
② **시장실패이론** : NPM과 민영화이론에 의하여 정부실패를 설명하는데 응용

**(2) 전제와 대리손실**
↳ 주인·대리인 관계의 효율성 제약 = 대리인 문제
인간은 이기적이어서 본인과 대리인 간에 이해관계의 상충으로 '대리손실(agency loss)' 발생
① **역선택 현상(adverse selection)** : 대리인에 대한 정보 부족(감추어진 정보)으로 부적격자나 무능력자를 대리인으로 선임하게 되는 사전손실(바람직하지 못한 상대와 거래할 가능성)
   ↳ 주인에게 불리한 선택
② **도덕적 해이(moral hazard)** : 대리인으로 선임된 이후 대리인에 대한 감시의 결여(감추어진 행동)를 이용하여 대리인이 자신의 이익을 추구하거나 게으름을 피우는 사후손실

**(3) 대리손실의 극소화 방안**
① **정보의 균형화** : 주인이 대리인에 대한 정보를 가지고 감시를 강화. 공공부문에서 정보의 균형화를 위한 행정정보공개제도, 주민참여, 입법예고제도, 내부고발자보호제도 등의 활성화가 중요
② **성과중심의 대리인 통제** : 사소한 절차보다는 결과중심의 통제가 필요
③ **충분한 인센티브 제공** : 성과급 등 대리인에 대한 충분한 인센티브 제공
   ↳ 성과급이 대리손실·거래비용보다 커야 함
④ **복수 계약** : 다수의 대리인과 계약
⑤ **청지기 이론의 함의 인식 필요**
   ↳ 대리인을 주인에 대한 헌신적인 충복으로 간주

**(4) 한계**
① 형평성 등 비경제적 요인 불고려
② 공공부문에 적용하는 것은 한계가 있음 : 민간부문에 더 적합
   ↳ 시장실패이론

### 5 거래비용경제학

↳ 거래비용을 줄이는 과정에서 조직은 형성·변화됨
**(1) 의의** : 조직은 거래비용을 줄이기 위한 장치로서 거래비용의 최소화가 조직생존의 관건

**(2) 거래비용 발생요인** : 시장실패요인
① **인간적 요인** : Simon의 제한된 합리성, 기회주의적 행동
② **환경적 요인** : 환경의 불확실성, 소수에 의한 경쟁
③ **자산의 특정성(전속성)** : 이전불가능성
④ **정보의 편재성(밀집성)** : 정보격차
⑤ **거래빈도** : 높을수록 거래비용 증가

[대리손실 증가요인과 본질이 유사]
- 합리성의 제약
- 정보의 비대칭
- 기회주의적 행동
- 자산의 특정성
- 소수의 잠재적 당사자

### (3) 조직의 효율성 조건 : 조직가설과 M형가설
↳ 시장실패 설명  ↳ 정부실패 설명

**조직가설** (1차가설)
- ① 시장보다 관료제가 효율적일 조건(1차가설 : 조직가설)
- ② 시장실패를 치유하는 데 소요되는 거래비용이 관료제적 조정비용보다 작아야 시장이 유리
- ③ 시장에서의 거래비용이 더 크다면 거래비용의 최소화를 위해 거래의 내부화(조직통합)가 필요
- ④ 거래비용의 최소화가 거대조직이나 계서제적 조직구조의 출현 원인

**M형가설** (2차가설)
- ① 관료조직의 효율화 방안(2차가설 : M형가설)
- ② 조직내 거래비용을 최소화하기 위해 기능의 유사성에 따라 편제된 '기능별 조직(U형)' 대신 일의 흐름에 따라 편제된 '흐름별 조직(M형)' 제시
- ③ Mintzberg의 분화형태조직(사업부제)과 유사한 조직을 제시함으로써 정부실패 설명

### (4) 한계
① 민주성·형평성 등 비경제적 요인 불고려
② 공공부문보다 민간부문에 적용 가능성 높음

- **6 전략적 선택이론** : 재량권이 부여된 관리자의 자율적 판단이나 인지에 의하여 조직구조가 결정된다는 능동적인 입장
  ↳ 동일한 상황에서도 관리자의 신념과 지각에 따라 상이한 선택 가능

- **7 자원의존이론** : 전략적 선택이론의 일종으로 환경에의 피동적인 대응보다는 희소자원에 대한 관리자의 통제능력과 전략에 의한 능동적이고 적극적인 환경관리를 중시
  ↳ 희소자원에 대한 의존도 최소화

- **8 공동체생태론** : 관리자들의 능동적 상호작용(연대)에 의한 적극적 환경 대처

---

**주의** [거시조직론 쟁점]
① 거래비용경제학과 대리인이론 : 시장실패이론 O, 정부실패이론 X, 정부실패 설명에 응용 O
② 거래비용 최소화 : 거래의 내부화 O, 외부화 △ — 조직 내 거래비용이 클때는 외부화 전략도 사용
③ 역선택 : 대리인에 대한 정보 부족 → 주인에게 불리한 선택
   ↳ by 감추어진 정보
④ 도덕적 해이 : 주인에게 불리한 행동
   ↳ by 감추어진 행동

# THEME 02 혼돈이론

## 1 개념

균형과 질서에만 집착하지 않고 **혼돈과 무질서의 긍정적 측면**을 파악하여 폭넓고 장기적인 변동의 경로와 양태를 찾아보려는 이론 → 비선형 동학에 입각한 비균형모형
  └→ 불규칙           └→ Newton의 운동법칙 X

## 2 특성

① **통합적 연구** : 질서와 무질서가 공존하는 가운데 부정적 환류와 긍정적 환류 등 통합적 접근 시도
② **대상체제의 복잡성** : 복잡한 관계를 단순화하려 하지 않고 행정조직은 개인과 집단, 환경적 세력이 교호작용하는 복잡한 체제라고 가정 → 복잡한 체제에 대한 총체적 이해 O, 현실세계 적용 X
③ **발전의 전제조건** : 혼돈을 회피와 통제대상으로 보지 않고, 발전의 불가결한 조건이나 기회로 이해
④ **자기조직화 원칙** : 조직의 자생적 학습능력과 자기조직화 능력을 전제 → 가외성·다양성의 극대화, 표준화의 최소화 등
⑤ **반(탈)관료주의적 처방** : 계층제의 탈피, 업무의 유동성, 다기능적 팀의 활용, 흐름중심의 조직, 저층구조화 등 추구
⑥ **이중적 순환학습** : 부정적 환류 및 부정적 엔트로피를 통한 균형 + 새로운 변화를 수용하기 위한 긍정적 환류 및 긍정적 엔트로피
⑦ **결정론적 혼돈** : 혼돈을 '한정된 혼란', '질서있는 무질서'로 이해
                    └→ 완전한 혼란 X   └→ 숨겨진 질서 O

# CHAPTER 03
# 조직론

# THEME 01 정보공개제도

기출이력 | 2010 지방9급 등 총5회    C

2026 선행정학 기본서 p.423

## 1 의의
(1) **개념** : 행정정보를 국민의 청구에 의하여(또는 자발적으로) 공개하는 제도 ← 사전정보공개제도
(2) **PR과의 차이** : 정보공개는 행정PR과 달리 자발적·능동적 공개가 아니라 청구에 의한 공개임

## 2 정보공개제도의 효용과 폐단
(1) **효용**
① 행정의 투명성    ② 국민의 알 권리 충족
(2) **폐단**
① 사생활의 침해    ② 정보의 왜곡·조작    ③ 비용·업무량의 증가    ④ 공무원의 유연성 저해
　　　　　　　　　　　　　　　　　　　　　　↳ but, 행정통제비용은 절감

## 3 우리나라 정보공개제도
(1) **연혁**
① 자치단체 : 1992년 청주시가 최초로 '행정정보공개조례' 제정·운용
② 사법부 판례 : 행정정보공개청구권을 「헌법」 제21조 언론·출판 등의 자유(표현의 자유)에 의한 청구권적 기본권(알 권리)으로 인정
　┌ 헌법재판소 : '형사소송기록물의 열람거부는 위헌'이라고 판결(1993)
　└ 대법원 : 청주시 정보공개조례 합헌 판결(1993)
③ 중앙정부 : 1996년 「공공기관의 정보공개에 관한 법률」 제정으로 본격 도입

(2) **주요 내용(「정보공개법」)**
① 정보공개청구권자 : 모든 국민(등록된 외국인 포함)
② 정보공개대상기관 : 국가, 지방자치단체, 공공기관, 사회복지법인 및 각급 학교(공·사립)
③ 공개청구를 받은 날로부터 10일 이내에 공개여부 결정(10일 간 한 차례 연장가능)
④ 공개대상정보 : 공공기관의 모든 정보는 원칙적으로 공개, 단 일부 정보는 비공개
　　　　　　　　　　　　　　　　　　　↳ Negative 입법방식        ┌ 다른 법령에서 비공개로 규정
　　　　　　　　　　　　　　　　　　　　　　　　　　　　　　　├ 국가안전보장 등 국익 저해
⑤ 비용부담 : 청구인 부담                                      └ 개인정보(공무원 성명·직위는 공개) 등
⑥ 구제제도 : 이의신청, 행정심판, 행정소송
　　　　　　↳ 임의적 전심절차
⑦ 정보공개위원회 : 행안부장관 소속 ➔ 국무총리 소속(2021.6.) ➔ 행안부장관 소속(2023.11.)

# THEME 02 목표관리(MBO)

기출이력 | 2022 국가9급 등 총32회
2026 선행정학 기본서 p.426

**이것이 핵심**

- 목표 — 미시적 · 결과적 · 단기적 · 대내적 ┐
- 관리 — Y이론 · 민주적 · 참여적 · 상향적 ┘ 결합

● 성과관리의 변천

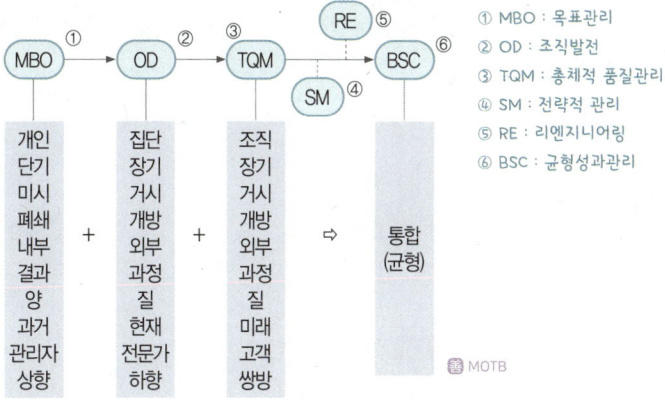

① MBO : 목표관리
② OD : 조직발전
③ TQM : 총체적 품질관리
④ SM : 전략적 관리
⑤ RE : 리엔지니어링
⑥ BSC : 균형성과관리

## 1 의의

구성원의 참여를 통해 부서목표를 명확히 설정하고 개인별 책임을 합의 하에 부과하여 수행결과를 평가·환류시켜 조직의 효과성을 높이려는 동태적·민주적 관리체제

## 2 핵심구성요소

(1) 기본 구성요소

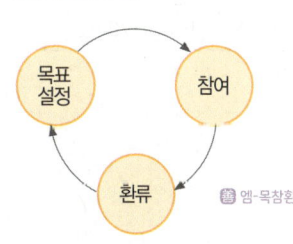

🔑 엠-목창환

(2) 핵심 — MBO(목표관리)는 이것이 핵심이다!

1) 목표 : 가시적 · 미시적 · 결과적 · 계량적 · 단기적 · 개별적 · 대내적 · 정량적 · 객관적 목표
   (과정X, 질적X, 장기적X, 포괄적X, 대외적X)
   (→ 정성적 X, → 주관적 X)

2) 관리 : Y이론 · 분권적 · 참여적 · 동태적 · 상향적 · 민주적 관리

3) 기본구성요소 : ① 목표설정 ② 참여 ③ 환류

SUBJECT 05 조직관리론 221

## 3 MBO의 장단점

| 장점 | 단점 |
|---|---|
| ① 조직목표＋개인목표 : 통합모형<br>② 참여에 의한 사기 제고<br>③ 갈등·대립 감소<br>④ 협동적 노력 극대화<br>⑤ 수직적 의사소통개선<br>⑥ 관리의 융통성<br>⑦ 다면평정 기초 | ① 불확실하고 유동적 환경에 부적합(폐쇄모형)<br>② Y이론의 편견<br>③ 운영절차 복잡<br>④ 목표의 전환 소지<br>⑤ 전체적 생산성(최종결과) 소홀 : 고객 인식 결여<br>⑥ 단기적·미시적 목표에 치중<br>　→ 매년 반복적 |

## 4 OD와의 차이

| MBO | OD |
|---|---|
| 내부 | 외부 |
| 상향적 | 하향적 |
| 목표모형 (폐쇄) | 체제모형 (개방) |
| 결과 | 과정 |
| 양적 | 질적 |
| 단기 | 장기 |
| 효과성 | 효과성 + 건전성 |

## 5 BSC(균형성과관리)와의 차이

|  | 목표관리제(MBO) | 성과관리제(BSC) |
|---|---|---|
| 등장시기(미국) | 1970년대 | 1990년대 |
| 초점 | 개인적 분업과 노력 | 집단적 협업과 노력 |
| 목표설정과정 | 상향적·귀납적 | 하향적·연역적 |
| 주기 | 단기적·반복적·일상적 | 장기적·비반복적·전략적 |
| 초점 | 내부 구성원간 관계 | 외부 고객간 관계 |
| 연계 | 비전·전략과의 연계 X | 비전·전략과의 연계 O |
| 우리나라 도입 | 김대중 정부(1999년 연봉제 도입과 함께) | 노무현 정부(2006 정부업무평가기본법) |

## THEME 03 조직발전(OD)

기출이력 | 2020 군무원9급 등 총21회

B

2026 선행정학 기본서 p.429

### 1 OD의 개념

의도적·계획적인 행태 변화를 통하여 조직의 전반적 변화를 꾀하려는 실천적인 조직관리전략

### 2 OD의 특징

① 행태과학 지식을 응용한 계획적 행태변화기법(문화변화까지 포함)
② Y이론적 인간관
③ 효과성·건전성 제고
④ 장기적·지속적·전체적·의도적·하향적·계획적 변화 (→건강한 조직문화)
⑤ 내·외부 변동컨설턴트가 참여 (→행태과학 전문가)
⑥ 개방적 분위기(개방체제)
⑦ 평가 및 환류 중시
⑧ 개인보다 집단 중시 : 협동적 노력

### 3 OD의 본질

① 인간주의적 가치 : 구성원의 성장·발전 중시
② 체제론적 관점 : 다차원적 개입에 의한 총체적 체제의 개선이 목표(거시적 접근)
③ 행태과학의 응용 : 경험적 자료에 바탕한 진단적 접근
④ 계획적 변동 : 아래로부터의 자연적 변화가 아닌 하향적·의도적 변동
⑤ 집단과 과정 중시 : 개인·조직보다 집단이 중시되며 과정지향적임
⑥ 상담자의 활용과 협동적 노력 : 협동적·자빌직·능동적 개혁
⑦ 지속성 : 변화의 정착을 위하여 지속적·장기적으로 추진

## 4 주요 기법

**(1) 감수성 훈련**
① 소집단 실험실 훈련을 통해 개인의 자아성찰, 태도·대인관계 등을 개선하려는 기법 *(개인중심의 가장 기본적인 OD기법)*
② 실제 직무상황이 아닌 외부와 차단된 실험실에서 진행 *(비정형적 상황)*

**(2) 관리망 훈련**
① 개인중심의 감수성 훈련을 조직전반으로 확대시킨 기법
② Blake & Mouton의 관리유형도 활용 → 가장 이상적인 단합형(9.9형)으로 유도 *(관리그리드(관리격자))*

**(3) 기타**
① **팀 빌딩** : 수직적 계층을 타파하고 팀을 형성시켜 자율적·협동적·수평적 인간관계 도모
② **과정상담** : 외부 전문상담가가 업무처리과정을 상담하여 문제해결을 유도
③ **개입전략** : 외부 상담가가 조직에 참가하여 갈등을 공개적으로 해결 유도
④ **태도조사환류** : 구성원의 태도를 조사하고 그 결과를 환류시켜 개선방안 강구

# THEME 04 전략적 관리와 위기관리

## 1 전략적 관리와 SWOT

① 개념 : 장기적 관점에서 불확실한 환경을 전제로 조직의 역량(강점과 약점)과 환경(기회와 위협)을 분석하여 장기적 전략 수립 → SWOT 분석

② MBO와의 구별 : 단기적 관점에서 내부적·일상적 관리에 머무르는 MBO와는 다름
   └→ 일상적 관리

## 2 SWOT 전략

|  |  | 환경 | |
|---|---|---|---|
|  |  | 위협(T) | 기회(O) |
| 역량 | 약점(W) | ① WT전략 | ② WO전략 |
|  | 강점(S) | ③ ST전략 | ④ SO전략 |

① WT : 약점 보완, 위협 최소화 → 방어적 전략
② WO : 약점 보완, 기회 활용 → 방향전환 전략
③ ST : 강점 살림, 위협 최소화 → 다양화 전략
④ SO : 강점 살림, 기회 활용 → 공격적 전략

## 3 조직의 성장단계와 위기 대응(Greiner)

🔖 창지위조협 - 리자통관탈

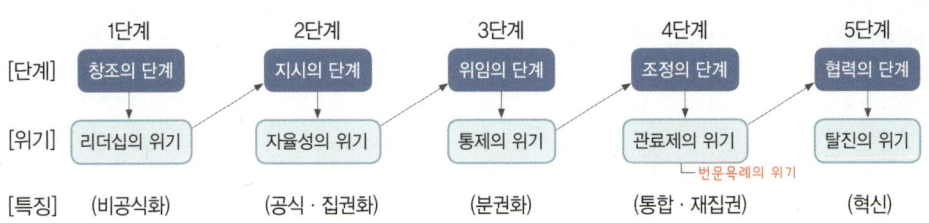

| | 1단계 | 2단계 | 3단계 | 4단계 | 5단계 |
|---|---|---|---|---|---|
| [단계] | 창조의 단계 | 지시의 단계 | 위임의 단계 | 조정의 단계 | 협력의 단계 |
| [위기] | 리더십의 위기 | 자율성의 위기 | 통제의 위기 | 관료제의 위기 →번문욕례의 위기 | 탈진의 위기 |
| [특징] | (비공식화) | (공식·집권화) | (분권화) | (통합·재집권) | (혁신) |

# THEME 05 리엔지니어링(RE)

기출이력 | 2017 지방7급 등 총3회
2026 선행정학 기본서 p.434

## 1 의의

업무절차(프로세스)를 근본적·급진적으로 축소·재설계·혁신하여 조직의 구조·문화를 변화시키려는 고객지향적 관리 전략 → 업무재설계를 위한 전자정부의 핵심개혁전략

## 2 특징

① 정보기술(IT기술)을 활용 : 업무 자동화
② 이음매 없는 조직 구현 : 분업(서류전달점)의 부정·최소화
  └→ 엄격한 분업과 계층화로 인한 단절(칸막이, 경계)
③ 고객 및 절차 중심의 재설계로 원스톱서비스 구현 : 조직·인력 감축 및 기능 축소가 아님
④ 절차의 병렬화·동시화 : 절차 간소화로 성과 제고
⑤ 정보수집창구의 단일화 : 고객과 조직이 한 공간에서 만남
⑥ 주된 (핵심) 절차의 지속적 흐름
⑦ 공공서비스의 특성상(무형성, 법적 제약 등) 추진이 용이하지는 않음
  └→ 추진환경상 민간부문과는 차이가 있음

> **주의** [리엔지니어링 쟁점]
> ① 분업의 부정 → 협업(절차의 병렬화)
> ② 정보수집 창구 : 다양화 X, 단일화 O

# THEME 06 총체적 품질관리(TQM)

기출이력 | 2020 국가9급 등 총39회   A

## 1 의의 : 산출의 품질을 제고시키기 위한 과정에 대한 통계학적 통제 기법(Deming)
↳ 양 X      ↳ 결과 X      ↳ 통계학적 표준(6시그마 운동 등)

## 2 기본원칙과 철학

① 고객이 품질의 최종결정자 : 전문가나 관리자가 아님 (→OD →MBO)
② 서비스의 변이성 방지 : 품질의 일관성  ↳공급자이면서 고객인 이중적 역할
③ 구성원의 참여 : 내부구성원도 고객에 포함
④ 전체 구성원에 의한 품질 결정 : 개인 보상이 아닌 팀 보상 → Deming은 개인별 보상 위주의 MBO가 TQM에 역행한다고 주장
⑤ 탈관료제적 구조 : 기능별 구조보다는 수평적·분권적 구조 → 관료제(계층제)의 완전한 부정·폐지 X   ↳근본적인
⑥ 산출 초기에 품질 정착 : 예방적 관리
                    ↳사후적 통제 X
⑦ 투입과 절차의 지속적 개선 : 무결점을 향한 과정통제, 품질관리를 매단계마다 실시
                                              ↳결과보상 X
⑧ 총체적 헌신 : 집단적 문제 해결
              ↳개인적 노력 X
⑨ 과학적 절차에 의한 결정 : 통계적 표준 활용
⑩ 공공부문 도입 : 공공서비스의 특성(무형성)상 공공부문에의 도입이 용이하지는 않음

## 3 MBO & TQM의 차이

|  | MBO | TQM |
|---|---|---|
| 안목 | 단기·미시·양적(정량적) | 장기·거시·질적(정성적) |
| 지향 | 효과지향(대내지향) | 고객지향(대외지향) |
| 성격 | 관리전략, 평가 및 환류 중시(사후적 관리) | 관리철학, 사전적 관리(예방적 통제) |
| 계량화 | 계량화 중시 | 중시하지 않음 |
| 초점 | 결과 | 과정·절차·문화 |
| 보상 | 개인별 보상 | 집단중심의 팀보상(총체적 헌신) |
| 분업 | 개인별 분업 | 팀별 협업 |
| 구조 | 기능중심의 집권적·기계적 구조 | 핵심절차 중심의 분권적 수평구조 |
| 낮은 성과 | 구성원 개인 책임 | 관리자 책임 |
|  |  | ↳동기부여, 팀워크 관리 미흡 |

# THEME 07 시민헌장제도

기출이력 | 2020 서울 속기9급 등 총3회   D

## 1 의의

① 개념 : 행정기관이 서비스 품질의 수준을 표준화·선언하고 이를 지키지 못할 경우 시정·보상을 취하는 고객관리·성과관리의 일종
② 도입 : 영국의 시민헌장제도(세계 최초) → 서비스 제일주의(1996)
　　↳ 품질의 표준화(1991)
③ 우리나라 : 행정서비스헌장제도(1998)

## 2 기본원칙

① 서비스 품질의 표준화
② 정보와 공개
③ 선택과 상담
④ 정중함(친절)과 도움
⑤ 잘못된 서비스의 시정과 보상체계 : 즉각적이고도 효과적인 구제조치 및 불평처리절차의 안내·공표
⑥ 비용에 대한 인식 : 비용가치의 증대

## 3 장단점

| 장점 | 단점 |
| --- | --- |
| ① 정부와 국민의 암묵적·추상적 관계를 구체적·계약적 관계로 전환 – 행정에 대한 주민들의 근접통제의 물리적 한계 극복<br>② 서비스의 투명성과 책임성 제고, 공공서비스 품질의 표준화, 서비스에 대한 국민의 기대수준 명확화<br>③ 소비자의 이익이 공급자에 의하여 지배당하지 않도록 하는 소비자 주권주의 확립<br>④ 서비스의 품질과 제공절차의 표준화로 비용 절감 및 성과평가 기준 제공 | ① 공공서비스의 무형성으로 인한 표준화 곤란<br>② 행정오류를 금전으로 연계시켜 보상하려는 편협한 경제적 논리<br>③ 공무원의 창의성과 행정의 유연성 저해 |

# THEME 08 성과관리(균형성과관리 중심)

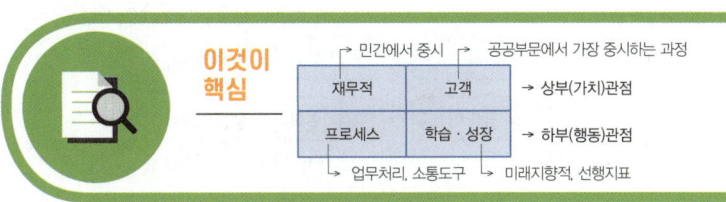

## 1 성과관리의 요소와 틀(framework)

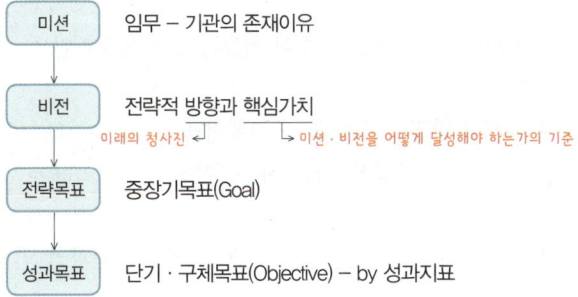

## 2 성과지표

예) 도로건설사업의 경우

(1) **투입지표(input)**: 투입된 시간이나 비용, 노력의 절감 여부 ········· 사업비, 인력, 장비
(2) **과정지표(process)**: 업무지표로서 부서별 구체적인 업무나 활동, 절차 ··· 공사 진척률, 민원해결건수
(3) **산출지표(output)**: 1차적인 성과 ······································· 도로증가율
(4) **결과지표(result)**: 정책대상에 나타난 최종적인 결과 또는 직접적인 변화 ········ 차량통행속도 증가율
(5) **영향지표(impact)**: 사회에 미친 최종적인 영향·충격 ··················· 지역사회 경쟁력 제고

## 3 균형성과관리의 4대 관점

● **(1) 4대 지표**

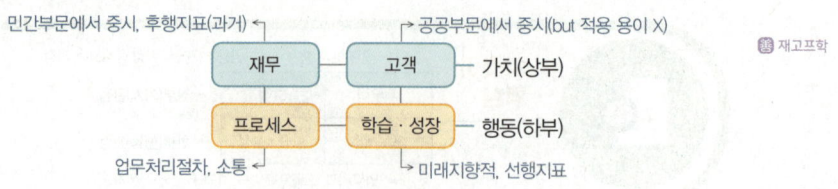

민간부문에서 중시, 후행지표(과거) → 재무 — 고객 ← 공공부문에서 중시(but 적용 용이 X)
재무 — 가치(상부)
프로세스 — 학습·성장 — 행동(하부)
업무처리절차, 소통 ← 프로세스    학습·성장 → 미래지향적, 선행지표

※ 재고프학

① 재무적 관점과 고객관점은 상부구조(가치지향적) 관점, 프로세스 관점과 학습·성장관점은 하부구조(행동지향적) 관점에 해당
② 프로세스 관점은 업무처리 관점이라고도 함

● **(2) 공공부문에의 도입과 특징**

① 재무관점을 중시하는 민간부문과 달리 공공부문에서는 고객관점이 가장 중요 : 재무관점은 제약조건에 불과  →민간부문과 큰 차이 없음
② 학습과 성장관점은 가장 하부관점이지만 미래적 관점에서 중요 → 선행지표
③ 조직의 임무·비전·전략목표와 하향적으로 연계된 연역적·위계적·하향적 성과관리라는 점에서 MBO와 다름
④ 양+질, 과거+현재+미래, 결과+과정, 내부+외부, 장기+단기, 선행+후행 등 인과적 연계 및 균형 중시  →(재무)  →(학습과 성장)
⑤ 과거의 성과관리방식인 MBO나 TQM과 크게 다르지 않고 이들을 균형·종합한 모형

●●● **(3) 지표별 특징과 내용**

| 관점(지표) | 특성 | 내용(예) |
|---|---|---|
| 재무적 관점 | 민간부문에서 중시하는 전통적인 **후행지표** | **매출**, 자본수익률, 예산대비차이 등  →성과(실적) |
| 고객 관점 | 공공부문이 중시하는 대외적 지표 | **고객만족도**, 정책순응도, **민원인의 불만율**, 신규 고객의 증감 등 |
| 프로세스(절차) 관점 | 업무처리 관점과 과정중심 지표, 소통의 도구  →결정＋집행＋전달 | 의사결정과정에의 **시민참여**, 적법적 절차, 정보공개, 커뮤니케이션(소통) 구조, 통합적 일처리 절차 등  분업X, 협업O |
| 학습과 성장 관점 | 미래적 관점의 **선행지표** | 인적자원의 역량, 지식의 축적, 정보시스템 구축, 학습 동아리 수, 교육훈련 및 능력 개발, 제안 건수, **직무만족도** 등 |

CHAPTER

# 04

# 인사행정론

공무원이란 무엇이며, 어떻게 관리되는가?

이 후은 사람을 다루는 인사행정에 대하여 다루고 있다.
정부가 필요로 하는 인적 자원을 어떻게 동원하고 관리하는지를 배운다.
1절과 2절은 이론과 제도분야로서 실무 성격이 강한 제 3·4·5·6절보다 훨씬 중요하다.
공무원을 임용하여 한편으로는 능력을 발전시키고 한편으로는 사기를 높여 행정업무가 수행되도록 하는 파트이다.
그래서 임용, 능력발전, 사기를 인사행정의 3대 요소라 한다.
내가 장차 공무원이 되면 어떤 대접을 받고, 봉급은 얼마나 받으며 능력발전기회(승진, 국비 유학 등)는 얼마나 되고, 신분보장은 어찌되며, 퇴임 후 연금은 얼마나 받는지를 알 수 있는 분야로 시간 가는 줄 모르고 재미있게 공부할 수 있는 분야이다.
그래서 공무원 경력이 있는 선생님한테 배우면 휠씬 생생하고 실감나게 배울 수 있는 흥미로운 파드이다...ㄱ

김중규**선**행정학

# CHAPTER 04
# 인사행정론

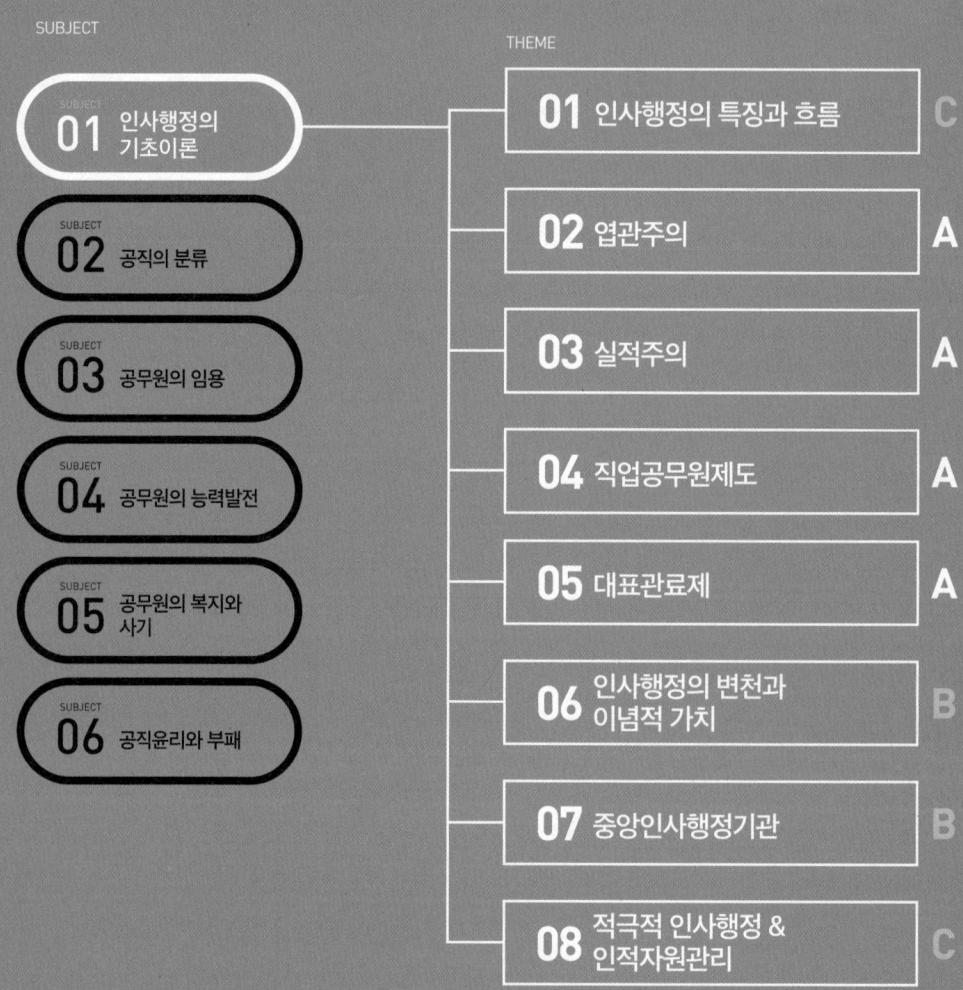

# THEME 01 인사행정의 특징과 흐름

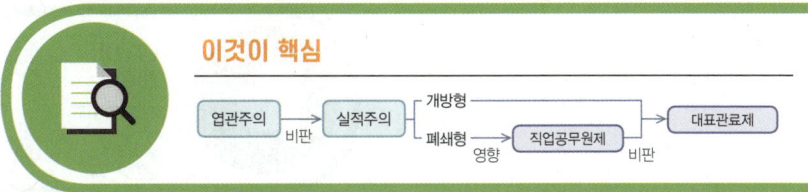

## 1 인사행정의 변천과 흐름

| 공직임용 | 특징 | | | 비고 |
|---|---|---|---|---|
| • 엽관주의 (Spoils System)<br><br>• 정실주의 (Patronage System) | 미국 | [엽관주의] by 임기 4년법<br>• 1829년 Jackson 대통령의 공직경질제<br>• 민주주의와 정당정치 발달의 산물로 등장<br>• 공약의 추진과 행정책임 구현 | | [장점]<br>• 관료주의화 방지<br>• 교체임용에 의한 행정의 대응성, 책임성, 민주성 고양<br>[단점]<br>• 정치적 중립 저해<br>• 행정의 안정성·전문성 저해<br>• 비능률·낭비 초래 |
| | 영국 | [정실주의]<br>• 초기 : 은혜적 정실주의<br>• 후기 : 정치적 정실주의 | 공직분류방식 | |
| • 실적주의 (Merit System) | 미국 | 1883년 Pendleton법에 의해 확립(능력중심의 임용, 정치적 중립, 인사위 설치, 공개채용시험) | 직위분류제 (개방형, 직무중심) | [장점]<br>• 인사행정의 능률성, 전문성, 중립성, 자율성<br>[단점]<br>• 소극성, 집권화, 비인격화, 경직성, 형식화 초래<br>• 행정의 대응성·책임성 저해 |
| | 영국 | • 1855년 추밀원령에 의해 기반 마련(인사위 설치)<br>• 1870년 추밀원령에 의해 실적주의 확립(공채, 계급 분류 등) | 계급제 (폐쇄형, 사람중심, 직업공무원제 확립) | |
| • 적극적 인사행정 | • 적극적 모집(대표관료제 등)<br>• 인사권의 분권화<br>• 필요시 정치적 임용의 허용 | | • 공무원의 능력발전<br>• 공무원단체 활동의 허용<br>• 인사행정의 인간화 | 실적주의의 완화(실적주의 개념과 범위의 확대) |

## 2 미국의 실적주의와 영국의 직업공무원제

- 미국 — [공직풍토] 직무중심 — 개방형 — [공직분류] 직위분류제 — 전문성 ○ — 신분보장 X — 직업공무원제 X
  → 전문행정가
- 반대
- 영국 — 사람중심 — 폐쇄형 — 계급제 — 전문성 X — 신분보장 ○ — 직업공무원제 ○
  → 일반행정가

광의의 실적주의
미국의 실적주의
영국의 직업공무원제

SUBJECT 01 인사행정의 기초이론

# THEME 02 엽관주의

## 1 의의

① 능력·실적이 아닌 정당에 대한 충성도 등을 기준으로 하는 인사
② 정치적 민주주의의 요청 : Jackson민주주의 → 정치와 행정의 연계 → 정치논리에 의한 인사
③ 정당정치의 발달 ┘
  └→ 소수상위계층(동부출신)의 공직독점 타파와 공직의 대중화가 목적
④ 행정의 단순성·소극성 : 공직은 건전한 상식과 인품 있는 일반대중 누구나 수행 가능
⑤ 임기4년법(1821)이 법적 기반

## 2 정실주의와의 차이

| 엽관주의(Spoils System) | 미국 | 정당에 대한 충성도 기준(정치적 연고), 정권교체 시 대량경질 |
|---|---|---|
| 정실주의(Patronage System) | 영국 | 인사권자의 개인적 친분(개인적 연고), 수시 결원 보충 |

## 3 장단점

| 장점 | 단점 |
|---|---|
| ① 정당정치 발달 및 민주주의의 실천적 정치원리<br>② 평등이념 구현 : 한정된 공직 개방 → 공직의 대중화<br>③ 관료제의 특권화 방지 및 쇄신 → 소수상위계층의 공직독점 타파<br>④ 정치적 리더십 강화 : 공무원의 충성심 확보와 정치지도자의 행정통솔력 강화<br>⑤ 정권교체나 정책변동에 대응 유리 : 개방형인사의 일종<br>⑥ 정부관료제의 민주화 : 민주성·대응성·책임성<br>⑦ 정치권과 행정부 간 조정 및 관계 원만화 : 관료기구와 집권당의 동질성 확보<br>　　　　　　　　　　　　　　└→ 국정운영의 능률성 | ① 정치적 중립 저해 : 정당의 사병화 ⇨ 공익의 저해<br>② 행정의 안정성 저해<br>③ 비능률·무질서·낭비·부패·무능<br>④ 임용의 공평성 상실(소속정당의 충성도 기준)<br>⑤ 행정의 전문성 저해 |

> 주의 [엽관주의와 공평성]
> ① 평등이념 구현 O (공직 개방, 교체임용)
> ② 임용의 공평성 X (임용의 기회균등 X)

# THEME 03 실적주의

기출이력 | 2016 지방7급 등 총36회
A
2026 선행정학 기본서 p.458

## 1 실적주의의 주요 내용 및 특징

부패한 정치(엽관주의)로부터 행정을 분리·독립시키기 위한 **행정학 성립기** 때의 인사제도
→ 행정논리에 의한 인사
→ 19C 말 행정기능 팽창과 복잡화 등 행정국가 현상 등장 시작

① **능력·실적중심의 인사** : 공채 등에 의한 입문
② 인사의 객관화·합리화
③ **중앙인사기구 설치** : 인사권의 집권화
④ 공직임용의 기회균등
⑤ 정치적 중립
⑥ 공무원의 신분 보장

## 2 Pendleton법의 주요 내용
→ 미국 실적주의의 법적 기반(1883), 영국 실적주의로부터 영향을 받음(by Eaton 보고서)

① **중앙인사기구 설치** : 능력위주의 공정한 인사를 전담할 수 있는 초당적·독립적 **인사위원회**(CSC ; Civil Service Commission)의 설치
② **공개경쟁시험**에 의한 임용제도 채택
③ 제대군인에 대한 임용시 특혜의 인정
④ **정치자금 헌납 및 정치활동의 금지** : 공무원의 정치적 중립을 최초로 규정
⑤ 시험제도가 실제적 성격을 가지면서 전문과목 위주의 시험과목 편성
⑥ 민간과 정부 간의 인사교류를 폭넓게 인정 : **개방형 실적주의** → 직업공무원제 X

## 3 장단점

| 장점 | 단점 |
|---|---|
| ① 기회균등으로 민주주의 평등이념 구현 | ① 인사의 소극성·형식성 |
| ② 정치적 중립 : 공익 대변 | ② 집권화 : 부처의 탄력적 인사 저해 |
| ③ 행정의 전문화 → 직업공무원제 확립 의미 X | ③ 인사 융통성 저해 |
| ④ 신분보장 : 직업적 안정성 제고 | ④ 능력 측정의 기술적 한계 |
| ⑤ 행정의 자율성·도구성·능률성 확보 | ⑤ 대응성·책임성 저해 |
| | ⑥ 대표성·형평성 저해 : 소외집단에게 불리 |
| | ⑦ 보신주의 등 소극적 행태 |

# THEME 04 직업공무원제도

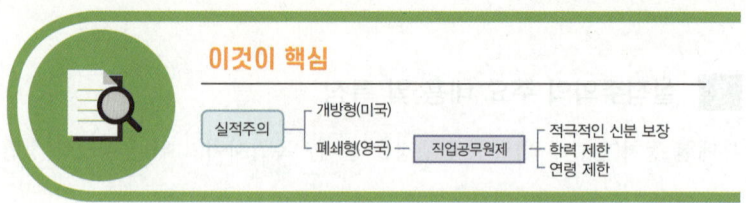

## 1 직업공무원제의 의의

젊고 유능한 인재가 공직에 입문하여 생애직으로 근무할 수 있게 하는 제도
→ 절대 왕정기 관료제가 기원

## 2 실적주의와의 비교

| 공통점[1] | 차이점 | |
|---|---|---|
| | 실적주의 | 직업공무원제 |
| ① 원칙적으로 신분보장<br>② 자격이나 능력에 의한 인사<br>③ 정실배제<br>④ 정치적 중립 | ① 개방형 또는 폐쇄형<br>② 임용시 학력과 연령제한이 없는 완전한 기회균등<br>③ 채용당시의 능력이 임용기준<br>④ 정치적 중립이 필수요건<br>⑤ 소극적 신분보장(by 중립성) | ① 폐쇄형<br>② 임용시 연령·학력 등의 제한으로 제약된 기회균등<br>③ 잠재능력(발전가능성) 기준<br>④ 정치적 중립이 필수요건 아님<br>⑤ 적극적 신분보장(by 생애성)[2] |

1) 직업공무원제는 실적제를 기반으로 하므로 일부 공통된 특징(신분보장, 정치적 중립 등)이 존재하지만 그 내용과 강도 면에서 차이가 있음.
2) 실적주의는 정권교체 시 신분이 보장된다는 정도이고, 직업공무원제는 정권교체는 물론 폐직이 되어도 정년 때까지 신분보장을 해준다는 의미임.

**주의** [실적제와 직업공무원제]
① 실적제는 직업공무원제의 **필요조건 O, 충분조건 X**
② 실적주의가 확립되지 않으면 직업공무원제가 확립될 수 없음 O
③ 실적제가 확립되었다 하여 반드시 직업공무원제가 확립되는 것은 아님 O

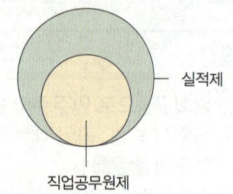

## 3 확립요건

① **실적제의 우선적 확립** : 공채, 능력중심
② 공직에 대한 높은 사회적 평가
③ **젊고 유능한 인재 등용** : 연령·학력 제한
④ 보수·연금의 적정화 : 생계를 유지할 수 있는 생활급 지급으로 사기 앙양
⑤ 재직자의 능력발전 및 승진기회 부여 : **폐쇄형** 인사, 연공서열 중심의 승진
⑥ 적극적 **신분보장** : 폐쇄형 인사체제 확립
⑦ 장기적인 인력계획 확립 : 인사·채용의 예측가능성

## 4 장단점

| 장점 | 단점 |
|---|---|
| ① 재직공무원 사기 앙양<br>② 젊고 유능한 인재 조기 발굴 : 공무원의 질적 향상<br>③ 공직사회의 연대감·일체감·단결력 제고<br>④ 정치적 중립과 신분보장으로 행정의 안정성 제고<br>⑤ 높은 수준의 행동규범 유지 | ① **민주통제의 곤란** : 지나친 신분보장으로 특권집단화<br>② 환경변동에의 부적응 : 무사안일<br>③ 임용의 기회균등 저해 : 비민주성<br>④ 참여적 관료제 저해 : 엄격한 정치적 중립<br>⑤ 공직사회 폐쇄화로 전반적인 질 저하(by 경쟁의 결여)<br>⑥ 행정의 **전문성** 저해(이견 있음)    → 피터의 원리<br>                                                 (무능력 수준까지 승진) |

> **주의** [직업공무원제와 전문성]
> ① 전문직업주의(professionalism) ○
> ② 전문가주의 내지는 전문행정주의(specialism), **행정의 전문화** X
> ③ 장기간의 근무를 통한 행정의 전문화 ○

# THEME 05 대표관료제

기출이력 | 2020 국가7급 등 총34회   A

2026 선행정학 기본서 p.464

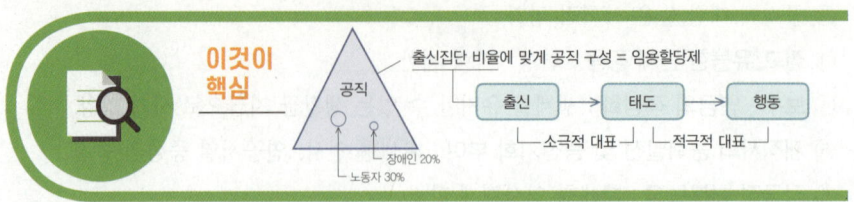

- **1 대표관료제의 의의**

  ① 모든 사회집단들이 한 나라의 인구 전체 안에서 차지하는 비율에 맞게 관료조직의 직위들을 차지해야 한다는 원리
  ② 사회적 구성비 = 공직 내 구성비가 되도록 하는 공직임용할당제(균형인사제도)
  ③ Kingsley의 대표관료제(1944)에서 처음 유래 → 비례대표로까지 확대(Krantz)
  ┌ Kingsley : 최초 주장
  ├ Krantz : 비례대표
  └ Riper : 사회적 가치

- **2 측면**

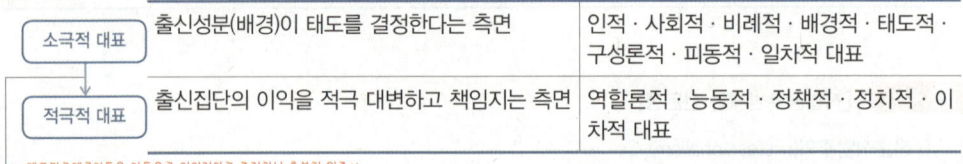

→ 대표관료제론자들은 자동으로 이어진다고 주장하나 충분히 입증 X

- **3 대두배경**

  ① 특정계층의 공직독점 방지 : Ox-Bridge의 공직독점을 막고 관료제 내에 민주적 가치를 주입
  ② 시험에 의한 실적주의의 한계 : 실적주의에 의한 공채는 형식적 기회균등에 불과
  ③ 선거제도의 모순 : 행정국가의 등장으로 임명직 관료집단에 대한 강력한 내부통제장치로 등장 (내재화된 민중통제)
  ④ 사회화에 의한 주관적 책임 : 객관적 책임이란 비현실적인 것이며 책임이란 개인의 성장배경, 정치적 사회화과정 등에 의해 영향을 받는 주관적 책임이 지배
  └→ 공직입문 이후에도 변화 X

## 4 특징과 한계

① **실적제와의 상충**
② 행정의 전문성 · 생산성 저해
③ **재사회화**(공직입문 후 신념 변화) 불고려 (1차 사회화 O, 2차 사회화 X)
④ **역차별 우려** : 할당제 강요로 기회의 공평 저해 ➡ 사회적 분열과 갈등 요인
⑤ **외부통제 무력화** : 국민참여나 협력적 통치(거버넌스) 등 저해 ➡ 국민주권원리에 반함
⑥ 경험적 입증 부족 : 소극적 대표가 적극적 대표로 이어진다는 보장 없음
   ↳ 임용전 사회화    ↳ 임용후 행태
⑦ 구성론적 대표의 기술적 한계
⑧ 특정집단에의 악용 : 적극적 대표를 지나치게 강조할 경우 **집단이기주의** 우려
⑨ 정부규모 팽창 소지 ➡ 감축관리 · 신공공관리론(NPM) 등 생산성 · 효율성이 강조되는 정책기조와 충돌

## 5 우리나라 대표관료제(균형인사정책)     장양이지저

① 장애인 의무고용제(1991)  ② 양성채용목표제(2003)  ③ 이공계출신 채용목표제 등(2004)
④ 지역인재 추천채용제(2005)  ⑤ 지방인재 채용목표제(2007)  ⑥ 저소득층 할당제(2015)

> **주의** [대표관료제의 양면성]
> ① 사회화 전제 O, **재사회화 고려 X**
> ② 내부통제 강화 O, **외부통제 무력화** O
> ③ 공직 내에 민주적 가치 주입 O, 협치 · 국민주권주의 X

● **다양성 관리**
① 의의 : 구성원들의 다양성을 인정하고 이를 업무에 반영하여 조직의 성과를 제고시키려는 체계적이고 적극적인 인사관리 전략
② 종류     ↳ 가시성 X  ↳ 가시성 O
   ┌ 외적 다양성 : 출신, 학력, 성별, 인종 등의 차이
   └ 내적 다양성 : 성격, 가치관 등의 차이
         ↳ 최근 강조
③ 접근법
   ┌ 멜팅팟 접근(소극적 접근) : 이질성 해소 · 동화
   └ 샐러드볼 접근(적극적 접근) : 이질성 유지 · 지원
                        ↳ 최근 강조
④ 전략 : 균형인사정책(대표관료제), 일과 삶의 균형, 맞춤형 관리 등

※ 다양성의 구성요소

| 가시성 | 변화가능성 낮음 | 변화가능성 높음 |
|---|---|---|
| 높음 | 성별, 연령(세대), 인종, 민족, 장애(육체적) | 직업, 직위, 직급, 숙련도, 전문성, 언어 |
| 낮음 | 출신지역, 출신학교, 가족배경, 혼인여부, 성격, 사회화경험, 종교, 동기요인, 성적 지향 | 교육수준(학력), 노동지위, 자녀여부, 가치관, 장애(정신적) |

# THEME 06 인사행정의 변천과 이념적 가치 B

2026 선행정학 기본서 p.468

- [이념]

| 이념 | 엽관관료제 | 실적관료제 | 직업관료제 | 대표관료제 |
|---|---|---|---|---|
| 능률성 | △¹⁾ | ○ | ○ | × |
| 자율성 | × | ○ | ○ | × |
| 도구성 | × | ○ | ○ | × |
| 중립성 | × | ○ | ○²⁾ | × |
| 전문성 | × | ○ | ׳⁾ | × |
| 민주성 | ○ | △⁴⁾ | × | ○⁵⁾ |
| 대응성 | ○ | × | × | ○ |
| 책임성 | △⁶⁾ | ○ | × | ○ |
| 정치성 | ○ | × | × | ○ |
| 참여성 | ○ | × | × | ○ |
| 형평성 | ×⁷⁾ | △⁸⁾ | × | ○ |

※ 정치적 참여

### [인사제도의 상대성]

1) 엽관제와 능률성
  ① 능력중심의 인사가 아니므로 능률성 X
  ② 정치권과 행정부 간 원만한 관계로 국정운영의 능률성 O

2) 직업공무원제와 정치적 중립
  ① 실적제를 전제로 하므로 직업공무원제의 특징 O
  ② 직업공무원제의 필수요건 X

3) 직업공무원제와 전문성
  ① 전문성 X, 전문행정가주의 X
  ② 전문직업주의 O, 장기간 근무로 전문화 O

4) 실적제와 민주성
  ① 궁극적으로는 민주성·형평성을 기본 가치로 추구 O
  ② 대응성·책임성·민주성 X(일반적)

5) 대표관료제와 민주성
  ① 민주적 가치 주입 O, 형평성 O
  ② 외부통제 O, 국민주권주의 X, 거버넌스 X

6) 엽관제와 책임성
  ① 선거·정당을 통한 책임성 O
  ② 국민에 대한 직접적 책임 X, 소속정당에 대한 책임 O

7) 엽관제와 형평성
  ① 공직경질 및 공직개방에 의한 형평성 O
  ② 소속 정당의 사병화로 형평성 X

8) 실적제와 형평성
  ① 임용의 기회균등에 의한 소극적 공평 O
  ② 출신집단 이익 반영이라는 적극적 공평 X

# THEME 07 중앙인사행정기관

기출이력 | 2022 지방7급 등 총16회    B

2026 선행정학 기본서  p.468

## 1 유형

- 실적주의 초기형태로서 1883년 펜들턴법에 의한 미국의 연방 인사위원회(CSC)
- 현재의 실적제보호위(MSPB)

| 독립성 | 합의성 | 유 | 무 |
|---|---|---|---|
| | 유 | 독립합의형[1] | 독립단독형 |
| | 무 | 비독립합의형[2] | 비독립단독형[3] |

- 1999 ~ 2008년 우리나라의 중앙인사위원회
- 현재의 소청심사위(인사혁신처 소속) → 대통령 직속

- 현재 우리나라의 인사혁신처, 과거의 행정안전부·안전행정부
- 미국의 인사관리처(OPM)
- 영국의 내각사무처
- 일본의 총무성 등

## 2 유형별 장단점

| | 독립합의형(위원회형) | 비독립단독형(부처형) |
|---|---|---|
| 장점 | ① **엽관제 배제** : 합의에 의한 결정으로 인사전횡 방지, 실적제 확립에 유리<br>② 인사의 안정성 확보 ← by 위원들의 부분적 교체<br>③ 일반 국민 및 행정부와 관계 원만<br>특정집단과의 밀착이나 소원한 관계 X | ① **책임** 명확화(행정수반이 기관장 임명, 직접 책임)<br>② **신속**한 결정<br>③ 행정 수반이 인사기관을 국정관리수단으로 삼아 **강력**한 인사정책 추진<br>④ 환경 변화에 신축 대응<br>⑤ 정부기관과의 기능적 연계의 효과성(부처와의 협조) |
| 단점 | ① 책임 분산 및 결정 지연<br>② 적극적 인사 곤란<br>③ 강력한 정책 추진 곤란<br>④ 행정변화에 신축적 대응 곤란 | ① 인사의 공정성 저해<br>② 독선적이고 자의적 정실 인사<br>③ 인사의 일관성 저해<br>④ 양당적·초당적 문제의 적절한 반영·해결 곤란 |

● **현재 우리나라의 중앙인사관장기관**
→ 헌법상 독립기관은 별도의 중앙인사 관장기관과 소청심사기구를 둠
① 행정부 : 인사혁신처장
② 국회 : 국회사무총장
③ 법원 : 법원행정처장
④ 헌법재판소 : 헌법재판소 사무처장
⑤ 선거관리위원회 : 중앙선관위 사무총장
* 자치단체는 별도(시·도 인사위, 시·도 소청심사위)
→ 인사, 징계, 고충 담당

● 우리나라 중앙인사행정기관의 변천

| 시기 | 기구 | 성격[1] | 기능 | |
|---|---|---|---|---|
| 정부수립 당시 | 총무처(1948~) | 비독립단독형 (국무총리 직속) | 인사행정 전반 | |
| 김대중정부 | 행정자치부(인사국) (1999~) | 비독립단독형 | 인사집행, 조직·정원관리, 연금, 노조 등 | 이원화 |
| | 중앙인사위원회(1999~) | 비독립합의형 (대통령 직속) | 인사정책, 인사기획, 선발, 감사, 고위공무원단제도 등 | |
| 노무현정부 | 중앙인사위원회(2004~) | 비독립합의형 | 인사행정 전반 | |
| 이명박정부 | 행정안전부(인사실) (2008~) | 비독립단독형 | 인사행정 전반 | |
| 박근혜정부 ~ | 안전행정부(인사실) (2013~) | 비독립단독형 | 인사행정 전반(인사, 보수, 연금, 윤리, 복무) | |
| | 인사혁신처(2014~) | 비독립단독형 (국무총리 직속) | 인사행정 전반(인사, 보수, 연금, 윤리, 복무) | |

1) 우리나라에 합의형 중앙인사기관은 존재한 적이 있었지만, 독립형 기관은 존재한 적이 없음.

# THEME 08 적극적 인사행정 & 인적자원관리

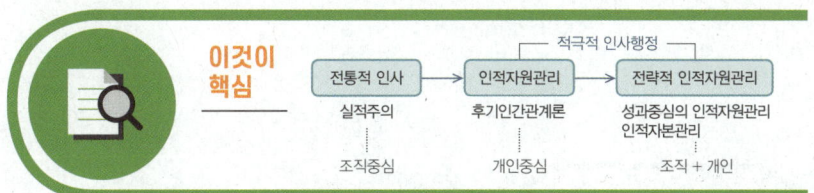

## 1 적극적 인사방안

① 적극적 모집 (공채 외 할당제, 경력 채용, 인턴제 등)
② 인사권의 **분권화**
③ 정치적 임용 허용 : 정치적 중립 완화
④ 재직자의 능력발전
⑤ 공무원노조의 허용
⑥ 인간중심의 융통성 있는 인사행정 (인적자원 관리)
⑦ 직장 생활의 질 향상
⑧ 직무 재설계 : 직무확대와 직무충실

## 2 인적자원관리 비교

| 구분 | 전통적 인사행정 | 인적자원관리 | 인적자본관리(전략적 인적자원관리)[1] (성과중심의 인적자원관리) |
|---|---|---|---|
| 조직관 | **조직화된 개인** | **개인화된 조직** | 역량 있는 **조직과 개인** |
| 관련이론 | 과학적관리론 등 | 인간관계론, 행동과학론 | 전략적 선택론, 자원의존론 |
| 인간관 | 비용개념(통제대상) | 자산개념(육성대상) | 자본·가치개념(육성대상) |
| 핵심가치 | 효율성, 합법성 | 민주성, 형평성 | 효과성(목표), 성과 |
| 관리체계 | 집권적 통제시스템 | 분권적 지원시스템 | 전략적 역량시스템 |
| 직무관계 | 일방적·권력관계 | 쌍방적·친밀관계 | 다면적·성취관계 |
| 성과지표 | 내부직원·통제지향 | 내부고객·서비스지향 | 외부고객·의사결정지향 |
| 중점 | 계급중심 | **직무중심** | **역량중심** |
| 보상 | 연공급 | 직무급 | 직능급·성과급 |
| 시각 | | 단기적·미시적(**부분적 최적화**) | 장기적·전략적·거시적(**전체적 최적화**) |
| 초점 | 개인욕구는 조직 목표달성을 위해 희생 | 개인의 심리적 측면(동기부여, 조직시민행동) | 전략적 측면(역량과 인적자본 육성), 조직의 전략과 인사관리의 연계 |

[1] 전략적 인적자원 관리 : 인사관리 + 전략관리 + 성과관리

# CHAPTER 04
# 인사행정론

# THEME 01 경력직과 특수경력직

기출이력 | 2021 지방9급 등 총23회  B

2026 선행정학 기본서 p.476

이것이 핵심
- 실정법상 — 경력직 vs 특수경력직
- 이론상 — 개방형 vs 폐쇄형 / 계급제 vs 직위분류제

## 1 우리나라의 공직분류

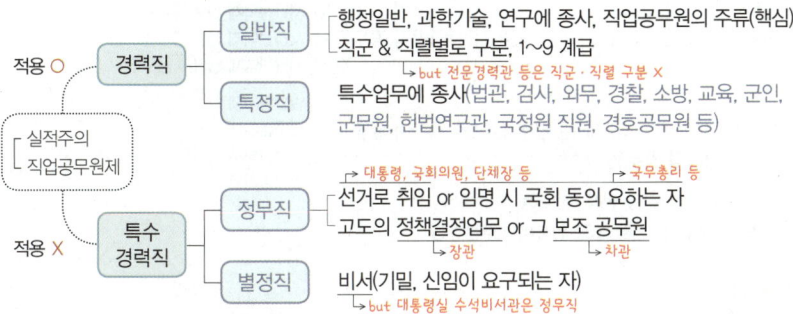

● 경력직과 특수경력직의 차이

|  | 신분보장 | 실적에 의한 임용 | 직업공무원제 | 계급 구분 | 국가공무원법 적용 |
|---|---|---|---|---|---|
| 경력직 | ○ | ○ | ○ | ○ | ○ |
| 특수경력직 | × | × | × | × | × |

→ 단, 보수, 복무 등 일부 규정은 적용

● 특정직·정무직·별정직의 예

- 특정직: **경찰청장, 검찰총장**, 법관, 헌법연구관, **대법원장**, 대법관
- 정무직: 감사원장, 감사원 사무총장, 감사위원, 국회사무총장, 헌법재판소장, 헌법재판관, 중앙선관위상임위원, 중앙선관위사무총장, 국무총리, 국무위원, 차관, 처장, 청장, 국정원의 원장·차장·기획조정실장
- 별정직: 국회수석전문위원

● 인사청문의 종류와 대상

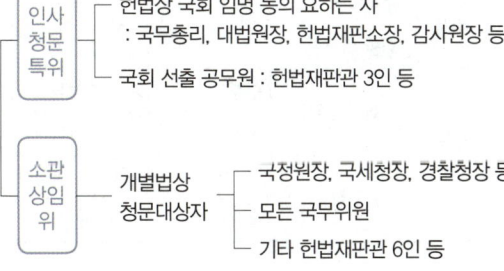

- 인사청문특위
  - 헌법상 국회 임명 동의 요하는 자
    : 국무총리, 대법원장, 헌법재판소장, 감사원장 등
  - 국회 선출 공무원: 헌법재판관 3인 등
- 소관상임위
  - 개별법상 청문대상자
    - 국정원장, 국세청장, 경찰청장 등
    - 모든 국무위원
    - 기타 헌법재판관 6인 등

> ⚠ 주의 **[특정직 공무원 쟁점]**
> ① 대법원장 · 대법관 : 국회 임명 동의를 받는다는 점에서 전통적으로 정무직으로 보았지만 정무직이기 이전에 법관신분이라는 점에서 **특정직**으로 보는 견해가 더 지배적임
> ② **검찰총장 · 경찰청장** : 인사청문을 거치지만 특정직임

● **전문경력관**
① **계급 구분과 직렬 · 직류의 분류를 적용하지 않는 일반직** 공무원
② 소속 장관은 해당 기관의 일반직공무원 직위 중 순환보직이 곤란하거나 장기 재직 등이 필요한 특수 업무 분야의 직위를 전문경력관직위로 지정할 수 있음.
③ 전문경력관과 다른 일반직간에는 전직시험을 거쳐 상호 전직 가능
④ 직무의 특성 및 난이도 등에 따라 가, 나, 다 군으로 직위군 구분

● **시간선택제 공무원**
통상적인 근무시간(주 40H)보다 짧은 시간(15~35H) 근무하는 **일반직** 공무원
― 시간선택제 채용 공무원
― 시간선택제 전환 공무원
― 시간선택제 임기제 공무원

● **임기제 공무원**
전문지식 · 기술이 요구되거나 특수성이 요구되는 업무 담당을 위하여 일정 근무기간을 정하여 임용하는 **경력직** 공무원
― 일반임기제
― 전문임기제
― 시간선택제 임기제
― 한시임기제

* 특성 ┬ 적용 X : 시보, 승진 · 승급, 강임 · 강등, 전직 · 전보 등
         └ 적용 O : 징계, 신분보장, 직급명칭, 연금, 노조, 연봉제, 복무관리 등

●● ● **혼동하기 쉬운 직위별 신분**

| 기관 | 직위 | 신분 |
|---|---|---|
| 국회 | 국회의원, 사무총장, 사무차장 | 정무직 |
| 헌법재판소 | 헌법재판관, 사무처장, 사무차장 | 정무직 |
| | 헌법연구관 | 특정직 |
| 대법원 | **대법원장, 대법관** | 특정직 |
| 감사원 | 감사위원, 사무총장 | 정무직 |
| | **사무차장** | 일반직 |
| 비서 | **수석** 비서관 | 정무직 |
| | **일반** 비서관 | 별정직 |
| 전문위원 | 국회 전문위원 **수석** | 별정직 |
| | 국회 전문위원 일반 | 일반직 |
| | 지방의회 전문위원 | 일반직 · 별정직 |
| | 지방의회 정책지원관 | 일반직 |

● **우리나라 공무원 정원현황**(2024년말 기준)

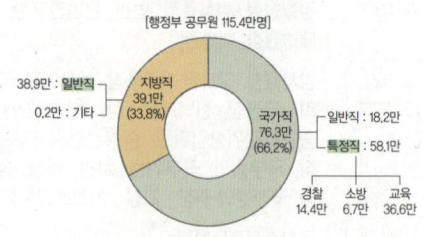

[행정부 공무원 115.4만명]
38.9만 : 일반직
0.2만 : 기타
지방직 39.1만 (33.8%)
국가직 76.3만 (66.2%) ― 일반직 : 18.2만
                        **특정직** : 58.1만
경찰 14.4만  소방 6.7만  교육 36.6만

* 군인 · 군무원 · 국정원 · 헌법기관 제외

# THEME 02 개방형과 폐쇄형 인사

기출이력 | 2021 국가7급 등 총27회  A
2026 선행정학 기본서 p.481

**이것이 핵심**

- 영입 → 모든 직급으로 신규채용 → 개방형
- 양성 → 하위직으로만 신규채용 → 폐쇄형

## 1 개방형과 폐쇄형의 비교

|  | 개방형 | 폐쇄형 |
|---|---|---|
| 개념 | 모든 계급으로 외부채용이 허용 | 하위직으로만 외부채용이 허용 |
| 직업공무원제 | 불리 | 유리 |
| 신분 보장 | 신분 불안정 | 신분 보장 |
| 임용 자격 | 전문능력(전문행정가) | 일반능력(일반행정가) |
| 공직분류 기준 | 직위분류제 : 직무중심 | 계급제 : 사람중심 |
| 채택 국가 | 미국, 캐나다, 필리핀 | 영국, 독일, 프랑스, 일본 |

## 2 개방형 인사의 장단점

| 장점 | 단점 |
|---|---|
| ① 임용의 융통성으로 우수한 인재의 획득<br>② 공직의 침체 방지 - 문호 개방으로 신진대사 촉진<br>③ 성과관리의 촉진<br>④ 관료의 소극적 행태(복지부동) 시정<br>⑤ 정치적 리더십의 강화 (by 인사권자의 재량)<br>⑥ 행정에 대한 민주통제가 용이<br>⑦ 생산적 경쟁으로 재직자의 자기계발노력 촉진<br>⑧ 인력개발·양성 비용 절감<br>⑨ 인사권자의 조직장악력 제고<br>↳ 민간선분가 X | ① 재직공무원의 승진기회 축소와 사기 저하 ← 경력발전 기회<br>② 관료의 비능률화 - 충성심 저하<br>③ 직업공무원제에 불리 - 신분보장 저해<br>④ 공직사회의 응집성·일체감·안정성 저해<br>⑤ 임용구조의 복잡성·비용 증가<br>⑥ 정실에 의한 자의적 인사의 우려<br>  - 정치적 오용으로 인사행정의 객관성 확보 곤란<br>⑦ 민간전문가의 조직장악력 저하 |

### ••• 3 우리나라의 개방형 인사제도

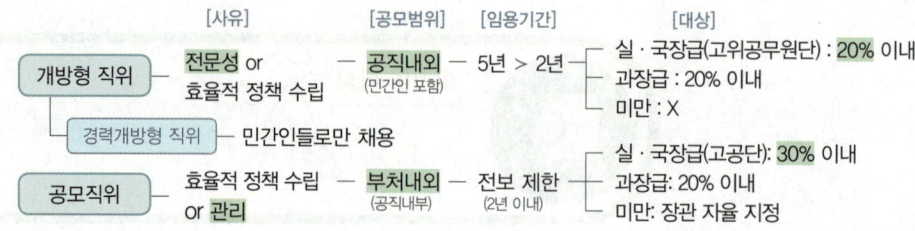

● 개방형직위와 공모직위의 비교

| 구분 | 개방형직위 | 공모직위 |
|---|---|---|
| 사유 | 전문성이 요구되거나 효율적인 정책수립 | 효율적인 정책수립 또는 관리 |
| 범위 | 공직내외 → 성과탁월시 연장가능 | 부처내외(공직내부) → 경력직에 한함 |
| 임용기간 | 5년 이내(2년 이상)¹⁾ | 기간제한 없음(2년간 전보제한) |
| 대상 | 고위공무원 직위총수의 20% 이내+과장급 총수의 20% 이내 　광역단체는 1~5급, 기초단체는 2~5급의 10% | 고위공무원 경력직 직위총수 30% 이내+과장급 총수의 20% 이내+과장급 미만(장관 자율) |

1) 임기제 최초임용기간(3년 이상) 폐지(2023.8.30. 시행)

→ 4·5급도 지정가능 대상직위로 법령에 명시적으로 규정(해당 직위 바로 아래 하위직급도 지원 가능)

> **주의** [개방형인사 쟁점]
> 
> ① 개방형 인사 ┌ 인력 개발·양성 비용 절감 ○
> 　　　　　　└ 임용구조의 복잡성·비용 증가 ○
> 
> ② ┌ 개방형 직위 : 공직내외(공무원 또는 민간인)
> 　 ├ 경력개방형 직위 : 공직외부(민간인)
> 　 └ 공모직위 : 공직내부(공무원)

# THEME 03 계급제

기출이력 | 2020 지방9급 등 총12회

## 1 의의와 특징

① 직무의 속성이 아닌 **사람의 능력과 자격**, 출신 등을 기준으로 하는 주관적인 공직 분류
  → 가문, 출신, 신분, 학벌이 좋으면 능력 있을 거라고 주관적으로 판단
② 인사의 융통성이 높으나 **계급과 직위의 일치**로 수직적 인사이동은 곤란
③ 계급 간 차별이 심하고 승진이 용이하지 않음
  → 수직적 폐쇄성 높음
④ **폐쇄형** 인사로 **신분보장**이 강하며 일반행정가 양성과 **직업공무원제** 확립이 용이

## 2 장단점

| 장점 | 단점 |
| --- | --- |
| ① 인사의 융통성(수평적 융통성) 확보 | ① 행정의 전문성 저하 |
| ② 안목과 창의력 계발 | ② 공직의 경직성 |
| ③ 신분보장, 경력발전 | ③ 환경 대응성 저하 |
| ④ 적재적소 인사배치 | ④ 특권집단화(폐쇄집단화) |
| ⑤ 단체정신과 충성심, 사기 제고 | ⑤ 집단이익 옹호 |
| ⑥ 다양한 직무경험과 조직몰입 유도 | ⑥ 연공서열에 의한 무능 |
| ⑦ 일반행정가 양성 지향 | ⑦ 해당 직무에 적임자 임용 보장 안됨 |

→ 폐쇄체제 때문
→ 적재적소 배치 X(by 폐쇄형 인사)

> **주의** [적재적소 배치]
> ① 계급제의 장점이라는 설 : 인사의 융통성에 근거(전통적 입장) → 전문가
> ② **직위분류제의 장점**이라는 설 : 인사의 개방성으로 해당직무에 적임자 임용 가능(최근 다수설)

# THEME 04 직위분류제

기출이력 | 2022 국가9급 등 총57회  A
2026 선행정학 기본서 p.486

**이것이 핵심**

직무 ─ 성질·종류 ─ 직류 < 직렬 < 직군
       곤란도·책임도 ─ 직급 < 등급       ┘ 직위

* 사람이 아닌 직무중심의 객관적 분류 ─ 직위분류법(1923) ← by 실적주의 / 과학적 관리법 / 직무급 요청
  └→ 계급제

## 1 구성요소

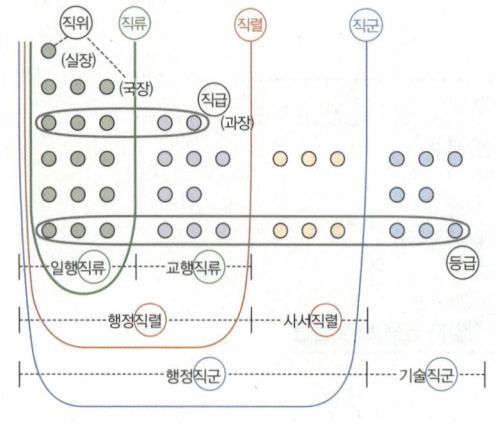

| | |
|---|---|
| 직위 | 한 사람의 근무를 필요로 하는 직무와 책임의 양 (직책) ※ 위급혈군류등 |
| 직급 | 직무의 종류·곤란도 등이 유사하여 채용·보수 등을 동일하게 다룰 수 있는 직위의 군 (전반적 인사) |
| 직렬 | 직무의 종류는 유사하나 곤란도·책임도가 상이한 직급의 군 |
| 직군 | 직무의 성질이 광범위하게 유사한 직렬의 군 |
| 직류 | 동일한 직렬 내에서 담당분야가 유사한 직무의 집합 |
| 등급 | 직무의 종류는 다르지만 곤란도·책임도나 자격요건이 유사하여 동일한 보수를 줄 수 있는 직위의 군 (우리나라의 "계급") |
| 직무등급 | 곤란도·책임도가 유사하여 동일한 보수를 줄 수 있는 직위의 군 (직무의 종류에 대한 언급 X) |

## 2 수립절차

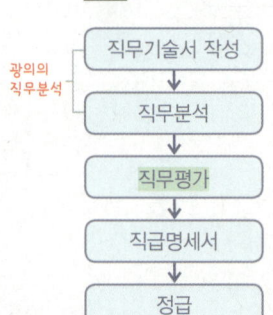

광의의 직무분석

- 직무기술서 작성 : 직무조사(분류될 직위의 직무에 대한 자료·정보를 수집·기록)를 통하여 작성
- 직무분석 : 직무의 성질과 종류에 따라 직군·직렬·직류를 분류하는 종적 분류 ⇨ 논리적·주관적 절차일 뿐 공식적·과학적 절차는 아님 ⇨ 직무명세서의 도출
- 직무평가 : 직무의 곤란도 등 상대적 비중·가치에 따른 횡적 분류로, 등급·직급이 결정되고 직급명세서의 도출로 보수책정의 합리적 기초가 마련됨 ⇨ 직무분석보다 체계적·과학적 절차임 (수직적 분류구조로 부르는 경우도 있음)
- 직급명세서 : 직급의 명칭, 개요, 보수 등 명시
- 정급 : 직위를 각각 해당 직군·직렬·직류와 등급·직급에 배정

## 3 직무평가 방법

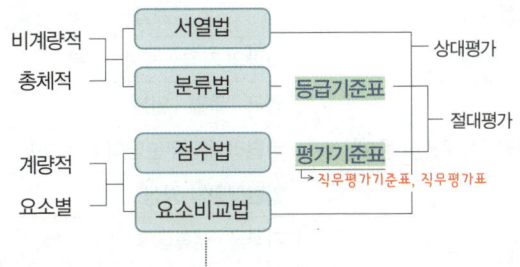

| 비계량적 | 서열법 | 직무와 **직무전체**를 상대적으로 비교하여 상하서열화(가장 간단, 직무의 수가 적을 때 적합) |
| | 분류법 | 사전에 작성된 **등급기준표**에 따라 **직무전체**의 곤란도 결정(정부 사용) |
| 계량적 | 점수법 | 직위를 구성 요소별로 **직무평가기준표**에 의해 평가한 점수 부여(가장 일반적으로 사용) |
| | 요소비교법 | 직무를 평가요소별로 평가하되 서열화된 **대표직위**와 비교하고 보수액을 산정·제시하는 방법으로 점수법의 임의성을 보완한 **객관적 방법**(가장 최근의 방법) |

→ 점수를 객관적·합리적으로 입증하기 곤란
→ 가장 정확

🔖 서분점요 - 전등평대

## 4 직위분류제의 장단점

| 장점 | 단점 |
| --- | --- |
| ① 인사행정 및 **보수의 합리화**<br>② 교육훈련수요 및 근무성적평정의 명확화<br>③ 권한과 책임한계의 명확화<br>④ 행정의 **전문화** 촉진 : 직무중심의 동기유발<br>⑤ 예산행정의 능률화 : 정원관리·사무관리 개선<br>⑥ 민주통제 용이<br>⑦ 공직의 **경직성 타파** : 개방형으로 환경 대응성 제고 | ① 횡적 협조·조정·소통·교류 곤란<br>② 인사배치의 **융통성 및 신축성 부족** : 잠정적 업무로 구성된 불확실한 상황에는 부적합<br>③ **직업공무원제 확립 곤란** ← 개방형<br>④ 넓은 시야를 가진 **일반행정가 양성 곤란**<br>⑤ 창의력 계발 및 능력발전 저해<br>⑥ 인간 경시 풍조(인간소외)<br>⑦ 성과 파악 곤란 : 투입중심의 직무급 보수제도<br>⑧ 직위관리의 고립화 |

## 5 우리나라의 직위분류제

① **절충형** : 계급제를 위주(계급과 직위의 일치 등)로 하고 직위분류제가 가미된 절충형
② **직위분류제의 단계적 실시** : 실시가 용이한 것부터 단계적으로 직위분류제를 실시하도록 규정(국가공무원법)
③ **적용대상** : 일반직 공무원은 직위분류제가 상당 부분 적용되고 있음(직군·직렬의 구분이 없는 전문경력관 제외)

## 6 직위분류제와 계급제의 비교

| 개념 | 직위분류제 (직무중심) | 계급제 (사람중심) |
|---|---|---|
| 분류기준 | 직무의 종류 · 책임도 · 곤란도 | 사람의 자격 · 능력 · 신분 |
| 채택국가 | 미국 · 캐나다 · 필리핀 | 영국 · 독일 · 일본 |
| 시험 · 채용 · 업무 등 | 합리성 · 공평성(정원관리 · 사무관리 용이) | 비합리성(업무분담의 비합리화) |
| 일반 · 전문행정가 | 전문행정가 양성 | 일반행정가 양성 |
| 보수 | 직무급(동일직무 동일보수의 합리적 보수) | 자격급 · 생활급(생계비 기준(비합리적)) |
| 행정계획 · 성과 | 단기계획 · 단기능률 · 단기안목 | 장기계획 · 장기능률 · 장기안목 |
| 교육훈련 · 근평 | 전문지식 강조(교육훈련수요 파악 및 근평 용이) | 일반지식 · 교양 강조 |
| 조정 · 협조 · 교류 · 소통 | 곤란(할거주의 초래 우려) | 원활 |
| 개방형 · 폐쇄형 | 개방형(외부채용형) : 폐직 → 퇴직 (경력 발전 불리) | 폐쇄형(내부충원형) (경력 발전 유리) |
| 신분보장 | 약함(민주통제 용이) | 강함(민주통제 곤란) |
| 직업공무원제 | 확립 곤란 | 확립 용이 |
| 인사운용의 탄력성(융통성) | 낮음 | 높음(인사권자의 리더십 강화) |
| 공직의 경직성 | 낮음 | 높음 |
| 동태적 직무상황 | 부적합 | 적합 |
| 몰입 (잠정적 · 역동적 · 비정형적) | 직무몰입(직무상 이동 X) | 조직몰입(직무상 이동 O) |
| 창의력 계발 및 능력발전 | 불리(부품화) | 유리(안목과 소양 확대) |
| 도입요건 & 적용계층 | 대규모 복잡한 조직, 하위계층 | 소규모 단순한 조직, 상위계층 |

### 주의1 [직위분류제와 계급제의 쟁점]

| | | [직위분류제] | [계급제] |
|---|---|---|---|
| ① 융통성 | 수직적 융통성 | ○ | X (계급간 차별) |
| | 수평적 융통성 | X (직렬 · 직군 등) | ○ |
| ② 적재적소 인사배치 | | ○ (개방성) | △ (융통성) |
| ③ 개방형 여부 | 환경 대응성 | ○ (개방형) | X (폐쇄형) |
| | 공직 경직성 | X (개방형) | ○ (폐쇄형) |
| ④ 잠정적 · 비정형적 직무상황 | | X (부적합) | ○ (적합) |
| ⑤ 집단이익의 집착 | | X (개방형, 직무몰입) | ○ (폐쇄형, 조직몰입) |
| ⑥ 갈등 | 발생소지 | X (명확한 분류) | ○ (갈등예방 X) |
| | 조정의 용이성 | X (직렬 간 이질성) | ○ |

### 주의2 [인사제도와 리더십]

- 인사권자의 리더십 ○ : 엽관제, 계급제, 개방형
- 인사권자의 리더십 X : 실적제, 직위분류제, 폐쇄형
- * but 계급제 ≠ 개방형
   직위분류제 ≠ 폐쇄형

# THEME 05 고위공무원단 제도

기출이력 | 2021 지방9급 등 총25회   B

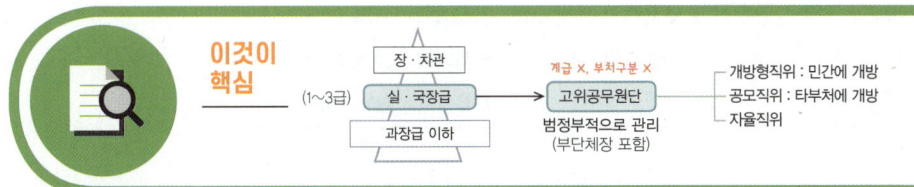

## 1 고위공무원단의 의의

① 중앙부처 실·국장급 고위공무원(1~3급)들의 자질 향상과 안목 확대, 부처 간 정책 조정 및 협의 촉진 등을 위해 국가공무원 중 고위공무원들을 인사혁신처가 직접 별도로 관리·운영하려는 인사시스템
② 지방에 있는 국가직 고위공무원(부단체장, 부교육감 등)도 대상은 되나, 지방에는 없는 제도임 → 지방공무원 ×
③ 계급이 폐지되고 직위와 직무등급(가, 나)으로만 운영
④ 1978 이후 미국 Carter 행정부의 SES가 시초, 우리나라는 2006년 노무현 정부에 의하여 도입

## 2 핵심요소

① 개방과 경쟁 : 개방형직위제도, 공모직위제도 등
② 능력발전 : 역량평가제, 교육훈련, 최소보임기간 등
③ 계급과 신분·연공중심이 아닌 성과와 책임, 역량중심 : 직무성과계약제, 성과계약에 의한 5등급 상대평가, 직무등급제(가·나 2등급), 적격심사 등 → 종전 5등급
④ 범정부적 통합적 시야 : 부처 간 인사교류, 직위공모 등

## 3 포함범위(대상)

| 구분 | 포함되는 공무원 |
|---|---|
| 직종별 | ① 국가직 공무원  ② 일반직, 별정직  ③ 특정직 중 외무직 |
| 기관별 | ① 중앙행정기관(소속기관 직위 포함)<br>② 행정부 각급기관  → 부단체장(국가직) |
| 정부별 | ① 광역자치단체 행정부지사·행정부시장 및 기획관리실장<br>② 지방교육행정기관 부교육감 |

- **4 직위 구성**  개공자 - 235

| | 사유 | 특징 | 비율 |
|---|---|---|---|
| 개방형 직위 | 전문성 및 효율적인 정책 수립 | 공직내외 | 20% 이내 |
| 공모 직위 | 효율적인 정책 수립 · 관리 | 부처내외 | 30% 이내 |
| 자율 직위 | | 자율 | 50% 이내 |

- **5 관리절차**

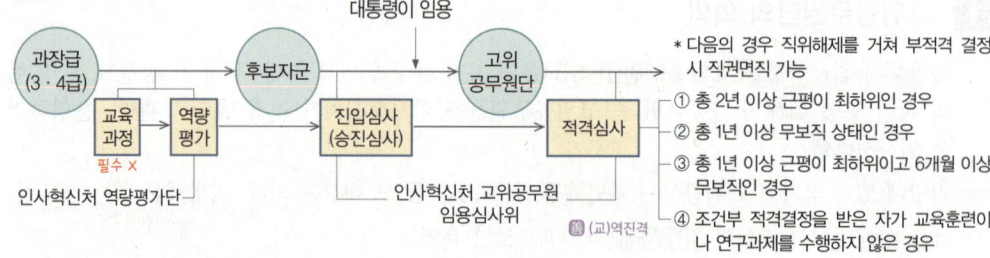

* 다음의 경우 직위해제를 거쳐 부적격 결정 시 직권면직 가능
① 총 2년 이상 근평이 최하위인 경우
② 총 1년 이상 무보직 상태인 경우
③ 총 1년 이상 근평이 최하위이고 6개월 이상 무보직인 경우
④ 조건부 적격결정을 받은 자가 교육훈련이나 연구과제를 수행하지 않은 경우

- **6 보수** : 직무성과급적 연봉제
  └ but 대통령 경호처 별정직 제외

  (1) **기본연봉**
   ① **기준급** : 직책, 누적성과 등을 감안한 기본급여
   ② **직무급** : 직무의 곤란도 등을 감안하여 2개(가, 나) 직무등급으로 구분
  (2) **성과연봉** : 전년도 성과계약 평가결과에 따라 차등 지급
   ┌ ① 성과계약 : 기관장과 1년 단위 성과계약 체결
   └ ② 성과평가 : 성과계약에 의한 성과목표 달성도 등을 평가(5등급 상대평가 : 최하 2개등급 10% 이상 의무화)

- **7 효용과 폐단**

  (1) **효용**
   ① 적재적소 인사배치   ② 부처할거주의 극복   ③ 성과중심의 인사 등
  (2) **폐단**
   ① 행정의 분절화(고위직은 정치논리, 하위직은 기업논리)   ② 정치적 오용 및 정실 인사 우려
   ③ 직업공무원제 약화 등

CHAPTER **04**

# 인사행정론

# THEME 01 임용과 모집

기출이력 | 2020 군무원9급 등 총2회    C

2026 선행정학 기본서 p.500

## 1 임용의 종류

| 신규임용(외부임용) | | 공개경쟁채용 및 경력경쟁채용(특채) |
|---|---|---|
| 내부임용 | 수직적 | 승진, 승급, 강임 |
| | 수평적 | 전직, 전보, 파견, 전입, 휴직 |
| 퇴직임용 | 자발적 | 의원면직, 명예퇴직 |
| | 강제적 | 당연퇴직, 직권면직, 징계면직 |

청원휴직 : 육아, 가족돌봄, 자기개발, 국제기구 근무 등
직권휴직 : 노조전임, 군복무, 질병 등

## 2 시보임용

① 5급 이하 신규 채용후보자를 정규직으로 임용하기 전에 시보 공무원으로 임용하는 제도
  └ 채용후보자 명부에 등록된 자(명부의 유효기간은 2년이며 1년 연장 가능)
② 5급은 1년, 6급 이하는 6개월
③ 시험제도의 연장, 보직 부여 가능, 신분보장 제한
  └ 경력에 포함
  ┌ 근무성적이 나쁘면 임용 배제(직권면직 등)
  └ 소청심사 청구 제한 ─ 임용거부·면직 : 소청 X
                      └ 징계처분 : 소청 O
④ 시보임용 면제(임기제 공무원 등) 또는 기간 단축 가능

## 3 임용결격사유

① 피성년후견인 : 질병·장애·노령으로 인한 사무처리 무능력자
  └ by 법원의 심판
② 파산자로서 복권되지 아니한 자
③ 금고이상 형을 받고 집행이 종료되었거나 집행받지 아니하기로 확정(사면 등)된 후 5년 미경과자
④ 금고이상 형을 받고 집행유예의 기간 완료 후 2년 미경과자
⑤ 금고이상 형의 선고유예기간 중에 있는 자
⑥ 공금횡령 등 범죄로 300만원 이상의 벌금형 선고·확정 후 2년 미경과자
⑦ 재직기간 중 성폭력범죄, 음란물유포죄, 스토킹범죄 등으로 100만원 이상의 벌금형 선고·확정 후 3년 미경과자
⑧ 해임처분 후 3년을 경과하지 아니한 자
⑨ 파면처분 후 5년을 경과하지 아니한 자 등
* 외국인(이중국적자 포함)도 임용 가능(안보, 기밀분야 제외)

● 적극적 모집방안

① 공직에 대한 사회적 평가의 제고 : 공직사기의 앙양
② 공고방법의 개선 : 공직설명회 등 홍보 강화
③ 장기적이고 일관성 있는 인력수급계획의 수립
④ 수험절차의 간소화 : 서류의 간소화, 신속한 임용 등
⑤ 탄력적이고 다양한 방법에 의한 모집 : 경력경쟁채용, 임시고용, 수습제(인턴제), 대표관료제 등

# THEME 02 시험

기출이력 | 2019 국가7급 등 총21회   A

2026 선행정학 기본서 p.504

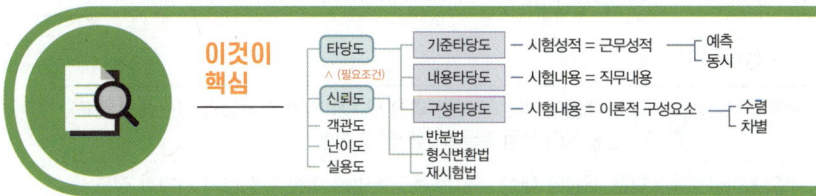

## 1 시험의 개념

후보자 중 능력 있는 자와 그렇지 못한 자를 분별해내는 수단, 실적주의 인사도구

## 2 효용도

(1) **타당도**: 측정하려는 것(직무수행능력과 성적)을 얼마나 정확하게 측정했는지의 정도
(2) **신뢰도**: 시험이 측정도구(형식, 시기 등)로서 가지는 일관성(타당도의 필요조건)
(3) **객관도**: 채점의 공정성
(4) **난이도**: 쉬운 문제와 어려운 문제의 혼합비율의 적정도(변별력)
(5) **실용도**: 실시비용의 저렴성 및 실시와 채점의 용이성
　　　　　↳ 경제성

반형재 - 타신객난실 / 기-예동 구-수차 / 내

## 3 타당도의 종류와 검증

|  | 개념 | 판단기준 | 검증방법 |
|---|---|---|---|
| 기준타당도 | 직무수행에 필요한 능력이나 실적 예측여부 | 시험성적 = 근무성적 | ① 예측적 검증(합격자)<br>② 동시적 검증(재직자) |
| 내용타당도 | 직무수행에 필요한 능력요소 측정여부 | 시험내용 = 능력요소<br>　　　　↳ 직무내용 | 내용분석(by 전문가) |
| 구성타당도 | 직무수행에 필요한 능력요소와 관련된다고 믿는 이론적 구성요소 측정여부 | 시험내용 = 이론적 구성요소 | 논리적 추론<br>① 수렴타당성(동일여부)<br>② 차별타당성(상이여부) |

### (1) 기준타당도의 검증

| 예측적 타당성 | 합격자의 시험성적과 합격 후 일정기간이 흐른 다음 근무성적을 추적하여 비교 |
|---|---|
| 동시적 타당성 | 재직자들에게 시험을 치르게 하여 그들의 근무성적과 시험 성적을 비교 |

### (2) 구성타당도의 검증

| 수렴적 타당성 | 동일 개념에 대한 상이한 측정방법에 의한 측정값의 상관성의 정도<br>⇨ 상관성이 높을수록 수렴타당도 높음 |
|---|---|
| 차별적 타당성 | 다른 개념에 대한 동일한 측정방법에 의한 측정값의 차별화 정도<br>⇨ 상관성이 낮을수록 차별타당도 높음 |

## 4 신뢰도 검증

(1) **반분법(내적 일관성 검증)** : 시험 성적을 홀짝 등 둘로 나누어 문항간 상관관계 비교 ┐ 횡적 일관성
(2) **형식변환법(동질이형법, 복수양식법)** : 동일한 내용을 형식을 달리하여 측정 ┘
(3) **재시험법** : 시기를 달리하여 측정 ─── 종적 일관성

## 5 타당도와 신뢰도의 관계 : 신뢰도는 타당도의 충분조건이 아닌 필요조건임

① 신뢰도가 낮으면 타당도도 낮음
② 신뢰도가 높다고 하여 타당도가 반드시 높아지는 것은 아님

**[시험의 타당도 쟁점]**

① 기준타당도 검증 : 시험성적과 근무성적 비교
 ┌ 합격자 : 예측적 타당도
 └ 재직자 : 동시적 타당도

② 신뢰도는 타당도의 필요조건 O, 충분조건 X
 ┌ 신뢰도가 낮으면 타당도도 낮음 O
 └ 신뢰도가 높으면 타당도도 높음 X
 ┌ 타당도가 높으면 신뢰도도 높음 O
 └ 타당도가 낮으면 신뢰도도 낮음 X

신낮타낮-타높신높

| | 신뢰도 | 타당도 |
|---|---|---|
| A | O | O |
| B | O | X |
| C | X | X |

# CHAPTER 04
# 인사행정론

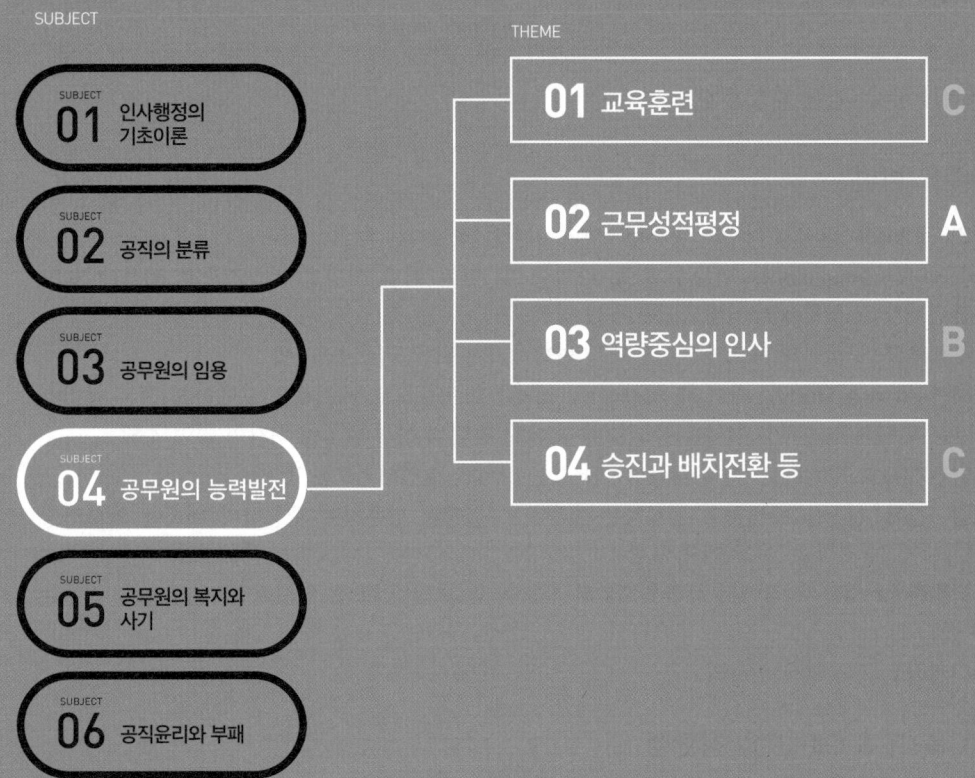

# THEME 01 교육훈련

기출이력 | 2020 국가7급 등 총5회   C

2026 선행정학 기본서  p.508

## 1 교육훈련의 목적

① 능률과 성과 향상
② 교육훈련 수요 충족 (요구하는 능력 - 현재 능력)
③ 조정과 통제·감독 필요성 감소

## 2 주요 방법

(1) **강의(Lecture)**: 일시에 다수의 피훈련자에게 지식을 전달하는 방법
(2) **시뮬레이션(Simulation)**: 업무수행 중 직면할 수 있는 어떤 상황을 가상적으로 만들어 놓고 피훈련자가 그 상황에 대처해보도록 하는 방법
(3) **감수성훈련**: 구성원의 태도와 인간관계를 변화시키기 위한 조직발전기법
(4) **사례연구(Case Study)**: 어떤 사건(사례)을 알려주고 공동으로 해결책을 도출하게 하는 방법으로 피훈련자의 능동적인 참여를 유도할 수 있으나 훈련의 목적 달성에 시간이 많이 걸림
(5) **역할연기(Role Playing)**: 실제 직무상황과 같은 상황을 실연시켜보는 것
(6) **시찰·견학**: 현장을 목격하고 체험하는 훈련으로 현장을 방문하여 행동하며 배우는 액션러닝 (성찰미팅, 실천학습) 등도 이에 포함
(7) **현장훈련(On-JT)**: 직장에서 상관으로부터 지도를 받는 것(인턴십, 임시배정, 실무지도, 직무순환 등)
(8) **신디케이트**: 그룹별 분임토의

## 3 On-JT & Off-JT의 장단점

| 구분 | On-JT(현장훈련) | Off-JT(교육원훈련) |
|---|---|---|
| 장점 | ① 훈련이 실제적임<br>② 실시 용이, 비용 절감<br>③ 동기유발<br>④ 상하간 협력<br>⑤ 능력에 맞는 훈련 | ① 계획대로 실시<br>② 일시에 다수 훈련<br>③ 교육에 전념 |
| 단점 | ① 일시에 다수 훈련 곤란<br>② 업무 지장<br>③ 통일된 교육 곤란<br>④ 예정된 계획에 따른 체계적 실시 곤란 | ① 실무성 저하<br>② 업무 공백<br>③ 비용 소요<br>④ 동기유발 효과 미흡 |

# THEME 02 근무성적평정

기출이력 | 2021 국가9급 등 총51회   A

2026 선행정학 기본서  p.511

## 1 의의

공무원의 근무실적, 능력, 태도 등을 주기적·체계적으로 평정하여 인사에 반영하는 제도

## 2 평정방법(모형)

- **평정기법별**
  - 서열법(대인비교법) : 피평정자들을 서로 비교하여 서열을 정하는 방법
  - 산출기록법 : 생산기록(근무실적)을 수량적으로 평정
  - 가감점수법 : 긍정적·부정적 행동요인에 따라 점수 가감
  - 도표식 평정척도법 : 가장 많이 이용되며 한편에는 실적·능력 등의 평정요소를, 다른 한편에는 우열을 표시 ― 오류가 많고 평정이 자의적·주관적임
  - 사실표지법 : 4~5개 체크리스트 단문 중 선택(체크리스트법)
    → 유불리 및 점수 모르게 설계
  - 강제선택법 : 4~5개 체크리스트 단문 중 강제 선택하게 하는 강제식 체크리스트법 ― 연쇄효과 X
  - 강제배분법 : 집단적 서열법으로 우열의 등급에 따라 구분한 뒤 분포비율에 따라 강제로 배치
  - 중요사건기록법 : 근무실적에 영향을 주는 중요사건들을 평정·반영
  - 행태기준척도법 : 평정의 임의성·주관성을 배제하기 위해 도표식척도법 + 중요사건기록법
  - 행태관찰척도법 : 행태기준척도법 + 도표식평정척도법(항목 간 상호 배타성 극복, 관찰빈도 표시)
  - 목표관리법(MBO) : 근무과정이나 태도보다는 결과중심의 평정

- **평정주체별**
  - 자기평정 : 스스로 업무실적 평가 보고
  - 감독자 평정 : 수직적 계층구조가 강한 기계적 구조에 적합
  - 다면(집단)평정 : 감독자뿐 아니라 부하, 동료, 민원인까지 평정주체로 참여시키는 방법
    → 유기적 구조에 적합
    → ● **다면평정** : 전방위(360°)평정

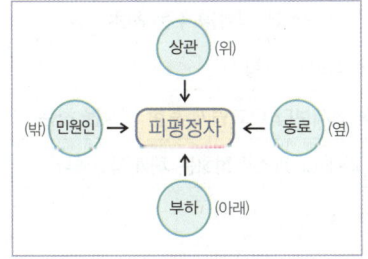

SUBJECT 04 공무원의 능력발전   261

● **평정방법별 장단점**

| 방법 | 장점 | 단점 |
|---|---|---|
| 도표식 척도법 | 간단, 용이, 가장 많이 활용 | 집중화·관대화·연쇄효과, 평정요소·등급의 합리적 선정 곤란 → 자의적 평정 |
| 강제배분법 | 관대화·집중화 방지 | 역산제의 우려, 다수가 우수(또는 무능)한데도 일정수는 하위(또는 상위) 등급 부여 |
| 서열법 | 소규모 집단에 적용 용이 | 대규모 집단에는 적용 곤란 |
| 강제선택법 | 연쇄효과 방지, 정실 방지 → 신뢰성·타당성 제고 | 평정항목 작성 곤란, 피평정자와 의 곤란 |
| 중요사건 기록법 | 근접오류 방지, 피평정자의 태도방지 개선 용이 | 이례적인 행동강조 우려 |
| 목표관리법 | 근접오류 방지 | 다른 사람과의 비교 곤란 |

● **다면평정의 장단점**

| 장점 | 단점 |
|---|---|
| ① 능력발전 : 구성원의 장단점에 대한 다양한 의견 수렴 | ① 갈등과 스트레스 초래 |
| ② 공정성·객관성·신뢰성 제고 : 피평정자들의 승복, 소수인의 주관과 편견·개인편차를 줄임 | ② 절차의 복잡성과 시간소모 |
| ③ 충성심의 방향을 다원화 : 특정 상관에 대한 충성을 국민중심적인 것으로 다양화 | ③ 형평성·신뢰성·정확성 저하 우려 : 평정참여자를 지나치게 확대하거나 감정·담합에 의한 평정 |
| ④ 분권화 촉진 | ④ 포퓰리즘으로 인한 목표의 왜곡 : 대인관계에만 급급 |
| ⑤ 민주적 리더십 발전 | ⑤ 피평정자의 무지와 일탈된 행동 |
| ⑥ 공정한 평가로 동기유발과 자기계발 촉진 | ⑥ 상급자가 부하의 눈치를 보거나 소신 저하 |
| ⑦ 대인관계 증진을 위한 커뮤니케이션의 활성화 | ⑦ 계서제 문화가 강한 경우 상하간 갈등 유발 |

### 3 평정상 착오

| 착오 | 개념 | 방지방안 |
|---|---|---|
| 연쇄효과 | 다른 평정요소의 평정결과나 전반적인(막연한) 인상이 평정에 영향을 주는 착오 예 성실하면 청렴·창의적이다. | 강제선택법, 요소별 평가 등 (피평정자별 ×) |
| 시간적 오차 | ① 최근의 실적·사건이 평정에 영향을 주는 근접오류¹⁾ (막바지 효과)<br>예 평정 전날 무단결근시 낮게 평정하는 것 등<br>② 최초의 사건·인상이 평정에 영향을 주는 최초오류 (첫머리 효과(초두 효과)) | 독립평가센터, MBO, 중요사건기록법 |
| 집중화의 오차 | 중간에 절대다수가 집중되는 경향 (피평정자를 잘 모를 때) | 강제배분법 등 |
| 관대화의 오차 | 인간관계를 고려하여 실제보다 너그럽게 후한 평정을 하는 것 | 결과의 비공개 or 강제배분법 등 |
| 규칙적 오차 | 언제나 (지속적으로) 과대 or 과소평정하는 체계적 오류 | 강제배분법 |
| 총계적 오차 | 불규칙적인 오류 (평정기준이 일정치 않을 때) | |

(반대: 규칙적 오차 ↔ 총계적 오차)

| | | |
|---|---|---|
| 논리적 오차 | 평정요소 간에 존재하는 논리적 상관관계에 의한 오류<br>예 근면성이 높으면 작업량이 높다. | |
| 상동적 오차 | 유형화(정형화·집단화)의 착오로 편견·선입견·고정관념에 의한 오차  예 특정 대학 출신이 능력이 우수하다. | 신상정보 비공개 |
| 선택적 지각 | 부분적인 정보만을 받아들여 전체를 판단하는 것 | |
| 방어적 지각 | 자신의 습성·고정관념에 어긋나는 정보 회피 | |
| 이기적 착오 [2] | 자신의 성공은 개인적 요인, 실패는 상황적 요인을 높게 평가 | 귀인오류 |
| 근본적 귀속의 착오 [2] | 타인의 성공은 상황적 요인(외적 귀인), 실패는 개인적 요인(내적 귀인)을 높게 평가 | |
| 피그말리온 효과 | 자기충족적·긍정적 예언효과 ⇔ 스티그마 효과(부정적 예언효과) | |
| 기대성 착오 | 특정인에 관해 미리 가진 기대에 따라 무비판적으로 지각하는 오류 | |
| 대비(대조) 오차 | 바로 직전의 성향이 다른 피평정자와 비교하여 느끼는 오류 | |
| 유사 오차 | 자신의 성향과 유사한 부하에게 후하게 평정 | |
| 투사 | 자신의 감정·태도를 타인에게 전가·대입 | |

(이기적 착오 ↔ 근본적 귀속의 착오: 반대)

1) 시간적 오차 : 일반적으로 시간적 오차라 하면 근접오류(막바지 효과)를 의미하지만, 넓은 의미의 시간적 오차에는 첫머리 효과를 포함하기도 함
  ① 근접효과(막바지 효과) : 최근 사건을 중시
  ② 최초효과(첫머리 효과) : 첫 인상을 중시
2) 자기보호적 착오(자기고양적 편향)로 귀인이론(Kelly)에서 비롯된 귀인오류

- **4 우리나라의 공무원 근무성적평정**

  (1) **종류**
    - 성과계약등 평가 : 연 1회(12월), 4급 이상 및 고위공무원단이 대상
    - 근무성적평가 : 연 2회(6월, 12월), 5급 이하가 대상, 평가항목·평가단위는 부처 자율 결정

  (2) **다면평정** : 현재 실시하고는 있으나 본인의 능력발전·교육훈련 등 참고자료로만 활용, 승진·근평결과에 반영하고 있지 않음(2010부터 사실상 폐지) → 합의가 아닌 온라인 익명평가

  (3) **결과의 공개** : 평정자는 평정이 완료되면 대상 공무원에게 평정결과를 알려주어야 함

  (4) **소청대상여부** : 근평결과는 소청심사 대상 아님
     └ but, 이의신청은 가능

# THEME 03 역량중심의 인사

기출이력 | 2021 국회8급 등 총17회  **B**

2026 선행정학 기본서 p.526

- **1 의의**
  
  → 평균성과자 X, 저성과자 X    → 임파워먼트모델(자기결정성, 자기책임성 등 중시)
  
  우수성과자의 자질을 기준으로 부족한 부분을 보충하여 역량을 강화하고 성과를 제고시키고자 하는 인사관리

- **2 역량기반 교육훈련**    圖 학·액·토·아웃
  
  → 우수성과자 역량을 기준으로 부족한 부분을 채워주는 교육
  
  (1) **멘토링** : 멘토가 멘티를 1:1로 교육 → 구성원들간 학습 촉진, 업무역량 조기 배양
  
  (2) **학습조직** : 새로운 지식을 창출·활용·공유 → 구체적인 설계기준 제시 곤란 (단일형태의 조직 X)
  
  (3) **액션러닝** : 현장방문, 사례조사를 통해 행동하면서 배우는 성과중심의 성찰학습 → 현안문제 해결에 도움 (2005년 우리나라 고위공직자 훈련에 도입)    현안문제해결과정과 경험을 되돌아 보게 함
  
  (4) **워크아웃** : 수직적·수평적 장벽을 제거하고 토론 후 결정도출 → 관리자의 신속한 의사결정에 기여
  
  → 관료적 절차·단계

- **3 우리나라의 역량평가**
  
  → 외부변수의 통제    圖 역·다다다
  
  (1) **기법** : 역량평가센터기법 (구조화된 모의상황, 다양한 실행과제, 다양한 평가방법, 다수 평가자)
  
  (2) **평가체제** : 3개 역량모델, 4개 실행과제, 9명의 평가자 (규정상으로는 4명 이상)    → 4인 이상 합의(규정상)
  
     → 1:1 역할수행, 1:2 역할수행, 서류함기법, 집단토론
  
  (3) **역량모델(3개)**
  
  ① **공통역량** : 모든 공무원에게 요구되는 역량
  
  ② **직무역량** : 직무담당자에게 요구되는 전문역량
  
  ③ **관리역량** : 고위관리자에게 요구되는 역량
  
  → 고위공무원단 역량(6개): 문제인식, 전략적 사고, 성과지향, 변화관리, 고객만족, 조정·통합    圖 문전변고조성

- **4 역량평가와 근무성적평정의 차이**

| | 역량평가 | 근무성적평정 |
|---|---|---|
| 목적 | 미래 잠재력을 사전에 검증, 보상 X | 과거 실적을 사후에 평가, 보상 O |
| 주체 | 역량평가단(다수) = 역량평가센터 | 상급자(소수) |
| 성격 | 비교적 객관적, 변수 통제 | 주관적 |
| 상황 | 구조화된 모의상황 | 실제 직무상황 |

→ 통제된

# THEME 04 승진과 배치전환 등

기출이력 | 2020 국가9급 등 총4회  C
2026 선행정학 기본서  p.521

## 1 승진

### (1) 의의

① **개념** : 하위 직급(계급)에서 상위 직급(계급)으로의 상향적(수직적) 인사이동

● **승진·승급·승격의 차이**
- 승진 : 직급 · 계급 상승
- 승급 : 호봉 상승
- 승격 : 상위 직무등급으로 이동

② **우리나라의 승진 기준**
- 4급 이상 : 능력과 성과에 의한 승진(경력평정 없음)
- 5급 이하 : 근평점수(70점 만점)의 95% 이상과 경력점수(30점 만점)의 5% 이하가 반영된 명부순위에 의한 승진
  - 결원의 2~7배수 내에서 심사

  | [근평] | [경력] |
  | 만점 70점 | 30점 |
  | 반영 95% 이상 | 5% 이하 |

### (2) 경력기준(연공주의) 승진제도의 장단점

| 장점 | 단점 |
| --- | --- |
| ① 장기근속 유도로 공직에의 공헌도 제고 | ① 경쟁의 결여로 능력 발전 저해 |
| ② 계층적 서열화로 공직의 안정감 및 협력 제고 | ② 연공급에 따른 사기 및 성과 저하 |
| ③ 정실 배제와 인사의 객관성 유지 | ③ 행정의 침체와 관료주의화 우려 |

### (3) 승진적체 해소 제도

① 대우공무원제 : 상위직으로 대우
② 필수실무관제 : 6급으로 계속 근무 희망자
③ 직급별 통합정원제 : 6급 이하 정원 통합 인정
④ 근속승진제 : 자동승진제(6급 이하)

## 2 배치전환

**(1) 배치전환(수평적 인사이동)의 종류**

| 전입 | ① 인사관할을 달리하는 국회, 법원, 헌법재판소, 선거관리위원회 및 행정부 상호 간 수평적 인사이동<br>② 전입시험을 거치는 것이 원칙(예외적으로 면제 가능) |
|---|---|
| 전직 | ① 직렬·직급을 달리하는 임명<br>② 전직시험을 거치는 것이 원칙(예외적으로 면제 가능) |
| 전보 | ① 같은 직렬·직급 내에서의 보직 변경 또는 고위공무원단 직위 간의 보직 변경<br>② 필수보직기간(전보제한기간) : 원칙적으로 3년(예외 : 1~2년) [1] |
| 파견 | ① 국가적 사업을 지원하거나 개인의 능력발전을 위하여 소속을 바꾸지 않고 타 기관에 일정기간 근무 후 복귀하는 제도<br>② 행정안전부장관과 협의 필요<br>③ 원칙적으로 2년 이내 |
| 겸임 | ① 한 사람에게 둘 이상의 직위를 부여하는 것 [2]<br>② 직무가 유사하고 지장이 없을 시 주로 일반직을 특정직 직위 등에 겸임하게 함<br>③ 원칙적으로 2년 이내 |

1) 국(局) 내 유사직위로의 전보 등은 1년, 실(室) 내 유사직위로의 전보 등은 2년
2) 원칙적으로 금지되는 겸직(개인적 필요에 의해 공직외부직위를 겸하는 것)과는 다름

**(2) 배치전환의 장단점**

① 장점 ─ 공무원의 안목확대와 종합적인 능력발전
　　　　└ 부처 간 조정과 협조 증진에 기여(할거주의 방지)

② 단점 ─ 행정의 전문화 저해
　　　　└ 특혜인사(부정부패) 등 악용의 소지

## 3 경력개발제도(CDP)

**(1) 개념** : 조직의 수요(경력경로)와 개인의 욕구(경력목표)를 전문성이라는 공통분모로 결합·관리

**(2) 도입배경**
① 무분별한 순환전보의 폐해 시정
② 전문성의 요구

**(3) 원칙**
① 인재양성의 원칙(외부충원이 아닌 내부양성)
② 직무와 역량중심의 원칙(직급이 아닌 직무중심) 등

# CHAPTER 04
# 인사행정론

# THEME 01 공무원의 사기

(1) **개념** : 조직목표 달성을 위한 개인의 자발적인 근무의욕(만족감) 또는 단결력(응집성)

(2) **성격**
① 주관적 · 상대적 · 가변적임
② 사기와 생산성 간에는 직접적인 비례관계가 없음

(3) **측면**
① 개인적 측면 : 근무의욕, 만족감 – 사기실재론
② 집단적 측면 : 응집성, 단결력 – 사기명목론

(4) **결정요인**
① 경제적 요인 : 보수, 근무환경
② 사회적 요인 : 대인관계
③ 심리적 요인 : 인정감, 성취감, 참여감

(5) **측정방법**
① 사회측정법 : 호(好) · 오(惡)의 견인관계를 측정
② 이직률 조사 : 이직률이 높으면 사기가 낮다고 볼 수 있음 → but, 이직률이 낮을 경우에도 사기가 낮을 수 있음
③ 기타 : 투사법, 태도조사, 행동경향법 등

(6) **앙양방안**
① 고충처리제도 : 공무원이 근무조건 · 인사관리 · 신상문제나 직장생활과 관련하여 표시하는 불만인 고충(grievance)을 심사하고 그 해결책을 강구하는 것
② 제안제도 : 예산 절약과 능률 향상을 가져올 수 있는 사항에 대하여 제안하도록 하고 행정의 능률화와 합리화에 공헌한 정도에 따라 표창하고 상금을 지급하는 제도 ⇨ 직무관심 유발, 참여의식 조장, 사기 제고, 행정개선 등에 기여

● **고충심사와 소청심사·징계의 비교**

| | 고충심사 | 소청심사 | 징계 |
|---|---|---|---|
| 담당 기구 | · 6급 이하 : 보통고충위(각 부처)<br>· 5급 이상 : 중앙고충위(소청심사위가 대행) | 소청심사위(인사혁신처) | · 6급 이하 : 보통징계위(각 부처)<br>· 5급 이상 : 중앙징계위(총리실) |
| 구속력 | X | O | O |
| 의결 요건 | 보통 : 5인 이상 출석, 출석 과반 합의<br>중앙 : 2/3 이상 출석, 출석 과반 합의 | 2/3 이상 출석, 출석 과반 합의 [1]<br>(단, 중징계는 2/3, 2/3) | 5인 이상 출석, 출석 과반 합의 [1] |

1) 소청 및 징계 결정 시 합의가 안될 경우 과반이 될 때까지 불리한 의견에 유리한 의견을 더하여 그중 가장 유리한 의견을 합의된 의견으로 봄

# THEME 02 공무원의 보수

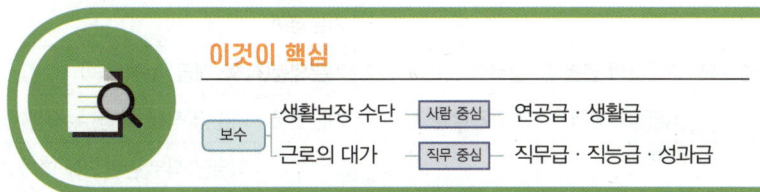

## 1 보수제도의 종류 – 개별보수체계

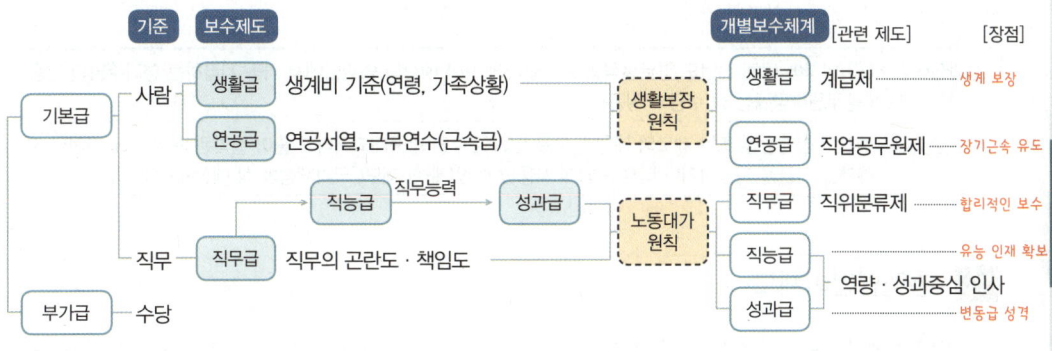

## 2 보수의 결정

### (1) 결정요인

| 경제적 요인 | 상한선 결정요인(민간임금, 국민담세능력, 정부지불능력, 물가수준, 재정경제정책 등) |
|---|---|
| 사회윤리적 요인 | 하한선 결정요인(모범적 고용주로서 생계비 지급 의무) |
| 부가적 요인 | 연금, 휴가 등 후생복지 |
| 정책적 요인 | 성과 제고를 위한 정책적 수단(성과급 등) |

### (2) 기본 원칙

| 대외적 비교성의 원칙 | 민간의 보수와 균형 | 1차적 원칙 |
|---|---|---|
| 대내적 상대성의 원칙 | 격차요인이 명확하고 공평해야 함 | 2차적 원칙 |

## 3 우리나라 공무원 보수체계

| 보수제도 | | 적용대상 | 보수구조 | | | |
|---|---|---|---|---|---|---|
| | | | 기본급여 | | | 성과연봉 |
| 연봉제 | 고정급적 연봉제 | 정무직 | 기본연봉(직책, 계급, 누적성과) | | | X |
| | 직무성과급적 연봉제 | 고위공무원단 | 기본연봉 | 기준급(직책, 계급, 누적성과) | | O |
| | | | | 직무급(직무 곤란도에 따라 2등급) | 가등급 / 나등급 | |
| | 성과급적 연봉제 | 5급 이상 ~ 과장급 | 기본연봉 | | | O |
| 호봉제 | | 6급 이하 | 기본급(직급과 근무연한) | | | 성과상여금(수당) |

→ 근무성과에 따라 차등 지급하는 성과 수당

- ● 성과상여금과 예산성과금의 비교

→ 임기제 제외

| 성과상여금 | 6급 이하에 대해 전년도 업무실적의 평가결과에 따라 예산의 범위안에서 차등 지급하는 성과수당의 일종 (『공무원수당규정』상 수당의 일종) |
|---|---|
| 예산성과금 | 예산의 집행방법 또는 제도의 개선 등으로 인하여 수입이 증대되거나 지출이 절약된 때에 이에 기여한 자에게 성과금을 지급하거나 다른 사업에 사용할 수 있게 한 제도(『국가재정법』상 예산제도의 일종) |

→ 민간인 포함

→ 예산성과금심사위의 심사 거침

## 4 총액인건비제도

① 의의 : 예산·보수·조직·정원관리에 있어 중앙통제를 줄이고 각 부처 및 자치단체의 자율성을 제고시키려는 제도
② 도입 : 성과중심의 관리를 중시하는 NPM의 산물(우리나라는 2007 도입)

📖 예보조정

| 중앙정부 | 예산 | 총액인건비 내에서 항목 간 전용 자율화 |
|---|---|---|
| | 보수 | ① 기본항목(봉급 등) : 인사혁신처가 통제<br>② 자율항목(성과상여금 등) : 부처 자율화 |
| | 조직 | ① 국단위 이상 기구 : 대통령령(직제)에 규정하여 통제<br>② 과단위기구 : 각 부처가 정원범위 안에서 총리령·부령으로 자율적으로 설치 |
| | 정원 | ① 총정원 : 대통령령으로 총정원만 통제(부령으로 10% 이내 증원 가능)<br>② 직급별 정원 : 3급 이상만 대통령령(직제)으로 통제 |
| 지방정부 | 조직·정원 | ① 행정안전부가 정한 기준인건비 범위 내에서 지방정부가 총정원을 조례로 정함<br>② 표준정원제(1997) ⇨ 총액인건비제(2007) ⇨ 기준인건비제(2014.3.~) |

→ 총정원승인제(for 무분별한 증원 억제)

# THEME 03 공무원 연금

기출이력 | 2022 지방9급 등 총21회   B
2026 선행정학 기본서 p.539

## 이것이 핵심

- 기금제 / 비기금제
- 기여제 / 비기여제
- 우리나라
  - 지급시기 : 65세 부터 지급이 원칙
  - 기여율 : 기준액의 9%
  - 지급률 : 기준액의 1.7%

## 1 본질

① **공로보상설** : 재임 중의 공로를 보상한다는 입장(은혜설)으로 독일·영국 등 유럽에서 채택(주로 비기여제)

② **거치보수설** : 유보된 보수를 나중에 지급하는 보수후불설(보수유보설)로서 한·미·일 등 대부분의 국가(주로 기여제) ⇨ 연금수급권은 공무원의 당연한 권리

## 2 공무원연금법 적용대상

| 적용 O | 상시 공무에 종사하는 자로서 「국가공무원법」, 「지방공무원법」 및 기타 법률에 의한 공무원(장·차관, 위원회의 상임위원 등도 포함) |
|---|---|
| 적용 X | ① 군인(「군인연금법」 적용)<br>② 선거직(대통령, 국회의원, 지방의원 등 선거직은 상시근무자가 아니므로 제외) |

※ 별도의 법률

## 3 기금제와 비기금제 – 우리나라 : 기금제 & 기여제 (두음 우기기)

① **기금제** : 예산이 아닌 별도의 기금을 조성하여 운용 ⇨ 적립식(연금재정의 안정화, 인플레에 취약)
   - 경기변동에 우환 / 연금급여의 실질가치 유지 곤란

② **비기금제** : 별도의 기금을 조성하지 않고 국가의 예산 등에서 지급 ⇨ 부과식(시행초기 적은 부담)
   - 후세대 부담과중

## 4 2016 공무원 연금개혁 주요 내용 (2016.1.1)

|  | 종전 | 개편 후 |
|---|---|---|
| 기여율 | 기준소득월액의 7% | 9% [1] |
| 지급률 | 기준소득월액의 1.9% | 1.7% [2] |
| 지급개시 연령 | 만60세 | 만65세 [3] |
| 유족연금 지급률 | 퇴직연금의 70% | 60% [4] |
| 기여금 납부기간 | 33년 | 36년 [5] |
| 연금수령조건 | 가입기간 20년 | 10년 [6] |
| 퇴직수당 [7] | 민간의 39% |  |

1) 기여율을 5년 간 단계적으로 인상
2) 지급률을 20년 간 단계적으로 인하
   * 연금수령액 = 평균보수월액(총 재직기간) × 재직기간 × 지급률
3) 2010년 이전 임용자는 60세부터, 이후 임용자는 65세부터 받도록 한 것을 2021년부터 3년마다 한 살씩 연장하여 2033년부터는 모든 공무원이 65세부터 받음
4) 퇴직연금수급자 사망 시 유족에게 연금의 70%를 지급하던 것을 60%로 축소·통일
5) 기여금 납부상한기간 3년 연장
6) 재직기간(기여금 납부기간) 10년 이상이면 연금 수령 가능
7) 1년 이상 근무 후 퇴직 시 전액 정부재원으로 지급

● 우리나라 공무원연금제도의 변천

| 연대 | 기여율 | 지급율 | 지급개시연령 | 지급기준소득 | 기타 |
|---|---|---|---|---|---|
| 1960 | 2.3% | 30~50% | 60세 | 퇴직당시 최종보수월액 | 공무원연금법 제정 |
| 1962 | | | 폐지 [1] | | |
| 1989 | 5.5% | 최대 76% [2] | | | |
| 1993 | 7.5% | | 60세 [3] | | |
| 1997 | 8.5% | | | 퇴직전 3년간 평균보수월액 | |
| 2010 | 7% | 1.9% | 60세, 65세 [4] | 총재직기간 평균기준 소득월액 [5] | |
| 2016 | 9% | 1.7% | 65세 [6] | | 소득재분배제 도입 [7] |

1) 연령에 관계없이 20년이상 재직하면 퇴직시 바로 지급
2) 재직기간 33년 기준
3) 연금지급 개시연령제 재도입(60세)
4) 2010년이전 임용자는 60세, 2010년이후 신규임용자는 65세
5) 지급기준소득 변경(보수월액 → 기준소득월액) 및 기여율·지급율 조정
6) 임용시기에 관계없이 65세로 단계적 통일
7) 본인 총재직기간 평균기준소득월액을 전체공무원 최근3년평균 기준소득월액 대비하여 재분배 : 전체평균 기준소득월액의 160% 초과 금지
    └→ 최근 3년

# THEME 04 신분보장

기출이력 | 2022 국가9급 등 총27회    B
2026 선행정학 기본서  p.542

**이것이 핵심**

신분보장 (1급 X) ─(예외)─ 정년제도 / 징계제도 ─ 견책 / 감봉 / 정직 / 강등 / 해임 / 파면   ≠   [징계 X] 강임 / 직위해제 / 직권면직

## 1 신분보장의 개념

① 공무원이 잘못이 없는 한 자기 의사에 반하여 신분상 불이익을 받지 않는 것
② 우리나라의 경우 1급과 고위공무원 가등급은 신분보장 안 됨

### ● 필요성과 한계

| 필요성 | 한계 |
|---|---|
| ① 공무원의 사기 앙양 | ① 공직의 침체화 또는 특권집단화 |
| ② 공직의 안정성 확립에 기여 | ② 공직에 대한 민주적 통제의 곤란 |
| ③ 실적주의 및 직업공무원제 확립에 기여 | ③ 무능력자 도태 곤란 및 무사안일 |
| ④ 행정의 자율성·독립성 확립 | ④ 인적자원 활용의 융통성 저해 |

### ● 정년의 종류

─ 연령정년제 : 60세(원칙)
─ 계급정년제 : 유동률↑, 직업적 안정성↓
─ 근속정년제

## 2 징계의 종류

🔑 견감정강해파

| | | [직무수행] | [신분보장] | |
|---|---|---|---|---|
| 견책 | 전과에 대하여 훈계하고 회개하게 하고 6개월간 승급 정지 | O | O | ┐ 경징계 |
| 감봉 | 1~3월간 보수의 1/3을 감하는 처분으로 1년간 승급 정지 | O | O | ┘ |
| 정직 | 1~3월간 공무원의 신분은 보유, 직무수행 정지, 보수의 전액을 삭감, 1년 6월간 승급 정지 | X | O | ┐ |
| 강등 | 1계급 하향조정(고위공무원단은 3급으로), 신분은 보유, 3개월간 직무수행 정지, 보수의 전액 삭감, 1년 6월 승급 정지 | X | O | │ 중징계 |
| 해임 | 강제퇴직, 3년간 공무원 재임용 불가, 원칙상 퇴직급여 영향 X | X | X | │ |
| 파면 | 강제퇴직, 5년간 공무원 재임용 제한, 퇴직급여의 1/4~1/2 지급 제한 | X | X | ┘ |

🔑 해삼-파오

SUBJECT 05 공무원의 복지와 사기    273

● 징계절차
    ↳ 5급 이상은 중앙징계위(총리실), 6급 이하는 보통징계위(각 부처)
① 징계위원회 결정에 따라 징계권자가 실시
② 징계소멸시효: 3년(단, 공금횡령이나 금품수수 등은 5년)
③ 징계부가금제도 : 공금횡령·금품수수의 경우 징계부가금 부과(5배 이내)

> **주의** [강임 ≠ 강등]
> 강임은 직제·정원의 개폐로 폐직 또는 본인이 동의한 경우에 하위직급으로 임명하는 결원 보충의 한 방법으로 **징계가 아님**
> ↳ 같은 직렬의 하위직급이 없는 경우 다른 직렬의 하위직급

## 3 직위해제와 직권면직

| 구분 | 직위해제 | 직권면직 |
|---|---|---|
| 개념 | 다음 사유에 해당하는 공무원에 대하여 일정기간 직위를 부여하지 않을 수 있는 처분(**신분 유지**) → 사유 소멸시 지체없이 직위를 부여해야함. | 다음 사유에 해당하는 자를 직권으로 면직(**신분 박탈**)하는 인사처분<br>* 징계위 의견(②~⑥)을 듣거나 동의(①) 필요 |
| 사유 | ① 직무수행능력이 부족하거나 실적이 불량한 자<br>  ⇨ 대기명령(3개월 이내)<br>② 징계의결 중인 자(중징계에 한함)<br>③ 형사사건으로 기소된 자<br>④ 고위공무원단에 속하는 자 중 적격심사 요구를 받은 자<br>⑤ 성범죄 등 비위로 조사·수사 중인 자 | ① 직무능력 부족 및 성적불량으로 직위해제된 자가 직위해제기간 중 그 향상이 기대될 수 없을 때<br>② 전직시험에서 3회 이상 불합격한 자로서 직무능력이 부족한 자<br>③ 직제·정원의 개폐 및 예산감소로 폐직 또는 과원시<br>④ 휴직기간이 만료되었음에도 복귀하지 않거나 직무를 감당할 능력이 없는 자 등<br>⑤ 입영 등의 명령을 기피하거나 군복무 이탈 시<br>⑥ 해당자격증의 효력 상실 또는 면허가 취소된 때<br>⑦ 고위공무원이 부적격 결정을 받은 때 |

## 4 소청심사제도

(1) **의의** : 징계 등 신분상 불이익 처분에 대해 소청심사위에 재심을 청구하는 것

(2) **특징과 쟁점**
① 소청심사업무는 인사혁신처 소속 소청심사위에서 담당(헌법상 독립기관은 별도, 지방은 시·도별로 설치)
   ↳ 위원장 1인을 포함한 5~7인의 상임위원과 상임위원 수의 1/2 이상의 비상임위원으로 구성
   ↳ 5~7인의 비상임위원으로 구성
② 소청심사위의 결정은 처분청의 행위를 **기속**
   ↳ 소청인 기속 X
③ 행정소송을 위한 의무적 전심절차
④ 신분상 불이익 처분이나 부작위가 대상이지만 **근평결과·승진탈락은 대상 아님**
⑤ 소청결정에 대한 중앙인사기관장의 재심요구권 폐지
⑥ 위법한 인사처분에 대해서만 소청이 인정되며 부당한 경우는 고충청구 대상임(논란 있음)
   ↳ 부당시에도 소청 가능하다는 설 있음
⑦ 원징계보다 무거운 결정 불가 : 불이익 변경 금지
   ↳ 임시결정시는 최종 결정시까지
⑧ 해임·파면·직권면직에 대한 소청제기의 경우 40일간 후임자 보충발령 불가
⑨ 결정요건 : 2/3 이상 출석과 출석 과반 합의(단, 중징계소청은 2/3 이상 출석, 2/3 이상 합의)
⑩ 특수경력직은 소청대상 아님, 특정직은 다른 법률에 따라 소청 가능(but, **검사는 불가**)

● 직종별 소청심사 관할

| 구분 | | | | 관할 |
|---|---|---|---|---|
| 헌법상 독립 기관 | 입법부 | | | 국회사무처 소청심사위 |
| | 사법부 | | | 법원행정처 소청심사위 |
| | 헌법재판소 | | | 헌법재판소 사무처 소청심사위 |
| | 중앙선거관리위 | | | 중앙선거관리위 사무처 소청심사위 |
| 행정부 | 국가직 | 경력직 | 일반직 | 인사혁신처 소청심사위 |
| | | | 외무, 경찰, 소방 | 인사혁신처 소청심사위 |
| | | 특정직 | 검사 | 소청제도 없음 |
| | | | 교원 | 교육부 교원 소청심사위 |
| | | | 군인 | 군인사 소청심사위, 항고심사위 |
| | | | 군무원 | 군무원인사 소청심사위, 항고심사위 |
| | | | 국가정보원, 경호 | 인사혁신처 소청심사위 |
| | | 특수경력직 | | 소청대상 아님 |
| | 지방직 | 경력직 | 일반 | 시·도 소청심사위 |
| | | | 교육 | 시·도 교육소청심사위 |
| | | 특수경력직 | | 소청대상 아님 |

# THEME 05 공무원 단체 - 공무원노조

기출이력 | 2020 국회8급 등 총9회  B
2026 선행정학 기본서  p.549

## 1 공무원노조에 대한 찬반 논쟁

| 부정론 · 제한론(전통적 입장) | 긍정론 · 찬성론(현대적 · 오늘날 · 일반적 입장) |
|---|---|
| ① 공익 및 봉사자 이념에 배치 : 이기주의적 발상 | ① 집단이익을 표시할 수 있는 의사전달수단 : 구성원의 의견을 관리층에 전달하는 소통의 경로 |
| ② 행정의 지속성 및 안정성 저해 : 쟁의행위로 인한 행정중단 | ② 기본적 권익보장 및 귀속감 · 일체감으로 사기 앙양 |
| ③ 관리층의 인사권 제약 및 정치적 중립 저해 : 인사의 탄력성 저해 | ③ 실적주의의 강화 : 공무원단체와 실적제는 상승(시너지) 효과 |
| ④ 실적주의 및 능률성 저해 : 노조는 연공서열만을 중시 | ④ 부패방지 및 행정윤리 구현 : 자율적 내부통제 기제 |
| ⑤ 보수인상 등으로 국민부담 가중 | ⑤ 행정관리 및 제도 개선 |

## 2 활동내용

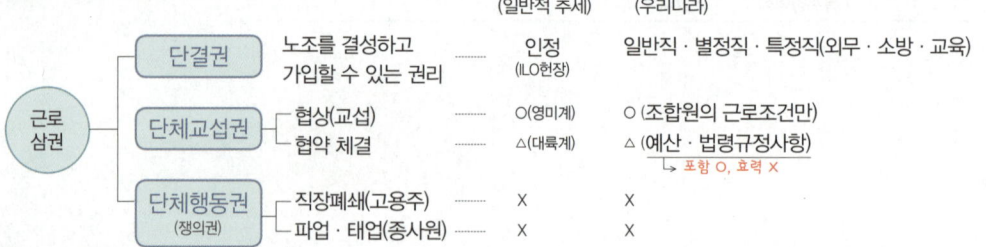

## 3 주요 내용

(1) **설립단위** : 국회 · 법원 · 헌법재판소 · 선거관리위원회 · 행정부 · 특별시 · 광역시 · 특별자치시 · 도 · 특별자치도 · 시 · 군 · 구 및 시 · 도 교육청 등이 최소단위

•• (2) **가입범위**
① 가입대상 : 일반직, 별정직, 특정직(외무 · 소방 · 교육 등) ─ 교원 제외(별도 노조)
② 제외대상
ⓐ 지휘 · 감독권을 행사하거나 업무를 총괄하는 공무원
ⓑ 인사 · 보수에 관한 업무를 수행하는 공무원
ⓒ 교정 · 수사, 이와 유사한 업무에 종사하는 공무원(군 · 경 등) 등

● 「공무원노동조합의 설립 및 운영 등에 관한 법률」 개정(2021.7.6. 시행)

**공무원 노동조합의 가입범위 확대**
① 직급 제한(6급 이하) 폐지
② 소방과 교육공무원(교원 제외)을 가입대상에 포함
③ 퇴직공무원(노조규약으로 정하는 자)의 노조가입 허용

| 내용 | 종전 | 개정 |
|---|---|---|
| 가입대상 | ① 6급 이하의 일반직공무원<br>② 특정직공무원 중 6급 이하 상당의 외무공무원(외무행정·외교정보관리직)<br>③ 6급 이하에 상당하는 별정직공무원 | ① 일반직공무원(전직급)<br>② 특정직공무원 중 외무공무원(영사직렬·외교정보기술직렬), 소방공무원 및 교육공무원(교원 제외)<br>③ 별정직공무원(전직급)<br>④ 위 ① ~ ③에 해당하는 퇴직자 중 노조규약으로 정하는 자 |
| 제외대상 | ① 지휘·감독·총괄 공무원<br>② 인사·보수, 노동관계 조정·감독 공무원<br>③ 교정·수사 등 공공안녕·국가안보 담당 공무원 | |

(3) **노조전임자 등** : 조합장 및 지부장 등은 임용권자의 동의를 받아 노동조합으로 부터 급여를 받으면서 노동조합의 업무에만 종사할 수 있음 → 무급휴직. 단, 정부로부터 급여를 받으면서 근무시간면제 한도 내에서 노조업무를 수행할 수 있는 근무시간면제제도 도입(2023.12.11. 「공무원노조법」 시행)

> **주의 [노조전임자 등의 지위]**
> ┌ 노조전임자 : 노조업무에만 종사(노조로부터 급여 지급), 무급휴직 O
> └ 근무시간면제자 : 근무시간 면제한도 내에서 노조업무 수행(정부로부터 급여 지급), 무급휴직 X (2023.12.11. 시행)

(4) **단체교섭**

| 교섭주체 | 노조 대표자는 보수·복지 등 조합원의 근무조건에 대해 정부측 교섭대표와 교섭하고 단체협약을 체결할 권한을 가짐 |
|---|---|
| 교섭제외대상 | 정책결정에 관한 사항, 임용권의 행사 등 기관의 관리·운영에 관한 사항으로서 조합원의 근무조건과 직접 관련 없는 사항 |
| 조정신청 | 단체교섭이 결렬된 때에는 당사자 일방 또는 쌍방은 중앙노동위원회에 조정을 신청 가능 → 조정은 30일 이내에 종료하여야 함 (보수·복지 등) |
| 공무원노동관계 조정위원회 | 단체교섭이 결렬된 경우 이를 조정·중재하기 위하여 중앙노동위원회에 7인 이내의 공익위원으로 구성되는 공무원노동관계 조정위원회 설치 |
| 단체협약의 효력 | 법령·조례 또는 예산에 관한 내용은 단체협약으로서의 효력을 인정하지 아니하되 정부측 교섭대표는 협약의 이행을 위해 성실히 노력하여야 함 |

(5) **단체행동** : 파업 등 쟁의행위 및 정치활동 금지

● **노조관련 업무 소관부처**

| 공무원노조 설립 신고 수리 | 고용노동부장관 |
|---|---|
| 행정부의 정부측 교섭대표 | 인사혁신처장 |
| 노조전임자의 노조전임 동의 및 휴직명령 | 임용권자[1] |

1) 사실상 노무에 종사하는 공무원노조(우정노조)의 노조전임은 소속장관의 허가 필요

● **공무원직장협의회**

| 법적근거 | 「공무원직장협의회의 설립·운영에 관한 법률」(1998) |
|---|---|
| 구성 | ① 국가기관, 지방자치단체 및 그 하부 기관별로 하나씩의 협의회 설립가능 (기관장이 4급 이상인 기관)<br>② 전국단위 결성 및 복수설립 금지, 걸친 설립도 금지<br>③ 협의회간 연합협의회 설립은 가능(2022.10.27. 시행) |
| 가입범위[1] | ① 일반직공무원 및 별정직 공무원<br>② 특정직 공무원 중 외무공무원, 경찰공무원, 소방공무원<br>  * 단, 지휘·감독직, 인사·예산·경리·물품·출납·비서·기밀(국정원 등)·보안·경비업무종사자, 군인, 교정직 공무원은 제외[2] |
| 구성 | ① 당해기관 고유의 근무환경 개선<br>② 소속 공무원의 일반적 고충<br>③ 협의회는 노조가 아니므로 보수 등 일반적인 근로조건에 대해서는 협의 불가 |

1) 직급제한(6급 이하 등) 및 경력제한 모두 폐지(2022.10.27. 시행)
2) 「국가공무원법」제66조 1항 단서에 따른 현업직 공무원도 가입 가능(2022.10.27. 시행)

● **공무원노조와 공무원직장협의회의 비교**

[가입기준]

| 직종 | | 공무원 노조[1] | 공무원직장협의회[2] |
|---|---|---|---|
| 일반직 | | ○ (전직급) | ○ (전직급) |
| 별정직 | | ○ (전직급 상당) | ○ (전직급 상당) |
| 특정직 | 외무 | ○ (전직급) | ○ (전직급) |
| | 경찰 | X | ○ (전계급) |
| | 소방 | ○ (전계급) | ○ (전계급) |
| | 교육 | ○ (교원 제외) | X |
| 퇴직자 | | ○ | X |

[설립기준]

| | 공무원 노조 | 직장협의회 |
|---|---|---|
| 복수 | ○ | X |
| 연합 | ○ | ○ |
| 걸친 | ○ | X |
| 전국 | ○ | X |

1) 공무원 노조 가입가능 직급제한 폐지(2021.7.6. 시행), 단 지휘·감독·총괄·인사·보수·교정·수사 등 종사자는 여전히 노조가입 불가
2) 공무원 직장협의회 가입가능 직급제한 및 경력 제한 폐지(2022.10.27. 시행). 단, 지휘·감독·총괄·인사·예산·경리·출납·비서·기밀·보안·경비 종사자는 여전히 직장협의회 가입 불가

# CHAPTER 04
# 인사행정론

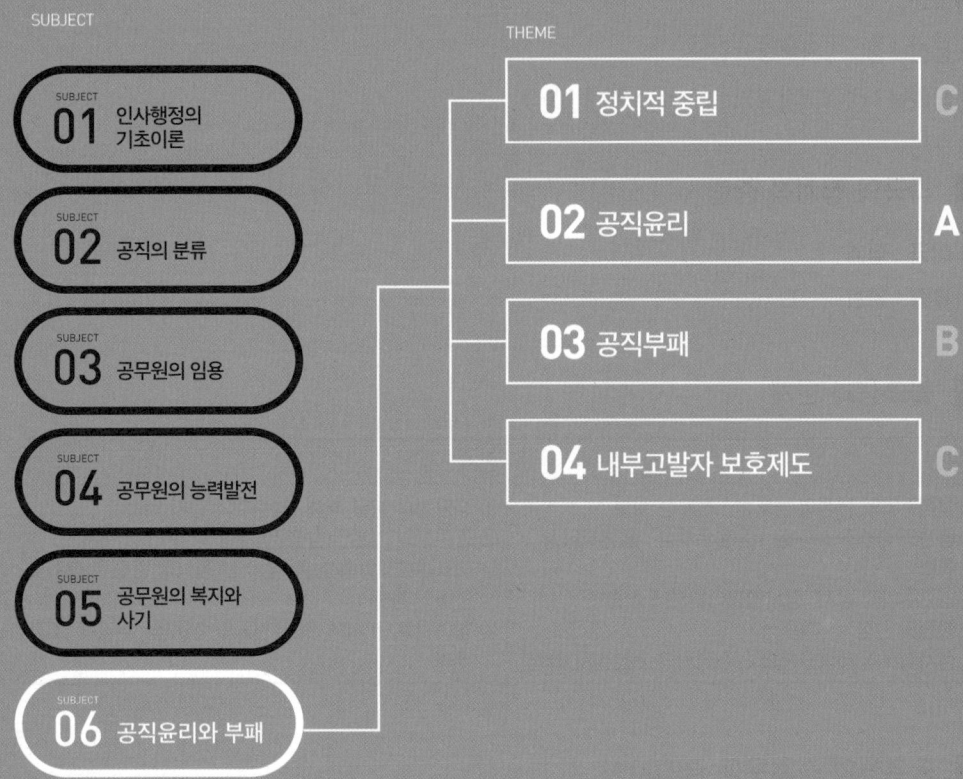

# THEME 01 정치적 중립

기출이력 | 2022 국가9급 등 총9회

## 1 의의

① 등장배경 : 정치행정이원론 ← for 정치 & 행정의 분리
② 오늘날 : 정치행정일원론(적극적 해석 필요)
   ↳ 정치로부터의 단절 X, 정치적 무감각 X, 일체의 정치적 고려 배제 X, 정치개입 금지 X

## 2 각국의 정치적 중립

① 미국 : 엄격 ─ Pendleton 법(최초)
   ∵ 엽관제의 폐단 ─ Hatch 법(강화)
② 유럽 : 완화

## 3 필요성과 한계

↳ 정치적 중립 완화 주장의 논거

| 필요성 | 한계 |
|---|---|
| ① 실적주의와 행정의 능률성·전문성 확보<br>② 행정의 중립적 도구성·공평무사성·불편부당성 확보<br>③ 엽관주의의 방지 : 정치행정이원론에서 출발<br>④ 행정의 안정성·계속성<br>⑤ 정치체제의 세력균형과 민주정치의 기본질서 확립 | ① 정당정치 발달 저해 : 엽관주의 인사 배제<br>② 공무원의 기본권(참정권) 제한<br>③ 대표관료제와의 상충 : 엄격한 정치적 중립은 정치적 안배와 충돌<br>④ 참여관료제 저해 : 공무원들의 정치적 무감각 조장 우려 |

↳ for 공명선거

## 4 공무원의 정치운동 금지사항

① 정당이나 정치단체의 결성에 관여하거나 가입하는 행위
② 선거 때 특정인 또는 특정 정당의 지지 또는 반대를 하기 위한 다음의 행위
   ─ 투표 권유
   ─ 서명 주재
   ─ 기부금품 모집
   ─ 정당 등 가입 권유
   ─ 문서 게재 등

# THEME 02 공직윤리

기출이력 | 2022 지방9급 등 총57회   A

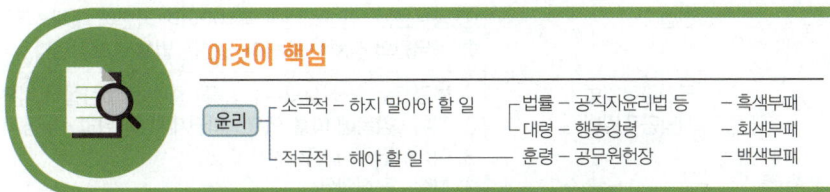

## 1 공직 윤리 체계

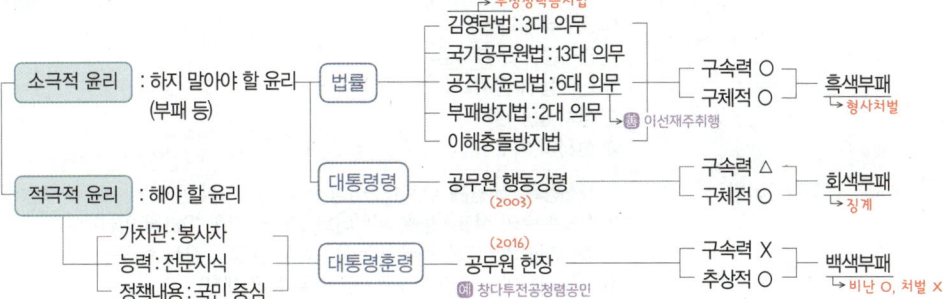

## 2 특징과 필요성

① 정치행정일원론의 대두: 정치와 행정의 상호작용이 활발해지면 윤리 확립 곤란
② 신공공관리론의 등장: 시장논리와 민간기법의 무분별한 유입으로 행정의 전통적 가치(형평성 등) 훼손
③ 결과론(사후처벌)과 절대론(문제해결)의 조화로운 적용
  ↳ 상대론        ↳ 의무론

## 3 법적 근거별 공무원의 의무와 윤리

▶ 창다투전공청렴공인

| | | → 2016.1. (공무원윤리헌장 → 공무원헌장) |
|---|---|---|
| 자율규제윤리 | 공무원헌장(대통령훈령) | 창의성, 다양성, 투명성, 전문성, 공익성, 청렴성, 공정성, 민주성 등 |
| 법령적·강제적 규제윤리 | 헌법 | ① 공무원은 국민에 대한 봉사자이며 국민에 대해 책임을 진다.<br>② 공무원의 정치적 중립과 신분은 법률로 보장된다. |
| | 국가공무원법<br>지방공무원법 | ① 법령준수 및 성실의무 : 법령을 준수하며 성실히 직무 수행<br>② 지휘·감독에 따를 의무 : 의견제시 및 위법·부당시 이행거부 가능 ─ 2025.11.25. 입법예고<br>③ 직장이탈금지의무 ─예) 상관 허가<br>④ 친절·공정의무<br>⑤ 종교중립의 의무<br>⑥ 비밀엄수의무 ─재직 중 + 퇴직 후<br>⑦ 청렴의무 ─직무관련 증여 X, 공무원간 모든 증여 X<br>⑧ 영예 등의 수령규제 ─예) 대통령 허가<br>⑨ 품위유지의무<br>⑩ 영리행위 및 겸직 금지<br>⑪ 집단행위 금지 → 예) 기관장 허가<br>⑫ 정치활동 금지<br>⑬ 선서의 의무 → 본인·직계존비속의 부동산·동산·증권·채권·채무·지식재산권 등, 보석·예술품 등 |
| | 공직자윤리법 | ① **재산등록 및 공개**의무(4급 이상 등록, 1급 이상 공개) ▶ 이선재주취행<br>② **선물수수의 신고·등록**의무(미화 100불, 한화 10만원 이상)<br>③ **취업제한**의무(재산등록의무자) : 퇴직 전 5년, 퇴직 후 3년<br>④ **행위제한**의무(퇴직 후 재직 중 업무 취급 제한) ─ 법: 1천 ~ 5천만<br>⑤ **이해충돌방지**의무(공익과 사익 충돌 회피) ─ 령: 3천만원<br>⑥ **주식백지신탁**의무(1급 이상, 재경부·금융위 4급 이상) : 3천만원 초과 |
| | 부패방지 및 국민권익위의 설치·운영에 관한 법률 | ① 공직내부비리 발견시 신고·보호 의무(내부고발자 보호제도)<br>② **비위공직자 취업제한** 의무(퇴직 전 5년, 퇴직 후 5년)<br>③ 국민감사청구제도 : 18세 이상 국민 300인 이상 연서로 감사원에 청구 |
| | 부정청탁 및 금품 등 수수의 금지에 관한 법률(김영란법) | ① 공직자 등(언론인, 교직원, 공공기관 포함)에 부정청탁 금지<br>② 공직자 등의 금품수수 금지 : **대가성 여부와 관계없이** 1회 100만원, 연간 300만원 초과 금품수수 시 형사 처벌<br>③ 위반행위 신고의무 |
| | 공직자 이해충돌방지법 | ① 직무관련자가 사적이해관련자임을 안 경우 신고·회피 신청의무<br>② 고위공무원은 임용전 3년간 민간 경력 제출의무<br>③ 공공기관은 소속기관 또는 감독기관 고위공직자의 가족 등 채용금지<br>④ 미공개 정보 이용 금지, 수의계약 제한 등 |

● 재산등록·공개 대상자(공직자윤리법)

| | [일반직] | [정무직] | [군인] | [경찰] | [소방] | [교육] |
|---|---|---|---|---|---|---|
| 등록대상 | 4급 이상 | ○ | 대령 이상 | 총경 이상 | 소방정 이상 | 교육장 이상 |
| 공개대상 | 1급 이상 | ○ | 중장 이상 | 치안감 이상 | 소방감 이상 | 교육감 이상 |

※ 등-4대총소(방정)장

→ but 세우, 감사, 병무 등은 7급 이상 등록, 부동산 유관부서는 5급 이하도 등록

- ● 부정청탁 및 금품수수 금지 의무(부정청탁 및 금품수수 금지에 관한 법률)

  (1) 부정청탁 금지
  ① 누구든지 공직자에게 직접 또는 제3자를 통하여 법령을 위반하여 아래 사항에 대한 부정청탁을 해서는 안됨
  ② 인허가 · 특허 · 면허 등, 채용 · 승진 등 인사, 입찰 · 경매 등, 계약 · 매각 등, 보조금 · 교부금 등, 평가 · 판정 등

  (2) 금품수수 금지

  | 금지 | 동일인으로부터 1회 100만원, 1년에 300만원 초과 | 직무관련여부 X (대가성여부 X) (배우자 : 직무관련 O) – 처벌 X | 형사처벌 (3년이하 징역, 3천만원이하 벌금) |
  |---|---|---|---|
  | | 위 금액 이하 | 직무관련 O (대가성여부 X) | 과태료 (2~5배) |
  | 허용 | ① 외부강의 사례금 : 공무원 40만원, 교직원 · 언론인 등 100만원 ② 소속공직자에 대한 위로 · 격려 목적의 금품 ③ 원활한 직무 또는 사교 · 의례 목적의 일정 가액 금품 ④ 사적 거래로 인한 채무 이행 ⑤ 친족이 제공하는 금품 ⑥ 불특정 다수인에게 배포하기 위한 기념품 등 | 음식물 | 3만원 → 5만원(2024.8. 시행) |
  | | | 경조사비 | 5만원(조화 · 화환은 10만원) |
  | | | 선물 | 5만원(현금 · 유가증권 X, 상품권 O) (농축수산품은 15만원) 2023.8.30. 시행 설 · 추석 명절기간은 2배(30만원) |

- ● 행위제한 및 취업제한 의무(공직자윤리법 및 부패방지권익위법)

  | | 대상자 | | 대상업무 · 기관 재정보조 · 인허가 · 검사 등 | 제한내용 | 법률 |
  |---|---|---|---|---|---|
  | 행위 제한 (업무취급 제한) | 모든 공직자 | | 재직 중 자신이 직접 취급한 일정업무 | 퇴직후 취급 X | 공직자 윤리법 |
  | | 취업 심사 대상자 | 기관업무기준 (2급이상) | 퇴직전 2년부터 근무한 기관이 취급한 취업심사대상기관에 대해 처리하는 일정업무 | 퇴직후 2년간 취급 X | |
  | 취업 제한 | | 부서 · 기관업무기준 (4급이상) | (퇴직전 5년간 소속했던 부서 · 기관업무와 밀접관련성 있는) 취업심사대상기관 | 퇴직후 3년간 취업 X | |
  | | 비위면직자 (부패로 해임 · 파면된 자 등) | | 공공기관 및 면직전 5년간 소속했던 부서 · 기관업무와 밀접 관련성 있는 영리 사기업체 | 퇴직후 5년간 취업 X | 부패방지 권익위법 |

  * 관할 공직자윤리위 승인시 업무 취급 및 취업 가능

- ● 이해충돌회피의무(공직자 이해충돌방지법)

  (1) 개념 : 공무원이 업무를 수행할 때 공익과 사익이 충돌되는 상황을 회피해야 하는 의무로 누구도 자신의 행동(사건)에 대해서는 심판관이 될 수 없다는 원칙에 근거한 제도

  (2) 이해충돌의 유형

  실외잠 - 과가미

  | 실질적 이해충돌 | 현재도 발생하고 있고 과거에도 발생한 이해충돌 |
  |---|---|
  | 외견상 이해충돌 | 공무원의 사익이 부적절하게 공적 의무의 수행에 영향을 미칠 가능성이 있는 상태로서, 부정적 영향이 현재화한 것은 아닌 상태의 이해충돌 |
  | 잠재적 이해충돌 | 공무원이 미래에 공적 책임에 관련되는 일에 연루되는 경우에 발생하는 이해충돌 |

  (3) 우리나라 이해충돌방지법의 주요 내용
  ① 공직자가 직무수행 시 이해충돌을 사전에 예방 · 관리하고, 부당한 사적 이익 추구를 금지함으로써 공직자의 공정한 직무수행과 공공기관에 대한 국민신뢰를 확보하려는 것임.

┌─ 직무 관련 일정 행위·조치를 요구하는 개인·단체          ┌─ 공직자 자신 또는 가족
├─ 이익·불이익을 직접 받는 개인·단체·다른 공직자          ├─ 공직자 자신·가족이 대표 등으로 재직하는 법인·단체
└─ 소속 기관과 계약 체결 또는 예정인 개인·단체            └─ 임용 2년 전 공직자 자신이 재직했던 법인·단체

② 공직자는 자신의 직무관련자가 사적이해관계자임을 안 경우 소속기관장에게 <u>신고</u>, 회피를 신청해야 함.
　　　　　　　　　　　　　　　　　　　　　　　　　　　　　　↳ 14일 이내
③ 부동산 취급 공직자는 업무와 관련된 부동산을 보유·매수 시 신고해야 함.
④ 고위공직자가 임용 전 3년 이내에 민간부문에서 활동한 경우 그 내역을 소속기관장에게 제출해야 함.
⑤ 공직자나 직계가족이 직무관련자와 금전 등을 빌리거나 빌려주는 행위는 소속기관장에게 신고해야 함.
⑥ 공공기관 등은 소속 고위공직자 등의 가족을 채용할 수 없음.
⑦ 공직자는 직무수행 중 알게 된 비밀 및 미공개정보를 이용하여 재산상의 이익을 취해서는 안됨.
⑧ 위반행위의 신고는 감사원·수사기관·국민권익위에는 물론, 위반행위가 발생한 기관과 감독기관에도 할 수 있음.
⑨ 업무총괄은 국민권익위원회가 담당
⑩ 적용대상은 사립학교를 제외한 모든 공공기관
⑪ 퇴직공직자와 사적 접촉 시 기관장에게 <u>신고</u>
　　　　　　　　　　　　　　　　↳ 5일 이내

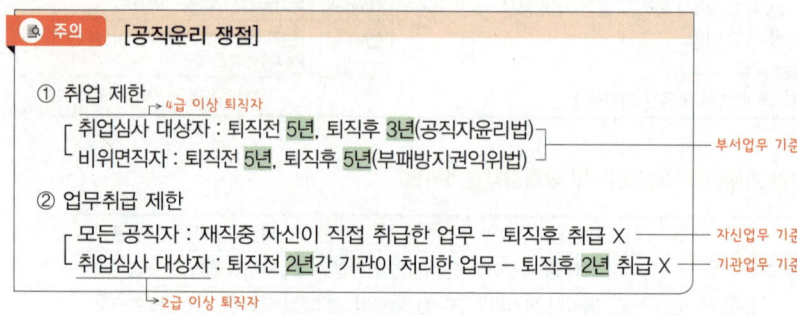

● **공무원 행동강령**

① 공무원의 구체적인 행동규범 규정
② 부패방지권익위법 제8조에 근거
③ 2003년 노무현 정부에 의하여 대통령령으로 제정
④ 헌법상 독립기관 및 지방의회의원은 적용 제외
⑤ 기관별 세부적인 행동강령은 별도로 제정
⑥ 위반시 징계대상
⑦ 소관부처는 국민권익위

# THEME 03 공직부패

기출이력 | 2020 지방7급 등 총50회
B
2026 선행정학 기본서 p.565

## 1 부패의 유형과 사례

- **거래형 부패**: 뇌물을 받고 특혜를 부여하는 부패(상대가 있는 외부부패)
- **사기형 부패**: 공금횡령, 회계부정 등(상대가 없는 일방적 내부부패) → 비거래형 부패
- **일탈형 부패**: 돈 받고 단속 눈감아 주기(개인적 부패) → 우발적 부패
- **제도화된 부패**: 인허가 시 급행료나 커미션이 당연시되는 부패(문화화·관행화된 체제적 부패, 집단부패)
- **권력형 부패**: 정치인이나 상층부 관료들이 자신의 정치권력을 이용하여 저지르는 막대한 부패 → 지탄의 대상
- **생계형 부패**: 하급관료(민원부서 공무원)들이 생계유지를 위해 저지르는 작은 부패(tiny corruption)
- **백색부패**: 선의의 부패로서 구성원 모두가 처벌을 원하지 않는 부패(예 '외환위기는 오지 않는다'는 식의 공적 이익을 위한 선의의 거짓말)
- **흑색부패**: 악의가 있고 사회적 지탄 대상이 되는 부패로서 구성원 모두가 처벌을 원하는 부패(법률에 규정하여 처벌 가능한 부패)
- **회색부패**: 사회에 해를 끼칠 잠재력을 가진 부패로서 일부는 처벌을 원하고 일부는 처벌을 원하지 않는 부패(윤리강령에 규정할 수는 있으나 법률에 규정하여 처벌하는 것에 대해서는 논란이 있는 부패)

## 2 부패의 원인과 대책에 대한 접근법

| 기능주의적 분석 | 부패란 국가발전이나 산업화의 부산물임. 맥락적 분석. 부패를 발전의 종속변수로서 필요악 또는 부산물, 문화적 유산으로 이해하는 입장(Nye). 과정보다 결과 중시. 부패는 어느 정도 순기능적이며 공무원의 창의력이나 유연성·적극성 제고에 기여 |
|---|---|
| 후기기능주의적 분석 | 기능주의에 대한 반발로 부패란 자기영속적인 것, 순기능 X |
| 구조적 분석 | 공직사유관 등 공무원들의 잘못된 의식구조 등 구조적인 요인이 부패이 원인 |
| 세노석·거시적 분석 | 법과 행정구조·제도의 결함과 미비가 원인 |
| 사회문화의 환경적 분석 | 특정한 지배적 관습이나 경험적 습성이 부패를 조장한다고 보는 입장 |
| 정치경제학적 분석 | 정경유착에 의한 부패(시장·교환적 접근) |
| 도덕적 접근법 | 부패는 개인의 윤리의식, 자질, 도덕심의 부족 탓 |
| 체제론적 접근법 | 부패는 문화적 특성, 제도상의 결함, 구조상의 모순, 관료의 도덕적 결함 등 다양한 요인에 의하여 복합적으로 나타난다고 보는 입장 |

| 거버넌스적 접근 | 부패란 정부주도적 통치구조에서 비롯된 것으로 일방적 외부통제로는 척결이 힘듦<br>정부와 시민 간의 상호보완적 감시에 의한 협력적 네트워크에 의하여 해결 가능 |

### 3 우리나라의 부패방지기구 - 국민권익위원회

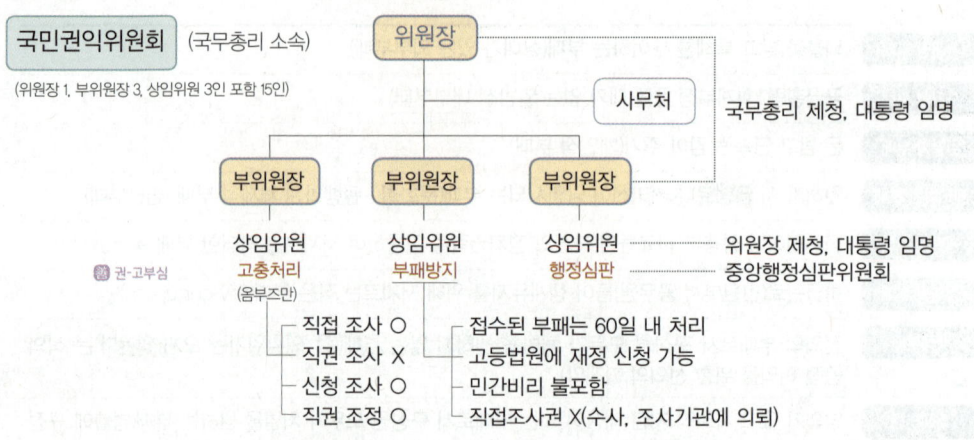

> **주의** [부패의 원인에 대한 접근법]
> ① 구조적 분석 : 잘못된 의식구조 때문
> ② 제도적 분석 : 잘못된 행정구조 때문

> **주의**
> ┌ 고충민원 - 국민 고충처리 제도 - 국민권익위원회 소관
> └ 고충심사 - 공무원 고충처리 제도 - 고충심사위원회 소관

# THEME 04 내부고발자 보호제도

## 1 특징

① 이타주의적 외형 : 공익 보호
② 통상적이지 않은 비공식적 경로 이용 : 내부적인 이의제기나 보고가 아닌 대외적 폭로
③ 재직 중은 물론 퇴직 후에도 가능

## 2 찬반 논쟁

(1) **찬성론** : 공익 보호, 내부비리 척결
(2) **반대론** : 기밀 누설, 응집력 저하

## 3 우리나라 제도의 주요 내용

(1) **부패의 신고** : 국민은 국민권익위원회(총리소속)에 신고(기명의 문서)할 수 있고, 공직자는 신고하여야 함(민간비리는 불포함)
  → 비실명 대리신고도 가능(2022.7.5. 시행), but 익명 X
(2) **신고의 처리** : 접수일부터 60일 이내에 처리해야 함, 직접 조사권은 없음
  → 수사·감사기관에 조사 의뢰, but 고충민원은 직접 조사 가능
(3) **재정 신청** : 차관급 이상 부패에 대해 검찰이 공소제기를 아니한 경우 위원회는 고등법원에 재정 신청 가능
(4) **신변 보호** : 신고인은 자신과 친족 또는 동거인의 신변보호조치를 위원회에 요구 가능
(5) **벌칙** : 신분상 불이익이나 고발자 인적사항 공개금지의무 위반 시 형사처벌 가능
(6) **근거 법률** : 「부패방지 및 국민권익위원회 설치·운영에 관한 법률」
  → 「부패방지법」(2002)이 시초

CHAPTER

# 05

# 재무행정론

정부는 어떻게 예산을 확보하고 관리하는가?

이 후은 정부예산에 대하여 다루고 있다.
예산이 어떻게 편성되고 심의받고 집행되며 결산에 이르는지 공부한다.
예산회계에 관한 전문적이고 실무적인 용어들이 등장하여 약간 겁을 먹는 경우도 있는데
깊이 들어가지는 않으니 겁먹을 필요는 없다. 쫄지 마라.
기출문제를 대충 살펴보고 그런 문제가 풀릴 정도로만 공부하면 된다.

김중규선행정학

# CHAPTER 05
# 재무행정론

# THEME 01 예산의 본질

기출이력 | 2020 경정승진 등 총13회  B

## 1 공공부문의 재정

재정 > 예산 ┌ 세입예산 : 한 회계연도 수입의 예정적 계산 – 구속력 X
            └ 세출예산 : 한 회계연도 지출의 예정적 계산 – 구속력 O

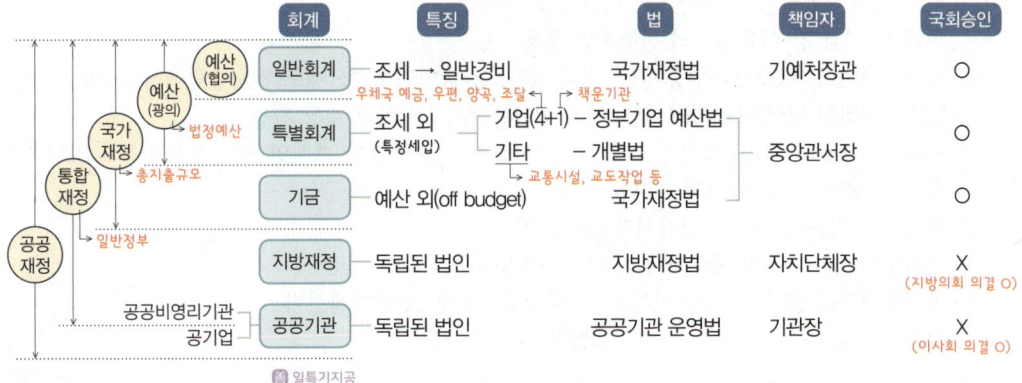

> **주의**
> 
> 총지출규모 ┌ 정부가 매년 발표하는 예산규모(예 2026년 728조)
>           ├ 수입 : 일반회계 + 특별회계 + 기금 – 내부거래 – 보전거래
>           └ 지출 : 경상지출 + 자본지출 + 융자지출
>
> 🔖 일특기-내보
> 🔖 경자융

## 2 예산의 성격

① 희소한 공공재원이 배분계획으로 사업의 우선순위 분석 활동 : 경제원리
② 다양한 주체들간 상호작용(타협과 협상) : 정치원리
③ 다양한 정책관련 정보의 창출·집적
④ 가장 보수적인 영역 : 매년 점진적으로 편성
⑤ 관료들의 책임 확보를 위한 회계적 도구
⑥ 정부정책의 결정결과 및 공공서비스 수준의 회계적 표현

## 3  예산관련 법률

**(1) 헌법** : 추가경정예산, 계속비, 조세법률주의, 준예산, 국회의 예산 심의·확정권, 예비비, 감사원의 회계감사, 국회의 예산 증액에 대한 정부 동의, 국고채무부담행위  　（暗 추계조준국예감동(헌)채）

**(2) 국가재정법** : 재정운용의 효율, 성과, 투명, 건전, 공공성 증진이 목적

건전·효율·성과 →
- ① 국가재정운용계획의 수립 : 5회계연도 이상의 계획을 수립. 회계연도 개시 120일 전까지 국회에 제출(단년도 예산편성의 기본틀, but 예산안과 함께 심의·확정 X)
- ② 성과중심의 재정운용 : 예산요구 시 성과계획서 및 성과보고서의 제출 의무화

투명 → ③ 주요 재정정보의 공표 : 매년 1회 이상 공표의무화
- ④ 회계 및 기금 간 여유재원의 신축적인 운용

형평 → ⑤ 성인지 예결산제도(남녀평등예산) 및 온실가스감축인지예결산제도(탄소중립예산) 도입
- ⑥ 일반예비비의 계상한도 설정 : 일반회계 예산총액의 1% 이내 계상 가능
- ⑦ 자율편성제도의 도입 : 기획예산처장관은 지출한도를 포함한 예산안 편성지침을 3월 31일까지 통보, 각 부처는 한도 내에서 자율 편성
- ⑧ 불법 재정지출에 대한 국민감시제도의 도입     ┌1994도입┐ ┌1999도입┐
- ⑨ 총사업비관리제도 및 예비타당성조사 등 도입
- ⑩ 예산총계주의 원칙의 예외 : 현물출자, 외국차관전대, 수입대체경비   (暗 완-현차수)
- ⑪ 결산의 국회 조기 제출 : 다음 연도 5월 31일까지 제출
- ⑫ 기금운용계획의 자율변경 가능범위 축소 : 비금융성기금 30% → 20%, 금융성기금 50% → 30%
- ⑬ 추가경정예산안 편성사유의 제한 : 전쟁·대규모 재해, 경기침체·대량실업 등, 법령상 지출의무 발생

건전 →
- ⑭ 세계잉여금을 추경에 앞서 국가채무 상환에 우선 사용토록 의무화
- ⑮ 국가채무관리계획의 국회 제출 의무화
- ⑯ 국세감면율이 대통령령이 정한 비율 이하가 되도록 유지
　(국세감면액)/(국세수입총액+국세감면액)                   ┌→ Pay As You Go
- ⑰ 재정소요추계제도 : 5개년 이상 재원조달방안 제시 의무화(PAYGO)

* 재정건전화원칙(①⑬⑭⑮⑯⑰), 재정효율화원칙(①②④⑦), 재정형평성원칙(⑤), 재정투명성원칙(③⑧)

**(3) 지방재정법** : 지방재정에 관한 규정

[중앙정부예산과 지방정부예산의 차이]

| | [국가재정법] | [지방재정법] |
|---|---|---|
| 자율예산편성제도 | O | X |
| 온실가스감축인지예산제도 | O | X |
| 총액계상예산제도 | O | X |

**(4) 국가회계법** : 국가회계에 관한 기본원칙과 내용 규정
　└→ 발생주의·복식부기

**(5) 조세특례제한법** : 조세감면에 관한 사항 규정
　　└→ 조세지출예산서 작성 등 (but 제출은 국가재정법)

**(6) 국고금관리법** : 국고금 관리에 관한 기본원칙 규정
　　└→ 수입금 직접사용금지의 원칙 등

## 4 예산의 형식

| | 특징 | 국가 | 조세제도 |
|---|---|---|---|
| 법률 | ① 세입과 세출예산을 매년 의회가 법률로써 확정<br>② 세입과 세출이 모두 구속력 지님 | 영국, 미국 | 일년세주의 |
| 의결(예산) | ① 행정부가 편성한 예산을 매년 의회가 의결<br>② 법률이 아니므로 세입은 단순한 참고자료, 세출은 구속력 있음 | 우리나라, 일본 등 | 영구세주의 |

## 5 예산과 법률의 차이

| 구분기준 | 예산 | 법률 |
|---|---|---|
| 제출권자 | 정부 | 정부와 국회 |
| 제출기한 | 회계연도 개시 120일 전 [광역] 50일 전 [기초] 40일 전 | 제한 없음 |
| 심의기한 | 회계연도 개시 30일 전  15일 전  10일 전 | 제한 없음 |
| 심의범위 | 정부동의 없이 증액 및 새 비목 설치 불가 | 자유로운 수정 가능 |
| 거부권 행사 | 대통령의 거부권 행사 불가 | 대통령의 거부권 행사 가능 |
| 공포 | 공포 불요, 의결로 확정, 행정부는 이를 공고 | 공포로써 효력 발생 |
| 시간적 효력 | 회계연도에 국한 | 계속적 효력 발생 |
| 대인적 효력 | 국가기관만 구속 | 국가기관·국민 모두 구속 |
| 지역적 효력 | 국내외 불구 효력 발생 | 원칙상 국내에 한정됨 |
| 형식적 효력 | 예산으로 법률 개폐 불가 | 법률로써 예산 변경 불가 |

→ 예산은 법률의 하위효력

● 우리나라 중앙예산기관의 변천

| 구분 | 중앙예산기관 | 비고 |
|---|---|---|
| 1948~ | 기획처 예산국 | |
| 1955~ | 재무부 예산국 | |
| 1961~ | 경제기획원 예산실 | ┌ 경제기획원(신설) : 예산 관리 ┐ 이원화<br>└ 재무부 : 국고수지 총괄 ┘ |
| 1994~ | 재정경제원 예산실 | 경제기획원과 재무부를 재정경제원으로 통합 |
| 1998~ | ┌ 기획예산위원회 : 기획, 예산, 개혁<br>└ 재정경제부 예산청 : 예산편성, 집행 | 중앙예산기구의 이원화 |
| 1999~ | 기획예산처 | 기획예산위원회와 예산청을 기획예산처로 통합 |
| 2008~ | 기획재정부 예산실 | 기획예산처와 재정경제부를 기획재정부로 통합 |
| 2026.1.~ | 기획예산처 | ┌ 기획예산처 : 예산 관리 ┐ 세부내용은 335p 참조<br>└ 재정경제부 : 국고수지 총괄 ┘ |

# THEME 02 예산의 기능

기출이력 | 2020 서울 속기9급 등 총8회

C

2026 선행정학 기본서 p.594

- **1** 예산의 기능

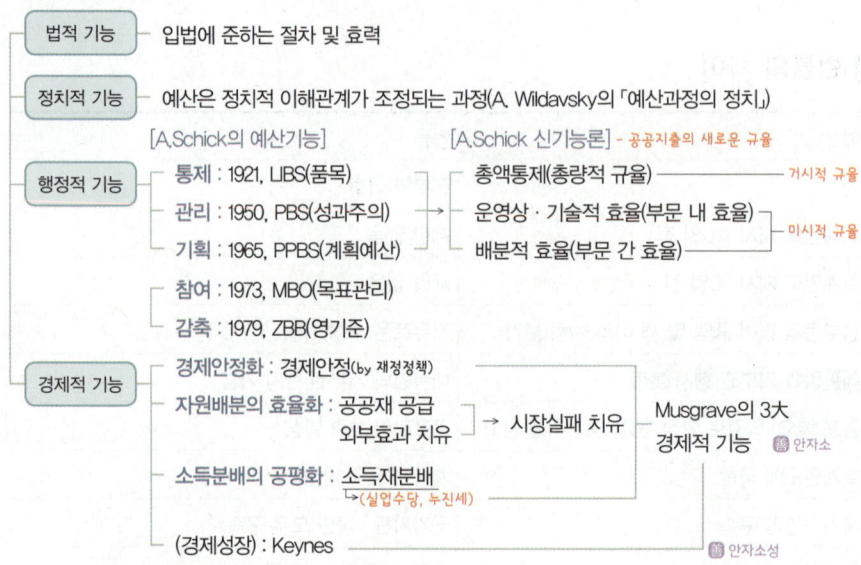

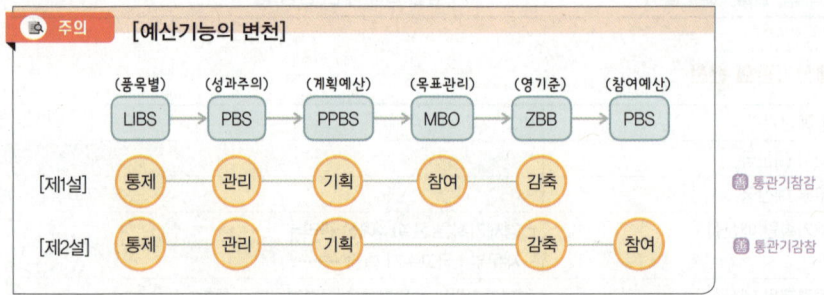

# THEME 03 예산의 원칙

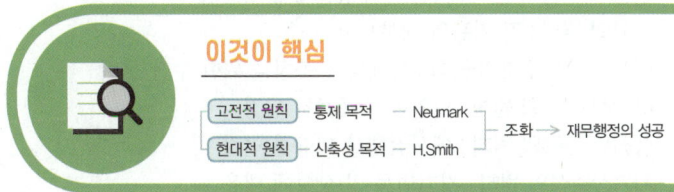

## 1 예산의 원칙

(1) **고전적 원칙** : 행정부에 대한 통제와 재정민주주의 구현을 목적으로 하는 입법부 우위의 원칙 (Neumark)
→ 재정활동도 국민의 뜻에 따라야 함

(2) **현대적 원칙** : 행정부의 재량과 편의를 강조하는 관리 및 기획 중심의 행정부 우위의 원칙 (H.Smith)

## 2 고전적 원칙

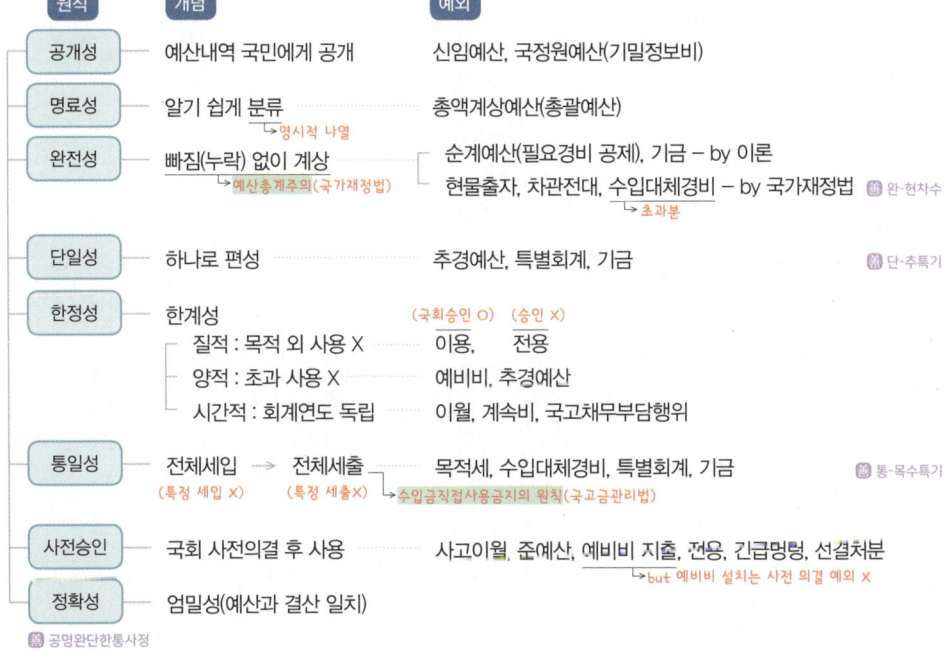

## 3 현대적 원칙 　　　　　　　　　　🔖 계책보수다재신교

- 행정부 계획의 원칙 : 행정부 사업계획 반영
- 행정부 책임의 원칙 : 자율적 재정통제와 책임의 원칙
- 보고의 원칙 : 각 기관의 재무보고 존중
- 적절한 수단구비의 원칙 : 통제와 신축성을 위한 수단 구비
- 다원적 절차의 원칙 : 다양한 회계절차 인정
- 행정부 재량의 원칙 : 예산집행상 재량성 인정
- 시기신축성의 원칙 : 경기변동 및 상황에 대응
- 상호교류적 예산기구의 원칙 : 중앙과 부처예산기관 간 교류 · 협력

- ●「국가재정법」상 예산원칙(제16조)
  - 재정건전성의 원칙
  - 국민부담 최소화 원칙
  - 재정성과의 원칙
  - 투명성과 국민참여의 원칙
  - 성평등 구현의 원칙
  - 온실가스감축 구현의 원칙　　🔖 건성투온부성

# THEME 04 예산의 분류

## 1 주요 분류 기준

| 분류방식 | 초점 | 특징 |
|---|---|---|
| 기능별 분류 | 정부가 무슨 일을 하는 데 얼마나 쓰느냐? | 총괄계정에 적합, 시민을 위한 분류 → 국민이 정부예산 이해 용이 |
| 조직별 분류 | 누가, 어느 기관이 얼마를 쓰느냐? | |
| 품목별 분류 | 정부가 무엇을 구입하는 데 얼마를 쓰느냐? | 책임 확보, 통제 용이, 신축성 저해 |
| 경제성질별 분류 | 국민경제에 미치는 총체적인 효과가 어떠한가? | |

● 예산분류기준별 장단점

| 기준 | 장점 | 단점 |
|---|---|---|
| 기능별 분류 | 예산에 대한 의회나 국민들의 이해 용이 | 회계책임의 불명확 |
| 조직별 분류 | 예산에 대한 책임확보와 통제가 용이 | 지출의 목적이나 사업의 성과를 파악하기 힘듦 |
| 품목별 분류 | 회계책임 확보나 재정통제가 용이 | 신축성 저해, 지출의 목적·성과 X |
| 경제적 분류 | 경제정책 수립에 유리 | 예산을 집행하는 하위직에게 도움 안됨 |

● 예산분류기준별 특징

- 총괄계정에 가장 적합한 분류기준 : ① 기능별 ② 조직별 순
- 시민을 위한 분류 : ① 기능별
- 국회의 예산 심의가 가장 용이한 기준 : ① 조직별 ② 기능별 순
- 회계책임 확보 및 재정통제가 가장 용이한 분류기준 : ① 품목별 ② 조직별 순
- 경제효과분석에 가장 적합한 기준 : ① 경제성질별
- 다른 분류방법과 병행되는 빈도가 높은 기준 : ① 품목별
- 다른 분류방법과 반드시 병행되어야 할 기준 : ① 경제성질별

## 2 우리나라의 세출예산 과목 분류(프로그램예산)

- 투입중심 X, 성과중심 O
- 단년도 기준 X, 다년도 기준 O
- 품목별 X, 프로그램(사업)별 O
- 상향 X, 하향 O

### (1) 의의

① 개념 : 프로그램예산은 원래 성과주의와 계획예산에서 사용하였던 것으로 기존의 단년도 중심의 상향식 품목별(항목별 투입) 분류체계를 탈피하고 프로그램 중심으로 예산을 분류·운영
  ↳ 정책사업중심의 하향식 예산
② 도입 : 중앙정부와 지방정부 모두 프로그램예산(사업예산) 도입·시행
  ↳2007    ↳2008
③ 분류 : 소관별 구분 및 일반회계·특별회계로 구분한 후 다음과 같이 구분
  - 세출예산 : 장·관·항
  - 세입예산 : 관·항

### (2) 분류체계(세출예산)

장관분부·정단세·목세편통

| 기본 분류 | 입법과목 | | | | 행정과목 | | | |
|---|---|---|---|---|---|---|---|---|
| | 소관 | 장 | 관 | 항 | 세항 | 세세항 | 목 | 세목 |
| 프로그램별 분류 | | 분야 | 부문 | 정책사업 | 단위사업 | 세부사업 | 편성비목 | 통계비목 |

- 전통적·법적 분류 (기본 분류)
- 조직 (소관)
- 기능 (분야·부문)
- 프로그램 (정책사업) → 동일한 정책목표 달성을 위한 단위사업의 묶음체 (프로그램예산의 기본단위)
- 사업 (단위사업·세부사업)
- (인건비)(물건비) / (상여금)(운영비) → 품목

**주의** [입법과목과 행정과목]
- 입법과목(장·관·항) 간 융통 : 이용 → 국회승인 및 기예처장관 승인 필요
- 행정과목(세항·목) 간 융통 : 전용 → 국회승인 불필요, 기예처장관 승인으로 가능
  ↳ 예외(자체전용한도제)
  * 세입예산에는 장·세항이 없음

# CHAPTER 05
# 재무행정론

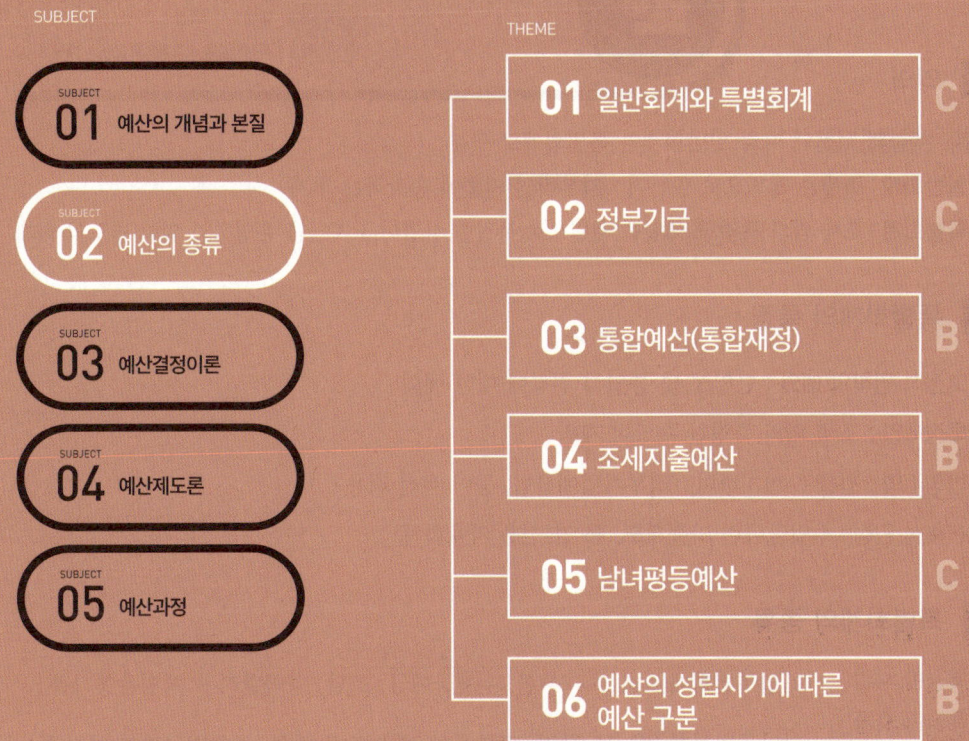

# THEME 01 일반회계와 특별회계

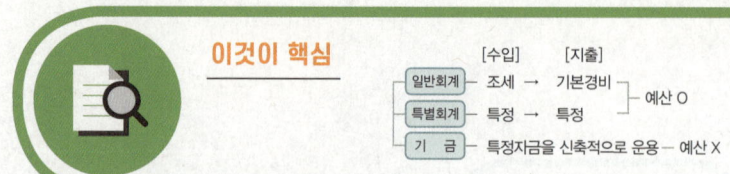

## 1 의의

세입 · 세출의 성질에 따라 일반회계와 특별회계로 구분
(1) **일반회계** : 조세를 재원으로 일반적 · 기본적인 지출에 충당하는 회계
(2) **특별회계** : 조세 외의 특정한 세입을 재원으로 특정한 사업이나 자금을 운영하기 위한 별도의 회계

## 2 특별회계의 특징

① 고전적 원칙의 예외 : 단일성 및 통일성 원칙에 대한 예외
② 특정세입 : 조세 외의 특정한 수입이 재원
③ 법정주의 : 법률로 설치하며, 「정부기업예산법」 등이 우선 적용
   └→ 지방정부는 법 또는 조례로 설치
④ 신축성 인정 : 수입금마련 지출제도, 목 간 전용 자율화 등

## 3 특별회계의 종류

- 특정한 사업 ─ 기업특별회계(4+1) → 우편, 우체국예금, 조달, 양곡관리 + 책임운영기관
- 특정한 자금                              (순수 정부기업)
- 기타            ─ 기타특별회계 (예 교도작업, 교통시설, 행복도시 건설, 주한미군기지 이전 등)
                              (상시)                    (한시)

## 4 특별회계의 장단점

| 장점 | 단점 |
| --- | --- |
| ① 정부수지의 명확화<br>② 재정운영의 자율성<br>③ 행정기능의 전문 · 다양화에 부응 | ① 예산구조와 체계의 복잡화<br>② 재정통제 약화 : 입법통제나 민주통제의 곤란<br>③ 재정팽창의 수단 : 목적세와 함께 재정팽창의 원인 |

# THEME 02 정부기금

기출이력 | 2022 지방9급 등 총25회
C
2026 선행정학 기본서 p.608

## 1 기금의 의의와 특징

[기금의 종류]
- 비금융성 ┬ 사업성: 특정목적사업(보훈 등)
         ├ 금융성: 재정·금융 보조(보증, 무역 등) ┐ 비사업성
         ├ 보장성: 적립·증식 목적(연금 등)      │
         └ 계정성: 자금공급(융자 등)           ┘

① 예산 외로 운용되는 제3의 예산 (법정예산 X)
② 특정한 자금을 신축적으로 운용할 필요가 있을 때 법률로 설치 (주식, 부동산 투자 등 / 지방은 조례)
③ 단일성, 통일성, 완전성 원칙에 대한 예외
④ 통합예산에 포함(금융성기금도 포함 : by 2001 IMF 재정통계편람)
⑤ 종류
   - 기금: 국가가 직접 관리, 통합재정에 포함 O (예) 공무원연금기금 등 보장성(적립성)기금 → 총지출 대상, 관리재정수지에도 포함 X
   - 금융성기금: 시중의 금융기관처럼 운용되는 기금 (예) 신용보증기금 등 8개) → 국가(중앙관서장)가 직접 관리하지 않는 기금

## 2 기금의 운용

① 설치 시 입법예고 전에 기획예산처장관의 사전심사 필요 (타당성)
② 국회 심의·의결을 거쳐 확정(회계연도 개시 120일 전 제출, 30일 전까지 의결)
③ 기금은 2/10, 금융성 기금은 3/10 범위 안에서 국회 의결 없이 기금운용계획을 변경 운용 가능
④ 기획예산처장관은 기금에 대하여 매년 실태조사, 3년마다 존치여부 평가 (매실-3존)
   → 1/3 이상의 기금    → 전체기금

## 3 일반회계·특별회계·기금의 차이

| 구분 | 일반회계 | 특별회계 | 기금 |
|---|---|---|---|
| 성격 | 예산의 일부, 국회 심의·의결 | | 예산이 아님, 국회 심의·의결 |
| 설치사유 | 국가고유의 일반적(기본적)인 재정 활동 | ① 특정사업 운영<br>② 특정자금 보유·운용<br>③ 특정세입으로 특정세출에 충당 | 특정목적을 위하여 특정자금을 신축적으로 운용할 필요가 있을 때 |
| 재원조달 및 운용형태 | 조세수입과 무상급부 원칙 | 일반회계와 기금의 운용형태 혼재 | 출연금과 부담금 등을 수입원으로 하여 융자사업 등 유상급부 제공 |
| 집행절차(자율성) | 합법성에 입각한 엄격한 통제 | | 합목적성 차원에서 상대적으로 자율성과 탄력성 보장 |
| | → 통일성 원칙 O | → 통일성 원칙 X | |
| 수입과 지출의 연계 | 연계 배제 | 연계 | |
| 계획 변경 | 추경예산 편성 | | 주요 항목 지출금액의 20%(금융성 기금은 30%) 초과 변경 시 국회의결 필요 |

## THEME 03 통합예산(통합재정)

기출이력 | 2019 지방9급 등 총12회    **B**

2026 선행정학 기본서 p.612

### 1  통합재정의 의의와 특징

① **포괄성**: 중앙정부 + 지방정부(→2005년부터 포함), 일반회계 + 특별회계 + 기금(→금융성 기금 포함(2001 IMF GFSM)), 모든 일반정부부문(정부단위 + 공공비영리기관) → 예산에 대한 관심과 통제범위 확대, 국민경제에 미치는 효과 분석 등
   - →신축성 X, 실제 활동영역별 예산 X

② **이중거래의 차감**: 회계 간 중복분(내부거래)을 차감하여 계상하는 예산순계기준으로 표시
   - →총계 X

③ **대출순계의 구분**: 경상계정(단기·소모)과 자본계정(장기·투자) 구분은 물론, 융자나 융자금의 회수와 같은 대출금순계(순융자)도 별도 표시 → 융자지출을 적자요인으로 간주
   - →우리라는 지적 있음

④ **보전재원의 명시**: 재정적자가 어떤 형태로 보전되고 재정흑자는 어떻게 처리되는지 별도로 명시
   - 적자시 보전수지는 + (재정적자를 차입, 국채발행 등으로 보전)
   - 흑자시 보전수지는 - (재정흑자를 차입금 및 공채 상환에 사용)
   - → 재정건전성 판단 가능

### 2  통합재정의 구조

| 분류 | 수입 | 지출 | 부호 (if)흑자 |
|---|---|---|---|
| 경상수지 | 경상수입<br>(조세 등 규칙적 수입) | 경상지출<br>(인건비 등 소모적 지출) | + |
| 자본수지 | 자본수입<br>(임대료 등 투자적 수입) | 자본지출<br>(항만건설비 등 투자적 지출) | + |
| 대출순계 | 융자회수, 출자회수 | 융자지출, 출자지출 | + |
| 보전수지 | 보전수입<br>(국내외에서 차입) | 보전지출<br>(국내외 차입금 상환) | − |

- 본수지: 경상수지, 자본수지, 대출순계
- → 보전수지를 명시는 하되 본수지에서는 제외하여 별도로 명시

● **통합재정의 범위**(제도단위 기반, 2001 GFSM)
   - IMF 재정통계편람

**공공부문**
- **일반 정부** (정부의 고유역할 영역)
  - **중앙정부**
    - 중앙정부
    - 특별회계
    - 기금(금융성기금 포함 가능)
    - 공공비영리기관
  - **지방정부**
    - 일반회계
    - 기타특별회계
    - 공기업특별회계
    - 교육비특별회계
    - 기금
    - 공공비영리기관
    - └ 관리재정수지
  - **사회보장기금**
    - 기금
    - 공공비영리기관
    - └ 장래 상환의무를 지는 연금성·보험성 기금
- **공기업**
  - **비금융공기업**
    - 중앙비금융공기업
    - 지방비금융공기업
  - **금융공기업**
    - 중앙은행 등

- ■ 통합재정에 포함
- ■ 불포함

## ● 통합재정수지 작성방식 및 기준 변경

| 구분 | | 1986 GFSM | 2001 GFSM [1] |
|---|---|---|---|
| 분석단위 [2] | | 회계단위<br>(재정기능과 직접 관련된 거래만 포함) | 제도단위<br>(일반정부부문 [3] 수행하는 모든 활동 포함) |
| 통계기록방식 | | 현금주의 | 발생주의 [4] |
| 포괄<br>범위 | 금융성 기금,<br>외환평형기금 | 제외 | 포함(원칙) [5] |
| | 공공비영리기관 | 제외 | 포함 |

1) 우리나라는 2012년에 2001 IMF GFSM(재정통계편람)의 적용을 발표하였으며, 2018 회계연도 결산부터는 원칙적으로 이를 적용하였음. but 2001 GFSM 기준 자체와 실제 우리나라가 이를 얼마나 수용·적용하고 있느냐의 문제는 별개임(일부 기준은 미적용).
2) 회계단위란 금융성부문인지 아닌지 회계의 성격을 기준으로 하는 구분단위를 말하고, 제도단위란 자신의 책임하에 자산을 소유하거나 부채를 부담할 수 있고 경제활동에 종사하거나 다른 경제주체들과 거래를 할 수 있는 경제적 실체를 말하는 것으로 정부의 고유한 역할부문인지 아닌지를 말하는 구분단위를 말함.
3) 일반정부부문이란 정부의 고유하고 본질적인 역할을 수행하는 영역으로 정부단위(정부조직)와 공공비영리기관(준정부기관)을 말함. 공기업은 제외됨.
4) 2001 GFSM은 발생주의를 원칙으로 하고 있지만, 우리나라는 아직 수정된 현금주의(Modified Cash Basis)를 기반으로 하고 있음.
5) 2001 GFSM은 금융성기금을 원칙적으로 포함하되, 상업적 금융기능 여부에 따라 국가별로 자율판단토록 하고 있음, but 우리나라는 금융성기금(8개)과 외환평형기금을 제외하고 있음.

## ● 일반정부 통합재정과 중앙정부 통합재정

| | 통계기준 | 포함범위 | 비고 |
|---|---|---|---|
| 일반정부<br>통합재정 | 2001 IMF<br>재정통계편람<br>(GFSM) | 금융성기금,<br>공공비영리기관,<br>지방재정 포함 | 일반적(원칙)인<br>통합재정 |
| 중앙정부<br>통합재정 | 1986 IMF<br>재정통계편람<br>(GFSM) | 금융성기금,<br>공공비영리기관,<br>지방재정 제외 | 예외적인 통합재정<br>(「국가재정법」시<br>행령) |

**주의** [통합재정수지의 범위와 기준]

IMF 2001 GFSM 자체와 우리나라의 실제 적용현황과는 차이가 있음.

| | [2001 기준] | [우리나라] |
|---|---|---|
| 분석단위(제도단위) | O | O |
| 작성방식(발생주의) | O | △ (수정현금주의) |
| 금융성기금 포함 | O | X |
| 공공비영리기관 포함 | O | O |

# THEME 04 조세지출예산

> **이것이 핵심**
> - 예산지출 - 직접지출 – A기업에 보조금 1억
> - 조세지출 - 간접지출 – A기업에 조세감면 1억
> ∥ (경제적 효과 동일) ⇒ 조세지출예산

## 1 지출의 종류

(1) **예산지출** : 예산에 의한 <u>직접지출</u>

(2) **조세지출** : 조세감면에 의한 <u>간접지출</u>
→ 유형(비과세, 소득공제, 세액공제, 세액감면, 우대세율, 과세이연 등)

## 2 조세지출

① 조세감면에 의한 <u>간접지출</u>, <u>경직성과 지속성 높음</u>, <u>가시성 낮음</u>, 정치적 특혜 가능성, 자의적 운영, 불공평 소지(부자감세로 인한 빈익빈 부익부 → 저소득층에 불리)
　∴ 법률(조세특례제한법)에 의한 지출 ← (투명성)

② 보조금과 같은 경제적 효과 유발, 형식은 조세이지만 실질은 지출, <u>숨겨진 보조금</u>
→ 감추어진, 간접적 보조금

## 3 조세지출예산

① **의의** : 조세감면내역을 예산에 반영하여 국회가 심의·통제

② **세계최초** : 서독에서 1967년 처음 도입

③ **우리나라** : 1999년부터 <u>조세지출보고서</u> 작성 → 중앙정부(2011)와 <u>지방정부(2010)</u> 모두 정식으로 <u>조세지출예산제도 도입</u>
→ 초보적 형태 / → 지방세지출보고서 / → 세목별·기능별 분류

④ **작성과 제출**
- 작성의무 : 재정경제부장관(by 조세특례제한법)
- 국회제출의무 : 기획예산처장관(by 국가재정법)

⑤ **효과** : 조세감면의 집행을 <u>국회차원에서 통제하자는 것</u> ⇨ 공평과세 및 세수인상 유도
→ but 첨부서류 O, 독립안건으로 상정·심사 X

> ● **주의** [조세지출예산 쟁점]
> ① 조세지출 : 빈익빈 부익부 O
> ② 조세지출예산 : 빈익빈 부익부 X

● **조세지출예산서의 「조세특례제한법」상 정의**

조세감면, 비과세, 소득공제, 세액공제, <u>우대세율, 과세이연</u> 등 조세특례에 따른 재정지원의 <u>직전연도 실적</u>과 해당연도 및 <u>다음 연도 추정금액</u>을 기능별·세목별로 분석한 보고서
→ 조세지출결산에 해당 / → 조세지출예산에 해당

# THEME 05 남녀평등예산(성인지예산)

기출이력 | 2021 국가7급 등 총11회    C

2026 선행정학 기본서 p.618

## 1 남녀평등예산의 의의와 특징

① 의의 : 세입·세출예산이 남녀에게 미치는 영향이 다르다고 보고 예산과정(세입과 세출)에 있어서 남녀평등을 구현하려는 재정정책적 예산
② 특징 : 소극적인 성중립적 예산이 아닌 적극적인 성인지 예산 또는 성주류예산
③ 전제 : 예산정책의 영향에 대한 여러 가지 분석이 필요하다는 전제

## 2 남녀평등예산의 도입

(1) **세계** : 1984년 호주가 최초 도입

(2) **한국**
① 성인지 예·결산서 도입 (중앙정부는 2010년, 지방정부는 2013년)
  → 기예처장관이 여가부 장관과 협의하여 작성한 기준에 따라 각 중앙관서장이 작성·제출
  ┌ 성인지 예산서 : 개요, 규모, 기대효과, 성별수혜분석 등 포함
  └ 성인지 결산서 : 집행실적, 성평등효과분석 등 포함
② 세계 최초로 「국가재정법」에 명문화
③ 조세지출예산, 온실가스감축인지예산 등과 함께 대표적인 재정정책지향적 예산이지만 독립된 안건으로 상정·심사되지 않고 첨부서류에 그침

> **주의** [우리나라 성인지 예·결산 쟁점]
> ① 예산사업뿐 아니라 기금사업도 대상에 포함
> ② 우리나라 성인지 예·결산서는 성평등 목표달성에 직·간접적으로 기여하는 사업만이 대상
> ③ 예산안의 첨부서류로만 제출될 뿐, 예산안이나 결산서와 독립적인 안건으로 상정·심사 X
>    → 조세지출예산서도 마찬가지

> **주의** [재정정책지향적 예산 작성 주체 및 기준·절차]
> ─ 조세지출예산 – 재경부장관
> ─ 통합재정수지 – 재경부장관
> ─ 성인지예산 – 중앙관서장(by 기예처장관이 여가부장관과 협의하여 작성한 기준)
> ─ 온실가스감축인지예산 – 중앙관서장(by 기예처장관이 기후에너지환경부장관과 협의하여 작성한 기준)

# THEME 06 예산의 제출·성립시기에 따른 예산 구분

## 1 본예산, 수정예산 및 추가경정예산

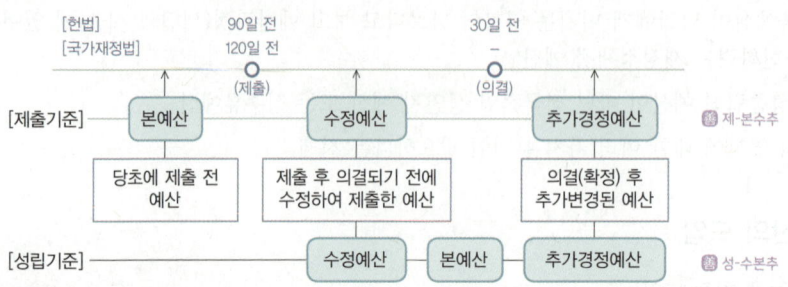

## 2 추가경정예산

(1) 의의 및 특징: 본예산과 **별도로 성립** → 운용·결산은 본예산과 **통합·관리**
   (→ 국회에서 의결·확정되기 전 배정·집행 불가)

(2) 편성사유
① 전쟁이나 대규모 재해가 발생한 경우
② 경기침체, 대량실업, 남북관계 변화, 경제협력 등 중대변화가 발생하였거나 발생할 **우려**가 있는 경우
③ 법령에 따른 지출이 발생·증가한 경우

## 3 예산 불성립시 대처방안

| 구분 | 기간 | 국회의결 | 지출가능 항목 | 채택국가 |
|---|---|---|---|---|
| 준예산 | 무제한 | **불요** | 한정적 | 독일·**한국** → 1960년 채택, 활용실적 X |
| 잠정예산 | 무제한 | 필요 | 전반적 | 영국·미국·캐나다·일본 |
| 가예산 | 1개월 | 필요 | 전반적 | 프랑스·한국의 제1공화국 → 1948년(제헌헌법) 채택, 활용실적 O(거의 매년) |

## 4 준예산의 지출용도
→ 잠정적 예산 O, 잠정예산 X

(1) 지출용도
① 헌법이나 법률에 의해 설치된 기관의 유지비(공무원 보수 등)
② 법률상 지출의무가 있는 경비
③ 승인된 계속비

CHAPTER **05**

# 재무행정론

SUBJECT

- **01** 예산의 개념과 본질
- **02** 예산의 종류
- **03** 예산결정이론
- **04** 예산제도론
- **05** 예산과정

THEME
- **01** 예산결정이론 - 합리주의와 점증주의  B
- **02** A.Schick의 자원의 희소성이론  D

# THEME 01. 예산결정이론 - 합리주의와 점증주의

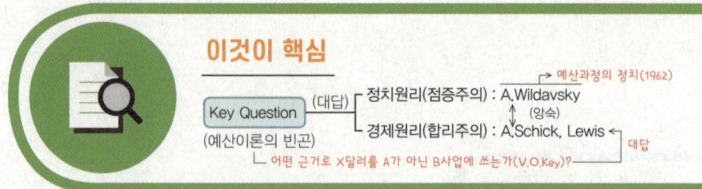

- **합리주의**

  **(1) 의의와 특징**
  ① 경제원리와 경제적 합리성에 입각하여 자원을 배분하는 총체주의 예산
  ② 계획예산(PPBS)과 영기준예산(ZBB)이 대표적
  ③ 목표수단 분석 → 목표·가치에 대한 사회적 합의 필요
  ④ 분석적·계산적·하향적·거시적·규범적·이상적 → 정책분석 도구로 활용
  　　└ 연역적(CBA·선형계획 등)　└ 집권적
  ⑤ Lewis의 경제학적 접근 3명제 : 상대적 가치, 증분 분석, 상대적 효과성

  **(2) 한계**
  ① 정치적 합리성 무시 : 의회의 심의기능 약화
  ② 기획기능이 강조 : 집권화 초래
  ③ 인지능력의 한계와 절차적 복잡성
  ④ 예산배정의 불안정과 투쟁·갈등 격화

- **점증주의**

  **(1) 의의와 특징**
  ① 예산은 정치적 상호작용의 산물 : 품목별 예산과 성과주의 예산이 대표적 (현실적·실증적) (LIBS) (PBS)
  ② 한계적·소폭적 변화 : 선형성 강조
  　　└ 전년도와 금년도 예산, 행정부 요구액과 의회승인액 간 규칙적 함수관계(예 y = 1.05x)
  ③ 정치적 합리성 중시 : 권력이 분산된 다원주의 사회에 적합

  **(2) 효용**
  ① 간결성 : 결정비용 절감
  ② 갈등조정 용이(by 타협·협상, 소폭 조절)
  ③ 예측가능성 제고 및 갈등소지 축소
  　　└ by 선형성·규칙성

  **(3) 한계**
  ① 정책분석 기능 미흡 ② 보수주의적 접근 ③ 자원의 한계 ④ 긴축재정 시 부적합
  　　　　　　　　　　└ 개혁에 대한 저항　　　　　　　　　　└ 예산삭감 등 감축관리
  ∴ 점증주의의 적합조건 : 자원이 풍부할 때, but 가용재원의 여유가 크지는 않을 때

● 점증주의의 전제조건

① 권력이 분산된 다원주의 사회
② 자원이 풍부할 때, but 가용재원의 여유가 크지는 않을 때
③ 단기적 예산 싸이클(주기)
④ 예산통일성의 원칙 적용 : 목적세나 특별회계가 많을 때는 대폭 증액이 용이하므로 점증주의가 부적합
　　→ 통일성의 예외
　　→ 필요

● 예산접근의 두 가지 차원

| 점증주의 | 총체주의(합리주의) |
|---|---|
| 정치원리(정치적 합리성) | 경제원리(경제적 합리성) |
| base(계속사업) 인정 | base(계속사업) 불인정 |
| 계속사업 검토 제외 | 계속사업도 검토 |
| 미시적, 소폭변화, 실증적·현실적 | 거시적, 대폭변화, 규범적·이상적 |
| 상향적, 열린 예산 | 하향적, 닫힌 예산 |
| 입법부 중심 | 행정부 중심 → 선택과 집중 |
| 공평한 몫의 배분(형평성) | 효율적인 자원 배분(효율성) |
| 목표수단분석 하지 않음<br>(목표도 조절대상, 상호조절) | 목표수단분석 실시<br>(목표가 합의되어 있어야 함) |
| 선형성·안정성·점증성 | 비선형성, 비점증성 |
| 정치원리(타협·협상) | 경제원리(분석·계산) |
| 한정된 대안, 한정된 결과 | 모든 대안, 모든 결과 |
| LIBS, PBS | PPBS, ZBB |

주의 [합리주의와 점증주의 예산 쟁점]

① 예산이 풍족할 때 : 점증주의(늘릴 여지가 있기 때문)
② 가용재원의 여유가 크지 않을 때 : 점증주의(대폭 증액이 불가하기 때문)
① 점증주의에서의 선형성 : 예측 가능성, 규칙성 – 선형적 함수
② 합리주의에서의 선형성 : 단계성(문제인지 → 대안탐색 → 대안선택 등) – 선형적 과정

● 정책 및 예산의 흐름모형 계보

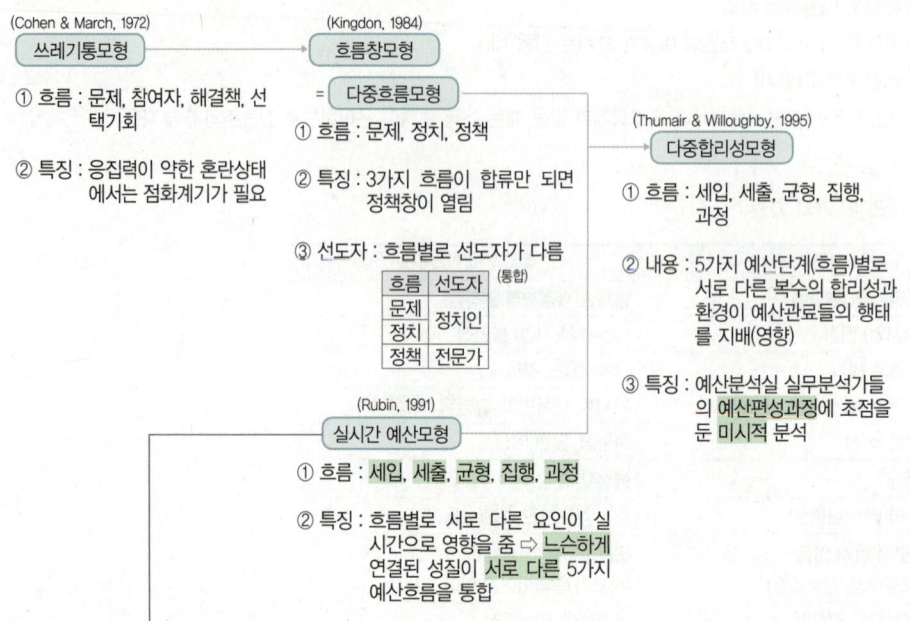

● Rubin의 실시간 예산모형

| 흐름 | 개념 | 정치적 특징 |
|---|---|---|
| 세입 | 누가 얼마 부담? | 설득 |
| 세출 | 경쟁과 배분 | 선택 |
| 균형 | 정부의 범위·역할 | 제약조건 |
| 집행 | 기술적 성격 | 책임성 |
| 과정 | 어떻게 결정? | 누가 결정? |

📖 세출균집과-설선제책누

● 정부예산결정에 관한 미시적 이론

| 합리주의 (총체주의) | 기회비용 기준 등 계량분석모형을 활용하여 가능한 모든 대안을 탐색하여 경제적 합리성에 근거하여 최적의 예산배분방안을 강구하는 규범적 방법 (PPBS, ZBB 등) |
|---|---|
| 점증주의 | 현실상황을 인정하고 전년대비 일정규모의 증가에 그치는 배분을 지향. 정치적 합리성을 중시하는 현실적 접근법 |
| 공공선택론 (관료예산 극대화가설) | 관료는 공익의 대변자가 아니라 개인의 효용을 극대화하려는 이기적인 경제인으로 가정. 사회후생의 극대화를 추구하는 정치가와 달리 관료들은 개인효용이나 소속부서의 예산 극대화가 목적함수 |
| 다중합리성 모형 | 복수의 합리성 기준이 중앙예산실의 예산분석가들에게 미치는 영향을 주로 미시적으로 분석한 모형으로, 세입, 세출, 균형, 집행, 과정 등 예산주기의 다양한 시점에서 예산과정 각 단계(흐름)별로 서로 다른 복수의 합리성(경제적, 법적, 정치적, 사회적 합리성 등)과 환경이 예산관료들의 행태를 지배한다는 과정적 접근법 |
| 단절적 균형 모형 | 예산이 급격한 변화나 단절을 겪은 이후 다시 균형(안정)을 지속한다는 예산모형으로 점증주의예산을 비판하면서 등장한 이론(역사적 신제도론에서 강조). 다만, 단절의 크기와 시점을 사전에 예측할 수 없다는 단점이 있음. → 미래지향적 접근 X |

# THEME 02 A.Schick의 자원의 희소성이론 등

## 1 희소성의 유형과 예산(A.Schick)

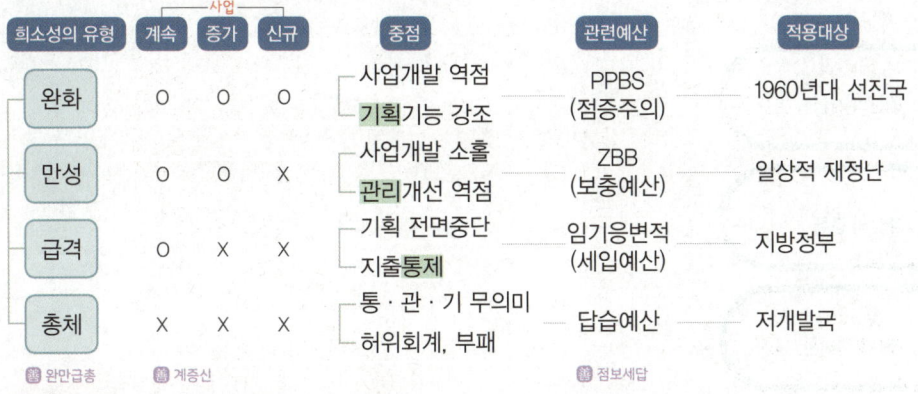

> 주의 [PPBS는 합리주의 or 점증주의?]
> ① 희소성이론(Schick) : 점증주의예산으로 분류
> ② 일반적 : ZBB와 함께 합리주의예산으로 분류

## 2 예산문화론(Wildavsky)

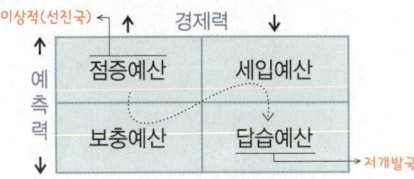

점보세답

## 3 새로운 재정 규율(A.Schick) – 예산신기능론

[예산기능론]  [예산신기능론]
- 통제 → ① 총량적 재정규율 : 총액에 대한 통제 ── 거시적 규율
- 기획 → ② 배분적 효율 : 부문 간 효율 ┐
- 관리 → ③ 운영상 효율 : 부문 내 효율 ┘ ── 미시적 규율
            └→ 기술적

# CHAPTER 05
# 재무행정론

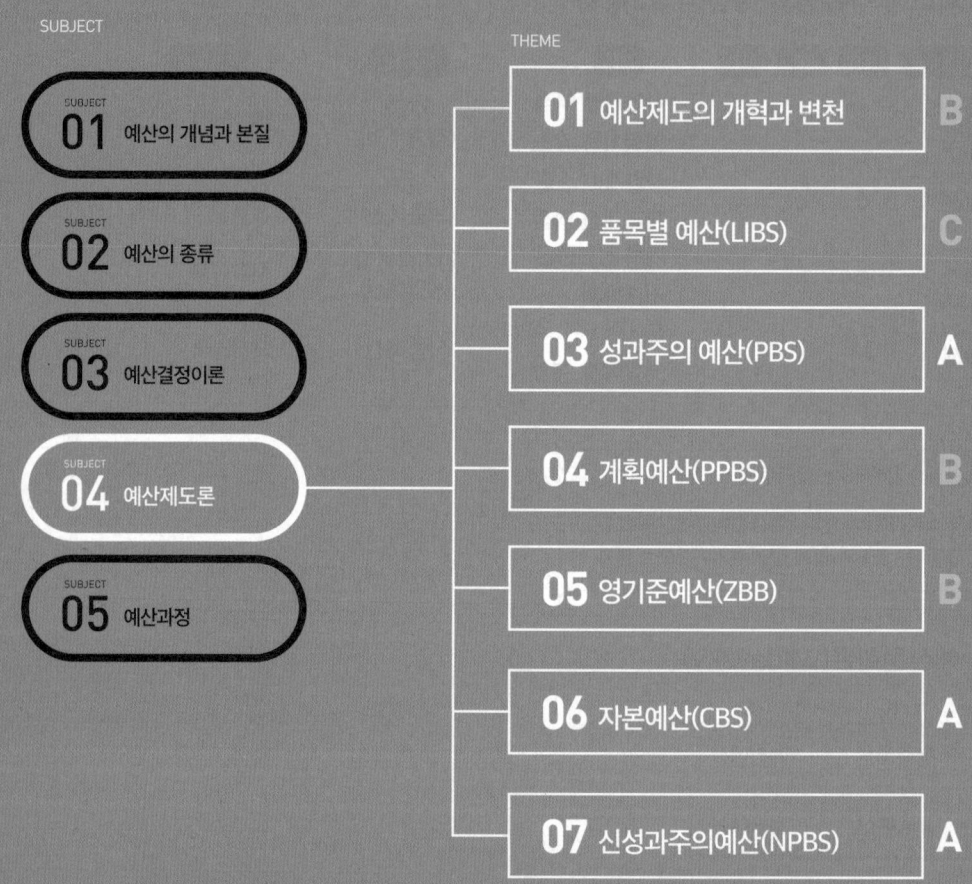

# THEME 01 예산제도의 개혁과 변천

## 1 예산제도의 흐름과 변천

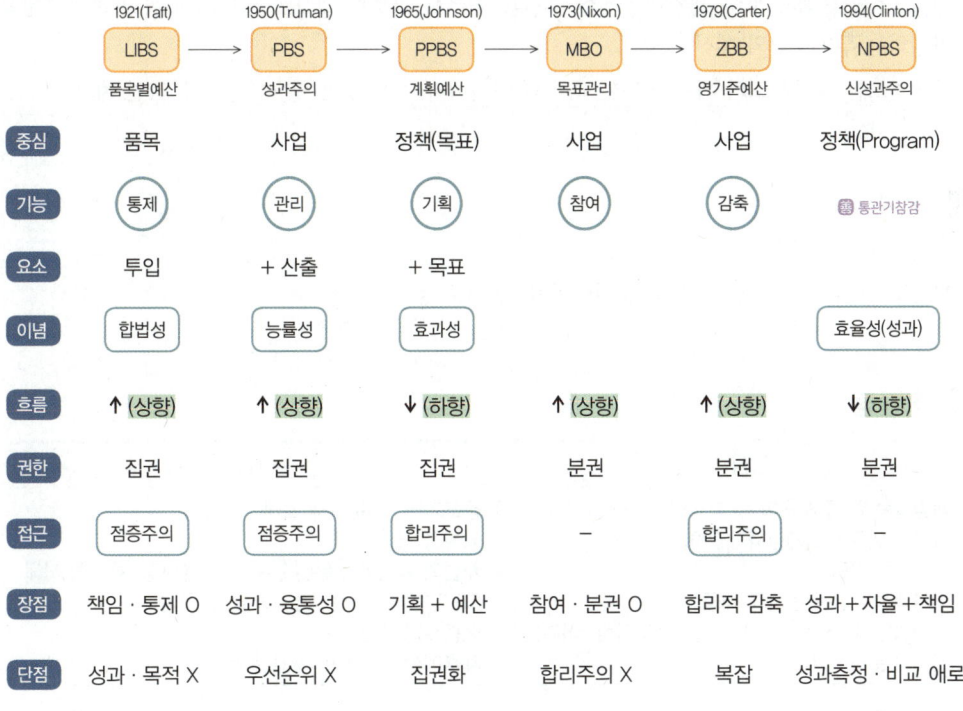

# THEME 02 품목별 예산(LIBS)

기출이력 | 2021 지방9급 등 총6회

## 1 품목별 예산의 의의

① 개념 : 재정통제를 통한 재정민주주의 구현을 위하여 지출의 대상과 성질에 따라 세부항목별로 편성하는 투입중심의 예산
② 특징 : 모든 예산제도의 기초가 되는 최초의 예산이자 가장 많이 활용되는 기본적인 예산
　↳ 1910 Taft위 건의, 1921 채택 (for 부패방지, 능률 향상)

## 2 구성요소

(1) **목** : 인건비, 물건비 등
(2) **세목** : 상여금, 운영비, 공공요금, 건물임차료, 여비 등

## 3 장단점

| 장점 | 단점 |
| --- | --- |
| ① 책임확보 및 통제 용이 ⇨ 재정민주주의 구현<br>② 합법성 위주의 회계검사가 용이<br>③ 운영절차 간편<br>④ 인사행정상 유용한 자료 제공<br>⑤ 이익집단의 저항 회피라는 정치적 이점 : 어려운 선택의 분할·회피 | ① 동조과잉·번문욕례 초래<br>② 융통성 저해<br>③ 사업의 목적이나 우선순위, 성과 불분명 : 효율성 저해<br>④ 국민경제에 미치는 영향을 알 수 없음<br>⑤ 점증주의 예산<br>⑥ 세출예산에만 적용 : 세출통제 중심<br>　↳ 세입·세출의 유기적 연계 X |

# THEME 03 성과주의 예산(PBS)

기출이력 | 2012 지방9급 등 총29회   A

2026 선행정학 기본서   p.635

**이것이 핵심**

투입 → [성과주의] 산출 [단위사업] → [신성과주의] 목표 [정책사업]
- 능률성 → 관리중심 ○, 중간(집행)성과 ○
- 효과성 → 최종(정책)성과 ○

## 1 의의

① 개념 : 재원을 사업(기능 > 사업 > 활동)에 연계시켜 편성한 사업 중심의 예산   🏷️기사활

② 도입 : 1차 Hoover위원회의 건의에 따라 1950년 미국 Truman 대통령이 연방정부에 도입

## 2 요소 및 절차

```
         ┌──── 사업 ────┐              ┌── 업무단위 ──┐
보건사업 > 병원사업 > 정신병원사업 - 의료요원양성사업 : 100명 × 100만원 = 1억
 (기능)    (사업)    (활동)        (세부사업)       (업무량) (단위원가)  (예산)
```

## 3 특징

① 관리 지향성 : 행정 관리의 능률화를 지향하는 모형으로서, 예산관리 기능의 집권화 추구
② 투입과 산출 고려 : 관심의 대상에는 투입과 산출이 함께 포함
③ 관리적 · 행정적 기술 : 예산관리자들에게 필요한 핵심적 기술은 관리적 · 행정적 기술
④ 점증주의적 접근 : 예산결정의 접근방법은 점증주의
⑤ 계획 책임의 분산 : 계획 기능에 대한 책임은 분산

## 4 장단점

| 장점 | 단점 |
|---|---|
| ① 내부통제 합리화(행정부 힘 실어주기) | ① 의회통제(재정통제) 곤란 |
| ② 입법부 예산심의 용이 | ② 장기계획과의 연계보다 개별 단위사업 중심 |
| ③ 재정의 투명성, 신뢰성 제고 : 국민 이해 용이 | ③ 대안의 합리적 검토 · 평가 · 선택 곤란(합리모형 X) |
| ④ 장기계획 수립에 유리 | 사업의 타당성 및 정책성과 파악 곤란 |

SUBJECT 04 예산제도론

⑤ 과학적 계산에 의한 합리적·효율적 자원배분
⑥ 예산(재원)과 사업의 연계
⑦ 집행성과(능률성) 파악 가능
　↳ 양적 성과, 중간성과
⑧ 투입·산출간 비교·평가로 환류 강화

④ 장기적·전략적 목표 의식 결여(사업목표 O, 정책목표 X)
⑤ 총괄계정에 부적합 : 계량화가 용이한 소규모 단위사업에 국한
⑥ 단위원가 계산 및 업무단위 선정 곤란
⑦ 중간산출일 뿐 최종적인 정책성과(질적 성과)를 알려주지는 못함

- 주의  [성과주의예산의 쟁점]
① 합리적 의사결정 및 자원배분에 기여 O → but 합리주의 예산 X
② 장기계획의 수립·실시에 유리 O, but 개별적인 단위사업 중심 O → ∴ 장기계획과의 연계 X, 전략적 목표의식 X
③ 의회심의 용이 O → but 입법통제 X, 재정통제 X
④ 능률성(집행성과)은 높여주지만 효과성(정책성과)은 불고려 : 전략적 정책목표의식이 없기 때문
⑤ 효율성은 물론 효과성도 높여준다는 견해도 있음 : 단위 원가(효율성) X 업무량(효과성)
⑥ 투입중심 X, 투입요소 중심 O
　↳ 활동단위
⑦ 예산의 형식 : 품목 → 프로그램(사업)
　　　　　　　　　　　↳ 정책사업 X, 단위사업 O
⑧ 사업목표 O, 정책목표 X

# THEME 04 계획예산(PPBS)

기출이력 | 2021 국가7급 등 총22회  B

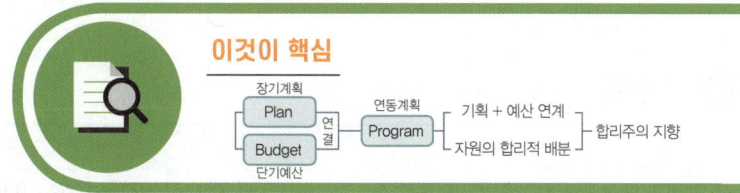

## 1 의의

(1) **개념** : 계획(장기)과 예산(단기)을 프로그래밍을 통해 연결시키는 계획 중심의 연동예산
(2) **이념** : 기획과 예산의 연계, 자원의 합리적 배분
(3) **도입** : 1965년 미국 Johnson 대통령이 연방정부에 도입
　↳ McNamara에 의한 국방성 도입 성공이 영향

## 2 요소 및 절차

| Planning | Programing | | | | | | | | Budgeting (1966) |
|---|---|---|---|---|---|---|---|---|---|
| | Category | Sub-category | element | 1966 | 1967 | 1968 | 1969 | 1970 | |
| · 전력난 해소 | · 발전사업 | · 원자력발전 | · 부지선정 | ○ | | | | | · 부지선정예산 |
| | | | · 용지매수 | ○ | | | | | · 용지매수예산 |
| | | | · 철거 및 보상 | | ○ | | | | |
| | | | · 본관신축 | | | ○ | ○ | | |

## 3 특징

① **계획 지향성** : 전체적이고 장기적인 계획과 예산을 연계
② **사업의 목표 중시** : 관심 대상은 사업의 목표이며, 투입과 산출에도 관심을 둠
③ **경제학과 계획** : 예산 담당 공무원에게 필요한 지식과 기술은 경제학과 계획에 관한 것임
④ **합리주의적 접근** : 예산결정의 접근방법은 계량적이고 체제분석적임
　　　　　　　　　　　　　　　　　　　　　　　　↳ CBA(비용편익분석)
⑤ **집권적 계획** : 계획기능은 집권화됨
⑥ **예산기관의 역할** : 예산기관의 역할은 정책결정임
⑦ **프로그램 중심** : 부서 구분 X
　↳ 정책

> **주의** [PPBS 쟁점]
> ① 융통성·신축성 X : 프로그램 단위만 활용하기 때문
> ② 기획변경의 신축성 O : by programming(연동계획)

## 4 장단점

| 장점 | 단점 |
|---|---|
| ① 계획과 예산의 일치(기획변경의 신축성) <br> ② 자원배분의 합리화 <br> ③ 조직의 통합 운영(부서별 X, 정책별 O) <br> ④ 의사결정의 일원화 – 중장기 전략계획과 예산을 연계시킨 전략예산 | ① 제도적 경직성 초래 – 융통성 부족 <br> ② 목표설정 및 사업구조 작성의 어려움 <br> ③ 과도한 문서와 환산작업 곤란 – 전문성·복잡성 요구 <br> ④ 의회의 이해 부족과 의회의 지위 약화 우려 <br> ⑤ 정치적 측면 고려 소홀  → by 지나친 전문성·복잡성 <br> ⑥ 하향식 예산으로 집권화 초래 |

## ● 예산제도 비교

|  | 품목별예산 | 성과주의예산 | 계획예산 |
|---|---|---|---|
| 발달연대 | 1920~1930년대 | 1950년대 | 1960년대 |
| 도입 | Taft | Truman | Johnson |
| 예산의 기능 | 통제(예산을 품목과 연결) | 관리(재원을 사업과 연결) | 계획(예산을 기획과 연결) |
| 직원의 기술 | 경리(회계학) | 관리(행정학) | 경제(경제학) |
| 정보의 초점 | 품목(투입) | 기능·활동·사업(산출) | 목표·정책(효과) |
| 예산의 이념 | 합법성 | 능률성 | 효과성 |
| 예산기관의 역할 | 통제·감시 | 능률향상 | 정책에의 관심 |
| 결정의 흐름 | 상향적(위로 통제) | 상향적(위로 통제) | 하향적(아래로 결정) |
| 결정의 유형 | 점증모형 | 점증모형 | 합리모형 |
| 통제책임 | 중앙 | 운영단위 | 운영단위 |
| 관리책임 | 분산 | 중앙 | 감독 책임자 |
| 기획책임 | 분산 | 분산 | 중앙 |
| 예산과 세출예산의 구별 | 동일 | 동일 | 따로 수립 |
| 예산과 조직의 관계 | 직접 | 직접 | 간접(환산 필요) |

※ 통관기

# THEME 05 영기준예산(ZBB)

기출이력 | 2019 서울7급 등 총27회  B

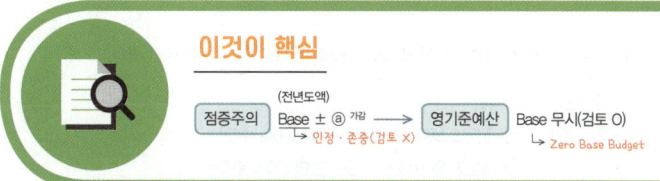

## 1 의의

① 개념 : 계속사업(base)과 신규사업 모두를 원점(zero)에서 분석하여 예산을 편성하는 우선순위 또는 감축중심의 예산
② 도입 : 1979년 미국 Carter 행정부에 의해서 도입

## 2 특징

① 전년도 예산(base)도 검토 : 계속사업(base)과 신규사업을 구분하지 않고 모두 검토
② 의사결정 지향성 : 자원배분에 관한 합리적·체계적 의사결정을 강조
③ 대안의 우선순위 중시 : 관심 대상은 우선순위이며, 우선순위 선정대상은 금액대안임
④ 계획과 관리 기술 : 예산 담당 공무원에게 필요한 지식과 기술은 계획과 관리에 관한 것임
⑤ 합리주의적 접근 : 예산결정의 접근방법은 원칙적으로 합리적·포괄적이되 상향적 참여가 강조
⑥ 분권적인 계획 책임 : 계획기능은 분권화
⑦ 예산기관의 주된 역할 : 정책과 사업의 우선순위 결정

> **주의1** [영기준예산과 경직성]
> ① 재정경직성 타파 O
> ② 경직성 경비 축소 곤란 O
>   → 경직성 경비가 많은 비중 차지할 때 효용 X

> **주의2** [영기준예산과 일부 유사한 성격을 가진 예산제도들]
> ① 관리중심 : PBS와 유사
> ② 계획 + 예산, 사원배분의 합리화 : PPBS와 유사
> ③ 참여, 상향, 분권적 : MBO와 유사

- **3 요소 및 절차**

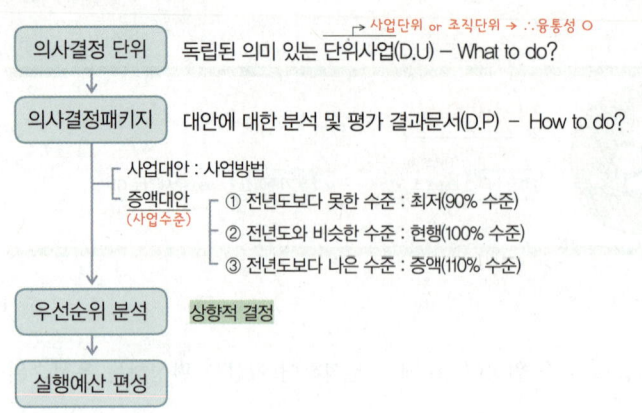

•• **4 장단점**

| 장점 | 단점 |
|---|---|
| ① 기획과 예산 연계 · 단일화 | ① 분석가의 주관적 판단에 의존 |
| ② 합리적 의사결정(완전한 합리모형) | ② 우선순위 결정 곤란 |
| ③ 재정의 탄력성 확보 : 재정의 경직성 타파 | ③ 정치적 · 심리적 요인 등 비경제적 요인 불고려 |
| ④ 예산운영의 다양성 · 신축성(사업단위 or 조직단위) |    - 관료들의 경험 무시 |
| ⑤ 구성원의 참여 확대 ← 상향적 | ④ 관료들의 저항과 소규모 조직의 희생 |
| | ⑤ 계산전략의 한계 |
| | ⑥ 경직성 경비 축소 곤란 |
| |   → 경직성 경비가 많은 비중을 차지할 때는 효용 제약 |

● **일몰법예산**

(1) 의의
 ① 정책 · 조직 · 사업이 일정기간(3~7년) 지나면 입법부의 재검토를 거쳐 재보증을 얻지 못하면 자동 폐지하는 감축관리장치
 ② 감축관리 정신을 유지하면서도 영기준예산 보완

(2) 영기준예산과의 차이

| 구분 | 영기준예산 | 일몰법예산 |
|---|---|---|
| 성격 | 행정과정(예산편성) | 입법과정(예산심의) |
| 의회역할 | 예산심의 | 행정감독 → But, 예산심의와는 어느 정도 독립 |
| 검토주기 | 매년(단기적) | 주기적(장기적) |
| 대상 | 중하위계층 모든 사업 | 상층부 주요 사업 |

● **의무지출과 재량지출**

| 구분 | 의무지출 | 재량지출 |
|---|---|---|
| 개념 | 법률(조약 포함)에 따라 지출의무가 발생하고, 지출규모가 결정되는 법정지출 및 이자지출 | 정부의 재량적 의사결정에 의해 지출규모가 결정 |
| 지출규모 | 법령에 의하여 결정 | 국회의 심의에 의하여 결정 |
| 종류(예) | 교부금, 채무상환, 법정부담금(국제조약에 의한 지출 포함), 사회보장지출, 이자지출 등 | 투자사업비, 경상적 경비(국방비, 인건비 등은 경직성 재량지출) 등 |

# THEME 06 자본예산(CBS)

기출이력 | 2019 국가9급 등 총22회   A

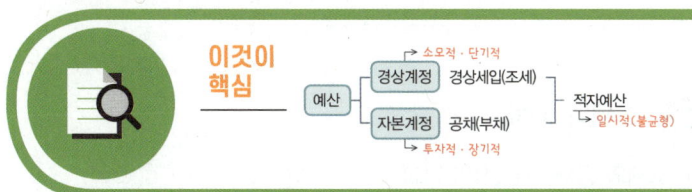

## 1 의의

예산을 <u>경상계정</u>과 <u>자본계정</u>으로 나누어 전체적(일시적)으로 불균형 예산 운영 (복식예산)

(1) **경상계정** : 소모적 성격의 단기계정인 경상계정은 경상세입(조세)으로 충당 ⇨ 균형
(2) **자본계정** : 투자적 성격의 장기계정인 자본계정은 <u>공채</u> 발행으로 충당 ⇨ 불균형
 * 1937년 <u>스웨덴</u>에서 최초 도입

→ 자본적 지출의 특징
- 장기적 재정기획
- 외부효과 큼
- 미래운영비 규모에 영향 O, 미래운영비에 충당 X
- 특별한 분석 및 자료 필요
- 회계연도 초월(수년간에 걸친 사업)

## 2 본질

① 불경기 극복수단 : 건전재정무용론
② 장기적 균형 중시 : <u>장기적으로는 건전재정에 위배되지 않음</u>을 전제
③ 수익자부담주의 실현 : 이용자 간·세대 간 <u>비용부담</u>의 <u>공평화</u>
④ 국가순자산상태의 증감 불변

## 3 장단점

| 장점 | 단점 |
|---|---|
| ① 국가재정구조에 대한 명확한 이해 | ① 적자재정 은폐수단 |
| ② 자본지출에 대한 특별한 심사·분석 | ② 자본재의 축적 또는 공공사업에 치중 |
| ③ 장기적 재정계획수립에 도움 | ③ <u>인플레이션</u> 조장의 우려 |
| ④ 경기 회복, 경제 안정화에 도움 | ④ 적자예산 편성의 치중 ⇨ <u>재정 불안정</u> |
| ⑤ 정부의 순자산상태의 변동파악에 이용 | ⑤ 계정구분(경상계정과 자본계정)의 불명확성 |
| ⑥ 일관성 있는 조세정책수립이 가능 | ⑥ 민간자본의 효율적 이용에 대한 의문 |
| ⑦ <u>수익자부담원칙의 구현</u> | ⑦ 수익사업에 치중 |
| └→ 이용자·세대 간 비용부담 공평화 | |

> **주의** [자본예산과 안정성]
> ① 경제 안정화 O : 불경기 극복
> ② 재정 안정화 X : 공채발행으로 인한 적자재정

## 4 조세와 공채

### (1) 조세와 공채(차입금)의 비교

| | 조세 | 공채 |
|---|---|---|
| 부담 | 현세대(전가 X) | 세대간 분담(전가 O) |
| 관리 | 간편, 비용절감 | 복잡(이자상환 등) |
| 효과 | 경기회복효과 작음 | 경기회복효과 큼 |
| 저항 | 큼 | 작음 |
| 낭비 | O(무임승차) | X(수익자부담) |

### (2) 조세의 장단점

| | |
|---|---|
| 장점 | ① 이자부담이 없으며 부채관리와 재원관리 비용이 발생하지 않아 장기적으로 차입보다 비용이 저렴<br>② 납세자인 국민이 정부지출을 통제하고 정부지출에 대한 직접적인 책임 요구 가능<br>③ 현세대의 의사결정에 대한 재정부담이 미래세대로 전가되지 않음 |
| 단점 | ① 현세대들만의 비용부담으로 세대 간 비용 · 편익의 형평성 문제가 발생<br>② 대가를 지불하지 않는 자유재라는 인식 때문에 과다수요 혹은 과다지출되는 비효율성 발생<br>③ 과세대상과 세율 결정 등 법적절차의 복잡성 · 경직성<br>④ 차입에 비하여 경기회복 효과 기대 곤란 |

### (3) 공채의 장단점

| | |
|---|---|
| 장점 | ① 수익자 부담주의 : 이용자 · 세대 간에 비용 부담 공평화<br>② 불경기 때 유용 : 경기회복 효과 큼 |
| 단점 | ① 이자부담 및 관리 복잡<br>② 재정부담이 미래 세대로 전가됨<br>③ 재정건전성에 부담 |

## THEME 07 신성과주의예산(NPBS)

기출이력 | 2019 서울 사복9급 등 총56회  **A**

2026 선행정학 기본서 p.652

**이것이 핵심**

자율 + 성과 + 책임
→ 자율편성제도가 핵심

- 거시: 지출한도, 전략배분, 장기계획 – 통제
- 미시: 예산편성, 자금관리, 단기계획 – 자율
→ 조화

### 1 신성과주의 예산의 개념

정부실패 이후 1980~90년대 등장한 새로운 성과주의 예산(결과기준예산)

① 거시: 전략적 재원배분, 지출한도, 중장기계획 → 통제(집권)
② 미시: 구체적 편성, 운영, 단기계획, 자금관리 → 자율(분권)
⎫ 조화 → **거시적·하향적 예산**
⎭　　　　→ Top-down

### 2 특징

① 경영성과를 분명히 하기 위한 **발생주의 회계방식 도입**
② 지출대예산 등 **자율예산편성제도**
③ 지출통제예산, 운영예산제도, 산출예산제도 등 성과중심의 자율적 예산집행
④ **거시적·하향적 예산**(top-down)
　└ 총괄경상비제도　└ 개별사업에 대한 세밀한 통제 X
⑤ 거시적 요소는 통제(집권) + 미시적 요소는 자율(분권)
⑥ 엄격한 비용편익분석에 의존하지 않는 反합리주의 지향
⑦ 지출총액에 대한 통제(총량규제)와 효율성 배당제도(efficiency dividend)

### 3 각국의 대표적인 제도

**총괄배정예산 = 지출대예산**: 지출한도 내에서 자율편성 → 편성의 자율화　예) 우리나라의 자율편성제도
　└ But, 항목구분 O

**지출통제예산 (ECB)**: 항목구분 없이 총액으로 편성 → 지출의 자율화　예) 우리나라의 총액계상예산
　(지출을 총액으로 통제 + 효율싱 배딩세노 병행 사용)
　└ 항목구분 X　└ 강제 할당된 예산 절감 목표 달성하면 일부 이월 인정

- **4 고전적 성과주의와의 차이**

|  | 1950년대 성과주의 | 1990년대 성과주의 |
|---|---|---|
| 성과정부 | 투입과 산출(능률성)에 초점, 집행성과 | 산출과 결과(효과성)에 초점, 정책성과 |
| 성과책임 | 정치적·도덕적·추상적 책임 | 구체적·보상적·계약적 책임 |
| 경로가정 | 투입은 자동으로 성과로 이어진다는 '단선적 가정' | 투입이 반드시 성과를 보장해 주지는 않는다는 '복선적 가정' |
| 회계방식 | 불완전한 발생주의(사실상 현금주의) | 완전한 발생주의 |
| 연계범위 | 예산제도에 국한, 재무적 관점 | 국정전반에 연계(인사, 조직, 감사, 정책 등), BSC 관점 |
| 원가중심 | 개별단위사업(사업별 분류) | 프로그램, 정책사업(기능별 분류) |
| 개혁범위 | 광범위(회계제도, 예산형식 변경) | 좁고 단순(회계제도, 예산형식 변경 불필요) |

- **5 신성과주의예산(결과기준예산)의 장단점**

| 장점 | 단점 |
|---|---|
| ① 책임성 향상 : 성과에 대한 책임(by 자율편성) | ① 목표·성과기준 설정의 애로 : 성과지표 개발 등 곤란 |
| ② 대응성(투명성) 향상 : 시민여망에의 부응 (by 성과정보 공개) | ② 성과측정의 애로 : 성과를 산출로 대체하는 경향 |
| ③ 능률성·효율성 증진(과다요구·대폭삭감 악순환X) → by 지출한도 설정 | ③ 성과비교의 애로 : 공통척도와 지표 개발 곤란 |
|  | ④ 억울한 책임 : 집행자의 통제 밖 요인들에 의한 영향 |

효투책

- **6 우리나라의 성과중심 재정**

(1) 우리나라의 성과중심 재정제도 (노무현 정부 때 도입)

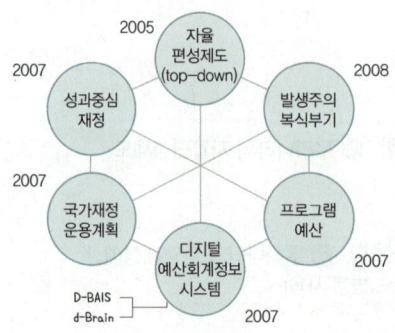

● 우리나라 성과중심의 재정제도 도입연도

| 1994 | 총사업비 |
|---|---|
| 1999 | 예비타당성조사 |
| 2003 | 재정사업 목표관리 |
| 2005 | 통합재정, 자율편성제도, 재정사업자율평가 |
| 2006 | 재정사업심층평가 |
| 2007 | 성과계획서 및 성과보고서, d-Brain, 프로그램예산 |
| 2008 | 발생주의 및 복식부기 |
| 2010 | 성인지예산 |
| 2011 | 조세지출예산 |
| 2023 | 온실가스 감축인지 예산 |

## (2) 총액배분자율편성제도

- **국가재정운용계획 수립** : 기획예산처가 수립 후 국무회의 의결로 확정
  → 전략배분 및 지출한도 확정(사전통제 강화)
- **지출한도 설정** : 예산지침에 포함 통보(3월말)
- **예산 편성 요구** : 각 부처 → 기획예산처(5월말)
- **예산안의 확정** : 기획예산처 사정 → 국무회의 의결 → 대통령 승인

### ● 자율편성제도의 기대효과와 한계

| 기대효과 | 한계 |
|---|---|
| ① 전략적 재원배분과 각 부처 자율을 강화하여 재정운용의 효율성 제고 | ① 국가재원의 전략적 배분을 위한 협의과정에서 갈등이 격화되어 조정이 어려울 수 있음 |
| ② 국무회의에서 결정하기 때문에 정책조정기능이 강화되고 투명성 제고 | ② 자율적인 예산편성제도일 뿐 예산집행상 점검이나 통제가 불필요해진 것은 아님 |
| ③ 과다요구하고 대폭 삭감하는 관행(악순환) 제거 | ③ 국회예산 심의과정에서는 지출한도 제한 받지 않음 |
| ④ 칸막이식 재원 확보 유인(편법) 차단 | |
| ⑤ 중기적 시각에서 재정의 경기대응 및 조절기능 강화 | |
| ⑥ 부처 간 정보비대칭성 완화 : 부처의 의견ᆞ전문성 활용 | |

> **주의** [자율편성제도 쟁점]
> ① 전반적으로 분권과 자율성을 강화하는 예산이지만 재정당국에 의하여 한도가 사전에 설정되므로 하향식 예산
>    → but 집권 X
> ② 사전통제의 상실이 아니라 사전통제가 오히려 어느 정도 강화된 제도

## (3) 우리나라 재정성과관리제도

| | 재정성과 목표관리제 | 재정사업 자율평가제 | 재정사업 심층평가제 |
|---|---|---|---|
| 개념 | 각 부처가 성과목표와 성과지표를 설정하여 **성과계획서를 작성**하고 그 결과를 자율 측정하여 **성과보고서를 작성** | 기예처가 마련한 지침에 따라 각 부처가 성과목표 달성 여부를 평가하고 그 결과를 기예처가 확인ᆞ점검 [1] | 각 부처 재정사업 자율평가결과, 문제가 있는 사업을 기예처가 심층평가(일종의 메타평가) |
| 대상 | 모든 사업 | 전체 사업 | 중복ᆞ낭비ᆞ비효율적인 사업 |
| 주체 | 각 부처 | 각 부처 (종래 1/3 → 2017년부터 전체사업) | 기획예산처 |
| 도입 | 2003 | 2005 | 2006 |

1) 2002년 미국 관리예산처(OMB)의 PART(Program Assessment Rating Tool)가 시초
   → 사업평가측정기법

CHAPTER **05**

# 재무행정론

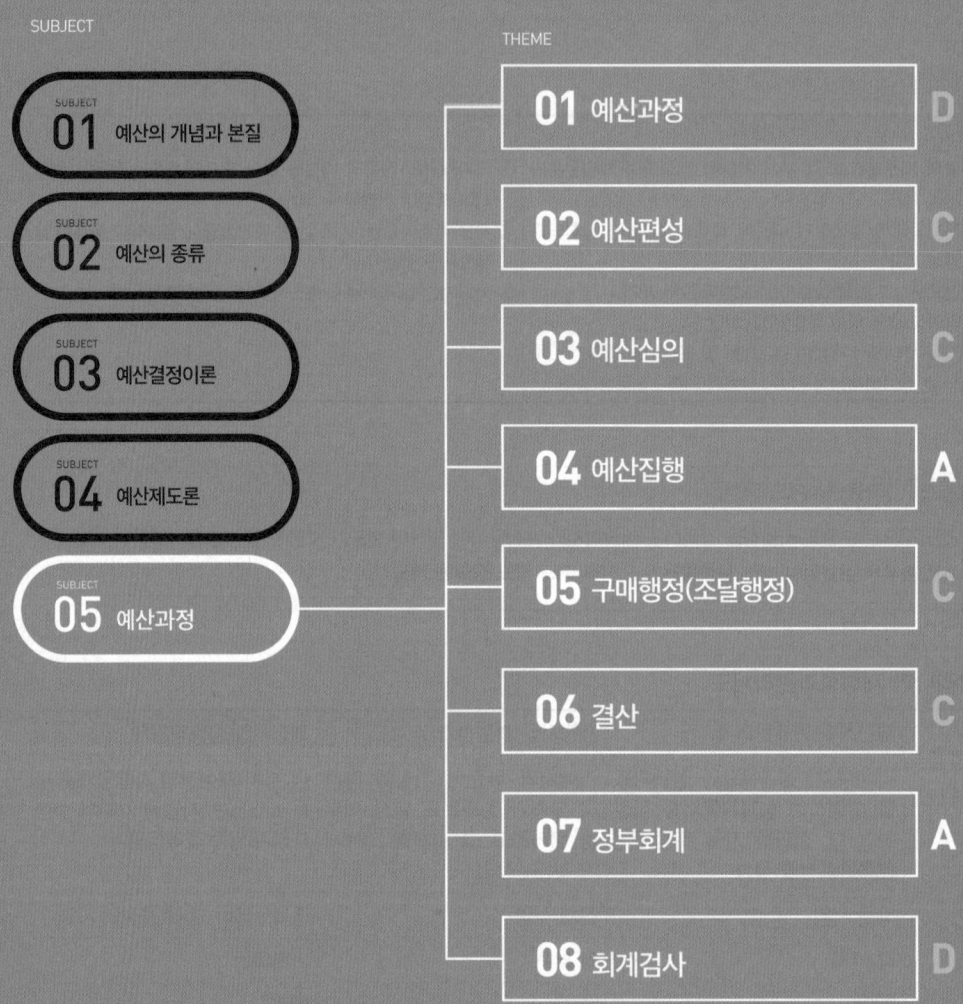

# THEME 01 예산과정

기출이력 | 2021 국가9급 등 총2회   D

2026 선행정학 기본서 p.661

● 예·결산 일정과 근거법률

|  |  | 헌법 | 국가재정법 | 국회법 |
|---|---|---|---|---|
| 예산 | 제출 | 90일 전 | 120일 전 |  |
|  | 의결 | 30일 전 |  |  |
| 결산 | 제출 |  | 5.31. |  |
|  | 의결 |  |  | 정기회 개회 전 |

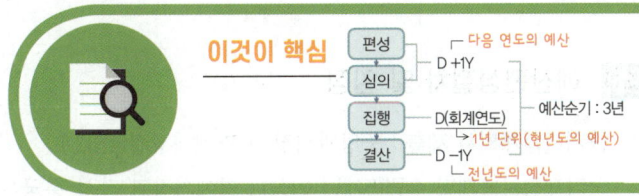

이것이 핵심
- 편성 ─ 다음 연도의 예산 D +1Y
- 심의
- 집행 ─ D(회계연도) → 1년 단위(현년도의 예산)
- 결산 ─ D −1Y → 전년도의 예산

예산순기 : 3년

## 1 우리나라의 예산 과정

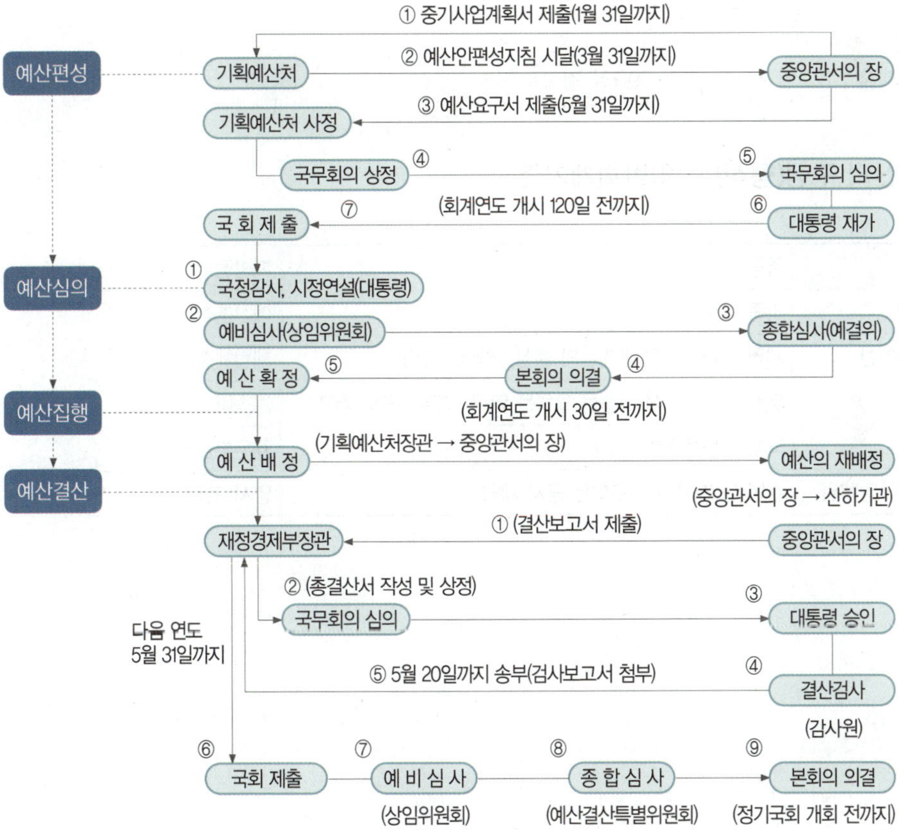

**예산편성**
- 기획예산처 → 중앙관서의 장
  - ① 중기사업계획서 제출(1월 31일까지)
  - ② 예산안편성지침 시달(3월 31일까지)
- 기획예산처 사정 ← ③ 예산요구서 제출(5월 31일까지)
- ④ 국무회의 상정
- ⑤ 국무회의 심의
- ⑥ 대통령 재가
- ⑦ 국회 제출 (회계연도 개시 120일 전까지)

**예산심의**
- ① 국정감사, 시정연설(대통령)
- ② 예비심사(상임위원회)
- ③ 종합심사(예결위)
- ④ 본회의 의결
- ⑤ 예 산 확 정 (회계연도 개시 30일 전까지)

**예산집행**
- 예 산 배 정 (기획예산처장관 → 중앙관서의 장)
- 예산의 재배정 (중앙관서의 장 → 산하기관)

**예산결산**
- 재정경제부장관 ← ① (결산보고서 제출) ─ 중앙관서의 장
- ② (총결산서 작성 및 상정)
- 국무회의 심의
- ③ 대통령 승인
- ⑤ 5월 20일까지 송부(검사보고서 첨부)
- ④ 결산검사 (감사원)
- 다음 연도 5월 31일까지
- ⑥ 국회 제출
- ⑦ 예 비 심 사 (상임위원회)
- ⑧ 종 합 심 사 (예산결산특별위원회)
- ⑨ 본회의 의결 (정기국회 개회 전까지)

# THEME 02 예산편성

기출이력 | 2020 지방7급 등 총8회
2026 선행정학 기본서 p.663
C

## 1 예산편성절차 및 일정

- 중기사업계획서 제출 : 중앙관서장 → 기예처장관(1.31.)
- 국가재정운용계획 수립(5개년 이상) : 기예처장관 작성 → 국무회의 의결(지출한도 & 전략배분)
  └→ 국회의 심의·확정 X
- 예산안편성지침 시달 : 기예처장관(3.31.) → 중앙관서장
  └→ 지출한도 포함
- 예산요구서 작성·제출 : 중앙관서장(5.31.) → 기예처장관
- 기예처 사정 → 국무회의 → 대통령 승인
  * 헌법상 독립기관(국회, 법원, 헌재, 선관위)과 감사원의 예산요구액 감액시에는 국무회의에서 기관장 의견을 들어야 함.
- 국회 제출 : 120일 전 ………… 90일 전
  └→ 국가재정법    └→ 헌법

첨부서류는 아니지만
국회 예산결산특별위에 제출할 서류
- 국가재정운용계획  ㉱재채지
- 국가채무관리계획
- 예산안편성지침

## 2 예산의 구성(형식) - 일반회계기준

| 중앙정부 | 특징 | 지방정부 |
|---|---|---|
| 예산총칙 | 각종 한도 규정 | 예산총칙 |
| 세입세출예산 | 세입세출의 견적서(예산의 핵심, 예비비 포함) | 세입세출예산 |
| 계속비 | 5년 이내 계속적 지출을 요하는 연구·개발, 공사, 제조 | 계속비 |
| 명시이월 | 국회 승인을 얻은 이월 | 채무부담행위 |
| 국고채무부담행위 | 수년 뒤 지불이 요구되는 공사 계약 | 명시이월 |

㉱ 총세계명국                                           ㉱ 총세계채명

# THEME 03 예산심의

기출이력 | 2015 국회9급 등 총7회
2026 선행정학 기본서 p.667

## 1 본질

- 정책형성 ┐  ┌ 거시 – 총액
- 행정감독 ┘  ├ 미시 ┬ 사업의 타당성 : 사업
  → 재정민주주의 구현   │     └ 금액의 적정성 : 사업수준

## 2 변수

① 정부형태 : 대통령제가 내각제보다 엄격(우리나라는 실제 엄격 X)
② 예산형식 : 예산형식보다 법률형식이 엄격
③ 거부권 : 예산이 법률인 경우 거부권 행사 가능
④ 수정권 : 정부동의 없이 증액 X(상임위가 삭감한 예산을 예결위가 증액 시에도 상임위 동의 필요)
⑤ 의회내부구조 : 양원제가 단원제보다 엄격
⑥ 심의기구 : 소위원회가 전원위원회보다 엄격
⑦ 의회 구성 : 여당 우위이면 의회가 거수기 역할, 야당 우위이면 행정수반의 레임덕 현상

## 3 절차

감시예종본
- 국정감사 : 정기국회 개회 전 30일 간 실시 완료
  (매년 9.1.)
- 시정연설 : 대통령 – 본회의에서 예산안에 대하여 실시
- 예비심사 : 상임위 – 소속 장관이 제안 설명
  기예처장관이 제안 설명
- 종합심사 : 예결특위 → 상설된 특별위원회
  상임위 X
  활동시한 X
  임기 1년
- 본회의 의결 : 예산 성립

[예산심의 법정 시한]
- 제출 : 90일전 ┐ 60일
- 의결 : 30일전 ┘
→ 헌법상

## 4 우리나라 예산심의의 특징

① 회계연도 개시 30일 전까지 심의·의결해야 함 : 법정(헌법상) 심의기간 60일
② 본회의보다는 위원회 중심 : 예산결산특별위원회와 상임위원회
   삭감지향    부처입장대변(증액지향) ∵ by 포크배럴
③ 정책 내용 심의보다는 정치적 성격이 강함
④ 대통령 중심제라는 정치체제 성격상으로는 엄격해야 하지만 실제로는 엄격하지 못함

# THEME 04 예산집행

기출이력 | 2022 국가9급 등 총80회  A

2026 선행정학 기본서 p.671

이것이 핵심

예정된 수입·지출을 실행 ─ 재정통제 : for 국민여망에의 부응 → 재정민주주의 ─ 조화
신축성 유지 : 사태변동에 대응

## 1 개념

수입·지출의 실행 : 재정통제와 신축성 유지의 조화 → 예산집행의 목적
　　　　　　　　　└for 재정민주의 └for 사태변동에 대응  └성공적 예산집행의 요건

## 2 재정통제와 신축성 유지방안

| | 제도 | | 특징 | |
|---|---|---|---|---|
| 재정통제 | 예산의 배정 | 배정 | 기획예산처장관이 **중앙관서장**에게 예산을 배분 | 지출원인행위의 요건적 절차 |
| | | 재배정 | 중앙관서의 장이 **산하기관의 장**에게 예산을 다시 배분 | |
| | 지출원인행위에 대한 통제 | | 채무부담의 원인이 되는 행위에 대한 통제, 기예처에 월별 실적 보고 | |
| | 정원·보수에 대한 통제 | | ┌ 정원 : 행정안전부장관이 기획예산처장관과 협의<br>└ 보수 : 인사혁신처장이 기획예산처장관과 협의 | |
| | 예산안 편성지침 | | 예산안 편성준칙의 시달, **지출한도** 포함 | |
| | 통합예산 | | 일반회계, 특별회계, 기금 등을 총망라하여 편성, 통제범위 확대 | |
| | 총사업비제도 | | **(착수된) 2년 이상** 대규모사업의 총사업비를 기예처장관과 사전 협의·관리 | |
| | 예비타당성조사 | | 해당 부처의 타당성 조사에 앞서 기예처장관이 대규모신규사업에 대해 경제적(CBA)·정책적(AHP) 측면에서 사업의 타당성을 착수전에 조사 | └총사업비 500억 & 국고지원 300억 이상 |

● 총사업비 & 예비타당성조사의 비교

　　　　　　　[사업]　[소요기간]　[도입]　[대상]　└연구·건축은 총사업비 200억 이상
┌ 총사업비 ─ 착수된　2년 이상　1994　총사업비 500억 & 국고지원 300억 이상
└ 예타조사 ─ 착수전　　X　　　1999　총사업비 500억 & 국고지원 300억 이상 + 국회가 의결로 요구한 사업

| | | 특징 |
|---|---|---|
| 신축성 유지 | 이용 | **입법과목**(장·관·항) 간에 상호융통(국회의 의결을 요함) |
| | 전용 | **행정과목**(세항·목) 간에 상호융통(국회의결 불필요), 기재부장관 승인요 |
| | 이체 | 정부조직 개편시 예산의 **책임소관 변경**(국회의결 불필요) |
| | 이월 | 다음 연도로 넘겨서 예산을 사용(명시이월·사고이월) |
| | 계속비 | 수년을 요하는 대규모 공사·제조·연구개발 등에 수년간 예산지출(5년 이내) |
| | 예비비 | 예산외의 지출 및 초과지출에 충당하기 위한 경비 |
| | 긴급배정, 당겨배정, 조기배정 | 회계연도 개시 전 배정, 해당분기 도래 전 배정, 상반기 집중배정 |
| | | └긴급배정　　　└당겨배정　　　└조기배정 |

| | | |
|---|---|---|
| 신축성 유지 | 추가경정예산 | 예산성립 후 추가로 편성하는 예산 |
| | 준예산 | 예산불성립 시 국회의결 없이 전년도에 준하여 지출 |
| | 대통령의 긴급재정 명령권 | 재정·경제상 중대 위기 시 대통령이 발동 |
| | 총괄배정예산 | 지출한도 내에서 자율편성(Top-down) |
| | 다년도예산 | 회계연도에 구애받지 않고 3년 이상으로 세출예산을 운영 |
| | 국고채무부담행위 | 법률, 세출예산, 계속비 외에 정부가 채무를 부담하는 행위(지출권한 승인 X) |
| | 지출통제예산 (총액계상예산제도) | 항목을 없애고 예산을 총액으로 편성하여 집행과정에서 자율적으로 지출 (총괄예산) |
| | 수입대체경비 | 지출이 수입을 수반할 때 수입금을 직접 대체 사용 인정 |

↳ 기본수입 : 통일성 예외
↳ 초과수입 : 완전성·통일성 예외

• **3 예산집행(배정)절차**

① 예산배정요구서 : 예산이 확정되면 중앙관서장이 기예처장관에게 제출
② 예산배정계획 : 기획예산처장관은 분기별 예산배정계획을 작성하여 국무회의 심의 후 대통령 승인
③ 배정 : 기획예산처장관은 각 중앙관서의 장에게 예산을 배정
④ 감사원에 통지 : 기예처장관이 예산을 배정한 때에는 재정경제부와 감사원에 통지
⑤ 재배정 : 중앙관서의 장은 하급기관에 예산을 재배정
⑥ 예산집행지침 : 기획예산처장관은 매년 1월 말까지 예산집행지침을 중앙관서의 장에게 시달

•• **4 신축성 유지 방안별 주요 특징**

(1) **이용과 전용** : 이용은 국회승인 필요, 전용은 불필요(기획예산처장관의 승인만으로 가능)
　↳ 입법과목(장·관·항) 간에 상호융통　↳ 행정과목(세항·목) 간에 상호융통(당초 미계상사업으로는 X)
(2) **이체** : 국회 승인 불필요, 사전의결원칙의 예외도 아님
(3) **이월** : 명시이월은 사전 국회 승인, 사고이월은 승인 불필요, 재차 사고이월은 불가능
(4) **예비비**
① 일반예비비는 일반회계 총액의 1/100 이내로 편성 가능
　↳ 지방은 1/100 이내 편성 의무화
② 관리책임자는 기획예산처장관　↳ 공무원 보수 인상 용도 X
　　　　　　↳ 중앙관서장 X
③ 예비비의 설치는 국회의결을 요하나 예비비의 지출은 사전의결 X, 사후승인 O
④ 국회에서 부결·삭감된 용도로는 사용 불가
(5) **계속비** : 5년 이내 지출 가능, 국회의결 요함, 연부액은 해당연도에 다시 국회 의결 요함
　↳ 예외 : 10년　　↳ 연장시 예외
(6) **국고채무부담행위** : 국회의결 요함, 지출권한이 아니라 채무부담의무만 인정 → 실제 지출은 다음 연도 이후
(7) **수입대체경비** : 지출이 수입을 수반할 때 수입금을 직접 사용 인정, 완전성과 통일성의 예외
(8) **회계·기금 간 전출입** : 여유재원 전출입 가능
　　　　　　　　　↳ 단, 연금기금 등 적립성 기금 X

# THEME 05 구매행정(조달행정)

## 1 의의

정부가 필요로 하는 물자·시설을 적기·적가·적재·적소·적량의 원칙에 따라 구입·공급하는 행위

## 2 집중구매 장단점

→ 중앙구매기관(조달청)에 의한 구매

| 장점 | 단점 |
| --- | --- |
| ① 재정상 절약 가능<br>② 구매업무의 전문화<br>③ 물품규격의 통일과 사무표준화<br>④ 신축성 유지 – 기관 간에 상호 융통 사용 및 조정으로 긴급수요에 신속 대처<br>⑤ 구매정책 수립 용이<br>⑥ 공급업자(대기업체)에 유리<br>⑦ 구매업무에 대한 통제 용이 | ① 특수품목 구입에 불편<br>② 구매절차의 복잡성 – red tape<br>③ 적기공급의 지연<br>④ 대기업에 편중 – 중소기업에 불리<br>⑤ 구입시기의 신축성 부족 |

# THEME 06 결산

기출이력 | 2020 국가9급   C

2026 선행정학 기본서  p.683

## 1 의의

한 회계연도 동안 수입·지출의 실적을 확정적 수치로 표시하여 검증받는 행위

| 지출이 적법·정당한 경우 | 정부의 책임이 해제되는 법적 효력 있음 |
|---|---|
| 지출이 불법·부당한 경우 | 무효·취소가 되지 않으므로 법적 효력 없음 |

## 2 결산일정

국가결산보고서 ┬ 결산개요
├ 세입세출결산서
├ 재무제표(재정상태표, 재정운영표, 순자산변동표, 현금흐름표) ─ 예산회계(현금주의) / 재무회계(발생주의)
└ 성과보고서

[일정]
- 출납정리기한 : 현금출납자체를 마감해야 하는 출납폐쇄기간 — 12.31.
- 출납기한 : 출납에 관한 사무 완결시한 — 2.10.
- 중앙관서별 결산보고서 : 중앙관서장이 작성, 재경부장관에게 제출 — 2월 말
- 국가결산보고서 : 재경부장관이 작성, 국무회의·대통령 승인을 거쳐 감사원에 제출 — 4.10.
- 결산확인(검사) : 감사원이 확인하여 결산검사보고서를 재경부장관에게 송부 — 5.20.
- 결산의 국회 제출 : 정부의 결산서 국회 제출 — 5.31.
- 국회의 결산 심의 : 정기국회 개회(9.1.) 전까지 심의·의결 완료(by 국회법) — 9.1.

## 3 세계잉여금
→ 초과세입·세출불용으로 발생

**(1) 사용절차** : 법률에 의한 지출과 이월한 금액을 공제한 세출 결산상 순잉여금은 다음 순서대로 사용
① 지방교부세의 정산
② 공적자금상환기금에의 출연(잔여잉여금의 30% 이상)     법이공채추입
③ 국가채무(국채 또는 차입금)의 상환(잔여잉여금의 30% 이상)
④ 추가경정예산의 편성
⑤ 다음 연도 세입에 이입

**(2) 특징**
① 잉여금의 포함범위 : 일반회계 + 특별회계, 기금은 제외
② 사용가능시기 : 대통령 결산승인 이후   → 국회승인 이후 X
③ 국채발행과의 관계 : 부(−)의 관계 X, 재정건전성 판단기준 X, 발생주의 X
  └→ 정(+)의 관계 O (국채발행액이 증가하면 잉여금도 증가)   → 재정건전성 판단기준은 재정수지   → 현금주의 O

> **주의** [세계잉여금과 국채발행액, 재정건전성의 관계]
> - 세계잉여금과 적자국채 발행규모는 정(+)의 관계이며,
> - 세계잉여금은 재정건전성 파악에도 비효과적임
>   → 재정건전성 파악 X
>   ① 세계잉여금 = 총세입액 + **국채발행액** − 총세출액 − 이월액
>   ② 재정수지  = 총세입액 − 총세출액
>   → 재정건전성 파악 O

## ● 재정준칙

(1) 의의 : 재정건전성지표(국가채무, 재정수지 등)가 일정 수준을 넘지 않도록 하는 법제화한 규범으로 이 기준을 넘으면 국가는 의무적으로 재정건전화대책을 마련해야 함(현재 선진국 중 우리나라와 튀르키예만 미도입).

(2) 유형

| 유형 | 주요 내용 | 특징(장단점) |
|---|---|---|
| 채무준칙 | GDP 대비 국가채무 비율의 한도를 제시 | 재정건전성 제고에는 효과적이지만, 경기대응력 약화와 적정부채수준에 대한 사회적 합의 도출이 어려움 |
| 수지준칙 | 매 회계연도 또는 일정기간 동안의 재정수지를 균형 또는 일정 범위 내에서 관리 | 경기변동에 무관하게 엄격하게 적용할 경우, 경기대응력을 약화시키고 거시경제의 안정성 저해 우려 |
| 지출준칙 | 총지출 한도, 재정지출 규모나 증가율을 직접적으로 제한하는 준칙(조세지출 등에 의한 감세율 불포함) | 재정건전성 확보에 기여하나, 경제성장률이나 재정적자 규모 등을 고려하지 않을 경우 경기대응력이나 재정 유연성 저하 우려, 조세지출의 우회적 활용시 재정건전성 훼손 우려 |
| 수입준칙 | 재정수입의 최고 또는 최저한도를 설정 | 충분한 세수 확보로 재정 건전성에 기여 |

(3) 장단점
 ① 장점 : 재정건전성 확보 O
 ② 단점 : 거시경제의 안정성 X, 재정운영의 유연성 X

(4) 한국형 재정준칙 : 문재인 정부의 재정준칙 시안(2010)과 윤석열 정부의 재정준칙 시안(2022)

|  | 문재인 정부 | 윤석열 정부[1] |
|---|---|---|
| 채무지표 | GDP 대비 60%<br>(공공비영리기관 채무 포함 X) | GDP 대비 60%<br>(공공비영리기관 채무 포함 O) |
| 수지지표 | 통합재정수지 −3%(GDP 대비) | 관리재정수지[2] −3%(GDP 대비) |
| 지표간 관계 | 둘중 하나만 충족되면 됨 | 채무지표 60% 초과시 수지지표는 −2% 적용 |
| 법적 근거 | 국가재정법 시행령 | 국가재정법 |
| 적용시기 | 2025년부터 | 법 개정후 즉시 |

1) 윤석열 정부가 더 엄격한 재정준칙 법제화 추진한 바 있음(국가재정법 개정안 국회 제출(2022.9.) 되었으나 21대 국회에서 처리되지 못하고 폐기)
2) 관리재정수지 = 통합재정수지 − 사회보장성기금
  * 관리재정수지가 통합재정수지보다 더 엄격하고 정확한 재정건전성지표임

- ● **국가채무 범위(「국가재정법」 제91조)**

| 포함 | 불포함 |
|---|---|
| ① 국가(회계 또는 기금)가 발행한 채권(국고채) | ① 일시차입금 또는 재정증권 [1] |
| ② 국가의 차입금 | ② 국가가 인수·매입한 채권 |
| ③ 대지급 확정 채무 | ③ 다른 회계나 기금으로부터의 차입금 |
| ④ 국고채무부담행위에 의한 국고채무 | ④ 보증채무부담행위에 의한 보증채무 |

1) 국채의 범위에는 재정증권도 포함되지만 국가채무에는 재정증권이 포함되지 않음.

- ● **국채의 종류**

| 국고채 | 국가의 재정정책 수행을 위한 자금조달을 위해 국채법에 근거하여 발행하는 국채 |
|---|---|
| 국민주택기금채권 | 서민 주거안정을 위해 주택법에 근거하여 국민주택기금을 재원으로 발행 |
| 외환평형기금채권 | 환율 변동 등에 대비, 외환시장의 안정을 위해 외환거래법을 근거로 발행 |
| 재정증권 | 일시적인 재정부족 자금을 보전하기 위해 발행 |

- ● **기획재정부 분리·개편에 따른 재정관련 업무 소관(2026.1.2. 시행)**

| 구분 | | 기획예산처장관 | 재정경제부장관 | 근거 법률 |
|---|---|---|---|---|
| 중앙예산기관(예산) | | ○ | | 국가재정법 |
| 국고수지총괄기관 (결산, 조세, 회계, 국고금관리) | | | ○ | 국가재정법, 국고금관리법, 국가회계법 |
| 국가재정법 소관 | | ○ | ○ | 공동소관 |
| 국가재정운용계획 | | ○ | | 국가재정법 |
| 재정·경제정책 | 재정정책 | ○ | | |
| | 경제정책 | | ○ | |
| 국채 발행 | | | ○ | 국채법 |
| 국가채무·국가부채관리 | 국가채무관리 | ○ | | 국가재정법 |
| | 국가부채관리 | | ○ | 국가회계법 |
| 통합재정수지 | | | ○ | 국가재정법 시행령 |
| 통합재정정보시스템(d-Brain) | | ○ | | |
| 재정성과관리 | | ○ | | 국가재정법 |
| 조세지출예산 | 작성 | ○ | | 조세특례제한법 |
| | 국회제출 | | ○ | 국기지정법 |
| 성인지 예·결산 | 예산 | ○ | | 국가재정법 |
| | 결산 | | ○ | 국가재정법 |
| 공공기관 지정·관리 | | | ○ | 공공기관운영법 |
| 책임 운영 기관 | 지정·해제 협의 | ○ | | 책운기관법 |
| | 특별회계기관 지정 | ○ | | |
| | 특별회계관리 | ○ | | |
| 민간투자사업 관리 | | ○ | | 민간투자법 |

# THEME 07 정부회계

기출이력 | 2022 국가9급 등 총49회  A

## 1 회계처리방식

(1) 인식시점에 따른 구분
① 현금주의: 현금수납·지급 시에 수입·지출로 인식
② 발생주의: 자원의 증감·변동 및 실질적 거래 발생 시에 수익과 비용으로 인식

(2) 기장방식에 따른 구분
① 단식부기: 한쪽 면만 기장
② 복식부기: 차변, 대변 양쪽 면을 기장하여 대차 평균의 원리 적용

(3) 기장목적에 따른 구분
① 예산회계: 회계책임 및 재정 통제
② 재무회계: 재정성과 측정·보고

● 정부회계의 구분 방식   현단/발복

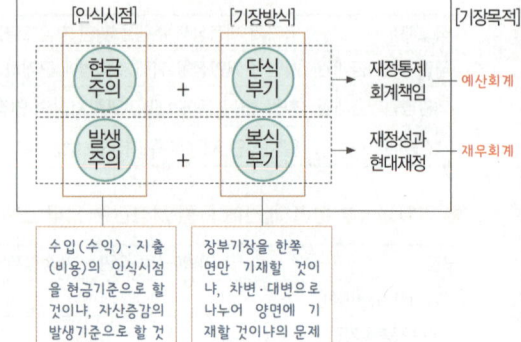

## 2 발생주의·복식부기의 요소

자부순비수 - 플마마플마

| | 차변 | 대변 |
|---|---|---|
| 자산 | + (자산의 증가) | − (자산의 감소) |
| 부채 | − (부채의 감소) | + (부채의 증가) |
| 자본(순자산) | − (자본의 감소) | + (자본의 증가) |
| 비용 | + (비용의 증가) | − (비용의 감소) |
| 수익 | − (수익의 감소) | + (수익의 증가) |

[정부재무제표]

| 재정상태표 | 특정시점의 재정상태를 자산−부채=순자산의 크기로 표시 | →저량지표(stock) |
|---|---|---|
| 재정운영표 | 한 회계연도 동안 운영성과를 비용 − 수익=손익으로 표시 | →유량지표(flow) |
| 순자산변동표 | 순자산 증감추이 표시 | 부(−): 순이익 / 정(+): 순손실 |
| 현금흐름표 | 현금흐름정보 표시 2025.1.1. 시행 | |

• 현금흐름표 — 중앙 O(by「국가회계법」및 국가회계기준(2025.1.1. 시행))
　　　　　　　지방 O(by 지방회계기준(행정안전부령))

● 현금주의와 발생주의의 인식방법

| 구분 | 현금주의 | 발생주의 |
|---|---|---|
| 수익비용의 인식 기준 | 현금의 수취·지출 | 수익의 획득, 비용의 발생 |
| 선급비용·선수수익 | 비용·수익으로 인식 | 자산과 부채로 인식 |
| 미지급비용·미수수익 | 인식 안 됨 | 부채와 자산으로 인식 |
| 감가상각, 대손상각, 제품보증비 등 | 인식 안 됨 | 비용으로 인식 |
| 무상거래 | 인식 안 됨 | 이중거래로 인식 |

## 3 현금주의와 발생주의의 장단점

| | 장점 | 단점 |
|---|---|---|
| 현금주의 | ① 절차 간편 및 이해 · 통제 용이<br>② 현금흐름 파악 용이<br>③ 회계처리의 객관성 – 외형적 수지균형 확보 용이 | ① 경영성과 파악 곤란<br>② 단식부기에 의한 조작가능성<br>　– 회계공무원 정직성 전제<br>③ 자산 · 부채 파악 곤란(비망기록으로 관리) : 미지급비용, 미수수익 인식 안됨<br>④ 감가상각 등 거래의 실질 및 원가 미반영 |
| 발생주의 | ① 자산 · 부채 파악으로 재정의 실질적 건전성 확보 : 미수수익(자산), 미지급 비용(부채) 인식<br>② 비용 · 편익 등 원가 및 재정성과 파악 용이<br>③ 예산의 자율성 제고 – 회계공무원 정직성 전제 불필요<br>④ 자기검정기능으로 회계오류 시정<br>⑤ 재정의 투명성 · 신뢰성 · 책임성 제고<br>⑥ 출납폐쇄기한 불필요<br>⑦ 자동이월가능<br>⑧ 종합적 재무정보 제공으로 올바른 재무적 결정<br>⑨ 기관별 · 기간별 손익(성과) 비교 가능<br>⑩ 연결(통합)재무제표 작성 가능<br>└→ 회계가 여럿일 때 중복분(회계간 내부거래)을 제외하고 회계 전체를 예산순계 기준으로 작성 | ① 자산평가 및 감가상각의 주관성<br>② 채권 · 채무의 자의적 추정 – 부실채권 파악 곤란 : 재무정보상 왜곡 초래<br>③ 절차 복잡 및 현금흐름 파악 곤란<br>④ 의회통제 회피 악용 가능성<br>└→ by 복잡성, 전문성, 주관성 |

● 회계방식의 다양한 유형

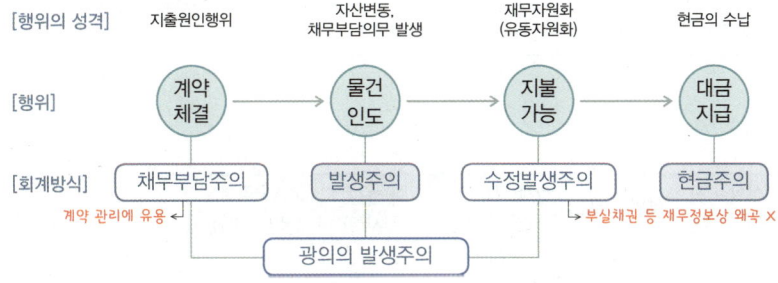

🔍 주의 [정부회계 쟁점]
① 회계처리의 객관성 : 현금주의 O, 발생주의 X
② 현금흐름표 작성 : 중앙정부 O, 지방정부 O
③ 현금흐름표 : 발생주의로 작성(발생주의로 작성되는 재정운영표 등에서 도출된 재정정보를 바탕으로 함)
④ ┌ 기업의 손익계산서 : 수익 – 비용 = 손익 → 정(+)이 이익
　└ 정부의 재정운용표 : 비용 – 수익 = 손익 → 정(+)이 손실
　　　　　　　　　　　　　　　　　　　　└→ by 회계기준

# THEME 08 회계검사

## 1 회계검사의 의의
① 지출의 합법성 확인
② 제3자에 의한 검사

## 2 감사원

(1) **지위**: 우리나라 모든 공공기관의 회계검사를 전담하는 대통령 소속의 헌법상 기관
(2) **구성**: 원장 포함 5~11인(헌법), 7인(감사원법), 임기 4년, 1차 중임 가능
(3) **기능**: 회계검사, 직무감찰, 결산확인
(4) **특징**: 전문성과 경험을 토대로 주로 사후적 통제를 담당하는 독립통제기관
(5) **대상**

| 개념 | 포함(대상) | 제외 |
|---|---|---|
| 회계검사 | 공공기관(국회, 법원, 공기업, 지방) | - |
| 직무감찰 | 공공기관(공기업, 지방) | 국회, 법원, 헌재 |
| 결산확인 | 국가기관(국회, 법원 등) | 공기업, 지방 |

● **독립기관 행정의 자율성** [1]

| | 예산사정 | 예산삭감 시 의견반영 | 예비금제도 | 회계검사, 결산확인(감사원) | 직무감찰 (감사원) | 고충처리대상 (국민권익위) |
|---|---|---|---|---|---|---|
| 국회 | O | O | O | O | X | X |
| 법원 | O | O | O | O | X | X |
| 헌법재판소 | O | O | O | O | X | X |
| 선관위 | O | O | O | O | O [2] | X |
| 감사원 | O | O | X | - | - | X |

1) 헌법상 독립기관: 국회, 법원, 헌재, 선관위
2) 선관위에 대한 감사원의 직무감찰 가능여부에 대해서는 논란이 있음 → 헌법재판소 판결(2025.2.27)이나 헌법학자들은 불가능하다고 보지만, 행정학자들이나 감사원법상으로는 가능하다고 해석

CHAPTER

# 06

# 행정환류론

행정은 어떻게 통제되고 개선되는가?
정보화는 행정을 어떻게 변화시켰는가?

---

이 후은 행정활동이 제대로 되어가고 있는지를
중간 중간 확인하고 행정활동을 되돌아 본 뒤 잘못된 부분은 시정하고 책임을 묻는 행정환류론과 정보화사회를
배경으로하는 전자정부론을 다루고 있다.
분량도 그리 많지 않고 큰 쟁점도 없는 편이다.
뒤돌아보지 않으면 발전이 없지만
너무 자주 돌아보면 앞으로 나아가지 못한다

김중규선행정학

# CHAPTER 06
# 행정환류론

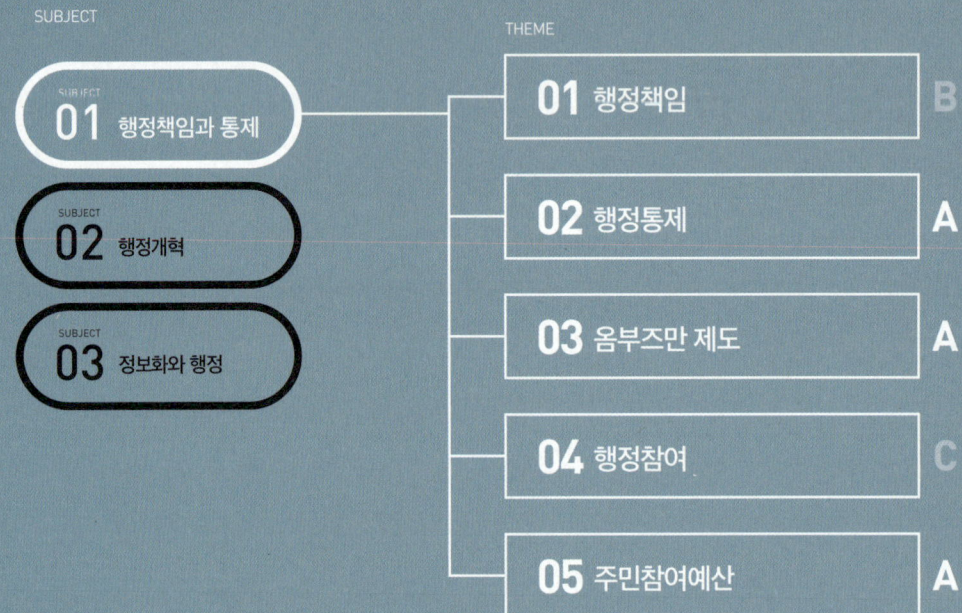

# THEME 01 행정책임

기출이력 | 2021 지방9급 등 총16회  B
2026 선행정학 기본서 p.705

**이것이 핵심**

- 외재적 책임 (객관적·제도적) ─ 고전적 책임(H.Finer) ─ 외부통제 ─ 근대입법국가
- 내재적 책임 (주관적·자율적) ─ 현대적 책임(C.Friedrich) ─ 내부통제 ─ 현대행정국가
  (자율)

## 1 행정책임의 본질
┌ 국가차원 : 국민에 대한 국가 역할의 정당성을 확인하는 것
└ 개인차원 : 관료가 도덕적·법적 규범에 따라 행동할 의무를 지는 것

① 행정책임은 권리가 아니라 일정한 <u>의무</u>를 전제로 발생
   └ but 최근에는 결과 + 동기(과정)에 대한 책임 강조
② 동기가 아니라 주로 결과에 대한 책임임(전통적 시각)
③ 상대론(결과론)과 절대론(의무론)의 조화로운 책임 인식 필요(현대적 시각)
   └ 처벌위주   └ 문제해결이 목적(적극행정 장려·면책)
④ 행정 재량권 및 전문성이 강조되는 현대 행정국가에서는 외재적 책임보다 <u>내재적 책임이 중시됨</u>
⑤ 관료제의 자율성(내부통제)과 민주주의 가치(외부통제)의 조화 필요
⑥ 행정책임의 기준(요소)은 다양하고 유동적임
⑦ <u>책임과 통제는 표리의 관계</u> : 통제는 책임 확보를 위한 수단

## 2 책임의 유형

### (1) 고전적 책임과 현대적 책임

|  | 개념 | 기준 | 학자 | 시대 | 정치·행정 | 통제 |
|---|---|---|---|---|---|---|
| 고전적 책임 | 외재적 책임 | 국민, 입법부, 사법부, 법률, 공익 등 | H.Finer | 입법국가 | 이원론 | 민주적 통제 |
| 현대적 책임 | 내재적 책임 | 직업윤리, 양심, 기술, 출신 등 | C.Friedrich | 행정국가 | 일원론 | 자율적 통제 |

기준 → 민주적 책임
→ 기능적 책임
→ 행정이념편에서는 민주적 통제와 연관시키는 입장도 있음

### (2) 제도적 책임성과 자율적 책임성

| 제도적 책임성 | 자율적 책임성 |
|---|---|
| 문책자의 외재화 또는 존재 | 문책자의 내재화 또는 부재 → 제재 불가 |
| 절차의 중시, 합법성 중시 | 질서의 준수와 책임 완수는 별개의 것, 대응성 및 성과 중시 |

→ 수동적·타율적 책임(by 대리인 이론)   → 능동적·자발적 책임(by 청지기 이론)

### (3) 롬젝(Romzek)의 행정책임유형

| 통제의 정도 \ 통제의 원천 | 원천 | |
|---|---|---|
| | 내부 | 외부 |
| 정도   높음 | 관료적(위계적) 책임성 1) | 법률적 책임성 2) |
| 정도   낮음 | 전문가적 책임성 3) | 정치적 책임성 4) |

1) 조직내 상하간 감독에 의한 책임
2) 외부 법률기관(입법부 등)에 의한 통제
3) 전문가집단의 규범이나 관행에 의한 통제
4) 유권자, 외부고객 등의 기대에 부응해야할 책임

### (4) 임무적 · 응답적 · 합법적 책임

| ① 임무적 책임 (responsibility) | 국민의 공복이나 수임자로서의 책임, 도의적 책임 | 가장 광범위 (②+③) (대신 또는 분담 가능) |
|---|---|---|
| ② 대응적 책임 (responsiveness) | 국민의 여망이나 요구, 민의에 대응해야 할 응답적 책임 | |
| ③ 합법적 책임 (accountability) | 법률에 따라야 할 법률적 · 변명적 책임 | 한정적 개념 (분담 불가) |

## THEME 02 행정통제

기출이력 | 2021 국가9급 등 총45회

A

2026 선행정학 기본서 p.710

### 1 행정통제의 본질

① 궁극적으로 민주주의와 관료제 간의 조화 문제로 귀결 : 민주주의 가치인 대응성(통제)과 관료제적 가치인 능률성(자율)의 조화 필요 (충돌)
② 어떤 측면에서는 관료로부터 재량권을 빼앗는 것
③ 성과측정 + 시정조치 = 행정통제
　　　　　　　　　　↳행정책임 확보수단

### 2 통제의 유형

| 구분 | 내부통제 | 외부통제 |
|---|---|---|
| 공식 | 행정수반(대통령), 교차기능조직(인사, 조직, 예산, 법제 등 막료부처), 독립통제기관(감사원, 국민권익위원회), 계층제(상관), 정부업무평가, 행정심판, 근무성적평정 | 입법부, 사법부, 옴부즈만 ↳법원 & 헌법재판소 |
| 비공식 | 행정윤리(전문직업상의 행동규범), 대표관료제, 공익 | 민중통제(선거·투표 등 시민참여, 이익집단, 언론매체, 정당 등) |

┌사전통제 성격
└횡적 지원·조정 기구(정부막료부처)

● 교차기능조직에 의한 통제

① 인사 : 인사혁신처
② 조직·정원 : 행정안전부
③ 예산 : 기획예산처
④ 법제 : 법제처
⑤ 물자 : 조달청
⑥ 평가 : 국무조정실

● 독립통제기관에 의한 통제

|  | 감사원 | 국민권익위원회 |
|---|---|---|
| 기능 | 회계검사, 직무감찰, 결산확인 (감-회직결) | 고충처리, 부패방지, 행정심판 (권-고부심) |
| 근거 | 헌법 | 법률 |
| 소속 | 대통령 | 국무총리 |
| 위원 | 헌법 : 5~11인(원장 포함) 법률 : 7인(원장 포함) | 15인(위원장 포함) |
| 임기 | 4년, 1차 중임 가능 | 3년, 1차 연임 가능 |

# THEME 03 옴부즈만 제도

기출이력 | 2016 지방9급 등 총26회   A
2026 선행정학 기본서 p.715

## 1 의의
- 1809년 스웨덴에서 처음 등장 : 입법통제 등 외부통제의 보완
- 공식기구이지만 개인적 신망에 의존하는 비공식적·정치적·사회적 성격
  - 인력·예산의 부족 → 옴부즈만의 한계
  - 강제력 x

## 2 일반적인 특징
- 소속 : 대부분 의회 소속이지만 행정부 소속형도 있음 (→ 우리나라, 프랑스)
- 조사대상 : 불법행위(합법성)는 물론 부당행위(합목적성)도 대상
- 간접적 통제 : 무효·취소 불가(강제 x, 대행 x, 명령 x)
- 신청에 의한 조사 : 신청은 물론 직권에 의한 조사 가능(신청에 의한 조사가 일반적)
- 신속한 처리와 저렴한 비용 : 절차는 비공식적, 조사는 공개적으로 실시
- 독립된 헌법기관 : 입법부나 사법부도 통제의 대상, 조직적 안정성
- 성격 : 법적으로 확립된 공식기구이지만 조사활동은 비공식적이고 융통성이 있어서 정치적·사회적 성격이 강함
- 권한 : 조사권, 시찰권, 소추권 (조시소)
  - But 대부분의 국가는 인정하지 않음

## 3 우리나라 옴부즈만의 특징
- 헌법상 기관이 아닌 법률상 기관, 짧은 임기 조직의 안정성 부족 (→「부패방지권익위법」)
- 정부 내(국무총리소속 국민권익위원회)에 설치 (내부통제)
  - 국민고충처리위(1994)가 효시
- 신청에 의한 조사만 가능하며 직권조사권 없음
  - → But 직권조정 O
- 입법·사법부에 대한 통제 불가
- 국민권익위원회의 주요 기능 : 고충처리(옴부즈만), 부패방지, 행정심판
  - 권-고부심
- 지방(시민고충처리위)은 임의사항으로 일부 지방에서만 운용중

● 민원행정
(1) 민원의 성격
  ① 전달적 행정, 정치적 관심, 행정서비스적 성격, 경계작용, 행정구제
  ② 행정기관은 민원인이 될 수 없음(원칙)
   → But 사경제 주체로서 민원제기는 가능
(2) 민원의 종류
  - 일반민원 : 각 부처 소관
  - 고충민원 : 국민권익위 소관
  - 복합민원 : 다수부처 관련 민원
       → 일괄처리 원칙
  - 다수인 관련 민원 : 5세대 이상 공동 민원

# THEME 04 행정참여

## 1 의의

시민들이 정책과정에 직·간접적으로 참여하는 것
└→ 최근의 참여는 직접참여 성격이 강함

## 2 참여의 유형

└→ 의회나 시민단체를 통한 참여

| 간접참여 | 직접참여 |
|---|---|
| ① 의회, 선거, 투표<br>② 연합회<br>③ 위원회 (국민투표)<br>④ 주민협의회<br>⑤ 공청회 등 | ① 주민투표  ② 주민소송<br>③ 주민감사청구  ④ 주민조례개폐청구<br>⑤ 주민참여예산  ⑥ 주민소환 |

● 재정운용의 주민참여와 통제

|  | 소극적 | 적극적 |
|---|---|---|
| 사전적 | ① 재정정보 공개제도(예산편성안 공개)<br>② 성인지예산<br>③ 재정투자 심사제도<br>④ 중기지방 재정계획 | ① 주민참여 예산제도<br>② 주민투표제도 |
| 사후적 | ① 재정정보 공개(공시)제도 (결산정보 공개)<br>② 시민예산 감시운동<br>③ 재정진단(지방재정사전경보시스템)<br>④ 성인지결산 | ① 주민(납세자)소송 제도<br>② 주민감사 청구제도<br>③ 주민소환제도<br>④ 행정사무 감사제도 |

## 3 참여의 기능

| 순기능 | 역기능 |
|---|---|
| ① 대의민주주의의 결함(미비점) 보완<br>② 절차적 민주주의 실현<br>③ 행정의 효율성 제고 : 집행 촉진<br>④ 행정의 책임성 확보 : 행정통제 강화<br>⑤ 소외계층의 이익 배려 | ① 대표성의 한계<br>② 전문성 저해<br>③ 책임의 전가<br>④ 행정의 능률성 저해 : 결정과정에서 비용 증가<br>⑤ 이익집단과의 결탁 또는 대중 조작 |

## ● 시민참여단계론(Arnstein)

조치/정상회/동주시

| 단계 | 세부단계 | 특징 |
|---|---|---|
| 1단계<br>(실질적 비참여) | ① 조작 | 설득, 계도 |
| | ② 심리적 치유 | 분출, 교정 |
| 2단계<br>(상징적 참여) | ③ 정보제공 | 홍보(일방적 홍보) |
| | ④ 상담 | 공청회(의견 수렴) |
| | ⑤ 회유 | 시민패널, 유화, 상호토론 |
| 3단계<br>(실질적 참여) | ⑥ 동업자 단계 | 공동협력 |
| | ⑦ 주민권력 | 권한위임(주민참여예산) |
| | ⑧ 시민통제 | 주민자치 |

# THEME 05 주민참여예산

A
기출이력 | 2021 국가7급 등 총18회
2026 선행정학 기본서 p.722

## 1 의의

① 주민이 예산편성과정에 공식 참여 → 재정협치(Fiscal Governance) → 선심성 예산 등 억제
② 성과를 중시하는 NPM보다 재정주권을 중시하는 Gov의 산물 → 사전적·적극적인 참여제도

## 2 도입

① 해외 : 브라질 포르투알레그리시(1989)에서 세계 최초 도입
② 국내
- 2004 광주광역시 북구(국내 최초)
- 2006 「지방재정법」에 근거 마련(임의규정)
- 2011 「지방재정법」상 의무화 : 주민참여예산제도(지방정부)
  → 제도는 의무화 되어 있으나 주민의견 반영 의무 X
- 2018 「국가재정법」에도 의무화 : 국민참여예산제도(중앙정부)
  → 2019 예산부터 시행

## 3 효용과 한계

| 효용 | 한계 |
|---|---|
| ① 재정거버넌스 구현<br>② 재정통제 및 재정민주주의 구현 | ① 집단이기주의 우려  ② 정치논리 개입 우려<br>③ 의회기능 위축 우려 |

## 4 우리나라 주민참여예산제도
→ 「지방재정법」(제39조)

(but, 예산편성안 국한 X)
→ 지방의회 의결사항은 제외

① 의무적 시행 : 자치단체장은 대통령령으로 정하는 바에 따라 지방예산 편성 등 예산과정에 주민이 참여할 수 있는 제도를 마련·시행하여야 함
② 참여기구 : 예산편성과정의 주민 참여 관련 사항을 심의하기 위하여 자치단체장 소속으로 주민참여예산기구를 둘 수 있음
  → 주민참여예산위원회 등
③ 의견서 : 자치단체장은 주민참여예산제도를 통하여 수렴한 주민의 의견서를 예산안에 첨부하여야 함
④ 평가 : 행정안전부장관은 자치단체별 주민참여예산제도의 운영에 대하여 평가할 수 있음
⑤ 조례 : 주민참여예산기구의 구성·운영 등에 필요한 사항은 해당 지방자치단체의 조례로 정함

# CHAPTER 06
# 행정환류론

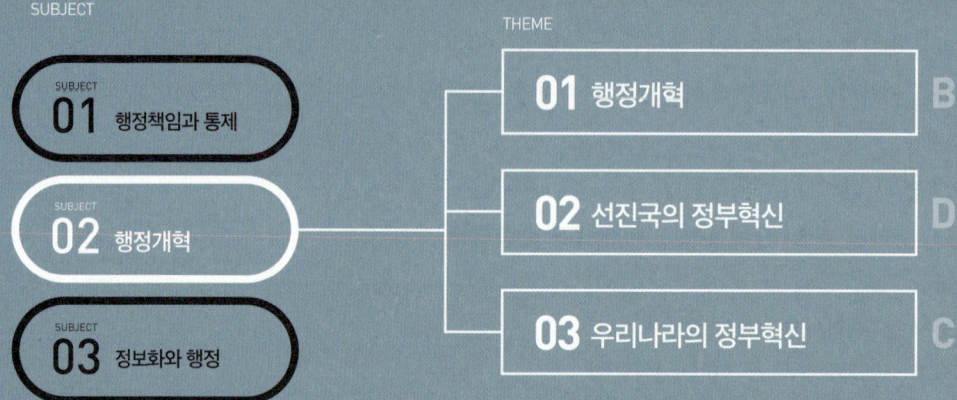

# THEME 01 행정개혁

## 1 행정개혁의 의의와 특징

① 목표(가치)지향성
② 변화지향성
③ **저항수반성** : 기득권 · 현상 타파로 인하여 발생
④ 동태성 · 의식성 · 행동지향성
⑤ **정치성** : 정치적 영향과 지지
⑥ **지속적 · 계획적 변화** : 일시적 · 단발적 · 단기적 변화 X
⑦ **개방성 · 생태성** : 환경과의 관련성
⑧ **포괄적 관련성** : 구조 · 절차 · 행태 · 기능 등 다양한 요소와 관련

● 개혁의 절차(Lewin)

① 해빙 : 기존 상태 타파
② 변화 : 원하는 상태로의 이동
③ 재결빙 : 변화의 정착

## 2 행정개혁의 접근법

| 구조적 접근 (고전적 전략) | 원리전략 | 기능 중복의 제거, 책임의 재규정, 조정 및 통제 절차의 개선, 표준적 절차의 간소화, 의사소통체제 및 통솔범위의 수정 |
|---|---|---|
| | 분권화전략 | 집권 또는 분권화만 되면 공식조직, 행태, 의사결정까지도 변화된다는 전략 |
| 관리기술적 접근 | | 운영과정이나 일의 흐름을 개선(OR, EDPS, MIS, RE, BPR, TQM, BSC, CBA, 문서양식, 절차, OA 등) |
| 행태적 접근 | | 감수성 훈련 등 OD(조직발전) 전략 |

## 3 추진전략과 개혁의 성패

| 저항이 약하고 성공가능성이 높은 전략 | 저항이 강하고 성공가능성이 낮은 전략 |
|---|---|
| 부분적 · 점진적 개혁 | 포괄적 · 급진적 개혁 |
| 내부주도형 개혁 : 국내자(정부) 주도 | 외부주도형 개혁 : 국외자(민간) 주도 |
| 참여적 · 상향적 개혁 | 명령적 · 하향적 개혁 |

## 4 저항 극복 전략

| 규범적·사회적 전략 | 공리적·기술적 전략 | 강제적·물리적 전략 |
|---|---|---|
| ① 참여의 확대<br>② 의사소통의 촉진<br>③ 집단토론과 사전교육훈련<br>④ 카리스마나 상징의 활용<br>⑤ 충분한 시간 부여<br>⑥ 자기계발기회 제공<br>⑦ 개혁지도자의 신망개선과 사명감 고취 | ① 개혁의 점진적 추진<br>② 적절한 범위와 시기의 선택·조절<br>③ 개혁안의 명확화와 공공성 강조<br>④ 개혁방법·기술의 수정<br>⑤ 적절한 인사배치·호혜적 전략<br>⑥ 손실의 최소화와 보상의 명확화 | ① 의식적인 긴장 조성<br>② 물리적 제재나 압력 사용<br>③ 상급자의 권력행사 |

> **주의** [행정개혁에 대한 저항 극복전략]
> ① 충분한 시간 부여 : 규범적·사회적 전략
> ② 적절한 시기의 선택 : 공리적·기술적 전략

# THEME 02 선진국의 정부혁신

## 1 최근 개혁의 공통된 특징

① 신공공관리론과 신자유주의에 바탕한 전면적 개혁 : 민영화, 규제완화, 복지 축소 등
② 구조가 아닌 관리중심의 개혁 : 중앙부처의 대폭적 통폐합조치 없었음

## 2 영국의 정부혁신

| | |
|---|---|
| 능률성 정밀진단(1979) | 비능률적 행정요인 색출 |
| 재무관리개혁(1982) | 총괄예산, 성과관리, 발생주의 등 도입 |
| Next Steps(1988) | 책임집행기관(agency) 설치 |
| 시민헌장제도(1991) | 서비스표준 설정, 시정과 보상, 품질의 표준화(CC) <br> → 서비스제일주의(Service First)로 개편(1996) |
| 시장성검정제도(1991) | 의무경쟁입찰을 통한 공공서비스 공급주체의 최적화, 공급의 경쟁화(CCT) <br> → 최고가치 정책(Best Value Policy)으로 개편(2000) |

## 3 미국의 정부혁신

① Clinton의 정부 재창조와 상식 있는 정부
② 공무원들로 구성된 NPR(국정성과평가팀)이 주도
   ↳ 250명의 공무원들로만 구성
③ A. Gore 보고서
   - 번문욕례(red tape)의 제거
   - 고객우선주의 실현
   - 분권화와 결과중심의 관리개혁
   - 기본원칙으로의 복귀
   - 감축관리

# THEME 03 우리나라의 정부혁신

## 1 우리나라 행정개혁의 특징

① 개혁동기의 정치성 : 행정능률의 향상 등 합리적 이유보다는 권력구조의 재편을 위한 정치적 동기에서 추진
② 중앙행정기구의 개편 위주 : 구조중심의 개혁전략
③ 개혁정책에 대한 국민적 참여·공감·지지 부족
④ 개혁정책 및 추진기구의 일관성 부족 : 체계적이고 일관된 개혁 프레임워크(framework) 부재

## 2 역대 정부별 행정개혁의 특징과 주요 내용

### (1) 김대중 정부(1998~2003)

① 신공공관리론적 개혁 : 대처리즘의 경험을 근거로 신자유주의 가치(시장원리, 경쟁원리) 강조
② 상시적 행정개혁 추진체계 : 기획예산처(기획+개혁+예산)라는 상설개혁기구 설치·운영 〔기획예산위원회(1998)의 후신〕
③ 중앙인사기구 분리·독립 : 대통령 직속으로 중앙인사위원회 설치 〔최초 유일의 비독립합의형 인사기구(1999~2008)〕

### (2) 노무현 정부(2003~2008)

① 거버넌스적(참여적) 개혁 : 김대중 정부의 신공공관리론적 개혁에 대한 속도 조절
② 공무원들과 외부 전문가들이 참여
③ 조직 축소 등 작은 정부가 아닌 일의 흐름(방식) 중심의 개혁 : 대폭적인 조직개편이나 통폐합조치 x

### (3) 이명박 정부(2008~2013)

① 중앙부처 통폐합 : 정부조직 간소화(신공공관리론적 개혁으로의 회귀), 부총리제 폐지
② 세분화된 영역별 편제를 기능별 편제로 통합 : 기획예산처 + 재정경제부 → 기획재정부 신설 등
③ 중앙정부와 지방정부간 기능 재검토·조정 : 특별일선기관 통합·정비
④ 공기업 및 위원회 통폐합

### (4) 박근혜 정부(2013~2017)

① 성장위주의 큰 정부 : 미래창조과학부, 해양수산부 등 신설
② 부총리제 부활 : 경제부총리, 사회부총리
③ 국민안전처(장관급)·인사혁신처(차관급) 신설 : 소방방재청 및 해양경찰청을 국민안전처로 흡수

(5) 문재인 정부(2017~2022)
① 중소벤처기업부 신설
② 국민안전처 및 미래창조과학부 폐지
③ 해양경찰청을 해양수산부 소속 외청, 소방청을 행정안전부 소속 외청으로 독립
④ 물관리기능 환경부로 일원화
⑤ 행복도시건설청, 새만금개발청, 국민권익위, 개인정보보호위 : 정부조직법상 중앙행정기관화
⑥ 보건복지부에 질병관리청 신설 및 보건복지부와 산업통상자원부에 복수차관제 도입

(6) 윤석열 정부(2022~2025)
① 국가보훈처를 국가보훈부로 승격
② 외교부에 재외동포청 신설
③ 과학기술정보통신부 소속 외청으로 우주항공청 신설(2024.5.27.)
④ 문화재청 → 국가유산청으로 개편(2024.5.17.)
⑤ 영유아 보육·교육 업무 : 보건복지부에서 교육부로 이관(2024.6.27.)

(7) 이재명 정부(2025.10.)
① 기획재정부 ⇨ 기획예산처(중앙예산기관)와 재정경제부(국고수지총괄기관)로 분리·개편  [2026.1.2. 시행]
② 검찰청 ⇨ 공소청(기소전담, 법무부소속)과 중대범죄수사청(수사전담, 행안부 소속)으로 분리·개편  [2026.10.2. 시행]
③ 환경부 ⇨ 기후에너지환경부로 확대·개편 및 제2차관 신설
④ 방송통신위원회 ⇨ 방송미디어통신위원회로 확대·개편
⑤ 과학기술부총리(과학기술정보통신부장관겸) 신설 및 사회부총리(교육부장관겸) 폐지
⑥ 특허청 ⇨ 지식재산처로 확대·개편(중앙책임운영기관 지정해제)
⑦ 통계청 ⇨ 국가데이터처로 확대·개편
⑧ 여성가족부 ⇨ 성평등가족부로 확대·개편
⑨ 중소벤처기업부에 제2차관 신설
⑩ 산업통상자원부 ⇨ 산업통상부(제2차관 폐지)
⑪ 행정안전부 경찰국 폐지 : 경찰의 독립성 강화

## 3 역대 정부별 주요 행정개혁 내용

| | 조직 | 인사 | 재무 | 지방 |
|---|---|---|---|---|
| 김대중 정부 (1998~2003) | ① 행정서비스헌장제도(1998)<br>② 책임운영기관제도(1999) | ① 개방형직위·공모직위제도(1999)<br>② 부패방지법 제정(2002)<br>③ 연봉제 도입, 국장급 이상(1999) | ① 국고금관리법 제정(2003) | ① 중앙행정권한 지방이양촉진법(1999)<br>② 주민감사청구제도(1999)<br>③ 주민조례개폐청구제도(1999) |

| 정부 | | | | |
|---|---|---|---|---|
| 노무현 정부 (2003~2008) | ① 공공기관 운영에 관한 법률(2007) | ① 공무원노조제도(2006)<br>② 고위공무원단제도(2006)<br>③ 총액인건비제도(2007) | ① 자율편성제도(2005)<br>② 성과중심의 재정운용(2007)<br>③ 국가재정운용계획(2007)<br>④ 디지털예산회계정보시스템(2007)<br>⑤ 프로그램예산제도(2007)<br>⑥ 발생주의 & 복식부기(2008) | ① 지방분권특별법(2004)<br>② 주민투표제(2004)<br>③ 주민소송제(2006)<br>④ 주민소환제(2007) |
| 이명박 정부 (2008~2013) | ① 정부조직 통합·개편(부총리 폐지) | ① 부패방지권익위법(2008) | ① 국가회계법(2009)<br>② 남녀평등예산제도(2010)<br>③ 조세지출예산제도(2011) | ① 지방분권촉진에 관한 특별법(2008)<br>② 주민참여예산제도 의무화(2011) |
| 박근혜 정부 (2013~2017) | ① 정부 3.0 추진<br>② 미래창조과학부 및 국민안전처 신설 | | | ① 지방분권 및 지방행정 체제 개편에 관한 특별법(2013) |
| 문재인 정부 (2019~2022) | ① 중소벤처기업부 신설<br>② 해양경찰청과 소방청 분리·독립 | | ① 국민참여예산(2018) | ① 지방자치분권 및 지방행정체제개편에 관한 특별법(2018) |
| 윤석열 정부 (2022~2025) | ① 국가보훈처를 국가보훈부로 승격<br>② 외교부에 재외동포청 신설<br>③ 과학기술정보통신부 소속 외청으로 우주항공청 신설(2024.5.27.)<br>④ 문화재청 ⇨ 국가유산청으로 개편(2024.5.17.)<br>⑤ 영유아 보육·교육 업무 : 보건복지부에서 교육부로 이관(2024.6.27.) | | | ① 지방자치분권 및 지역균형발전에 관한 특별법(2023) |
| 이재명 정부 [1] (2025~) | ① 기획재정부 ⇨ 기획예산처(중앙예산기관)와 재정경제부(국고수지총괄기관)로 분리·개편 [2]<br>② 검찰청 ⇨ 공소청(기소전담, 법무부소속)과 중대범죄수사청(수사전담, 행안부 소속)으로 분리·개편 [3]<br>③ 환경부 ⇨ 기후에너지환경부로 확대·개편 및 제2차관 신설<br>④ 방송통신위원회 ⇨ 방송미디어통신위원회로 확대·개편<br>⑤ 과학기술부총리(과학기술정보통신부장관겸) 신설 및 사회부총리(교육부장관겸) 폐지<br>⑥ 특허청 ⇨ 지식재산처로 확대·개편(중앙책임운영기관 지정해제)<br>⑦ 통계청 ⇨ 국가데이터처로 확대·개편<br>⑧ 여성가족부 ⇨ 성평등가족부로 확대·개편<br>⑨ 중소벤처기업부에 제2차관 신설<br>⑩ 산업통상자원부 ⇨ 산업통상부(제2차관 폐지)<br>⑪ 행정안전부 경찰국 폐지 : 경찰의 독립성 강화 [4] | | | |

1) 시행시기 : 2025.10.1. 공포·시행(기획재정부 및 검찰청 분리·개편 제외)
2) 기획재정부 분리·개편 : 2026.1.2. 시행
3) 검찰청 분리·개편 : 공포 후 1년 뒤(2026.10.2.) 시행
4) 행정안전부 경찰국 폐지 : 2025.8.26. 시행

# CHAPTER 06
# 행정환류론

# THEME 01 지식정보화사회와 행정

- **1** 정보의 의미와 특징

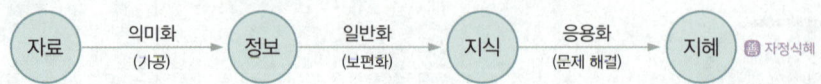

- **2** 정보화 사회의 특징
  ① 수평적 네트워크 중심의 사회
  ② 소품종 대량생산체제에서 다품종 소량생산체제로 전환 : 개성 존중
  ③ 탈계층제(탈관료제) 구조의 등장 : 이음매 없는 유연한 조직으로 행정농도가 낮아짐
  → by 업무절차(process)를 근본적으로 축소·재설계
  ④ 공급과 소비의 융합 : Prosuming(공동생산)

- **3** 정보화 사회의 조직구조

(1) 조직구조에 미칠 영향
  ① 저층구조로의 탈관료제화 : 네트워크조직이나 가상조직, 팀조직 등으로의 수평구조화
  ② 생산의 예측불가능성 : 다품종소량생산체제로 전환 → 표준운영절차(SOP) 적용 곤란
  ③ 행정농도의 저하 : 간접(지원)인력 축소
  ④ 네트워크화 : 직접민주주의(전자민주주의, 모자이크 민주주의)나 시민참여 가능성 제고
  ⑤ 의사결정의 집·분권화
  ⑥ 분권화 초래 : But, 집권화 또는 계층제 구조가 강화될 수도 있음
  → (if) 상층부의 정보독점

(2) 정보화 사회의 조직모형

| 후기기업가조직 | 안정성과 지속성보다는 신속성, 창의성, 신축성을 강조하는 조직. 대규모 조직이면서도 의사결정단계가 축소된 신속·유연한 조직 |
|---|---|
| 삼엽조직 | 클로버형조직으로서 소규모 전문직 근로자, 계약직 근로자, 신축적 근로자로 구성된 조직으로 소규모 조직을 유지하면서도 산출을 극대화시킬 수 있는 조직 |

| 혼동정부 | 조직 내에 존재하는 혼돈과 무질서를 회피의 대상으로 보지 않는 조직으로 혼돈이론, 비선형 동학, 복잡성이론 등을 적용한 조직(자생조직) |
|---|---|
| 공동(空洞)조직 | 정부는 핵심적인 기능만을 수행하고 여타 부수적 기능은 다른 조직에 일임하는 방식으로 정부의 영역이 간소화된 조직 → 네트워크조직 |

## 4 정보화 사회와 조직행동

(1) 정보화 사회의 조직문화
① 개인 간 자율과 경쟁 가속화 : 능력과 성과 중심의 사회
  ↳ 계급·연공중심 X
② 여성 중심의 유연한 문화

(2) 정보화 사회의 리더십(Tapscott)
① 상호연계적 리더십 : 분배된 리더십
② 공유된 비전과 학습의지
③ 개인역량의 결합 : 개인역량(분업)보다는 조직역량(협업) 중시
④ 최고관리자의 지원과 관심
⑤ 구성원 모두가 리더라는 인식 : 셀프리더십
  ↳ by 자기방향성, 자기통제력

## 5 정보화와 행정

① 행정의 효율성·생산성 제고
② 유연근무제 : 원격근무제, 탄력시간제, 재량근무제 등
   ↳ 스마트워크, 재택   ↳ 시차 출퇴근, 압축근무, 근무시간선택
③ 전자민주주의에 의한 참여 증진
④ 고객지향적 행정 : 원스톱, 논스톱(제로스톱)서비스
⑤ 보편적 서비스
  ↳ ● 보편적 서비스의 요소

| 접근성 | 장소불문 접속 가능 |
|---|---|
| 활용가능성 | 신체조건(개인적 장애) 불문 접속 가능 |
| 훈련과 지원 | 교육으로 인터넷 활용능력 배양 |
| 유의미한 목적성 | 정보 시스템이 개인적·사회적으로 의미 있고 만족이나 경제적 성취에 도움 |
| 요금의 저렴성 | 비용 대비 효과성이 있어야 하고, 빈곤 등 경제적 이유로 인한 이용 배제 방지 |

## ● 유연근무제의 종류 (2023 인사혁신처 예규)

장점 : 출퇴근시간 절감, 일과 삶의 균형
단점 : 기관간·부서간 업무연계성 저해

| 유형 | 개념 | 활용방법(종류) | |
|---|---|---|---|
| 탄력근무제 | 주 40시간 근무하되, 출퇴근 시각, 근무시간, 근무일을 자율 조정 | 시차출퇴근형 | 1일 8시간 근무체제 유지, 출퇴근시간 자율 조정 |
| | | 근무시간 선택형 | 일 8시간에 구애받지 않음(일 4~12시간 근무), 주 5일 근무 |
| | | 집약근무형 | 일 8시간에 구애받지 않음(일 4~12시간 근무), 주 3.5~4일 근무 |
| 재량근무제 | 근무시간, 근무장소 등에 구애받지 않는 근무형태 | 출퇴근 의무 없이 프로젝트 수행으로 주40시간 인정, 고도의 전문적 지식과 기술이 필요해 업무수행방법이나 시간배분을 담당자의 재량에 맡길 필요가 있는 분야로 구체적인 업무성과를 토대로 근무한 것으로 간주 | |
| 원격근무제 | 특정한 근무장소를 정하지 않고 정보통신망을 이용하여 근무 | 재택근무형 | 사무실이 아닌 자택에서 근무, 1일 근무시간은 4~8시간으로 변동 불가 |
| | | 스마트워크 근무형 | 자택 인근 스마트워크센터 등 별도 사무실에서 근무, 1일 근무시간은 4~8시간으로 변동 불가 |

## ● 전자거래의 종류(전자정부 구성요소)

| 거래 유형 | | 명칭 | 개념 | 소관부처 |
|---|---|---|---|---|
| G2B | 대(對)기업 전자거래 | 나라장터 | 국가종합전자조달시스템 | 조달청 |
| | | 전자통관 | 수출입통관업무 포털시스템 | 관세청 |
| G2C | 대국민 전자거래 | 정부24 | 정부서비스, 민원, 정책정보를 통합·제공하는 정부대표포털[1] | 행정안전부 |
| | | 국민신문고 | 국민제안, 정책토론 등 국민의 국정참여 창구 | 국민권익위원회 |
| | | 전자통관 | 수출입통관업무 포털시스템 | 관세청 |
| | | 전자납세 | 납세업무 포털시스템 | 국세청 |
| | | 전자소송 | 소송업무 포털시스템 | 법무부 |
| | | 공동생산 | 정부와 국민 간 협치(pro-suming) | 전부처 |
| | | 천만상상 오아시스 | 서울시민의 상상과 제안을 수집·실현하기 위한 시민제안 전자창구 | 서울특별시 |
| G2G | 정부내 전자거래 | d-Brain | 디지털 국가예산회계정보시스템(d-Bais), 세입·예산·집행·결산 등에 관한 국가종합재정정보시스템 | 기획예산처 |
| | | e-호조 | 지방재정통합관리시스템 | 행정안전부 |
| | | 온나라 | 전자결재 등 정부업무처리 전산화 표준시스템(문서, 지식, 이음) | 행정안전부 |
| | | e-사람 | 전자인사관리시스템 | 인사혁신처 |
| | | 그룹웨어 | 조직내 구성원들 간 연결된 컴퓨터로 문서 공유, 협력적 업무처리 | 전부처 |
| | | EDI | 전자자료처리(전자문서교환)시스템 | 전부처 |

1) G2C중 단일창구를 통한 정부민원 통합처리시스템을 G4C라고 부르는 경우도 있음.

● 전자거래의 종류(전자정부의 구성요소)

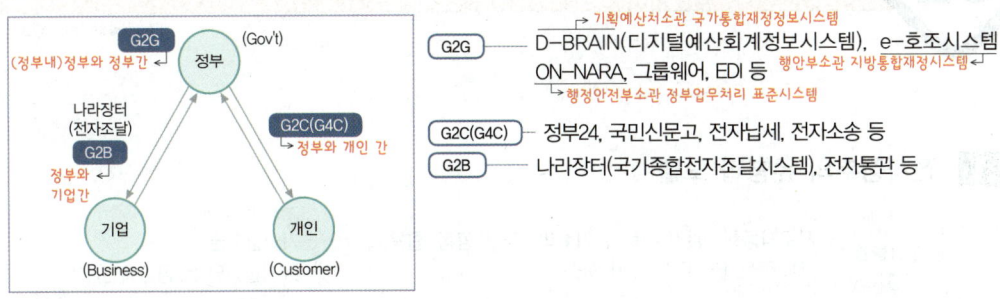

## 6  행정정보화(전자정부)의 한계(역기능)

① 정보격차 문제
② 프라이버시 침해 우려
③ 전자전제주의(Tele-fascism) 우려 : 상층부의 정보독점에 의한 감시 강화(전자판옵티콘)
④ 인간소외 : 대고객 관계의 비인간화

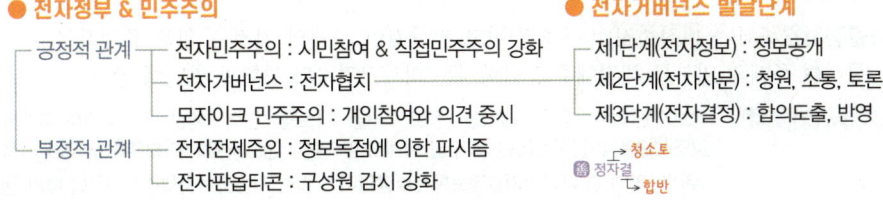

# THEME 02 전자정부

기출이력 | 2022 국가9급 등 총56회    B

2026 선행정학 기본서 p.748

## 1 전자정부의 유형과 모델

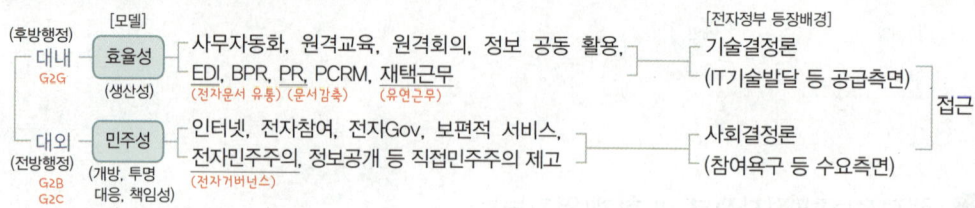

(후방행정) 대내 G2G — [모델] 효율성 (생산성) — 사무자동화, 원격교육, 원격회의, 정보 공동 활용, EDI, BPR, PR, PCRM, 재택근무
(전자문서 유통) (문서감축) (유연근무)

(전방행정) 대외 G2B G2C — 민주성 (개방, 투명 대응, 책임성) — 인터넷, 전자참여, 전자Gov, 보편적 서비스, 전자민주주의, 정보공개 등 직접민주주의 제고
(전자거버넌스)

[전자정부 등장배경]
기술결정론 (IT기술발달 등 공급측면)
사회결정론 (참여욕구 등 수요측면)   } 접근

## 2 구성요소

- **EDI(전자자료교환체제)** : 정형화된 포맷을 이용, 컴퓨터 간 정보·자료를 교환하는 체제 - 문서(종이) 없는 행정
- **ES(전문가체계)** : 인공지능의 응용으로 전문가의 지식과 경험을 수렴하여 컴퓨터에 미리 기억시켜 의사결정자에게 조언
- **DSS(의사결정지원체제)** : 비정형적(비구조적)이고 전략적인 문제의 결정을 위해 통계적인 분석 패키지를 통하여 문제의 일부를 해결해주고 나머지는 의사결정자의 경험과 판단에 맡김
- **ITA(정보기술아키텍처)**
  - 정보자원(업무·응용·데이터·정보·기술·시스템·인력·예산·보안) 간의 관계를 구조적으로 연결·정리한 체제 및 설계도(밑그림) : 정보자원의 중복투자 방지가 목적
  - 우리나라의 경우 과학기술정보통신부장관이 수립한 지능정보사회종합계획에 따라 행정안전부장관이 도입
    (매3년)
- **GRM(정부참조모형)** : 정보기술아키텍처 구성요소를 식별하여 표준화한 것
- **OSS(원스톱서비스)** — One-stop 서비스 : 단 한번의 신청으로 한 곳에서 서비스
- **NSS(논스톱서비스)** — Non-stop 서비스 : 24시간 중단 없는 Zero-stop 서비스
- **US(보편적서비스)** : 언제 어디서든지 이용가능하고 경제적으로 저렴한 가격으로 정보 접속이 가능한 정보통신환경
- **EG(전자거버넌스)** : 전자정부를 통한 거버넌스(정보공개 → 소통, 청원, 토론 → 합의·의견 반영)
  (1단계) 전자정보  (2단계) 전자자문  (3단계) 전자결정
  閻 정자결
  閻 청소토

## 3 정보화업무소관체계

- **지능정보화**
  - 과기정통부장관이 3년마다 지능정보사회종합계획 수립
- **행정정보화**
  - 전자정부 — 행안부장관이 5년마다 기본계획 수립  →  예) 전자정부 2025 기본계획(2021~2025) 운용 중
  - 정보기술아키텍쳐(ITA) — 행안부장관이 3년마다 기본계획 수립
  - 정부참조모형 — 행안부장관이 개발하여 각 부처에 보급
- **부처정보화**
  - 기관별 전자정부 — 행정기관의 장이 5년마다 기본계획 수립·제출
  - 기관별 정보기술아키텍쳐 — 행정기관의 장이 ITA도입계획 수립·제출
- **지역정보화**
  - 전자지방정부 — 자치단체장이 지역정보화 추진

## 4 우리나라 전자정부 연혁

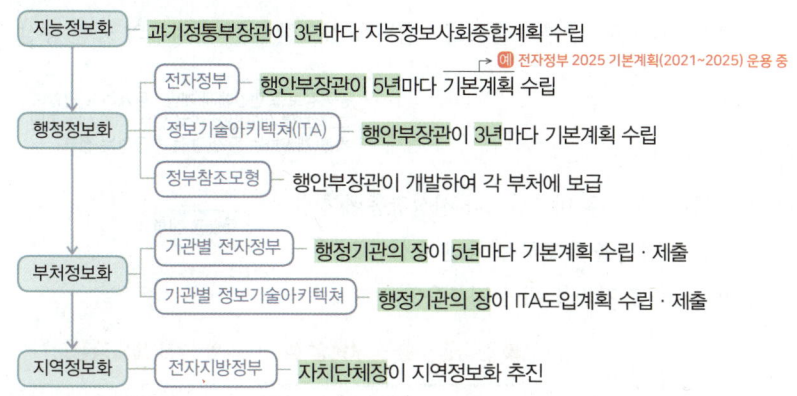

| (사업) | (부처) | (근거 법률) |
|---|---|---|
| 행정전산화 | | |
| 행정전산망 | 총무처 | 전산망보급확장촉진법(1987) |
| 초고속정보통신망 & 정보화책임관(CIO) | 행정자치부 / 정보통신부 | 정보화촉진기본법(1996) |
| 전자정부 | 행정자치부 | 전자정부 구현·촉진법(2001) |
| 유비쿼터스정부 | 행정안전부 | 전자정부법(2007) |
| 지능형 정부 | 행정안전부 | 전자정부법(2021) |

암기 화망초전유지

● **전자정부 구현원칙**
- 대민서비스의 전자화 및 국민편익 증진
- 중복투자의 방지 및 상호운용성 증진
- 정보기술아키텍처를 기반으로 하는 전자정부 구현·운영
- 개인정보 및 사생활의 보호
- 정보 시스템의 안정성·신뢰성 확보

## 5 전자정부의 발달과 버전

| | Gov't 1.0 (1995~2000) | Gov't 2.0 (2005~2010) | Gov't 3.0 (2015~2020) |
|---|---|---|---|
| 중심 | 정부(기계)중심 | 국민(사람)중심 – 시민집단 전체 | 개인(사람)중심 |
| 기반 | 유선인터넷(온라인위주) | 무선 모바일 | 유무선 모바일기기 통합 |
| 서비스 | 일방향 정보제공 공급 위주 | 양방향 정보제공 정보공개확대 | · 개인별 맞춤정보, 실시간 논스톱 서비스, 서비스의 지능화<br>· 복구보다는 사전 예방 |
| | | 유비쿼터스 정부 | 스마트 정부 |

## 6 정부3.0

① **의의** : 공공정보를 적극 개방·공유하고, 부처간 소통·협력을 강조한 박근혜 정부의 국민 중심의 정부운영 패러다임

② **추진기본계획**
- 공공정보 적극 공개로 국민의 알권리 충족
- 공공데이터의 민간활용 활성화 : 새로운 비즈니스나 신성장동력 창출 ┐
- 민관협치 강화 : 민간의 능동적 참여를 유도하는 국민 중심의 정부 ┘ → 플랫폼 정부
- 정부내 칸막이 해소 및 협업·소통 지원을 위한 정부운영 시스템 개선
- 빅데이터를 활용한 과학적 행정 구현
- 수요자 맞춤형 서비스 통합 제공
- 창업 및 기업활동 원스톱 지원 강화
- 정보 취약계층의 서비스 접근성 제고

> 공공정보를 민간에게 개방·공개하고 민간이 그 정보를 이용하여 가치 있는 서비스나 콘텐츠를 개발하는 공간(장)을 제공하는 정부

● **전자정부와 정부운영 패러다임의 변천(채널중심)**

|  | 정부 1.0 | 정부 2.0 | 정부 3.0 |
|---|---|---|---|
| 전자정부 | 유선 인터넷 | 유무선 인터넷 | 유무선 통합 |
| 정부운영 패러다임 | 직접방문 | 유선 인터넷 | 무선 인터넷, 스마트 모바일 |

→ 전자정부가 아닌 전통적 정부운영방식

## 7 빅데이터

(1) **의의** : 정형 또는 비정형의 다양한 데이터 집합 → 빅데이터 활성화를 위한 법률·조례 시행중
  - 데이터베이스  사진, 텍스트, 영상, 음악  「데이터 기반 행정 활성화에 관한 법률」

(2) **특징(3V)**
- **다양성**(Variety) : 정형화된 데이터를 넘어 반정형 또는 비정형의 다양한 형태의 정보 (센서데이터)
- **속도**(Velocity) : 시간에 민감, 실시간 스트리밍 형식의 처리능력
- **크기**(Volume) : 대량의 방대한 정보

(3) **데이터 마이닝(Data Mining)** : 빅데이터(데이터 집합)를 이용하여 새로운 전략적 정보를 추출해 내는 창의적 정보탐색기법

---

**주의** [전자정부 & 기본계획]
① 지능정보사회 종합계획 : 매 3년 – 과학기술정보통신부장관
② 전자정부 기본계획 : 매 5년 – 행정안전부장관
③ 정보기술아키텍쳐 기본계획 : 매 3년 – 행정안전부장관
④ 해당기관 전자정부 기본계획 : 매 5년 – 행정기관의 장
⑤ 공공데이터 이용·제공 활성화 기본계획 : 매 3년 – 행안부장관
⑥ 데이터 기반 행정 활성화 기본계획 : 매 3년 – 행안부장관
⑦ 클라우드 컴퓨팅 기본계획 : 매 3년 – 과기정통부장관

# THEME 03 지식행정관리

기출이력 | 2014 지방9급 등 총10회

2026 선행정학 기본서 p.757

## 1 지식의 유형

- 개인지: 사유화된 지식
- 조직지: 공유(공동재산화)된 지식 → 지식행정에서 중시해야 할 지식
- 형식지: 객관화된 지식(문서, 규정, 매뉴얼, 보고서 등) → 암묵지를 증폭·공유하기 위한 수단
- 암묵지: 객관화하기 힘든 주관적 지식(노하우, 경험, 숙달된 기능, 조직문화 등) → 지식의 원천(공유대상 지식)

## 2 지식행정관리의 특징

| 구분 | 기존 행정관리 | 지식 행정관리 |
|---|---|---|
| 조직 구성원 능력 | 조직구성원의 기량과 경험이 일과성으로 소모 | 개인의 전문적 자질 향상 |
| 지식공유 | 조직내 정보 및 지식의 분절, 파편화 | 공유를 통한 지식가치 향상 및 확대 재생산 |
| 지식소유 | 지식의 개인 사유화 | 지식의 조직 공동재산화 |
| 지식활용 | 정보·지식의 중복 활용 | 정보의 공동활용으로 조직의 업무 능력 향상 |
| 조직성격 | 계층제적 조직 | 학습조직 등 탈관료제 조직 기반 구축 |

## 3 지식행정관리의 성공요건

- 암묵지 기능 활성화 : 인적 자원에 대한 관심
- 의사소통 강화 : 공식적 소통보다는 비공식 소통
- 지식행정조직 구축 : 팀조직, 네트워크 조직 등 → 수직적 계층제 조직 탈피
- 지식평가체계의 확립 : 지식에 대한 인센티브
- 신뢰와 협력의 문화 구축 : 경쟁 X
- 정보시스템 및 네트워크 구축
- 연계통합전산환경 구축 → 분권화
  └ by 정보자원을 공유하는 클라우드 컴퓨팅

## 4  4차 산업혁명과 정부

① 의의 : 3차 산업혁명(지식·**정보혁명**)을 기반으로 하지만, 물리적·가상적·생물학적 영역의 융합을 통해 사이버 물리시스템을 구축하는 새로운 차세대 산업혁명
② 특징
- **초연결성** : 사람-사람, 사물-사물, 사람-사물 등 인간생활의 모든 영역을 연결(사물인터넷 : IoT)  →스마트 행정, 스마트 도시 구현
- **초지능성** : 방대한 빅데이터 분석으로 맞춤형 서비스 제공(인공지능, 빅데이터)
- **초예측성** : 초연결성·초지능성을 토대로 불확실한 미래를 정확히 예측 → 과학적 행정 구현  →다품종소량생산
  * 추가로 초융합성을 제시하는 학자도 있음  (초초초)

③ 3차 산업혁명과의 차이 : 3차 산업혁명의 연장선상에 있지만, 기술발전의 속도와 범위, 시스템적 충격이라는 측면에서 3차 산업혁명과는 비교할 수 없는 전반적인 문화혁명

● **전자정부와 유비쿼터스정부의 비교**

| 구분 | 전자정부 | 유비쿼터스정부 |
|---|---|---|
| 개념 | 유선인터넷을 기반으로 한 가상공간 | 무선모바일 등을 기반으로 한 가상공간과 현실공간 통합 |
| 기술 | 초고속정보통신망, 인터넷 | 브로드밴드(광대역초고속인터넷), 무선모바일 |
| 중심 | 정부중심, 기계중심 | 국민중심, 인간중심 |
| 서비스 | 일방향 | 양방향, 맞춤형 |
| 업무방식 | 신속성, 투명성, 효율성, 민주성 | 실질적 고객지향성, 지능성, 형평성, 실시간성 |

● **전자정부와 스마트정부의 비교**

| 구분 | 전자정부 | 스마트정부 |
|---|---|---|
| 접근법 | PC(유선인터넷)만 가능 | 스마트폰, 태블릿 PC, 스마트 TV 등 다매체 |
| 서비스 | · 공급자 중심의 획일적 서비스<br>· 국민이 요구하면 서비스 제공<br>· 국민이 개별 신청 | · 시민개인 수요 중심의 **개인별 맞춤형** 통합서비스<br>· 국민이 요구하기 전에 서비스 제공<br>· 1회 신청으로 연관민원 일괄처리 |
| 근무위치 | 지정된 사무실 | 위치 무관(재택근무 등 유연근무) |
| 업무방식 | 사후복구 중심 | **사전예방** 및 예측 중심 |

● **전자정부와 지능형정부의 비교**

| 구분 | 전자정부 | 지능형정부 |
|---|---|---|
| 행정업무 | 국민·공무원 문제 제기 → 개선 | 디지털 두뇌를 통한 문제 자동 인지 → 스스로 대안 제시 → 개선 |
| 정책 결정 | 정부 주도의 정책 운영 | 국민 주도의 정책 결정 |
| 현장 결정 | 단순업무 처리 중심 | 복합문제 해결 가능 |
| 서비스 목표 | 양적·효율적 서비스 제공 | 질적·공감적 서비스 공동생산 |
| 서비스 성격 | 생애주기별 **맞춤형** | 일상틈새 + 생애주기별 **비서형** |
| 전달방식 | 온라인 + 모바일 채널 | 수요 기반 온·오프라인 멀티채널 |

● 「전자정부법」상 주요 용어 정의

| 전자정부 | 정보기술을 활용하여 행정기관 및 공공기관의 업무를 전자화하여 기관 상호 간 국민에 대한 행정업무를 효율적으로 수행하는 정부 |
|---|---|
| 행정기관 | 국회·법원·헌법재판소·중앙선거관리위원회의 행정사무를 처리하는 기관, 중앙행정기관 및 그 소속 기관, 지방자치단체 |
| 공공기관 | 공기업, 준정부기관, 지방공사, 지방공단, 기업, 특수법인, 각급학교, 대통령령으로 정하는 법인·단체 또는 기관 |
| 행정정보 | 행정기관등이 직무상 작성하거나 취득하여 관리하고 있는 자료로서 전자적 방식으로 처리되어 부호, 문자, 음성, 음향, 영상 등으로 표현된 것 |
| 전자문서 | 컴퓨터 등 정보처리능력을 지닌 장치에 의하여 전자적인 형태로 작성되어 송수신되거나 저장되는 표준화된 정보 |
| 전자화문서 | 종이문서와 그 밖에 전자적 형태로 작성되지 아니한 문서를 정보시스템이 처리할 수 있는 형태로 변환한 문서 |
| 정보통신망 | 전기통신설비를 활용하거나 전기통신설비와 컴퓨터 및 컴퓨터 이용기술을 활용하여 정보를 수집·가공·저장·검색·송신 또는 수신하는 정보통신체제 |
| 정보자원 | 행정기관등이 보유하고 있는 행정정보, 전자적 수단에 의하여 행정정보의 수집·가공·검색을 하기 쉽게 구축한 정보시스템, 정보기술, 정보화예산 및 정보화인력 등 |
| 정보기술 아키텍처 | 일정한 기준·절차에 따라 업무,응용,데이터,기술,보안 등 조직 전체의 구성요소들을 통합적으로 분석한 뒤 이들 간 관계를 구조적으로 정리한 체제 및 이를 바탕으로 정보화 등을 통하여 구성요소들을 최적화하기 위한 방법 |
| 정보시스템 | 정보의 수집·가공·저장·검색·송신·수신 및 그 활용과 관련되는 기기와 소프트웨어의 조직화된 체계 |
| 중앙사무 관장기관 | 전자정부업무를 총괄하는 행정안전부장관 |

● 정보화 기술 관련 용어 정리

| 업무재설계 (BPR) | 정보기술을 이용하여 조직의 활동이나 업무 전반적인 흐름과 절차를 분석하고, 조직목표에 맞도록 사업과 절차를 근본적·최적적으로 다시 설계하여 구성하는 것 |
|---|---|
| 혼합현실 | 가상 세계와 현실 세계를 합쳐서 새로운 환경이나 시각화 등 새로운 정보를 만들어 내는 것 |
| 정보자원 관리 | 정부내 모든 정보자원(업무, 응용, 데이터, 기술보안, 인력, 조직 등)의 소재를 파악하고 효율적으로 관리하는 활동 |
| 제3의 플랫폼 | 컴퓨터나 인터넷 등을 기반으로 하는 기존의 플랫폼과 달리 모바일, 클라우드, 빅데이터, 인공지능, 사물인터넷 등 새로운 정보기술을 기반으로 하는 차세대 플랫폼 |
| 인공지능(AI) | 인간의 지능이 가지는 학습, 추리, 적응, 논증 등의 기능을 갖춘 컴퓨터 시스템 |
| 빅데이터 | 대량의 정형·반정형 또는 비정형의 데이터 집합으로부터 새로운 정보와 가치를 추출하고 결과를 분석하는 기술 |
| 사물인터넷 (IOT) | 모든 기기 및 사물에 통신모듈을 적용·탑재하고 센서네트워크 기술을 이용하여 사물들간 인터넷을 유무선으로 연결해주는 기술 |
| 브로드밴드 | 통신, 방송, 인터넷 등을 통합한 멀티미디어 서비스를 안전하게 제공할 수 있는 통합네트워크 ⇨ 광대역통합유무선통신망 |
| 시맨틱웹 | 컴퓨터가 사람처럼 정보자원의 뜻을 이해하고 논리적 추론까지 할 수 있는 지능형 또는 인공지능웹을 말함. |
| 블록체인 | 거래기록을 분산·공유시킴으로써 집중화된 데이터관리에 폐단(왜곡, 조작 등)을 해소하기 위한 탈집중적 데이터 관리기술 |
| 클라우드 컴퓨팅 | IT자원을 직접 소유하지 않고 공유하면서 사용한 만큼만 비용을 지불하는 IT자원 분산공유시스템으로 가상화기술과 분산처리 기술을 기반으로 행정시스템의 분권화에 기여 |

> ⚠️ **주의** [전자문서 & 전자화문서]
> - 전자문서 : 전자적 형태로 작성된 정보
> - 전자화문서 : 종이문서와 전자적 형태로 작성되지 아니한 문서를 정보시스템이 처리할 수 있는 형태로 변환한 문서

CHAPTER

# 07

# 지방자치론

지방자치란 무엇인가?

---

마지막 장인 이 후은 지방자치에 대해 다루고 있다.
우리 일상 주변에서 벌어지고 있는 일들(주민투표, 주민소환 등)을 연상하며 힘들지 않게 공부할 수 있는 분야이다.
다만, 지방행정도 국가행정의 축소판이므로 기본이론, 인사, 조직, 예산 등을 전반적으로 다룬다.
따라서 약간 광범위하다는 느낌은 든다. 또한 2022.1. 「지방자치법」 전면 개정으로 달라진 부분도 많다.
지방직 시험에서는 이 장에서 한두 문제가 더 출제되기도 하고 약간 깊이있는 문제가 출제되기도 한다.
지방지치편을 공부해보면 우리가 지방자치를 하고 있다고는 하지만 얼마ㅏ 허술하고 불완전한가를 실감할 것이다

김중규**선**행정학

CHAPTER **07**
# 지방자치론

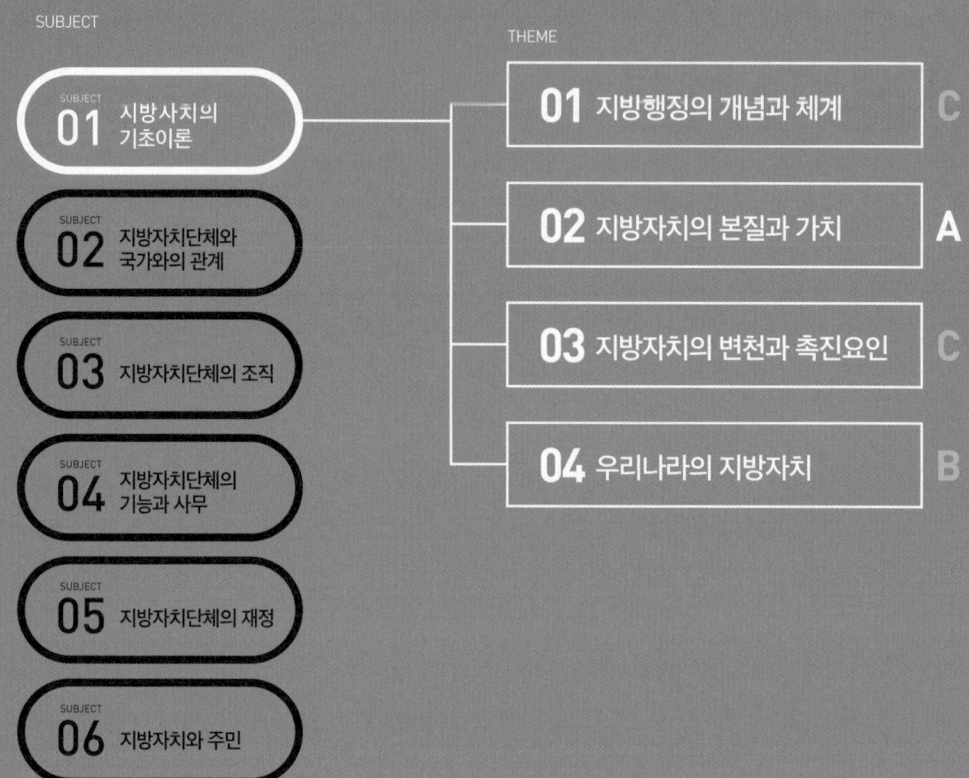

# THEME 01 지방행정의 개념과 체계

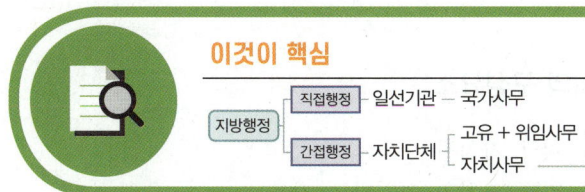

## 1 지방행정 수행방식과 주체

| 방식 | 처리기구 | 처리사무 | 특징 | 개념의 범위 |
|---|---|---|---|---|
| 직접행정<br>(관치행정) | 국가의 **일선기관**(특별지방행정기관)에 의한 행정 | 국가의 위임사무 처리 | 관치행정(중앙집권) | 광의의 지방행정 |
| 간접행정<br>(자치행정) | 독립된 **지방자치단체**에 의한 행정 | 위임사무 ┌ 기관위임사무 (일선기관 지위)<br>　　　　 └ 단체위임사무<br>고유사무 (자치단체 지위) | 위임행정(**단체자치**)<br>* 프랑스, 독일 등 대륙계 국가 | 광의의 지방자치 (우리나라의 자치) |
| | | 고유사무만 처리<br>* 위임사무 없음 | 자치행정(**주민자치**)<br>* 영미계 국가 | 협의의 지방자치 |

● 위임사무의 종류

- 기관위임사무 – 단체장에게 위임된 순수 국가사무 ➜ 국가의 엄격한 통제
- 단체위임사무 – 자치단체에 위임된 사무 ➜ 국가의 통제 약함
  ↳ 단체장 + 의회   ↳ 이해관계 공존(국가 + 지방)

## 2 지방행정과 지방자치의 관계

(1) **방식상** : 지방행정 > 지방자치
　　　　　↳ 일선기관에 의한 행정 포함
(2) **내용상** : 지방행정 < 지방자치
　　　　　　　　　　↳ 사법·정치까지 포함

# THEME 02 지방자치의 본질과 가치

기출이력 | 2020 지방7급 등 총37회   A

## 1 지방자치의 구성요소

(1) **3요소** : 주민, 지역, 자치권
(2) **5요소** : 주민, 지역, 자치권, 자치기구, 사무

## 2 자치권

(1) **자주입법권**
① 조례 : 지방의회가 제정(→법령의 범위에서), 주민의 권리·의무 규정 가능, 법률의 위임이 있을 경우 벌칙(과태료)(→천만원 이하) 부과 가능, 기관위임사무에 대해서는 제정 불가
② 규칙 : 자치단체장이 제정(→법령 또는 조례의 범위에서), 주민의 권리·의무나 벌칙 규정 불가, 기관위임사무는 규칙으로만 규정

(2) **자주행정권** : 행정사무 처리권
(3) **자주조직권** : 조직편제권, 자기선임권
(4) **자주재정권** : 재원 조달·관리권

> **주의** [자치권의 범위]
> ① 입법권·행정권·조직권·재정권 O
> ② 외교권·사법권 X

### ● 조례 제정 절차

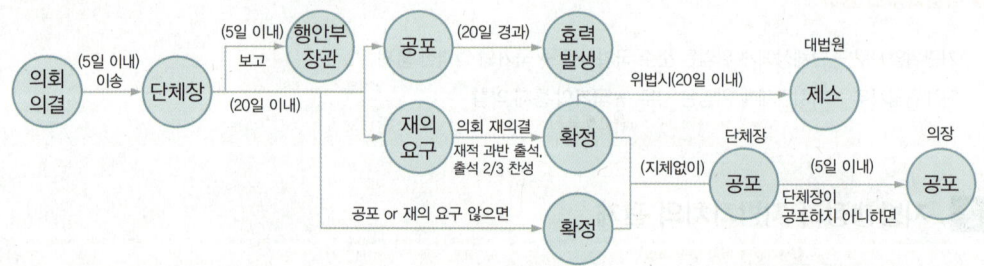

### ● 자치권의 본질

- 고유권설 : 자치단체(주민)의 고유한 권리 - 영미계 주민자치
- 전래권설 : 국가가 전해준(분권화해준) 권리 - 대륙계 단체자치

*우리나라는 전래권설 중 제도적 보장설에 가까움.
(→헌법에 의하여 제도적으로 보장된 권리)

### 3 지방자치의 필요성

(1) **정치적 측면** : ① 다수에 의한 지배 ② 민주주의의 훈련도장(학교) ③ 독재정치나 쿠데타의 방지 ④ 공동체 의식과 향토애의 증진
(2) **행정적 측면** : ① 행정의 현지성 ② 주민참여로 행정의 민주성 제고 ③ 정책의 지역적 실험(혁신 제안)

> **주의** [지방자치의 한계]
> 지역 간 형평성 · 통일성 X, 격차 해소 X, 규모의 경제 X, 광역행정 X, 복지행정 X, 노사 · 환경 · 실업 등 전국적 사회문제 해결 X

### 4 주민자치와 단체자치 – 지방자치의 계보와 본질

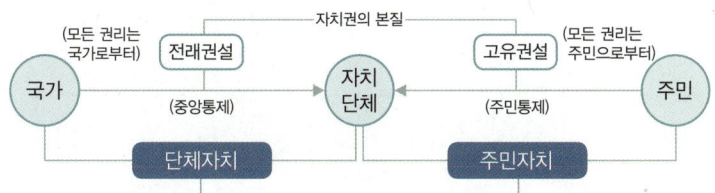

| 구분(본질 · 핵심) | 단체자치 | 주민자치 |
|---|---|---|
| 의미 | 법률적 · 형식적 의미(지방분권) | 정치적 · 실질적 의미(주민참여) |
| 국가 | 독일 · 프랑스 · 일본(대륙계) | 영국 · 미국(영미계) |
| 색채 · 풍토 · 역사 | 중앙집권 | 지방분권 |
| 자치권의 인식 | 국가에서 전래된 권리(전래권설) | 자연적 · 천부적 권리(고유권설) |
| 자치의 중점 | 중앙과 지방과의 관계(자치단체에 의한 행정), 형식적 · 대외적 자치 | 지방정부와 주민과의 관계(주민에 의한 행정), 대내적 · 실질적 자치 |
| 사무의 구분 | 고유사무와 위임사무의 구분 | 고유사무와 위임사무 구분 없음(위임사무 부존재) |
| 중앙 · 지방 관계 | 기능적 협력관계(by 위임사무) | 정치적 독립관계 |
| 권한부여 방식 | 포괄적 수권(예시)주의 | 개별적 수권(지정)주의 |
| 중앙통제 | 엄함(행정적 통제) | 약함(입법적 · 사법적 통제 위주) |
| 조세제도 | 부가세(국가가 과세주체) | 독립세(자치단체가 과세주체) |
| 민주주의와 관계 | 상관관계 부정 | 상관관계 인정 |
| 지방정부형태 | 기관대립형(대통령제식) | 기관통합형(의원내각제식) |
| 자치단체의 지위 | 이중적 지위(자치단체+일선기관) | 순수한 자치단체 |
| 통제 | 중앙통제(위로부터의 통제) | 주민통제(아래로부터의 통제) |
| 관심사항 | 법인격, 중앙과의 관계, 지방분권, 자치권 | 주민참여, 지방선거, 민주주의 등 |

# THEME 03 지방자치의 변천과 촉진요인

기출이력 | 2020 국회8급 등 총5회

C

2026 선행정학 기본서 p.773

## 1 지방자치의 변천

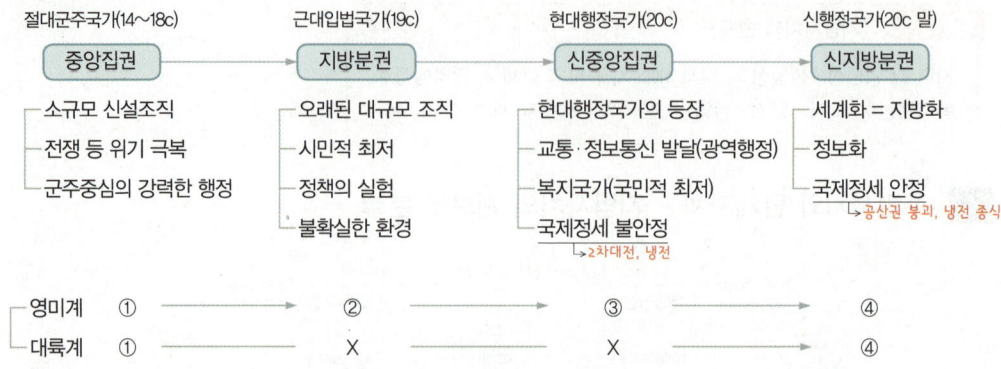

## 2 중앙집권과 지방분권의 촉진요인

| 중앙집권의 촉진요인 | 지방분권의 촉진요인 |
|---|---|
| ① 행정의 능률성 : 규모의 경제나 외부효과에 대처<br>② 행정의 전문성 : 기능별로 전문화된 조직은 집권화가 필요<br>③ 강력한 행정력이 필요한 경우<br>④ 소규모 조직이거나 신설조직인 경우<br>⑤ 위기의 존재 : 위협을 주는 난국(전쟁)이나 사건(사고)<br>⑥ 교통·정보통신·막료의 발달 : 권한위임의 필요성 감소<br>⑦ 복지행정이나 국민적 최저(national minimum)의 구현이 중요할 경우 | ① 지역실정에의 적응 : 행정의 현지성(근린행정)<br>② 주민통제 강화 및 민주성(사회적 능률) 제고<br>③ 관리자의 양성과 능력발전 : 인적 전문화, 책임감 강화<br>④ 다양성 촉진 및 시민적 최저(civil minimum) 구현<br>⑤ 신속한 업무 처리<br>⑥ 상층부가 전략적 정책문제에 집중<br>⑦ 오래된 대규모 조직의 경우<br>⑧ 상황이 불확실하고 가변적일 때 : 유기적 구조가 필요<br>⑨ 정책의 지역적 실험(제안) 용이 |

## 3 신중앙집권과 신지방분권의 촉진요인

| 신중앙집권 촉진요인 | 신지방분권 촉진요인 |
|---|---|
| ① 과학기술 및 교통·정보통신 발달 : 거리감 극복<br>② 생활권역의 확대 및 광역행정<br>③ 복지국가의 국민적 최저 실현<br>④ 국제정세의 불안정과 긴장 고조 : 냉전 등 | ① 세계화·지방화의 동시성에 따른 지방특수성 부각<br>② 정보화·도시화의 확산 : IT기술 발달<br>③ 중앙집권화로 인한 지역 간 불균형과 개발격차 심화<br>④ 국제정세 안정 : 냉전 종식과 공산권 몰락 |

● **중앙집권과 신중앙집권의 성격 비교**

| 중앙집권 | 권력적, 관료적, 수직적, 지배적, 후견적, 부자간 집권 |
|---|---|
| 신중앙집권 | 비권력적, 사회적, 수평적, 협동적, 병렬적, 형제간 집권 |

● **분권의 방식 - 권한의 이양·위임·위탁**

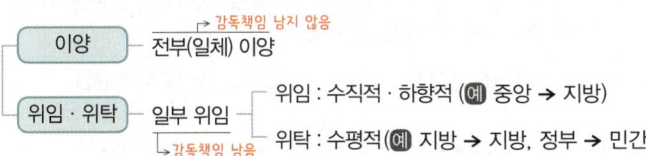

> 🔍 **주의**
>
> [정보통신과 집권·분권]
> ① 교통정보통신의 발달 : 생활권 확대 → 신중앙집권화
> ② 정보화의 진전 : 정보처리능력 향상 → 신지방분권화
>
> [위임과 위탁의 차이]
> ① 위임 : 하향적 위임
> ② 위탁 : 수평적 위임

# THEME 04 우리나라의 지방자치

## 1 지방자치의 역사

- (1) **지방자치제의 변천**

| 정부 | 주요 내용 |
|---|---|
| 제1공화국(이승만 정부)<br>(1949~1960) | 1949년 「지방자치법」 제정 → 정국불안과 한국전쟁으로 1952년에서야 지방의회 구성, 의원민선, 자치단체의 장은 간선 또는 임명, 시·읍·면 자치 |
| 제2공화국<br>(1960~1961) | 자치권을 광범위하게 인정하는 주민자치형의 법적 근거 마련, 의원 및 자치단체장 민선, 임기 4년, 단체장 불신임 결의 및 의회 해산권 인정 [1] |
| 제3공화국(5.16)<br>(1961~1972) | 「지방자치에 관한 임시조치법」의 제정 → 지방의회 해산, 단체장은 국가가 임명, 지방선거제 중단, 읍·면자치제를 시·군자치제로 전환(1961) |
| 제4공화국(박정희 정부)<br>(1972~1981) | 지방의회는 조국통일이 이루어질 때까지 구성하지 아니한다고 헌법부칙에 규정 |
| 제5공화국(전두환 정부)<br>(1981~1988) | 지방의회는 재정자립도를 감안하여 순차적으로 구성한다고 헌법부칙에 규정 |
| 제6공화국(노태우 정부)<br>(1988~1993) | 헌법 부칙을 폐지하고 의회구성시한을 「지방자치법」에 1991.6까지 지방의회 구성, 1992까지 단체장 선출토록 규정(의회는 구성되었으나 단체장 선거는 이루어지지 못함). 「지방자치에 관한 임시조치법」은 폐지 |
| 김영삼 정부<br>(1993~1998) | 「공직선거법」 제정(1994) 및 지방의원과 단체장 동시선거체제 도입, 지방자치단체장 선거 실시(1995). |
| 김대중 정부<br>(1998~2003) | 2대 의회의원 및 자치단체장 선출(1998) |
| 노무현 정부<br>(2003~2008) | 지방의회의원 및 단체장 선거일을 임기만료 30일 전 첫 번째 수요일로 변경(2004), 「지방분권특별법」 제정(2004), 기초의회의원 정당공천제 도입(2006), 시·도 교육감 직선제 도입(2006) |
| 문재인 정부<br>(2017~2022) | 자치분권위 설치, 「중앙행정권한 지방 일괄 이양법」 제정, 「지방자치법」 전면 개정, 자치경찰제 전면 실시(2021) |
| 윤석열 정부<br>(2022~2025) | 지방시대위 설치, 「지방자치분권 및 지역균형발전에 관한 특별법」 제정(2023) |

1) 우리나라에서도 과거에 제 1~2공화국에 걸쳐 일정기간(1949~1956, 1958~1960) 단체장 불신임권과 지방의회 해산권을 인정하던 시기가 있었다. 그러나 이는 기관통합형의 한 요소일 뿐 기관통합형의 기관구성형태를 취한 적은 한 번도 없었다.

## (2) 지방분권정책 추진 체계의 변천

| 정부 | 법률 | 추진기구(대통령 소속) |
|---|---|---|
| 김대중 정부 | 중앙행정권한의 지방이양촉진 등에 관한 법률(1999) | 지방이양추진위원회 |
| 노무현 정부 | 지방분권특별법(2004) | 정부혁신지방분권위원회 |
| 이명박 정부 | 지방분권촉진에 관한 특별법(2008) | 지방분권촉진위원회 |
| 박근혜 정부 | 지방분권 및 지방행정체제 개편에 관한 특별법(2013) | 지방자치발전위원회 |
| 문재인 정부 | 지방자치분권 및 지방행정체제 개편에 관한 특별법(2018) | 자치분권위원회 |
| 윤석열 정부 | 지방자치분권 및 지역균형발전에 관한 특별법(2023) | 지방시대위원회 |

## 2 지방분권 정책방향

### (1) 지방분권 추진원칙(노무현 정부 이후~)
① 선분권·후보완의 원칙 : 일단 분권하고 문제점은 지방정부와 시민사회가 보완
② 보충성의 원칙 : 기초자치단체 우선의 사무 배분
  ↳ 기초단체가 처리 가능한 사무를 상급정부가 관여해서는 안됨
③ 포괄성의 원칙 : 단편적 이양이 아닌 중·대단위사무 중심 이양

● **보충성의 원리**

| 소극적 의미(전통) | 기초공동체 또는 기초정부가 할 수 있는 일을 상급정부나 상급공동체가 관여해서는 안 된다는 것 |
|---|---|
| 적극적 의미(현대) | 상급정부 또는 상급공동체가 기초정부 또는 기초공동체가 일차적으로 활동할 수 있는 조건을 갖출 수 있도록 지원해 주어야 한다는 것 |

### (2) 지방자치분권 및 지역균형발전에 관한 특별법(윤석열정부) −2023.6.9.제정, 2023.7.10.시행−

1) 개요 및 방향
  ① 「지방자치분권 및 지방행정체제개편에 관한 특별법」과 「국가균형발전 특별법」을 통합
  ② 대통령소속의 자치분권위원회와 국가균형발전위원회를 "지방시대위원회"로 통합
    ⓐ 대통령 소속으로 지방시대위원회를 설치하고, 지방자치분권 및 지역균형발전의 기본방향과 관련 정책의 조정, 관련 국정과제의 총괄·조정·점검 및 지원 등에 관한 사항을 심의·의결하도록 함.
    ⓑ 위원회는 5년 단위의 지방시대 종합계획을 수립하도록 하고, 국무회의 심의, 대통령 승인 및 국회에 보고하도록 함.

2) 지방자치분권
   ① 권한이양 및 사무구분체계의 정비 등
      ⓐ 기관위임사무의 폐지 : 국가는 「지방자치법」 제11조에 따른 사무배분의 기본원칙에 따라 권한과 사무를 적극 자치단체에 이양하여야 하며, 시·도 또는 시·군·구의 장에게 위임된 사무는 원칙적으로 폐지하고 자치사무와 국가사무로 이분화 ↳ 기관위임사무
      ⓑ 일괄이양의 원칙 : 국가는 권한과 사무를 자치단체에 포괄적·일괄적으로 이양하기 위한 필요한 법적 조치를 마련해야 함.
      ⓒ 행·재정 지원 병행 : 국가는 자치단체에 이양한 권한과 사무가 원활히 처리될 수 있도록 행정적·재정적 지원을 병행하여야 함.
      *「지방자치법」과 중복되었던 종전 사무배분의 원칙은 삭제
   ② 특별지방행정기관의 정비 : 특별지방행정기관이 수행하고 있는 사무 중 자치단체가 수행하는 것이 더 효율적인 사무는 자치단체가 담당하도록 하여야 하고, 자치단체의 기능과 유사·중복되지 아니하도록 하여야 함 → 종합성의 원칙
   ③ 교육자치와 지방자치의 연계·통합 노력
   ④ 자치경찰제 실시 : 국가는 지방행정과 치안행정의 연계성을 확보하고 지역특성에 적합한 치안서비스를 제공하기 위하여 자치경찰제를 실시해야 함.
   ⑤ 지방재정의 확충 및 건전성 강화 : 국가는 지방세의 비율이 확대되도록 국세를 지방세로 전환하기 위한 새로운 세목을 확보하여야 함.
   ⑥ 지방의회의 활성화 : 국가는 자치입법권을 강화하기 위하여 조례 제정 범위를 확대하고 지방의회의 심의·의결권 확대 등 지방의회의 권한 강화 방안을 마련하여야 함.
   ⑦ 주민참여의 확대 : 주민참여를 활성화하기 위하여 주민투표·주민소환·주민소송·주민조례발안제를 보완하는 등 주민직접참여제도를 강화하여야 함.
   ⑧ 주민자치회의 설치 등 : 풀뿌리자치의 활성화를 위하여 읍·면·동에 주민자치회를 둘 수 있으며, 자치단체 사무의 일부를 자치회에 위임·위탁할 수 있음.

3) 지역균형발전
   ① 기회발전특구의 지정·운영 근거 신설 : 대규모 투자를 지역에 유치·지원하기 위하여 지정·고시하는 특별지역
   ② 지역균형발전특별회계의 설치 등 : 기획예산처장관이 관리·운용
      ↳ 노무현 정부의 국가균형발전특별회계 계승

4) 대도시에 대한 특례
   ① 특별시와 광역시가 아닌 대도시에 대해서는 법률이 정하는 바에 따라 특례를 둘 수 있음.
      ⓐ 인구 50만 이상 대도시(인구 30만 이상인 지방자치단체로서 면적이 $1,000km^2$ 이상인 지방자치단체 포함)

ⓑ 인구 100만 이상 대도시(특례시)
　② 특례시의 보조기관 : 특례시의 부시장은 2명으로 함.

5) 지방행정체제 개편방향
　① 특별시 · 광역시 : 존치
　② 도 : 존치하되, 기능과 지위에 대해서는 따로 법률로 정함
　③ 자치구 : 인구과소 자치구는 통폐합
　④ 시 · 군 : 국가가 통합을 지원, 통합자치단체에 대한 특례(예산 및 지방교부세 등) 부여
　⑤ 읍 · 면 · 동 : 풀뿌리 민주주의 강화를 위하여 주민자치회를 둘 수 있음
　　　　　　　　　　　　　　　　　　　↳ 주민자치위원회 중심 → 주민자치회 중심으로 전환

● 주민자치회와 주민자치위원회의 비교

| 구분 | 주민자치회 | 주민자치위원회 |
|---|---|---|
| 법적 근거 | 지방자치분권 및 지역균형발전에 관한 특별법 | 없음(자치단체 개별조례) |
| 성격 | 법정기구 | 임의기구 |
| 위촉권자 | 시 · 군 · 구청장 | 읍 · 면 · 동장 |
| 주민대표성 | 높음(주민대표) | 낮음(지역유지 중심) |
| 기능 및 위상 | 주민의견 수렴, 자치계획 수립 등 실질적 주민대표 기구(협의 · 실행기구) | 자치사무에 대한 단순 자문기구 |
| 재원 | 자체 재원(회비 사업수입, 사용료, 기부금 등) | 읍 · 면 · 동의 지원재원 |
| 자치단체와의 관계 | 대등한 협력관계(주민 주도) | 자문관계(읍 · 면 · 동 주도) |

# CHAPTER 07
# 지방자치론

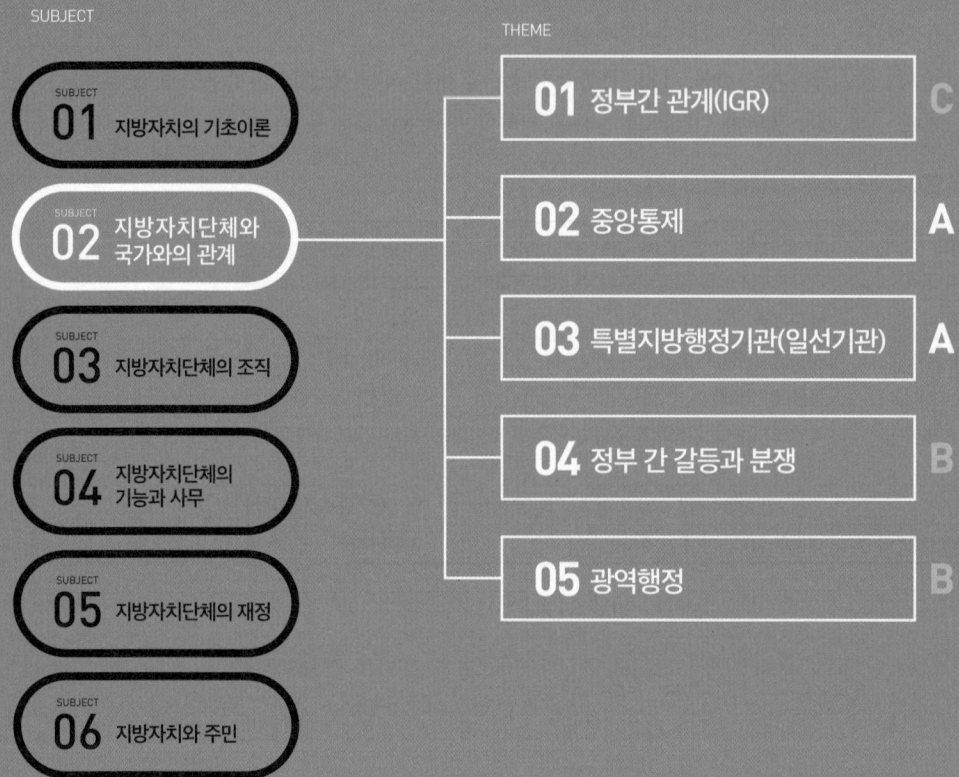

# THEME 01 정부간 관계(IGR)

기출이력 | 2020 국회8급 등 총17회
2026 선행정학 기본서 p.787

## 1 D.Wright

| 분리권위형 (조정권위형) | 포괄권위형 | 이상형 중첩권위형 |
|---|---|---|
| (동반자모형) | (대리자모형) | (절충모형) |

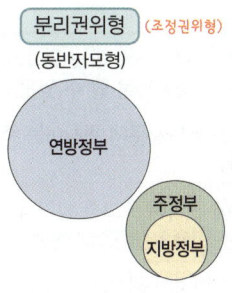

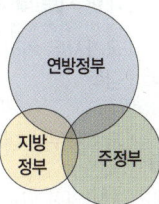

- 중앙정부와 주정부간 관계는 인사·재정상 완전 분리(but 주정부와 시정부의 관계는 포괄권위형) → 이원적 관계
- 자치사무가 주종
- 갈등 소지 → 조정 필요 → 조정권위형
- Home Rule의 원칙과 유사한 분권논리 (Cooley Doctrine)
  → 하급(시)정부 우선

- 지방이 중앙에 전적으로 의존하는 계서적 관계 → 지배복종
- 기관위임사무가 주종
- Dillon 원칙과 유사한 집권논리 → 상급(주)정부 우선
- 주정부와 시정부 간 권한 논쟁 → 연방정부 X → 지방정부 O

- 정부간 독립된 관계, but 상호의존관계(기능공유)를 가지고 대화 & 타협
- 가장 이상적인 모형 → 교류·협력 가능
- 고유사무와 단체위임사무 공존

### ● IGR모형의 비교

| D.Wright | Elcock | Kingdom | Nice | Muramatsu | Rhodes | Dunsire | Wildavsky |
|---|---|---|---|---|---|---|---|
| 분리 권위형 | 동반자모형 | | 경쟁형(대립형) | 수평적 경쟁모형 | 동반자모형 | 지방자치모델 | 갈등 – 합의모형 |
| 포괄 권위형 | 대리자모형 | | | 수직적 통제모형 | 대리인모형 | 하향식모델 | 협조 – 강제모형 |
| 중첩 권위형 | 지배인모형 (교환모형) | 소작인모형 | 상호의존형 | | 전략적 협상관계모형 | 정치체제모델 | |

→ Chandler의 지주·마름모형과 유사
(지주가 정해준 원칙 아래서 마름이 강한 권한 행사)

→ 권력의존모형 = 상호의존모형 = 로즈의 모형
[중앙정부우위] [지방정부우위]
→ 법적자원  → 정보자원
  재정적자원   조직자원

## 2 P.Dunleavy

- 다원주의 → 우리나라의 관점
  - 기능배분은 역사적 진화의 산물이라는 관점
  - 행정적 합리성 강조
- 신우파론
  - 공공선택론적 관점
  - 합리적 인간관 & 방법론적 개체주의 → 경제적 합리성

- 재분배정책 : 중앙정부
- 개발정책 : 중앙 또는 지방
- 배당정책 : 지방정부

## THEME 02 중앙통제

기출이력 | 2016 지방7급 등 총28회
2026 선행정학 기본서 p.788

### 1 우리나라의 중앙통제

| 구분 | 항목 | 내용 |
|---|---|---|
| 행정상 통제 | 지방자치단체의 사무에 대한 지도 및 지원 | 중앙행정기관의 장은(또는 시·도지사) 지방자치단체의 사무(자치사무 + 단체위임사무)에 관하여 조언 또는 권고하거나 지도할 수 있으며, 필요할 경우 재정지원 또는 기술지원을 할 수 있음. |
| | 국가사무 처리의 지도·감독 | 지방자치단체 또는 그 장이 위임받아 처리하는 국가사무에 관하여는 주무부장관 또는 시·도지사의 지도·감독을 받음. → 기관위임사무 |
| | 자치사무에 대한 감사 | 행정안전부장관은 지방자치단체의 자치사무에 관하여 보고를 받거나 서류·장부 또는 회계를 감사할 수 있음. 감사는 법령위반사항에 한함. → 기초의 경우 1차로 시·도지사, 2차로 주무부장관 |
| | 지방의회 의결의 재의요구 지시와 제소 | 지방의회의 의결이 법령에 위반되거나 공익을 현저히 해한다고 판단될 때에는 주무부장관이 당해 자치단체의 장에게 재의를 요구하게 할 수 있음. |
| | 감사원의 회계검사와 직무감찰 | 지방자치단체는 감사원의 필요적(필수적) 검사대상기관이며 지방공무원에 대해서도 직무감찰을 실시할 수 있음. (또는 시·도지사) |
| | 시정명령·이행명령 | 주무부장관은(또는 시·도지사) 자치단체의 사무 처리가 위법·부당할 때에는 시정명령을, 국가의 위임사무를 게을리 할 때에는 이행명령을 내릴 수 있음. |
| 인사상· 정원상 통제 | 지방행정기구와 정원 통제 | 자치단체의 행정기구와 정원은 인건비 등 대통령령이 정하는 기준에 따라 자치단체가 조례로 정함. |
| | 기준인건비에 의한 통제 | 행정안전부가 정해주는 기준인건비 범위 안에서 조례로 행정기구와 정원을 운영 |
| | 지방자치단체에 두는 국가공무원의 임용 및 감독 | 지방자치단체에는 법률이 정하는 바에 의하여 국가공무원(부단체장 등)을 둘 수 있음. |
| 재정상 통제 | 예산 및 결산 보고 | 지방자치단체의 장은 예산 및 결산이 지방의회의 의결을 거쳐 확정된 때에는 시·도지사 또는 행정안전부장관에게 보고하여야 함. |
| | 지방채 발행(기채)의 통제 | 자치단체장은 대통령령이 정한 범위 안에서 지방의회의 의결을 거쳐 지방채를 발행할 수 있음. → 초과, 외채, 조합 발행시 행안부장관 사전 협의 or 승인 |
| | 보조금 사용에 관한 감독 | 지방자치단체가 보조금을 다른 용도로 사용한 경우 등에는 중앙관서의 장은 보조금 교부 결정을 취소하고 보조금을 반환하게 할 수 있음. |
| | 지방재정진단제도 → 지방재정위기 사전경보시스템 | 행정안전부장관 또는 시·도지사는 재정상태를 사후에 진단하고 결과에 따라 권고 및 지도를 실시. 재정위기가 심각할 경우 재정위기단체를 거쳐 긴급재정관리단체(지방파산제)로 지정 가능 |
| | 중기지방재정계획 | 5년 이상의 주요사업계획서를 행정안전부장관에게 보고하고 사전 협의를 거쳐야 함. |

## ● 시정명령과 이행명령의 비교

|  | 시정명령 | 이행명령 |
|---|---|---|
| 대상 | 지방자치단체의 사무 → 자치사무 + 단체위임사무 | 국가위임사무 → 기관위임사무 |
| 사유 | 위법·부당한 처분(자치사무는 위법한 경우만) | 관리 및 집행을 명백히 게을리할 때 |
| 형식 | 기간을 정하여 서면으로 명령 | 기간을 정하여 서면으로 명령 |
| 불이행시 | 주무부장관이 직권으로 취소·정지 | 자치단체 비용부담으로 대집행 또는 행·재정상 조치 |
| 불복 | 취소·정지명령에 대한 대법원에 소 제기 [1] (자치사무에 한함, 15일 이내) | 대법원에 소 제기(15일 이내) |
| 집행정지 | – | 신청 가능 |

1) 시정명령 자체에 대해서는 소 제기 불가

## ● 우리나라 지방재정위기 관리절차

- 사전적 재정관리제도 X
- 사후적 재정관리제도 O
- 재정위기 사전경보시스템 O

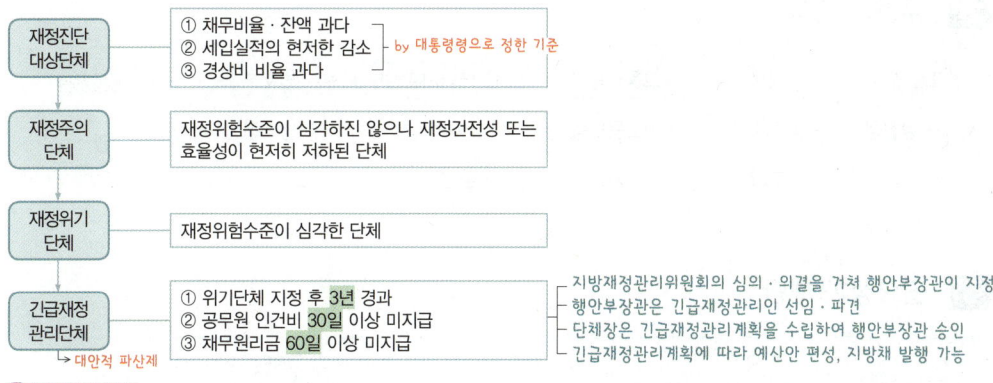

⭐ 진주위긴(진주위급)

## ● 혼동하기 쉬운 「지방자치법」상 처리 시한 비교

| | |
|---|---|
| 20일 | 재의요구 : 이송 받은지 20일 이내 |
| | 재의결사항 위법시 제소 : 20일 이내 대법원 제소 |
| | 조례 공포 시한 : 이송 받은지 20일 이내 |
| | 조례 효력 발생 : 공포 후 20일 경과 |
| | 주민투표·주민소환투표 무효판결시 재투표 : 20일 이내 |
| 15일 | 지방의회 임시회의 소집 : 소집요구 시 15일 이내 소집 |
| | 시·도의회 예산의결시한 : 회계연도 개시 15일 전까지 |
| | 이행명령 불복시 제소 ; 15일 이내 대법원 제소 |
| | 취소·정지 불복시 제소 : 15일 이내 대법원 제소 |

# THEME 03 특별지방행정기관(일선기관)

기출이력 | 2020 지방7급 등 총30회    A

2026 선행정학 기본서 p.794

## 1 일선기관의 의의

① 개념 : 국가의 특정 중앙행정기관에 소속되어 일정 관할구역 내의 **국가사무**를 관장하는 국가의 지방행정기관
② 일선기관은 **지방자치를 저해** : 특별지방행정기관 통합·정비의 원칙(종합성의 원칙)
③ 일선기관은 자치단체가 아님 : **독립된 법인격 X, 자치권 X, 과세권 X**

## 2 유형과 예시

| 경찰청 | 국세청 | 고용노동부 | 기후에너지환경부 | 법무부 | -------- 중앙행정기관 |
|---|---|---|---|---|---|
| 시·도 경찰청 | 지방국세청 | 지방고용노동청 | 유역환경청 | 지방교정청 | 일선기관 |
| 경찰서 | 세무서 | 노동사무소 | 환경지청 | 교도소, 구치소 | (특별지방행정기관) |

## 3 필요성과 폐단

| 필요성 | 폐단 |
|---|---|
| ① 국가의 업무부담 경감<br>② 지역별 특성을 확보하는 정책집행 : **근린행정**<br>③ 신속한 업무처리 및 **통일적 행정 수행**<br>④ 중앙과 지역간 협력 및 광역행정의 수단<br>→ 전국적 기준 통일<br>⑤ 행정의 전문성 확보<br>⑥ 중앙과 지방의 매개 | ① **책임행정 및 자치행정 저해**<br>→ 주민에 의한 민주통제 곤란으로 **민주행정 저해**<br>② 기능 중복으로 인한 비효율성<br>③ **고객의 혼란과 불편**<br>④ **종합행정 저해**<br>⑤ 경비 증가 및 **중앙통제의 강화** 수단<br>⑥ 자치단체와 수평적 협조 및 조정 곤란<br>⑦ **현지행정 저해** : 관할구역이 넓기 때문 |

## 4 우리나라 일선기관

① 1990년대 초 지방자치의 부활을 앞두고 1980년대 말에 두 배로 급증
→ 3기종 5600개 → 2,700개(2018년)
② 최근 특별지방행정기관 통합·정비 중 : **종합성의 원칙** → 최근(2021) 2,700여개로 축소
→ by 정비·통합

# THEME 04 정부 간 갈등과 분쟁

기출이력 | 2022 국가9급 등 총13회

B

2026 선행정학 기본서 p.797

## 1 자치단체 간 협력

- 소극적 협력 — 분쟁조정 – 수직적, 하향적, 타율적, 사후적 협력
- 적극적 협력 — 광역행정 – 수평적, 자발적, 능동적, 사전적 협력

## 2 분쟁의 유형과 조정

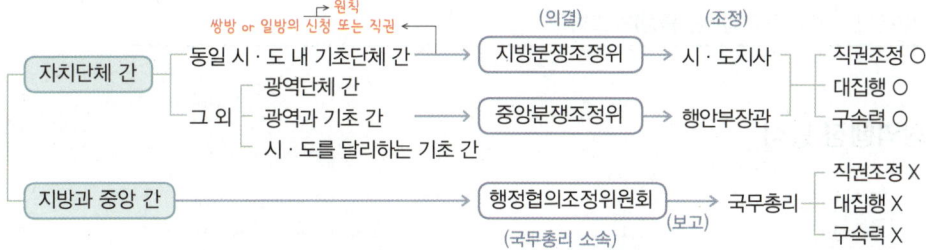

SUBJECT 02 지방자치단체와 국가와의 관계

# THEME 05 광역행정

## 1 광역행정의 필요성과 폐단

| 필요성 | 폐단 |
|---|---|
| ① 규모의 경제에 의한 경비 절약<br>② 교통통신의 발달에 따른 생활권과 행정권의 불일치<br>③ 외부효과에의 대처 : 비용부담지역과 수혜지역 일치<br>④ 도시화 · 산업화의 급속한 촉진<br>⑤ 복지국가의 요청에 따른 행정서비스의 균질화 · 평준화<br>⑥ 지방분권(민주성)과 중앙집권(능률성)의 조화 | ① 지방자치(풀뿌리 민주주의)의 위협<br>② 일상적인 기초단체 행정수요 경시 |

## 2 광역행정 방식

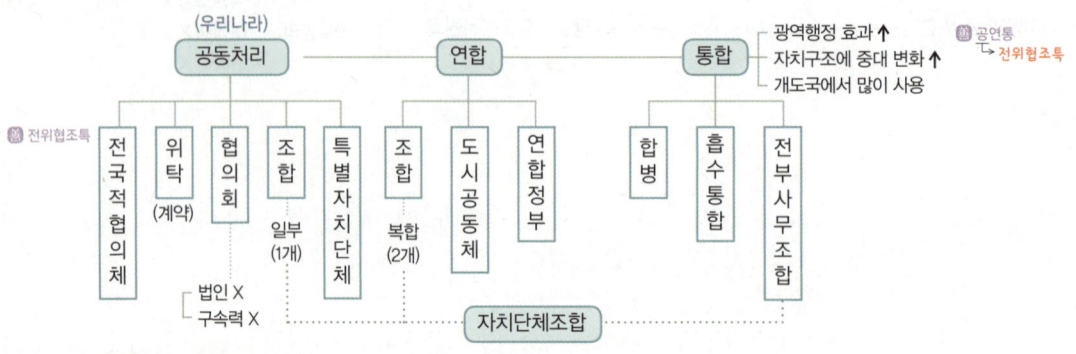

● **자치단체조합**
- 법인 O, 공동처리(광역행정)
- 구속력 O
- 특별지방자치단체의 지위를 가질 수 있음(이론상)
- 구성원은 주민이 아닌 자치단체
- 의결기관(조합회의)과 집행기관(조합장) 보유
- 직원, 재산 보유 가능, 지방채 발행 가능 → 동일 시·도 내 시·군·구 간 조합
- 행안부장관 또는 시·도지사 승인으로 의회 의결을 거쳐 설립·규약변경·해산 → 광역단체 간 또는 2개 이상의 시·도에 걸친 기초단체 간 조합
- 행안부장관은 조합의 설립·해산을 명할 수 있음 → 해산시 재산처분은 단체간 협의

● **특별자치단체**
- 성격 : 법인, 2개 이상의 자치단체가 공동으로 특정사무를 광역적 처리(예 부산·울산·경남특별연합) (2022.4. ~ 2023.3.)
- 설치 : 상호 협의에 따른 규약을 정하여 행안부장관 승인
- 기관 : 지방의회와 집행기관을 둠(조직·운영 등은 규약으로)
  · 지방의회 : 구성자치단체의 의회의원으로 구성(겸직 가능), 조례제정 가능
  · 특별자치단체장 : 지방의회에서 선출(단체장이 겸직 가능), 국가·시·도 위임사무 처리 가능
- 설립과 해산 : 행안부장관은 설치·해산을 권고할 수 있음
- 경비 : 구성 자치단체가 분담(특별회계)

## ● 지방자치단체조합과 특별지방자치단체의 비교

|  | 지방자치단체조합 | 특별지방자치단체 |
| --- | --- | --- |
| 설립(설치) 목적 | 2개 이상의 지방자치단체가 하나 또는 둘 이상의 사무를 공동으로 처리할 필요가 있을 때 설립 | • 지방자치단체 외에 특정한 목적을 수행하기 위하여 필요할 때 설치<br>• 2개 이상의 지방자치단체가 공동으로 특정한 목적을 위하여 광역적으로 사무를 처리할 필요가 있을 때 설치 |
| 설립(설치) 승인 | 행정안전부장관 또는 시·도지사 | 행정안전부장관 |
| 법인 여부 | 법인 | 법인 |
| 위원(의원) 및 조합장(단체장) | 겸직 가능<br>* 구성자치단체의 장 또는 의원이 겸직 | 겸직 가능<br>* 구성자치단체의 장 또는 의원이 겸직 |
| 조직 | · 지방자치단체조합회의<br>· 지방자치단체조합장<br>· 사무직원<br>* 조합장 : 규약이 정하는 바에 따라 선임 | · 특별지방자치단체 의회(구성 자치단체 의원들로 구성)<br>· 특별지방자치단체장(집행기관)<br>· 직원(지방공무원 중에서 파견)<br>* 특별자치단체장 : 특별자치단체의회에서 선출 |
| 국가위임사무 | 처리 불가 | 처리 가능 |
| 조례제정 여부 | 불가 | 가능<br>* 특별지방자치단체의회가 제정 |
| 경비 | – | 분담하되 특별회계로 운영 |
| 설립, 해산, 규약변경 | 명할 수 있다.<br>* 행정안전부장관 | 권고할 수 있다.<br>* 행정안전부장관 |

## ● 광역행정방식별 개념

| | | |
| --- | --- | --- |
| 공동처리 | 전국적 협의체 | 단체장이나 의회의장이 상호 교류·협력을 증진하고, 공동의 문제를 협의하기 위해 설립 |
| | 사무위탁 | 사무의 일부를 다른 자치단체의 계약에 의하여 위탁 |
| | 행정협의회 | 둘 이상의 자치단체가 광역적 업무의 공동처리를 위하여 협의체를 구성하는 방식. 법인격이 없고 구속력(강제력) 없음 |
| | 일부사무조합 | 둘 이상의 자치단체가 사무의 일부를 공동 처리하기 위해 규약(계약)을 정하고 설립하는 법인체(법인격이 있으며 일정한 절차를 거쳐 특별자치단체의 지위를 가질 수 있음) |
| | 특별자치단체 | 둘 이상의 자치단체가 공동으로 광역적 사무처리를 위해 설치 |
| 연합 | 자치단체 연합체 | 둘 이상의 자치단체가 독립된 법인격을 유지하면서, 특별자치난체의 일종인 연합정부를 구성하는 방식 |
| | 도시공동체 | 기초자치단체인 시(市)들이 광역행정단위를 구성하는 방식 |
| | 복합사무조합 | 둘 이상의 자치단체가 몇 개의 사무를 공동처리하기 위해 규약을 정하고 설치하는 법인체 |
| 통합 | 합병 | 둘 이상의 자치단체가 법인격을 통폐합시켜 광역단위의 새로운 법인격을 가지는 단일의 정부 창설(통폐합) |
| | 흡수통합 | 하급자치단체의 권한이나 지위를 상급자치단체가 흡수하는 방식 |
| | 전부사무조합 | 둘 이상의 자치단체가 모든 사무를 공동으로 처리하기 위해 설치하는 법인체(사실상 합병) |

● **특별지방행정기관과 특별지방자치단체의 비교**

|  | 일선기관 지위 | 자치단체 지위 | 법인격 |
|---|---|---|---|
| 특별지방행정기관 | O | X | X |
| 특별지방자치단체 | X | O | O |

● **일반지방자치단체와 특별지방자치단체의 비교**

|  | 일반자치단체 | 특별자치단체 |
|---|---|---|
| 설치 · 해산 | 법률로 설치(지방의회 의결 또는 주민투표 거쳐) | 행안부장관 승인으로 설치 · 해산(지방의회 의결을 거쳐) |
| 법인격 | O | O |
| 단체장 | 주민이 직접 선출 | 구성 자치단체장 중에서 특별자치단체의회가 선출 |
| 지방의회 | 주민이 직접 선출 | 구성 자치단체 의원으로 구성 |
| 임기 | 4년 | X |
| 주민소환 | O | X |
| 조례 · 규칙 | O | O |
| 지방세 징수 | O | X(세외수입은 징수 가능) |
| 지방채 발행 | O | O |
| 재정 | 일반회계, 특별회계 | 특별회계 |
| 조합 · 협의회 | 설립 가능 | 설립 불가 |

## 3 우리나라 주요 광역행정방식별 장단점

전위협조톡

| 방식 \ 장단점 | 장점 | 단점 |
|---|---|---|
| 전국적 협의체 | ① 교류 · 협력 증진 | ① 단순 협력기구로 구속력 없음 |
| 사무위탁 | ① 사무처리비용의 절감<br>② 공동사무처리에 따른 규모의 경제 효과<br>③ 서비스의 성과 제고 | ① 위탁처리비용의 산정 문제<br>② 사무위탁에 따른 정치적 비난<br>③ 위탁문화의 부재 등으로 광범위하게 활용되지 못함 |
| 행정협의회 | ① 합병하지 않고서도 협력 가능<br>② 기존 자치단체 구조에 변화를 주지 않음<br>③ 사무처리의 융통성과 효과성 | ① 비상설기관적 성격<br>② 지방자치단체의 예산 확보 미흡<br>③ 합의 결정에 대한 구속력이 담보되지 않음 |
| 조합 | ① 사무처리의 효과가 조합에 귀속<br>② 협의의 효과가 행정협의회의 경우보다 큼 | ① 자치단체의 난립<br>② 책임소재 불분명 |
| 특별자치단체 | ① 보통자치단체의 보완<br>② 자치단체 간 강력한 제도적 협력 | ① 난집으로 인한 혼란<br>② 책임소재 불분명 |

CHAPTER **07**
# 지방자치론

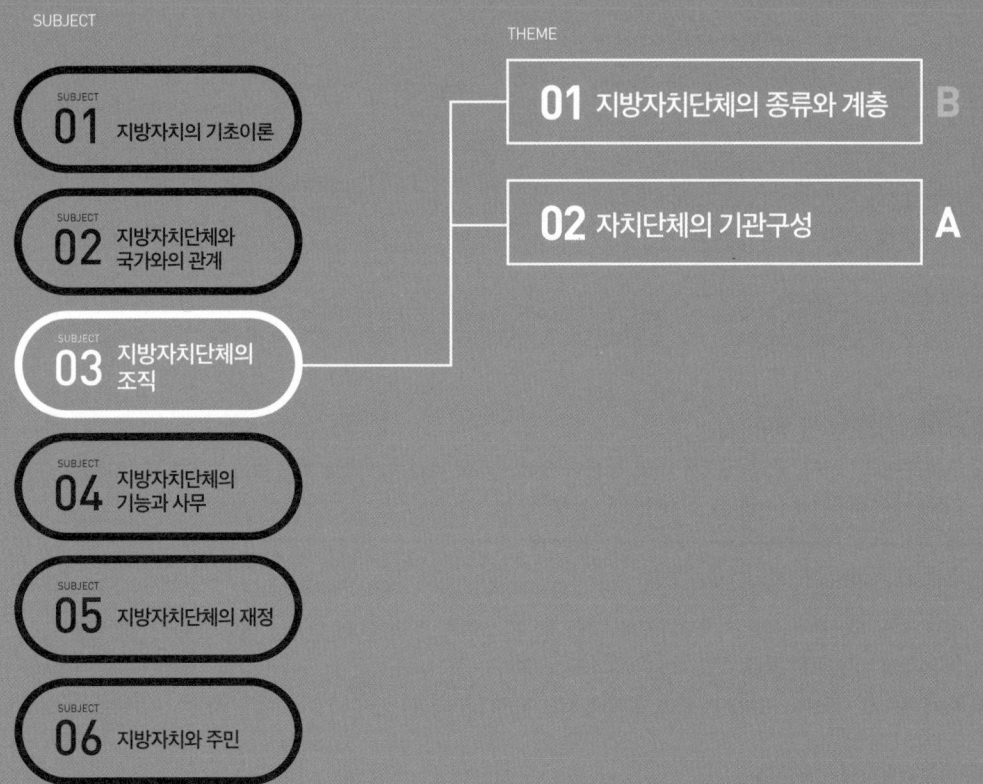

# THEME 01 지방자치단체의 종류와 계층

## 1 우리나라 자치계층

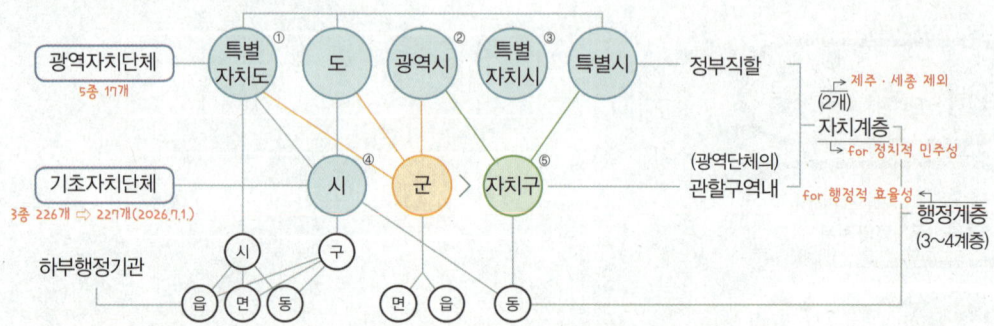

### 주의 [자치계층의 쟁점]

① 특별자치도에는 시·군을 두도록 하되, 법률이 정하는 바에 따라 시·군을 두지 않을 수 있도록「지방자치법」개정(2023.6.7. 시행) ⇨ 강원·전북 O, 제주 X.
② 광역시 요건은 법정화되어있지 않음(인구 100만 X)
③ 특별자치시에는 기초자치단체가 없음 ┗ 특별자치시에 기초단체를 두도록 하던「지방자치법」상 규정 삭제(2022.1.13.시행)
  ┗ 특별시·광역시·특별자치시 제외
④ 인구 50만 이상의 시에는 자치구가 아닌 구를 둘 수 있으며, 인구 100만 이상의 대도시(특례시)에 법률이 정하는 바에 따라 특례 인정 가능(2022.1.13. 시행)
  ┗ 부시장 2인 등                                                            ┗ 시·군세
⑤ 자치구는 시·군보다 자치권이 좁고, 세목의 수도 작음(2개 : 5개)
  ┗ 자치구세

## ● 제주특별자치도의 자치특례

① 제주특별자치도지원위원회 설치 : 국무총리 소속
② 법률안 제출권 및 입법 반영
③ 기존의 도와는 다른 법적 지위 인정
④ 자치조직의 자율성 강화 : 자치시가 아닌 시(행정시)를 둠 – 서귀포시, 제주시
⑤ 주민권리 확대 : 주민투표요건 완화
⑥ 인사청문회 실시 : 별정직 부지사 및 감사위원장
⑦ 인사의 자율성 부여 : 기준인건비 적용 배제
⑧ 성과중심의 인사 관리 : 4급 이상에 대해 성과계약제 적용
⑨ 감사위원회 설치 및 감사특례 : 도지사 소속 자체감사기구(중앙행정기관장은 제주도 감사실시 불가)
⑩ 자치경찰단 설치 : 제주특별자치도 자치경찰위원회 소속, 경찰단장은 도지사가 임명하는 지방직공무원(자치경무관)으로 자치경찰위원회의 지휘·감독을 받음.
⑪ 특별지방행정기관의 우선 이관 및 신설 금지
⑫ 행정안전부장관 승인 또는 협의 없이도 지방채의 외채 발행 및 초과 발행 가능
   ┗ 승인 X    ┗ 협의 X

● **강원특별자치도의 자치특례(2023.6.)**

① 강원도를 강원특별자치도로 변경
② 중앙행정기관의 장은 강원특별자치도에 행정상·재정상 특별지원을 할 수 있도록 하고, 강원특별자치도를 위한 지역균형발전특별회계 계정 설치, 자치사무 등의 위탁, 주민투표요건 완화, 공무원 인사교류 및 파견, 지역인재의 선발채용 등에 관한 특례 부여
  – 행·재정상 특별 지원
  – 주민투표 청구 특례 인정 : 투표 청구권자 총수의 1/30 ~ 1/5 범위에서 도 조례로 정하는 수 이상의 서명으로 청구 ↳ 일반자치단체는 1/20
  – 국가나 다른 자치단체와의 인사교류 : 강원특별자치도 정원 5% 범위에서 허용
  – 기타 규제 완화 및 자치조직권 확대
③ 강원특별자치도지사 소속으로 감사위원회를 설치하고 자치감사를 실시하도록 함.
④ 강원특별자치도의 시장·군수가 강원특별자치도지사와 협의를 거쳐 행정안전부 장관에게 요청하는 경우 특례 부여 가능
⑤ 국무총리 소속으로 강원특별자치도 지원위원회를 설치하여 지원방안 마련에 관한 사항 등을 심의하도록 함.

● **전북특별자치도의 자치특례(2024.1.)**

① 전라북도를 전북특별자치도로 변경
② 중앙행정기관의 장은 전북특별자치도에 행정상·재정상 특별지원을 할 수 있도록하고, 전북특별자치도를 위한 지역균형발전특별회계 계정 설치, 자치사무 등의 위탁, 주민투표요건 완화, 공무원 인사교류 및 파견, 지역인재의 선발채용 등에 관한 특례 부여
③ 전북특별자치도지사 소속으로 감사위원회를 설치하고 자치감사를 실시하도록 함.
④ 전북특별자치도의 시장·군수가 전북특별자치도지사와 협의를 거쳐 행정안전부장관에게 요청하는 경우 특례 부여 가능
⑤ 국무총리 소속으로 전북특별자치도 지원위원회를 설치하여 지원방안 마련에 관한 사항 등을 심의하도록 함.

**주의** [특별자치시·특별자치도(제주, 강원, 전북)의 비교]

| | | [기초단체] | [감사위] | [자치경찰단] | [지원위원회] |
|---|---|---|---|---|---|
| 특별자치시 | 세종 | X | O | X | O |
| 특별자치도 | 제주 | X | O | O | O |
| | 강원 | O | O | X | O |
| | 전북 | O | O | X | O |

- **2  단층제와 중층제의 장단점**

| 구분 | 단층제 | 중층제 |
|---|---|---|
| 장점 | ① 계층의 수가 적어 신속한 행정 가능<br>② 낭비제거 및 능률 증진<br>③ 행정책임 명확<br>④ 자치권 및 지역적 특수성 존중 | ① 기초와 중간자치단체 간 적정한 업무 분업<br>② 중간자치단체가 기초단체 기능을 보완 가능<br>③ 국가의 감독기능 유지 가능(중간단체에 감독기능 부여)<br>④ 민주주의 원리 확산(국가의 직접적 개입 차단) |
| 단점 | ① 국토가 넓거나 인구가 많은 국가에서는 채택 곤란<br>② 중앙집권화 우려(국가의 직접 개입)<br>③ 광역사무 처리에는 부적합<br>④ 중앙정부의 비대화 | ① 행정기능의 중첩, 이중행정 우려(번문욕례)<br>② 기능배분 불명확과 상하 자치단체 간 책임 모호<br>③ 소통 지연으로 행정의 지체와 낭비 및 비능률<br>④ 지역적 특성 무시 우려(광역자치단체가 주도할 경우) |

- **3  자치계층 및 구역 변경**

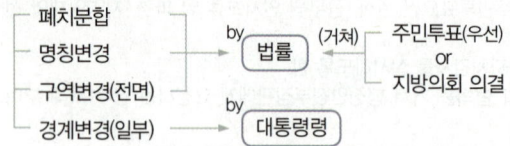

 * 하부행정기관(읍·면·동 등)의 폐치분합, 구역변경 등 → by 조례
   → 행안부장관 승인 필요

# THEME 02 자치단체의 기관구성

## 1 기관대립형과 기관통합형

**대대대단**

- **기관대립형** — 의결과 집행기관이 따로 선출·구성되어 분리된 채 상호 견제와 균형을 유지하는 집행기관 중심의 정부형태 – 중앙의 대통령중심제와 같은 형태로서 독일·일본·우리나라 등 주로 대륙계 국가에서 채택
- **기관통합형** — 의결과 집행기관이 구분되지 않거나 유기적인 협조를 유지하는 의결기관 중심의 정부형태 – 중앙의 내각책임제와 같은 형태로서 주로 영미계 국가와 프랑스 등에서 채택

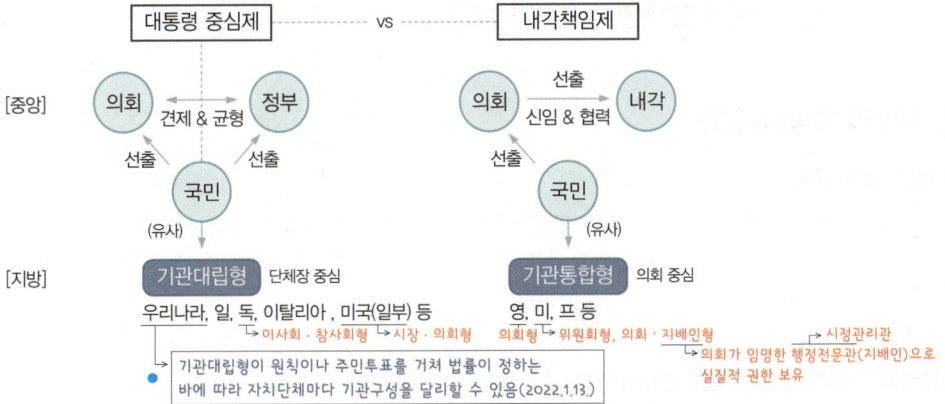

### ● 국가별 기관구성형태

| 기관통합형 | 위원회형 | 미국(카운티) | 주민직선으로 구성된 위원회가 입법권과 행정권 행사 |
|---|---|---|---|
| | 의회형 | 영국 등 | 의회가 입법과 집행기능 관장(영국, 호주, 뉴질랜드 등 영연방국가) |
| | 의회-의장형 | 프랑스 | 의회의장이 집행기관장 겸직하면서 사무조직 통솔(1982년이후) |
| 기관대립형 | 의회-수장(시장)형 | 독일, 일본, 미국(일부)[1], 우리나라 등 | 의회는 입법권, 수장은 집행권을 가지면서 상호 견제와 균형<br>① 강시장형 : 시장의 권한(인사·예산권)이 강함<br>② 약시장형 : 의회의 권한(인사·예산권)이 강함 – 시장의 거부권 X |
| 절충형 | 의회-지배인형 | 미국(일부) | 의회에서 간선되는 시장은 의례적·명목적 기능(대표, 의전, 정무)만 수행하고 의회가 임명한 전문행정관 즉, 시지배인 또는 시정관리관(city manager)이 실질적인 행정·집행기능 총괄 |

1) 미국의 경우 시장-의회형이 가장 많은 비중(58%)을 차지하고, 그 다음으로 의회-지배인제(38%)가 많다.

## ● 기관통합형의 장단점

| | |
|---|---|
| 장점 | ① 권한과 책임이 의회에 집중되어 민주정치와 책임행정 구현 용이<br>② 의회중심의 운영으로 갈등과 대립소지가 없어 지방행정의 안정성 및 효율성 제고<br>③ 신중하고 공정한 자치행정 가능<br>④ 소규모의 기초자치단체에 적합<br>⑤ 예산절감 및 탄력적인 행정집행 가능<br>⑥ 집행기구 구성에까지 주민대표성 확보 → 주민의사 반영 용이 |
| 단점 | ① 견제와 균형의 상실로 의회의 권력남용 우려<br>② 전문적이고 체계적인 집행기구가 없어 행정의 전문화 저해<br>③ 의원간 업무분담으로 행정의 종합성과 통일성 저해, 책임소재 불명확<br>④ 지방행정에 정치적 요인 개입 우려<br>⑤ 대도시의 다양한 이익집단과 계층의 이익대표에 부적합 |

> **주의** [기관통합형과 책임]
> ① 의회중심의 책임행정 ○
> ② 책임소재 명확화 X

## 2 지방의회(의결기관)

### (1) 지방의회의 권한

① 의결권 : 조례의 제정 및 개폐, 예산 및 결산의 승인, 법령에 규정된 것을 제외한 사용료 등의 부과·징수, 기금의 설치·운용, 중요재산의 취득·처분, 청원의 수리와 처리, 외국자치단체와의 교류·협력 등
② 서류제출요구권
③ 행정사무 감사 및 조사권 : 행정감사의 경우 매년 1차 또는 2차 정례회의 시 1회 실시
④ 행정사무 처리상황의 보고와 질문·응답권
⑤ 선거권과 피선거권, 의원징계권 ┬ 공개사과
　　　　　　　　　　　　　　　　├ 공개경고
　　　　　　　　　　　　　　　　├ 출석정지(30일 이내)
　　　　　　　　　　　　　　　　└ 제명 ❸ 사경출제

### (2) 지방의회의 운영

회의 정족수 ┬ 의사(개의) : 재적 1/3 이상 출석
　　　　　　├ 발의 : 단체장 또는 조례로 정한 수 이상의 지방의원의 찬성
　　　　　　└ 의결 ┬ 일반 : 재적 과반 출석, 출석 과반 찬성
　　　　　　　　　　└ 특별 : 재의요구 재의결 및 주민투표 청구(재적 과반 출석, 출석 2/3 찬성), 의원 자격 상실 및 제명(재적 2/3 찬성), 의장불신임(1/4 발의, 재적 과반 찬성), 소재 변경(재적 과반 찬성) 등

회의의 공개 : 공개가 원칙(예외 : 비공개) → 부결된 의안은 회기 중 다시 발의 불가
회의 운영원칙 : 회기계속의 원칙, 일사부재의 원칙, 가부동수일 때는 부결로 봄(의장의 casting vote 불인정)
위원회 운영 : 상임위원회와 특별위원회 2종
교섭단체 등 : 교섭단체를 둘 수 있으며, 인사청문회 실시도 가능 (2023.9.22. 시행)
　　　　　　　　　　　　　　　　　　　　└→ 일부 부단체장 및 공기업의 장

### (3) 지방의회의 사무기구

① 사무직원의 정수는 조례로 정함    ② 사무직원은 지방의회 의장이 임명
↳ 단체장 X(2022.1.13.)

## 3  집행기관(자치단체장 등)

### (1) 자치단체장의 권한

통할대표권, 임면권, 사무의 관리집행권, <mark>선결처분권</mark>, 지휘감독권, <mark>재의요구권</mark>, <mark>규칙제정권</mark>, 지방채발행권, 기관시설의 설치권 등

### (2) 집행기관의 종류

| 지방자치단체의 장 | 특별시장 · 광역시장 · 특별자치시장 · 도지사 · 시장 · 군수 · 자치구청장 |
|---|---|
| 보조기관 | 부지사 · 부시장 · 부군수 · 부구청장 · 행정기구(대통령령이 정하는 기준에 따라 조례로 제정) · 지방공무원 |
| 소속 행정기관 | <mark>직속기관</mark>(자치경찰 · 소방 · 교육훈련 · 보건치료 · 시험연구 · 중소기업지도기관 등), <mark>사업소</mark>, <mark>출장소</mark>, <mark>합의제</mark> 행정기관, 자문기관 |
| 하부행정기관 | 자치시가 아닌 시, 자치구가 아닌 구, 읍, 면, 동 |

행정시 ← | 행정구 ←

### (3) 소속 행정기관의 종류

| 종류 | 개념 |
|---|---|
| 직속기관 | 자치경찰기관, 소방기관, 교육훈련기관, 보건진료기관, 시험연구기관 및 중소기업지도기관 등 |
| 사업소 | 특정 업무를 <mark>효율적으로</mark> 수행하기 위하여 설치하는 기관 |
| 출장소 | <mark>외진 곳 주민</mark>의 편의와 특정 지역의 개발 촉진을 위하여 설치하는 기관 |
| 합의제 행정기관 | 소관 사무의 일부를 <mark>독립하여</mark> 수행할 필요가 있을 때 설치 |
| 자문기관 | 위원회 · 심의회 등 |

## 4  지방의회와 자치단체장의 관계

### (1) 상호 간의 권한

| 지방자치단체장이 지방의회에 대해 갖는 권한 | 지방의회가 자치단체장에 대해 갖는 권한 |
|---|---|
| ① 지방의회 의결에 대한 재의요구 및 제소권<br>② 자치단체장의 선결처분권<br>③ 의안발의권  → 소집권 X<br>④ 임시회 소집요구권<br>* 의회해산권은 없음 | ① 서류제출 요구권<br>② 행정사무 감사 및 조사권<br>③ 행정사무처리상황의 보고와 질문, 응답권<br>④ 예산 · 결산 승인권<br>* 단체장에 대한 불신임결의권은 없음 |

But, 지방의회 의장 · 부의장에 대한 불신임은 가능

(2) 자치단체장과 지방의회 의원 신분 비교

| 구분 | 자치단체장 | 지방의원 |
|---|---|---|
| 신분 | 정무직 | 정무직 |
| 임기 | 4년 | 4년 |
| 연임제한 | 있음(3회) | 없음 |
| 보수 | 유급직(연봉) | 유급직(수당) |
| 영리행위 제한 | 강함 | 약함 [1] |
| 겸직금지규정 | 있음 | 있음 [2] |
| 정당공천 | 인정 | 인정 [3] |

**주의** [대표기관]
- 외부대표 : 단체장
- 주민대표 : 지방의회

1) 지방자치단체장에 비하여 지방의원들의 영리행위금지의무는 포괄적이지 않음
  ① 자치단체장 : 해당 자치단체 관련 영리사업 종사 금지
  ② 지방의회의원 : 소관 상임위의 직무관련 영리행위 금지
2) 개정 「지방자치법」(2022.1.13. 시행)에서 겸직금지 대상 명확화
3) 기초의회의원도 2006년부터 비례대표제 및 정당공천 인정
  → 공무원(국가, 지방)
  → 공기업의 장
  → 협동조합장
  → 교원
  → 새마을금고 임직원
  → 선관위 위원 등

● 우리나라의 주요 지방인사제도

(1) 지방인사행정기관
 1) 시·도 인사위원회
  ① 의의 : 광역자치단체에 임용권자별로 설치, 독립된 합의제 지방인사행정기관
  ② 기능 : 공무원충원계획, 임용시험 실시, 승진심의, 징계의결 등
  ③ 구성 : 16인~20인의 위원, 위원장은 부단체장, 정당원 및 지방의회의원은 위원이 될 수 없음.
 2) 시·도 소청심사위원회
  ① 의의 : 광역자치단체에 임용권자별로 설치, 인사위원회와는 별도로 설치
  ② 기능 : 지방공무원 소청심사, 구속력 있음, 소송제기에 앞서 거쳐야 하는 의무적 전심절차
  ③ 구성 : 16인~20인의 위원, 위원장은 호선, 지방인사위원회 위원과 정당원·지방의회의원은 위원이 될 수 없음.

(2) 지방공무원의 구분
 1) 경력직
  ① 일반직 : 기술·연구 또는 행정일반에 종사, 직군·직렬별로 분류
  ② 특정직 : 공립의 대학에 근무하는 교육공무원, 교육감 소속의 교육전문직원, 자치경찰공무원과 그 밖에 특수 분야 공무원(소방직은 2020.4. 국가직화)
    → but 시·도 소속·감독
 2) 특수경력직
  ① 정무직 : 선거로 취임하거나 지방의회의 동의가 필요한 공무원, 고도의 정책결정업무를 담당 또는 이를 보조하는 공무원
  ② 별정직 : 비서 등 보좌업무

(3) 기타 지방인사의 운영
  ① 공직분류 : 직위분류제 원칙
  ② 임용기준 : 실적주의 원칙, 균형인사제 가미
  ③ 개방형직위 : 공직내외에서 적격자 선발(단, 대상직위 총수의 10% 이내로 국가직보다 좁음, 지정시 행정안전부장관과의 사전협의제는 폐지)
  ④ 공모직위 : 당해기관 내·외부의 공무원(국가공무원 포함)중에서 선발

# CHAPTER 07
# 지방자치론

# THEME 01 지방자치단체의 기능배분

기출이력 | 2021 국가7급 등 총20회   B

2026 선행정학 기본서 p.824

## 1 기능 배분 방식

**(1) 의의**

① 개별적 지정주의 [구속력 O] : 자치단체 특성별·사무종목별로 일일이 법률에 규정하는 영미계 주민자치방식
② 포괄적 예시주의 : 보편성의 원리에 따라 자치단체 구별 없이 일괄적으로 예시해주는 대륙계 단체자치방식 [구속력 X]

**(2) 포괄적 예시주의의 장단점**

| 장점 | 단점 |
|---|---|
| ① 권한부여방식이 간편<br>② 융통성과 탄력성이 높음 | ① 사무구분이 불명확<br>② 자치사무와 위임사무의 한계 모호<br>③ 상급단체의 무차별적인 통제<br>④ 감독을 초래하여 자치권이 제약<br>⑤ 지방이양률 저조 |

## 2 사무배분 원칙(강학상)   ←「지방자치법」상 원칙 : ①③⑤

① **책임명확화(비경합성)의 원칙** : 이중(중복)배분 금지
② **능률성(경제성)의 원칙**, 행·재정직 지원 병행의 원칙
③ **기초자치단체 우선의 원칙(보충성의 원칙)** : 주민생활 직결사무는 기초단체에 우선 배분해야 한다는 보충성의 원리(광역과 기초 간 사무는 외부효과, 규모의 경제, 분쟁가능성, 접근가능성 등을 고려하여 배분하되, 경합시에도 기초자치단체에 우선 배분)
④ **현지성의 원칙** : 지역적 특수성을 고려하여 배분한다는 원칙 또는 기초단체 우선의 원칙
⑤ **포괄적 배분의 원칙** : 연관된 사무는 함께 배분하여 자치단체 책임하에 독자적으로 처리
⑥ **종합성의 원칙** : 일선기관보다는 종합행정을 수행하는 자치단체에 우선배분하는 것이 좋다는 원칙
⑦ **민간참여 확대의 원칙**

- **3** 우리나라 기능 배분의 문제점
  ① 포괄적 예시주의 : ⓐ 사무 구분이 불명확 ⓑ 획일적 배분 ⓒ 지방이양률 저조
  ② 규정의 모호성 : 지방자치법 예시규정보다 개별법 우선
  ③ 기능과 재원 배분의 불일치

- ● 국가사무와 자치단체의 사무 구분(지방자치법 제13조 & 15조)

| 국가사무 | 자치단체의 사무 |
|---|---|
| ① 외교, 국방, 사법, 국세 등 국가의 존립에 필요한 사무<br>② 물가정책, 금융정책, 수출입정책 등 전국적 통일이 필요한 사무<br>③ 농림, 축·수산물 및 양곡의 수급 조절과 수출입 등 전국적 통일이 필요한 사무<br>④ 국가종합 경제개발계획, 직할하천, 국유림, 국토종합개발계획, 지정항만, 고속도로, 일반국도, 국립공원 등 전국적 규모의 사무<br>⑤ 근로 기준, 측량 단위 등 전국적 기준의 통일 및 조정을 필요로 하는 사무<br>⑥ 우편·철도 등 전국적 규모의 사무<br>⑦ 고도의 기술이 필요한 검사·시험 연구, 항공관리, 기상행정, 원자력 개발 | ① 지방자치단체의 구역, 조직 및 행정관리 등에 관한 사무<br>② 주민의 복지증진에 관한 사무<br>③ 농림·수산·상공업 등 산업증진에 관한 사무<br>④ 지역개발, 자연환경 보전 및 생활환경시설의 설치·관리에 관한 사무<br>⑤ 교육·체육·문화·예술의 진흥에 관한 사무<br>⑥ 지역민방위 및 지방소방에 관한 사무<br>⑦ 국제협력과 교류사무 |

- ● 자치단체 종류별 사무 구분(지방자치법 제14조)

| | |
|---|---|
| 시·도와 시·군·구의 공통사무 | ① 자치단체의 구역, 조직, 행정관리 등 사무(조례·규칙의 제·개정, 산하행정기관의 조직관리, 소속 공무원의 인사, 지방세 부과 및 징수, 예산의 편성·관리, 주민등록 관리 등) |
| 시·도사무 | ① 처리결과가 둘 이상 시·군·구에 미치는 광역사무<br>② 시·도 단위로 동일한 기준으로 처리해야할 사무<br>③ 시·도 단위로 통일성을 유지할 필요가 있는 사무<br>④ 국가와 시·군·구 사이의 연락·조정 등의 사무<br>⑤ 시·군·구가 독자적으로 처리하기 어려운 사무<br>⑥ 둘 이상의 시·군·구가 공동으로 설치하는 시설의 설치 및 관리 |
| 시·군·구사무 | ① 시·도사무를 제외한 사무<br>② 인구 50만 이상의 시는 도의 사무 일부를 직접 처리할 수 있음<br>③ 시·도와 시·군·구간 구체적인 종류별 사무는 대통령령으로 정함<br>④ 시·도와 시·군·구 사무는 서로 겹치지 않도록 해야하며, 겹치면 시·군·구가 먼저 처리 |

# THEME 02 지방자치단체의 사무

기출이력 | 2021 지방9급 등 총40회  B
2026 선행정학 기본서 p.828

## 1 사무의 종류

- 고유사무 : 자치사무(지방적 이해관계)
- 단체위임사무 : 지방정부(단체장 + 의회) 그 자체에 위임된 사무(국가 + 지방적 이해관계)
- 기관위임사무 : 단체장에게 집행만 위임된 사무(국가적 이해관계)

| 구분 | | 예 | 의회 관여 여부 | 조례 제정 여부 | 보조금 종류 | 중앙통제 사전적 통제 (예방적) | 사후적 통제 합목적성 (부당→공익 저해) | 교정적 사후적 통제 합법성 (위법) |
|---|---|---|---|---|---|---|---|---|
| 고유사무 | | ① 자치단체 존립·유지사무(조례·규칙제정 등)<br>② 주민복지사무(상하수, 소방 [1], 시장, 도서관, 학교, 병원, 도로, 주택, 쓰레기, 교통, 도시계획) | ○ | ○ | X [2] (장려적 보조금) | X | X | ○ [3] |
| 위임사무 | 단체위임사무 | 예방접종, 보건소의 운영, 생활보호, 의료보호, 재해구호, 도세징수, 공과금 징수, 직할하천 점용료 징수, 직업안정, 하천유지보수, 국도유지보수 등 | ○ | ○ | ○ (부담금) | X | ○ | ○ |
| | 기관위임사무 | 국회의원 선거, 근로기준 설정, 의약사 면허, 도량형, 외국인 등록, 대통령선거, 여권발급, 병역자원 관리, 천연기념물 관리 등 | X [4] | X | ○ (위탁금) | ○ | ○ | ○ [5] |

1) 소방에 관한 기획·예산은 국가사무, 해당지역 소방·구난·구조는 시·도 사무
2) 자치사무는 원칙적으로 자치단체가 비용부담. But 예외적으로 국가가 장려적보조금 지급
3) 자치사무는 위법시 사후통제만 가능(시정명령, 자치사무 감사 등)
4) 지방정부가 경비를 부담한 경우 감사 등 제한적으로 관여 가능
5) 기관위임사무에 대해서는 중앙정부의 적극적 감독이 가능하지만 중앙정부의 소송제기는 불가(자신의 사무이기 때문)

## 2 기관위임사무와 단체위임사무의 차이

| 구분 | 수임주체 | 중앙의 감독 | 지방의회 관여 | 경비부담 | 이해관계 | 법정조치 |
|---|---|---|---|---|---|---|
| 기관위임 | 단체장 | 적극(교정+예방) | 불가(조례 X) | 국가 | 국가 | 불요(직권위임) |
| 단체위임 | 자치단체 | 소극(교정) | 가능(조례 O) | 국가·지방 | 국가·지방 | 필요(법정위임) [1] |

1) 단체위임사무는 개별법에 위임근거가 있음. 기관위임사무도 개별법상 위임근거는 없으나 법령(지방자치법)에 의하여 위임된 사무임

## 3 기관위임사무의 문제점

① 지방자치단체를 국가의 하급기관으로 전락
② 국가의 지방자치단체에 대한 광범위하고도 강력한 통제의 통로
③ 국가와 지방자치단체 사이의 행정적 책임의 소재 불명확화
④ 지방의회의 관여와 주민의 의사개진 및 주민통제의 통로 폐쇄 : 지방의 창의성 묵살 및 불만 고조
⑤ 지방적 특수성과 배분적 형평 희생

## 4 자치경찰제

- **자치경찰제** : 전국적 실시(2021.1.1. ~)
- **자치경찰단** : 제주특별자치도만 실시(2006.7.1. ~)
  ↳ 단장은 도지사가 임명, 자치경찰위원회가 지휘·감독

● **우리나라 경찰조직체계**

-「국가경찰과 자치경찰의 조직 및 운영에 관한 법률」-

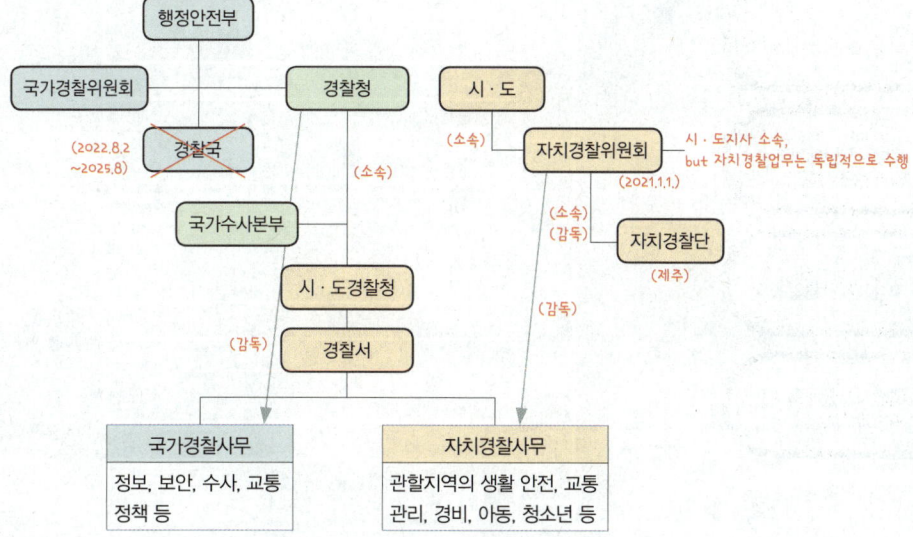

● **자치경찰제의 장단점**

| 장점 | 단점 |
| --- | --- |
| ① 지역실정에 맞는 민생치안·생활치안 가능<br>② 경찰행정의 민주화 | ① 전국적 소요진압 등 시국치안에 불리<br>② 타 국가기관과의 연계·협조 곤란<br>③ 치안격차 초래로 경찰행정의 효율성·통일성 저해 |

# CHAPTER 07
# 지방자치론

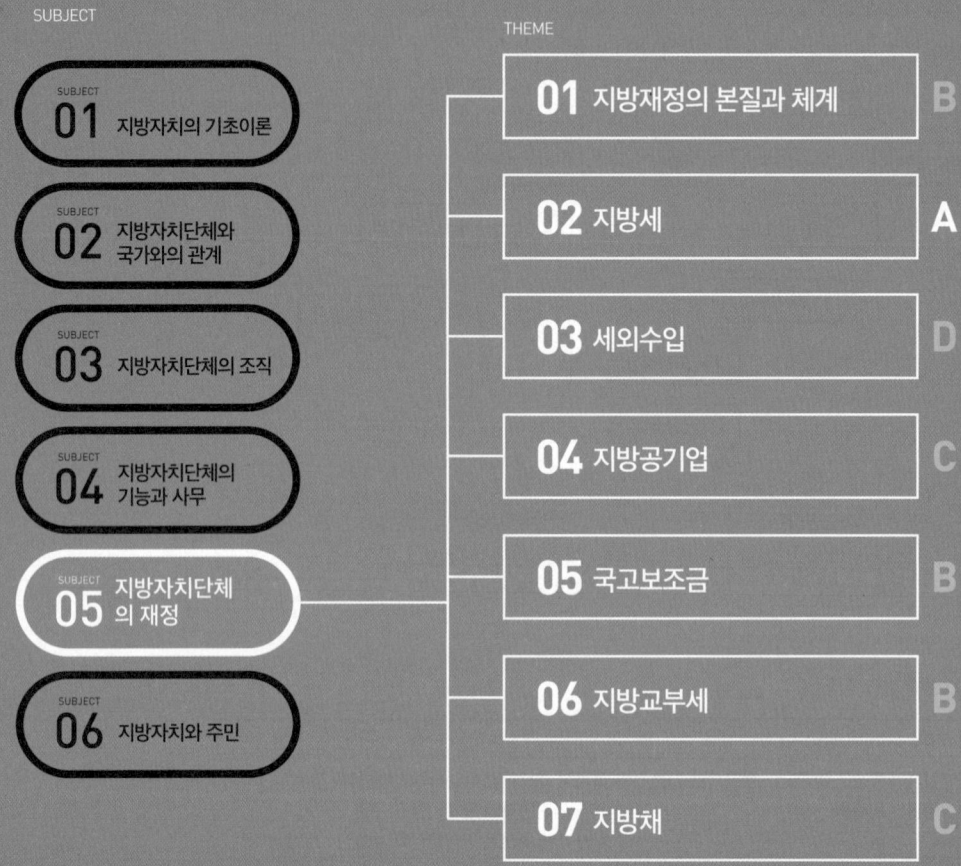

# THEME 01 지방재정의 본질과 체계

기출이력 | 2020 서울·지방9급 등 총33회    B

2026 선행정학 기본서   p.836

## 1 국가재정과의 차이

| 국가재정 | 지방재정 |
|---|---|
| 순수공공재 공급(외교, 치안, 국방, 사법 등) | 준공공재의 공급(도로, 교량 등 SOC) |
| 포괄적 기능(재정의 3대 기능 : 안정, 자원배분, 소득재분배) 수행  ☞ 안자소 | 자원배분기능 수행 |
| 응능주의 | 응익주의 |
| 기업형 정부나 가격원리 적용 곤란 | 기업형 정부나 가격원리 적용 용이 |
| **형평성** | **효율성** |

## 2 지방재정 구성체계

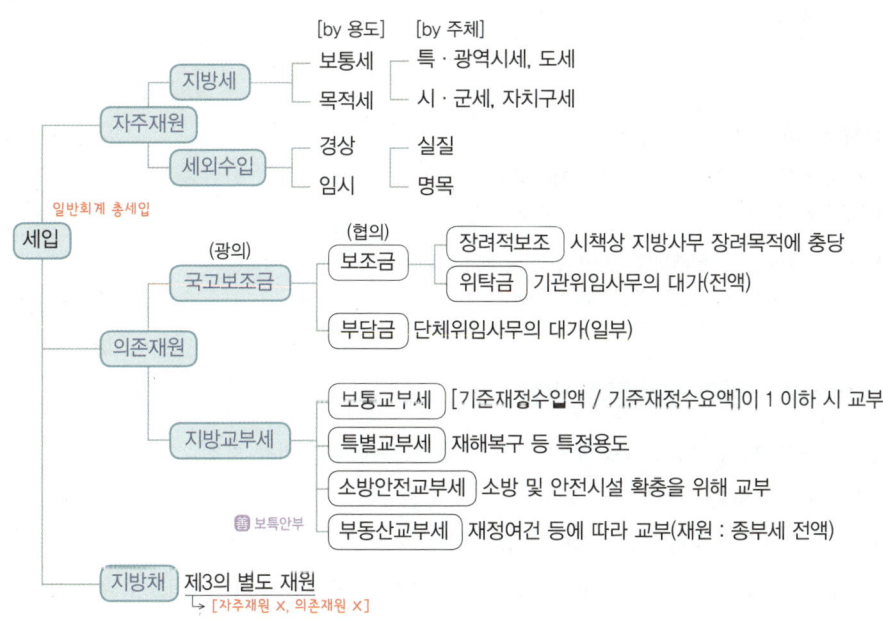

### 3 지방재정 평가지표

| 재정규모(재정력) | 자주재원 + 의존재원 + 지방채 | 지방재정자립도 등을 반영하지 못함 |
|---|---|---|
| 재정자립도 [1] | (지방세 + 세외수입) / 일반회계 총세입<br>(자주재원)　　(자주재원 + 의존재원 + 지방채) | 자립도가 높다하여 재정이 건전하다 할 수 없음(재정규모, 세출의 질, 실질적 재정상태, 정부지원규모내역 등을 알 수 없기 때문) |
| 재정력지수 | 기준재정수입액 / 기준재정수요액 | 기본적 재정수요의 실질적 확보능력 판단기준으로 지수가 클수록 재정력이 좋음. **보통교부세 교부기준** |
| 재정자주도 [2] | 일반재원 / 일반회계 총세입 | 차등보조금 교부기준, 재정자립도 미반영이 한계 |

1) 재정자립도는 자주재원(자율적으로 조달가능한 재원)이 차지하는 비율(세입분권지수)로 자주재원이 늘어날 때보다 의존재원이 줄어들 때 더 많이 높아짐
2) 재정자주도는 일반재원(자율적으로 사용가능한 재원)이 차지하는 비율(세출분권지수)로 지방교부세의 자주재원적 성격을 인정자는 입장
→ 재정자립도를 총세입 중 자체수입(지방세 + 세외수입)의 비율, 재정자주도를 총세입 중 자체수입 + 자주재원(지방교부세와 조직교부금)의 비율로 보는 입장도 있음

● **재원의 종류와 재정지표 간의 관계**

| 지표\재원 | 재정규모 | 재정자주도<br>(일반재원의 비율) | 재정자립도<br>(자주재원의 비율) |
|---|---|---|---|
| 보조금 증가 | ↑ | ↓ | ↓ |
| 교부세 증가 | ↑ | ↑ | ↓ |
| 지방세 증가 | ↑ | ↑ | ↑ |

> **주의** [재정력 지표 쟁점]
> ① 자주재원 / 전체재원 : 재정자립도 O, 재정자주도 X
> ② 일반재원 / 전체재원 : 재정자립도 X, 재정자주도 O
> ③ 재정자립도 : 자주재원이 늘 때보다 의존재원이 줄 때 더 많이 증가
> ④ 재정자주도 : 지방교부세의 자주재원적 성격 인정

### 4 우리나라 지방재정의 문제점과 방향

① 지방재정보다는 국가재정 위주 : 지방재정의 국민총생산 등에 대한 비율 저조
② 국가와 지방간 사무분담과 경비분담의 불일치
③ 지방정부의 독자적인 과세주권 결여 : 지방세 법정주의
④ 소득과 소비 관련 과세는 주로 국세, 재산 관련 과세는 지방세 → 지방재정 본질적으로 취약
⑤ 세입분권지수가 세출분권지수에 비하여 현저히 낮음 : 재정갭을 지방교부세가 충당 → 세입분권지수 향상이 긴요
　(재정자립도)　(재정자주도)

● **우리나라 지방재정 운영의 주요내용**

(1) 회계의 구분 : 예산은 일반회계와 특별회계로 구분, 기금은 별도 설치 가능 → by 조례

(2) 예산의 편성 및 의결　→ by 법률 또는 조례
① 자치단체장은 예산안을 시·도는 회계연도 시작 50일 전, 시·군·구는 40일 전까지 지방의회에 제출
② 시·도의회는 회계연도 시작 15일 전까지, 시·군·구의회는 10일 전까지 의결
③ 지방의회는 자치단체장의 동의 없이 지출예산의 금액을 증가 또는 새로운 비목 설치 불가
④ 예산의 이송·고시 : 지방의회 의장은 예산안이 의결되면 3일 이내에 자치단체장에게 이송, 자치단체장은 이송받으면 지체 없이 시·도에서는 행정안전부장관에게, 시·군·구에서는 시·도지사에게 보고
⑤ 타당성 조사 : 자치단체장은 총사업비 500억원 이상 신규사업에 대해서 타당성을 사전에 조사하여야 함.
⑥ 예산의 내용(예산의 형식) : 예산총칙, 세입·세출예산, 계속비, 채무부담행위 및 명시이월비로 구성 참 총세계채명
⑦ 세입예산과 세출예산 모두 장·관·항으로 구분 (국가는 세입예산은 관·항, 세출예산은 장·관·항으로 구분)

(3) 예산의 집행
① 계속비 : 지방의회의 의결을 받아 그 회계연도부터 5년 이내 계속 지출가능, 지방의회의 의결을 거쳐 연장 가능
② 예비비
– 일반회계와 교육비특별회계 : 총액의 100분의 1 이내의 금액을 계상하여야 함.
– 특별회계 : 총액의 100분의 1 이내의 금액을 예비비로 계상할 수 있음.
– 재해·재난 관련 목적예비비는 별도로 계상 가능
– 지방의회에서 폐지·감액된 항목에 대해서는 예비비 사용 불가
③ 추가경정예산 : 지방의회의 의결을 받아야 함. 단, 편성사유가 중앙정부와 달리 특정되어 있지 않으며, 일정 경비는 추가경정예산의 성립 전에 사용할 수 있음. → 재해복구 등
④ 예산이 성립하지 아니할 때의 예산 집행 : 지방의회 의결 없이 전년도예산에 준하여 집행 가능
  * 법령·조례로 설치된 기관이나 시설의 유지·운영, 법령·조례상 지출의무의 이행, 예산으로 승인된 계속비
⑤ 예산의 전용 : 각 정책사업 내의 예산액 범위에서 각 단위사업 또는 목의 금액을 전용할 수 있음.
  * 다만, 예산에 계상되지 아니한 사업에는 전용할 수 없음.

(4) 수입과 지출
① 지방세 : 법률로 정하는 바에 따라 지방세 부과·징수 가능
② 사용료 : 공공시설의 이용 또는 재산의 사용에 대하여 사용료 징수 가능
③ 수수료 : 사무가 특정인을 위한 것이면 그 사무에 대하여 수수료 징수 가능
④ 분담금 : 재산 또는 공공시설의 설치로 주민의 일부가 특히 이익을 받으면 그 이익 범위에서 분담금 징수 가능
⑤ 세출의 재원 : 세출은 지방채 외의 세입을 그 재원으로 하고, 부득이한 경우에는 지방채로 충당 가능
⑥ 채무부담행위 : 채무부담의 원인이 될 계약 체결행위를 할 때에는 미리 예산으로 지방의회의 의결을 얻어야 함.

(5) 결산
① 출납폐쇄기한 : 자치단체의 출납은 회계연도가 끝나는 날 폐쇄함.
② 출납사무 완결기한 : 해당 회계연도 세입·세출의 출납에 관한 사무는 다음 회계연도 2월 10일까지 마쳐야 함.
③ 결산서의 작성과 의회 승인 : 자치단체장은 출납 폐쇄 후 80일 이내에 결산서를 작성하고, 지방의회가 선임한 검사위원의 검사의견서를 첨부, 다음 년도 5.31.까지 지방의회에 제출하여야 함.
④ 결산서의 보고와 고시 : 자치단체장은 결산 승인을 받으면 5일 이내에 시·도에서는 행정안전부장관에게, 시·군 및 자치구에서는 시·도지사에게 보고하고, 내용 고시
⑤ 결산서의 구성 : 결산 개요, 세입·세출 결산, 재무제표(재정상태표, 재정운영표, 순자산변동표), 성과보고서
  → 예산회계(현금주의)　→ 재무회계(발생주의)

# THEME 02 지방세

## 1 지방세의 의의

① 개념 : 자치단체가 일반적 경비 조달을 위하여 강제적으로 부과·징수하는 재원
② 지방세 법정주의 : 지방세의 종목과 세율은 조례가 아닌 법률로 정함

## 2 지방세 원칙

| 재정<br>수입<br>측면 | 충분성의 원칙 | 지방자치를 위하여 충분한 금액이어야 함 |
|---|---|---|
| | 보편성의 원칙 | 세원이 지역간에 균형적(보편적)으로 분포되어 있어야 함 |
| | 안정성의 원칙 | 경기변동에 관계없이 세수가 안정적으로 확보되어야 함(재산세 등) |
| | 신장성의 원칙 | 늘어나는 행정수요에 대응하여 매년 지속적으로 세수가 확대되어야 함 |
| 주민<br>부담<br>측면 | 부담분임의 원칙 | 가급적 모든(많은) 주민이 경비를 나누어 분담해야 함(주민세 균등분 등) |
| | 응익성(편익성)의 원칙 | 주민이 향유한 이익(편익)의 크기에 비례하여 부담(티부가설의 원칙) |
| | 부담보편(형평성)의 원칙 | 주민에게 공평(동등)하게 부담되어야 함(조세감면의 최소화) |
| 징세<br>행정<br>측면 | 자주성의 원칙 | 중앙정부로부터 독자적인 과세주권이 확립되어야 함 |
| | 편익 및 최소비용의 원칙 | 징세가 용이하고 징세비가 절감되어야 함 |
| | 국지성의 원칙 | 과세객체가 관할구역내에 국한되어 있어야 함 |

● 우리나라 지방세제의 문제점
- 지방세보다 국세의 비중이 큼 : 국세와 지방세의 합리적 조정 필요(단, 보편성 결여 시 재정불균형 심화 우려)
- 소득·소비보다 재산과세 비중이 큼 : 중앙정부의 부동산정책 영향 과다
- 독자적 과세주권 결여 ∵ 조세법정주의

## 3 세목체계

| 구분 | | 도세 | 시·군세 | 특별시·광역시세 | 자치구세 |
|---|---|---|---|---|---|
| 지방세 (11개) | 보통세 (9개) | 취득세, 등록면허세, 레저세, 지방소비세 | 주민세, 재산세, 자동차세, 담배소비세, 지방소득세 | 취득세, 주민세, 자동차세, 담배소비세, 레저세, 지방소비세, 지방소득세 | 등록면허세, 재산세 |
| | 목적세 (2개) | 지방교육세, 지역자원시설세 | | 지방교육세, 지역자원시설세 | |
| 국세 | 내국세 | 직접세 | 소득세, 법인세, 상속증여세, 종합부동산세 | | |
| | | 간접세 | 부가가치세, 개별소비세, 주세, 인지세, 증권거래세 | | |
| | 목적세 | 교통·에너지·환경세 [1], 교육세, 농어촌특별세 | | | |
| | 관세 | | | | |

↳ 납세의무자 = 담세자 (직접세)
↳ 납세의무자 ≠ 담세자 (간접세)

1) 교육·에너지·환경세는 2025.1.1. 폐지될 예정이었으나, 2027.12.31.까지 과세기한 연장 (2025.1.1. 시행)

### 주의 [지방세 관련 수험 포인트]

① 자치구세는 2종(등록면허세, 재산세) 뿐
② 목적세는 2종(지역자원시설세, 지방교육세) 뿐
③ 기초단체는 목적세 부과 불가
④ 시군세는 자치구세보다 많은 5종  **암기** 자동차(안에서) 담배(피우는) 주민(의) 재산(을) 소득(잡는) 시·군
⑤ 주세는 국세, 담배소비세는 지방세
⑥ 교육세는 국세, 지방교육세는 지방세
⑦ 재산 관련 조세의 경우 거래과세 > 보유과세(특히 광역단체의 경우)
⑧ 광역시 안에 군을 두는 경우 도세를 광역시세로 간주
⑨ 광역시 주민세의 경우 개인분만 광역시 수입, 사업소분 및 종업원분은 자치구 수입
⑩ 지방소비세는 국세인 부가가치세 세액의 일부(25.3%)를 지방세로 전환, 국가가 징수하여 시·도에 분배
⑪ 지방소득세는 국세인 소득세와 법인세 납세의무자에게 소득세와 법인세의 일정비율에 해당하는 금액을 자치단체가 부과(표준세율의 50% 범위 내에서 조례로 가감 가능)
⑫ 특별시의 재산세는 특별시 및 자치구세로 공동세(50%는 특별시가 징수하여 자치구에 균등 배분)
⑬ 탄력세율 : 표준세율의 50% 범위 내에서 조례로 가감(지방소비세, 레저세만 탄력세율 불인정)
  ↳ (but 주행분 자동차세, 담배소비세는 표준세율의 30% 범위에서 대통령령으로 가감가능) - 탄력세율인지 논란 있음

● 국세의 지방세 전환시 고려사항

| 장점 | 단점 |
|---|---|
| ① 재정규모 확충 및 재정자립도 향상 | ① 세원이 고루 분포되지 않을 경우 지역 간 재정불균형 심화 |
| ② 높은 세수 신장성과 안정성·응익성 확보 | ② 내국세 총액의 감소로 인한 지방교부세 총액 감소 |

# THEME 03 세외수입

기출이력 | 2020 국가7급    D

2026 선행정학 기본서 p.850

## 1 세외수입의 의의

① 개념: 지방세를 제외한 자체재원 수입
② 특징: 일반재원보다 특정재원이 더 많음, 응익성, 다양성

## 2 종류

(늘 - 사수임)

| 실질적 세외수입 | 경상적 수입 (규칙적) | 사용료, 수수료, 재산임대수입, 사업장 수입(경영수익사업), 이자수입, 징수교부금 | 일반회계 |
|---|---|---|---|
| | 사업수입 | 상수도사업, 하수도사업, 지하철, 주택사업, 공영(토지)개발사업 등 지방공기업 수입과 기타특별회계 수입 | 특별회계 |
| 명목적 세외수입 | 임시적 수입 (불규칙적) | 재산매각수입, 융자금 회수, 이월금, 기부금[1], 융자금, 전입금, 부담금(분담금 포함), 차입금, 잡수입, 순세계잉여금, 과년도 수입 → 부담금관리기본법상 O, 지방재정법상 X | 일반회계 |
| | 사업외 수입 | 이월금, 융자금, 전입금, 잡수입, 지난 연도 수입, 기타 | 특별회계 |

(부가가치 창출 O / X)

1) 고향사랑기부금: 거주지역 외의 지방자치단체에만 기부 가능(법인은 제외), 1인당 년간 2,000만원 한도
   → 500만원 → 2,000만원(2024. 8. 개정)

● 주요 세외수입

(사수-분부)

- 사용료: 지방자치단체의 **공공시설**을 특정 소비자가 사용할 때 그 반대급부로 강제적으로 부과·징수하는 공과금
- 수수료: 지방자치단체가 특정인에게 제공한 행정 **서비스**에 의해 이익을 받는 자로부터 그 비용을 반대급부로 징수하는 수입
- 분담금: 지방자치단체의 재산 또는 공공시설의 설치로 인해 주민의 일부가 **특별히 이익**을 받을 때 수익의 정도에 따라 징수하는 공과금 → 부담금(광의)에 포함됨
- 부담금: 재화나 서비스의 제공과는 관계 없이 수익자 부담주의나 원인자 부담주의에 근거, 특정 공공서비스를 창출하거나 바람직한 행위를 유도하기 위하여 부과되는 조세 외의 금전적 지급의무

# THEME 04 지방공기업

기출이력 | 2019 서울9급 등 총7회

2026 선행정학 기본서  p.851

## 1  지방공기업의 종류

- 자치단체가 직접 경영하는 기업 — 직영기업 (정부형)
  - 상하수, 공영개발(주택·토지개발), 궤도, 도로 등 → 마을상수도 제외, 공업용수 포함 / 도시철도 포함
  - 소속기관(정부조직) 형태
  - 구성원 신분 : 공무원
- 법인을 설립하여 간접적으로 경영하는 기업 — 간접경영 (법인형)
  - 지방공사 : 전액 또는 50% 이상 지방정부 출자, 민간출자 허용(외국인 포함)
  - 지방공단 : 전액 지방정부 출자(민간출자 불허), 지방정부 위탁사항만 처리

## 2  설치 및 감독

(1) **설치** : 자치단체장
 ① 시·도는 행안부장관, 시·군·구는 시·도지사와의 협의를 거쳐야 함.
 ② 다른 자치단체와 공동설립도 가능

(2) **경영실적 평가** : 행정안전부장관이 매년 실시(필요시 자치단체장이 할 수 있음)

(3) **경영진단** : 경영성과가 부실한 지방공기업에 대해서 행정안전부장관이 선정·실시

> **주의** [직영공기업]
> ① 일정규모 이상의 상하수, 주택, 토지, 궤도, 도로, 자동차 사업 등은 의무적 직영공기업
> ② 직영공기업은 정부조직(소속기관), 공무원 신분

# THEME 05 국고보조금

기출이력 | 2021 지방7급 등 총16회

B

2026 선행정학 기본서 p.852

## 1 국고보조금의 의의

(1) **개념**: 국가가 정책상 또는 자치단체 사정상 필요시 용도를 정하여 교부하는 자금
(2) **특징**: 특정재원, 의존재원, 무상재원, 경상재원, 수직적 조정재원

## 2 종류

(1) **장려적 보조금**: 국가가 시책상 자치사무를 장려하기 위한 재원 → 원칙적으로 자치단체가 비용 부담
(2) **부담금**: 단체위임사무 경비 일부 지원
(3) **위탁금**: 기관위임사무 경비 전액 지원

## 3 보조금의 효용과 폐단

| 장점 | 단점 |
| --- | --- |
| ① 통일적 행정수준의 확보<br>② 사회자본 등의 계획적 정비<br>③ 행정서비스의 구역 외 확산(외부효과)에의 대처<br>④ 재원배분의 효율화 | ① 재정통제 수반으로 지방 행·재정의 자주성 저해<br>② 보조금의 영세화<br>③ 지방비 부담의 과중<br>④ 지역 간 재정 불균형 및 재정격차 심화 – 지방비 부담 능력이 있는 자치단체에 편중<br>⑤ 지급시기의 불안정성 → 지방재정의 안정성과 예측가능성 저해 |

> **주의** [의존재원과 재정안정성]
> ① 의존재원은 지방재정의 안정성 O → by 지방재정 보전기능 O
> ② 국고보조금은 지방재정의 안정성 X → by 지급시기 및 금액의 예측가능성 X

# THEME 06 지방교부세

기출이력 | 2022 국가9급 등 총21회    B

2026 선행정학 기본서 p.854

## 1 지방교부세의 의의

(1) **개념**: 국가가 자치단체 간 재정격차 시정을 위해 재정적 결함이 있는 자치단체에 교부하는 금전
(2) **특징**: 공유된 독립재원, 일반재원, 의존재원, 무상재원, 수직적·수평적 조정재원
(3) **재원**: 내국세 총액의 19.24%, 종합부동산세 전액, 담배에 부과되는 개별소비세의 45%, 전년도 결산정산액
   - 20% 초과부분은 소방인건비로 우선 충당
(4) **교부주체**: 행정안전부장관
(5) **근거**: 지방교부세법

## 2 종류

보통안부

| 교부대상 | 종류 | 개념 | | 재원 | 용도 |
|---|---|---|---|---|---|
| 자치구 제외 | 보통교부세 <br> → 1962 도입 | 재정력지수(기준재정수입액/기준재정수요액)가 1 이하인 자치단체에 교부 | | [내국세 총액의 19.24% + 정산액]의 100분의 97 | 일반재원 |
| 모든 자치단체 | 특별교부세 <br> → 1962 도입 | ① 기준재정수요액으로는 산정할 수 없는 특별한 재정수요 발생 시 교부 | 40/100 | [내국세 총액의 19.24% + 정산액]의 100분의 3 | 특정재원 <br> → 조건·용도 제한 가능 |
| | | ② 재난 복구 및 안전관리를 위한 특별한 재정수요 발생 시 교부 | 50/100 | | |
| | | ③ 국가적 장려, 국가와 지방 간 시급한 협력, 역점 시책, 재정운용실적 우수시 등 교부 | 10/100 | | |
| 광역단체 | 소방안전교부세 <br> → 2015 도입 | 소방인력의 운용, 소방 및 안전시설 확충, 안전관리 강화 능을 위하여 시·도에 교부 | | 담배에 부과되는 개별소비세 총액의 100분의 45[1] + 정산액 | 특정재원 |
| 특별자치도 특별자치시 기초단체 | 부동산교부세 <br> → 2006 도입 | 재정여건 및 지방세 운영상황 등을 고려하여 교부 | | 종합부동산세 전액 + 정산액 | 일반재원 |

[1] 75/100는 소방인력의 인건비로 우선 충당

* 분권교부세는 2005년 신설, 2015년 폐지
  → 국가사무를 이양받은 자치단체에 교부

### 3 국고보조금과의 차이

| 구분 | 지방교부세 | 국고보조금 |
|---|---|---|
| 사유 | 자치단체 재정상 결함 시정 | 국가정책상 또는 자치단체의 재정사정상 필요시 |
| 근거 | 지방교부세법 | 보조금 관리에 관한 법률 |
| 재원 | 내국세의 19.24% + 종합부동산세 전액 + 담배에 부과되는 개별소비세의 45% + 전년도 결산 정산액(기준에 의한 보조) | 중앙정부의 일반회계와 특별회계 예산(재량에 의한 보조) |
| 신청 | 법정기준에 의한 교부(신청주의 X) | 신청에 의한 교부(신청주의 O) |
| 용도 | 용도 지정이 없는 일반재원(기본행정수요경비) | 특정재원으로 구체적인 보조목적 사업(국가시책과 정책적 고려) |
| 지방비 부담 | 없음(정액보조) – 현금보조적 성격 | 있음(정률보조) – 현물보조적 성격 |
| 재량(통제) | 많음(약함) | 거의 없음(강함) |
| 기능 | 재정의 형평화(형평화 보조금) | 자원배분의 효율화(효율화 보조금) |
| 조정의 성격 | 수직적·수평적 조정재원 → 재정격차 시정 | 수직적 조정재원 → 재정격차 심화 |
| 교부주체 | 행정안전부장관 | 중앙관서의 장 → 기획예산처장관에게 요구 |

> **주의** [의존재원과 재량]
> 　　　　　　　　　[재원확보]　　　　[사용용도]
> ┌ 보조금　재량보조(재량 O)　재량 X
> └ 교부세　기준보조(재량 X)　재량 O

● **기초자치단체에 대한 광역자치단체의 재정 조정**　→ 교부주체 : 국가 X

| 제도 | 근거법률 | 교부 주체 | 교부 대상 | 재원 |
|---|---|---|---|---|
| 징수교부금 | 지방세징수법 | 특별시·광역시·도 | 시·군·자치구 | 징수광역세의 3% |
| 시·군 조정교부금 | 지방재정법 | 광역시·도 | 시·군 | 징수광역세의 27% |
| 자치구 조정교부금 | 지방재정법 | 특별시·광역시 | 자치구 | 시세 중 대통령령으로 정한 보통세의 일부 → 목적세 X |

# THEME 07 지방채

기출이력 | 2018 지방7급 등 총6회

2026 선행정학 기본서  p.857

## 1 지방채의 의의

(1) **개념**: 자치단체가 과세권을 담보로 증권 발행을 통하여 부족한 재원을 충당하는 채무부담행위

(2) **특징**
① 지방채는 세대 간·이용자 간 비용 부담의 공평화에 기여
② 국채와 달리 경기조절기능은 없음
③ 대통령령이 정한 범위 안에서는 의회 의결을 거쳐 자치단체장이 발행(단, 일정 경우 의회 의결 전에 행정안전부장관의 승인 또는 협의를 요함)

→ 외채발행 ┐
→ 조합발행 ┘ 승인
→ 초과발행 — 협의가 원칙
  단, 재정위험수준 및 채무규모를 고려하여 대통령령이 정한 범위초과시 승인 필요

참 외조초

## 2 종류

| 모집공채 | 공모방식을 통한 기채 |
| --- | --- |
| 매출공채 | 인허가, 등록 등 특정서비스 수혜 주민에게 강제 소화 |
| 교부공채 | 공사대금 등을 현금 대신 공채로 교부 |

참 강매 → 우리나라 대부분의 지방채

## 3 기능

(1) **순기능**: ① 대규모 재원 조달 ② 재정부담의 공평화 ③ 지역경제 활성화
(2) **역기능**: ① 주민부담 초래 ② 건전재정 저해 ③ 경기조절효과 미흡

## 4 지방채 발행요건(사유)

참 공사철재

① 공유재산 조성 등 재정투자사업과 그 직접수반경비의 충당
② 재해예방 및 복구사업
③ 예측할 수 없었던 세입결함의 보전
④ 지방채의 차환
  → 돌려막기

# CHAPTER 07
# 지방자치론

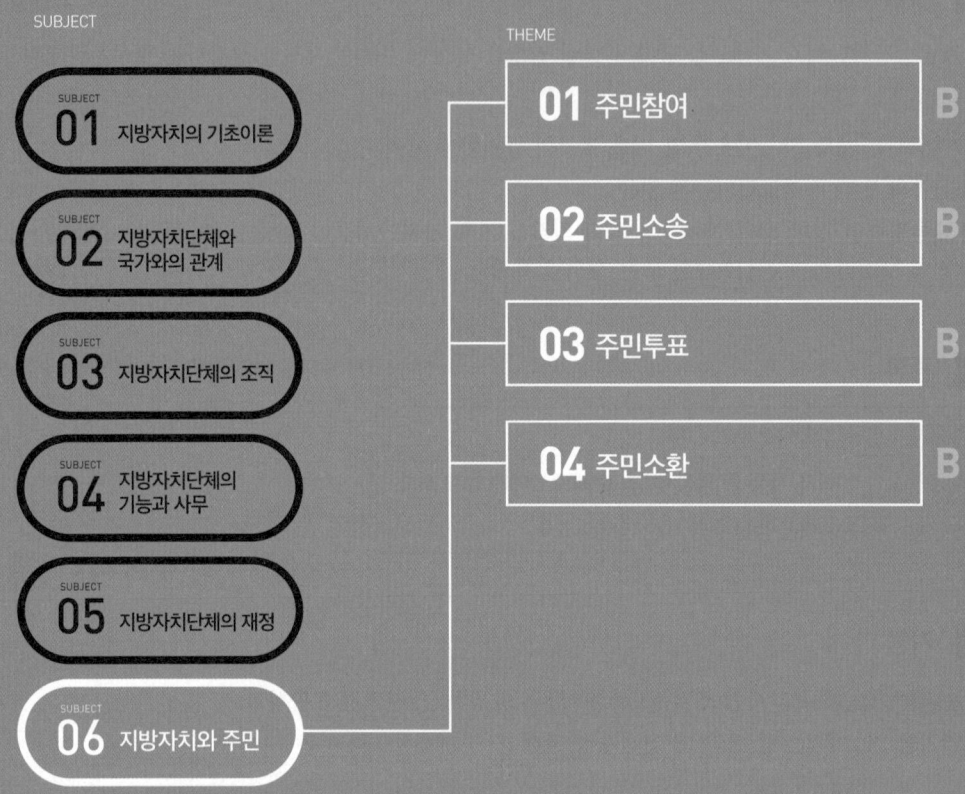

# THEME 01 주민참여

기출이력 | 2020 지방7급 등 총16회
2026 선행정학 기본서 p.861

## 1 필요성과 한계

(1) **필요성** : ① 대의민주제 보완 ② 정책의 정당성 확보 ③ 주민의 권리·책임의식 고양
(2) **한계** : ① 전문성 부족 ② 활동적 소수의 폐단 ③ 행정의 지체와 비능률

## 2 우리나라 주민참여제도

| 제도 | 도입연도 | 근거법률 |
|---|---|---|
| 주민감사청구제도 | 1999 | 지방자치법 |
| 주민조례청구제도 | 1999 | 지방자치법, 주민조례발안법 |
| 주민투표제도 | 2004 | 지방자치법, 주민투표법 |
| 주민소송제도 | 2006 | 지방자치법 |
| 주민소환제도 | 2007 | 지방자치법, 주민소환법 |

**주의** [참여제도 법적 근거]
① 주민소송제도 : 지방자치법 (주민소송법 X, 행정소송법 준용)
② 주민참여예산제도 : 지방재정법
③ 정보공개청구제도 : 정보공개법

## 3 주민청구제도

(1) **주민조례청구제도(2022.1.13. 시행)**  *직접 발의 O*   단체장에게 규칙에 대한 의견 제출도 가능(2022.1.13.)
① 의의 : 주민발안(간접발안)의 일종으로 18세 이상 지역주민들이 당해 지방의회에 직접 조례의 제정이나 개폐를 청구할 수 있는 제도(지방의회의장은 수리일부터 30일 이내 발의, 지방의회는 1년 이내 의결) → but 주민투표가 아닌 지방의회가 최종 결정하므로 간접발안에 해당
② 제외대상 ┌ 법령 위반 사항
           ├ 지방세·사용료·수수료·부담금의 부과·징수 또는 감면에 관한 사항
           └ 행정기구 설치·변경 또는 공공시설 설치 반대에 관한 사항

(2) **주민감사청구제도(2022.1.13. 시행)**
① 의의 : 지방자치단체와 그 장의 권한에 속하는 사무의 처리가 법령에 위반되거나 공익을 현저히 해한다고 인정되는 경우에 3년 이내에 18세 이상 주민이 상급자치단체의 장이나 주무부장관에게 감사를 청구할 수 있도록 한 제도
② 청구시 주민연대서명 필요 ┌ 광역단체 : 300명
                          ├ 인구 50만 이상 시(市) : 200명 ┐ 이하에서 조례로 정한 수 이상
                          └ 기타 기초단체 : 150명
③ 제외대상 ┌ 수사 또는 재판에 관여하게 되는 사항
           ├ 개인의 사생활을 침해할 우려가 있는 사항
           └ 다른 기관에서 감사하였거나 감사 중인 사항 등
              └ but 중요사항이 누락된 경우는 감사청구 가능

## THEME 02 주민소송

### 1 주민소송의 의의

① 개념 : 자치단체의 공금지출·회계 등 재무행위가 위법하다고 인정되는 경우에 주민이 감사기관에 감사를 청구하고 그 감사 결과에 불복하는 경우에 법원에 재판을 청구하는 것
→ 실제로는 위법·부당한 재무행위에 대한 소송 인정

② 특성 : 재무행위만 대상이 되므로 납세자 대표소송의 성격이 강함 → 당사자 소송이 아닌 공익소송, 민중소송
(재무행위만 대상 ← 당사자 소송 X ← 청구인의 권익·구제를 위한 소송)

### 2 소송의 대상 및 유형

**(1) 소송의 대상**

① 공금의 지출에 관한 사항
② 재산의 취득·관리·처분에 관한 사항
③ 당해 지방자치단체를 당사자로 하는 매매·임차·도급 그 밖의 계약의 체결·이행에 관한 사항
④ 지방세·사용료·수수료·과태료 등 공금의 부과·징수의 해태에 관한 사항

**(2) 소송의 유형**

① 행위 중지 요구
② 취소, 변경, 효력 확인 소송
③ 손해배상청구를 요구하는 소송 등
→ 상대방이 단체장일 경우 지방의회의장이 자치단체를 대표

### 3 우리나라 제도의 주요 내용

① 주민감사청구 전치주의
② 소송대상은 위법한 재무행위 : But, 실제로는 부당한 재무행위도 가능
③ 주민감사를 청구한 개인 또는 다수주민 청구가능 : 연대서명 불필요, 처분의 당사자(피해주민)가 아니라도 청구 가능
④ 실비보상 청구 가능 : 별도의 보상청구 불인정
⑤ 중앙정부를 상대로 국민소송 불가
⑥ 「행정소송법」 준용 : 주민소송법은 따로 없음
→ 행정소송의 일종으로 행정법원에 소송 제기
⑦ 기타 : 소송제기 주민의 사망 또는 자격상실시 소송 중단, 법원의 허가 없이 소의 취하 불가

# THEME 03 주민투표

기출이력 | 2016 경찰간부 등 총11회
2026 선행정학 기본서 p.866

## 1 주민투표의 의의

지방자치단체의 중요한 사안에 대하여 주민으로 하여금 투표로 결정권을 행사하도록 하는 제도

## 2 장단점

| 장점 | 단점 |
|---|---|
| ① 자치단체의 중요한 결정에 정당성 부여<br>② 집행기관뿐만 아니라 의회까지도 견제 가능<br>③ 간접참여정치(대의민주주의)에 대한 보완<br>④ 단체장과 지방의회의 갈등·대립 해결장치 | ① 충분한 정보 미제공시, 여론조작 가능성<br>② 재정적·시간적·절차적 부담<br>③ 남용시 지방의회의 기능 위축<br>④ 다수의 횡포로 소수의 정당한 권리 침해 |

## 3 대상

| 주민투표대상 | 주민투표 제외대상 |
|---|---|
| ① 주민에게 과도한 부담을 주거나 중대한 영향을 미치는 지방자치단체의 주요 결정사항 [1] → 의무적·기속적 효력<br>② 중앙행정기관의 장도 지방자치단체의 폐치·분합, 국가 주요시설 설치 등 국가정책의 수립에 대한 주민의 의견을 듣기 위하여 필요시 단체장에게 주민투표의 실시를 요구할 수 있음 → 임의적·권고적 효력 [2] | ① 예산 및 재산관리에 관한 사항<br>② 조세에 관한 사항 및 인사·정원 관련 사항<br>③ 행정기구의 설치·변경에 관한 사항<br>④ 국가 또는 다른 자치단체의 권한에 속하는 사항 [3]<br>⑤ 법령에 위반되거나 재판중인 사항 |

1) 주요결정사항을 조례로 정하도록 한 규정 폐지(2022.10.27. 시행)
2) 국가정책에 대한 주민투표는 청구요건, 확정요건, 효력, 불복절차들의 규정이 적용되지 않음
3) 국가의 정책은 주민투표 대상이 될 수 있지만, 국가의 권한(국방, 외교 등)은 대상이 아님

## 4 우리나라 제도의 주요 내용

① 청구권자 : 주민, 지방의회, 단체장(단, 단체장이 직권으로 투표에 부치고자 할 경우에는 사전에 지방의회 동의 필요)
   - 발의(투표일과 투표안의 공고)는 단체장만이 할 수 있음
   - 1/20 ~1/5
   - 재적 과반, 출석 2/3
   - 재적 과반, 출석 과반
② 투표권자 : 구역내에 주민등록이 되어있는 18세 이상 주민 또는 재외국민(국내 계속 거주 외국인으로 조례로 정하는 자 포함)
③ 확정 : 주민투표권자 총수의 1/4 이상 투표, 유효투표수 과반수 득표 → 1/4 미만 투표시에도 개표 실시 (개표요건 폐지(2022.4.26.))
④ 주민투표의 효력 : 필요한 행·재정상 조치를 취해야 하고, 확정된 사항은 2년 내에는 변경 X
⑤ 전자투표 가능 : 전자투표를 실시하는 경우에도 현장투표소를 설치·운영해야 함

# THEME 04 주민소환

기출이력 | 2021 국가9급 등 총16회   B

2026 선행정학 기본서  p.869

## 1 주민소환의 의의

① 개념 : 유권자가 지방자치단체의 장, 의회의원 등 주요 지방공직자의 해직을 임기 만료 전에 청구하여 결정하는 가장 강력한 직접민주주의제도
② 도입 : 우리의 경우 2007.5. 도입·시행 ➡ 경기도 하남시장 최초 실시(부결)
  ↳ 현재까지 총 13건 실시 → 하남시 의원 2인 제외하고는 모두 개표요건(1/3이상 투표) 미충족으로 부결

## 2 우리나라 제도의 주요 내용

① 최종 소환여부 결정 : 주민투표로 결정
  * 자치단체가 임의로 소환방식 결정 불가
② 소환 대상 : 선출직 지방공직자인 지방자치단체의 장 및 지방의회의원, 교육감을 대상
  * 비례대표 의원은 제외
③ 소환사유 : 법정화 되어있지 않음 ⇨ 남발 문제점
④ 소환투표청구요건 : 다음 인원 수 이상 연대서명·청구 (to 해당 선관위)
  - 시·도지사 : 10/100 이상
  - 시장·군수·구청장 : 15/100 이상
  - 지방의회 의원(광역·기초) : 20/100 이상
⑤ 남용 방지 : 임기개시일부터 1년 이내, 임기만료일부터 1년 미만일 때, 해당 공직자에 대한 주민소환 투표를 실시한 날부터 1년 이내에는 주민소환투표 청구 불가
⑥ 확정 요건 : 주민소환투표권자 총수의 1/3 이상의 투표와 유효투표 총수 과반수의 찬성
  * 1/3 이상 투표하지 않으면 부결(개표하지 않음)
⑦ 불복 절차 : 14일 이내에 상급 선관위의 소청을 거쳐 10일 이내에 법원에 소송

### 주의 [선거연령 & 투표·청구연령]

① 선거 연령(자치단체장, 지방의원 등) : 18세 이상(2020.1)
② 투표 연령
  - 주민투표 : 18세 이상(2022.4)
  - 국민투표, 주민소환투표 : 19세 이상
③ 청구 연령(주민감사청구, 주민조례청구) : 18세 이상(2022.1)

### ● 주민투표와 주민소환투표의 비교

|  | 주민투표 | 주민소환투표 |
| --- | --- | --- |
| 연령 | 18세 이상 | 19세 이상 |
| 확정요건 | 1/4 이상 투표, 과반 찬성 | 1/3 이상 투표, 과반 찬성 |
| 개표요건제 | X | O |

(2022.4. 시행)

## ● 주민참여제도별 청구제외 대상

| 제도 | 제외대상 | |
|---|---|---|
| 주민조례청구 | ① 법령위반사항<br>③ 행정기구의 설치·변경 | ② 지방세,수수료,부담금의 부과·징수·감면<br>④ 공공시설 설치 반대 |
| 주민감사청구 | ① 수사·재판<br>③ 감사했거나 감사중인 사항 | ② 개인의 사생활 침해 우려 |
| 주민투표 | ① 법령 위반 또는 재판중인 사항<br>③ 행정기구 설치·변경<br>⑤ 공무원 인사·정원 등 신분·보수 | ② 예산 및 재산관리, 조세<br>④ 국가 또는 다른 자치단체의 권한<br>⑥ 주민투표 후 2년이 경과하지 않은 사항 |
| 주민소환 | ① 비례대표 지방의회의원 | ② 임기개시일로부터 1년 이내, 임기만료일로부터 1년 미만, 소환투표 실시일로부터 1년 이내 |

## ● 우리나라 각종 주민참여제도의 청구요건 [2022.1.13. 시행]

| 제도 | 청구요건(서명인원) | | |
|---|---|---|---|
| 주민조례청구 | 광역단체 | 특별시 800만 이상 | 1/200 이하 범위에서 조례로 정한 주민 수 이상 |
| | | 100만~800만 | 1/150 |
| | 기초단체 | 50만~100만 | 1/100 |
| | | 10만~50만 | 1/70 |
| | | 5만~10만 | 1/50 |
| | | 5만 미만 | 1/20 |
| 주민감사청구 | 광역단체 | | 300명 범위내 조례로 정한 주민 수 이상 |
| | 인구 50만 이상 시 | | 200명 |
| | 기타 기초단체 | | 150명 |
| 주민투표 | 주민이 청구 시 | | 1/20 ~ 1/5 범위에서 조례로 정하는 주민 수 이상 |
| | 지방의회가 청구 시 | | 재적 과반 출석과 출석 2/3 이상 찬성 |
| 주민소환 | 광역단체장 | | 10/100 이상 |
| | 기초단체장 | | 15/100 이상 |
| | 지방의회 의원 | | 20/100 이상 |

## ● 청구 대상자  → 어디에 청구하는가?

| | |
|---|---|
| 주민조례청구 | 지방의회 |
| 규칙의견 제출 | 단체장 |
| 주민감사청구 | 상급단체장, 주무장관 |
| 주민투표 | 단체장 |
| 주민소환 | 관할 선관위 |
| 주민소송 | 행정법원 |

## ● 선거연령과 투표·청구 연령

| | 대상 | 종전 | 개정 | 근거법률 |
|---|---|---|---|---|
| 선거연령 | 대통령, 국회의원, 자치단체장, 지방의회의원 | 19세 이상 | 18세 이상 | 「공직선거법」 → 2020.1.1. 시행 |
| 청구연령 | 주민감사청구, 주민조례청구, 주민소송 | | | → 2022.1.13. 시행<br>「지방자치법」, 「주민발안법」 |
| 투표연령 | 주민투표 | | | 「지방자치법」, 「주민투표법」 → 2022.4.26. 시행 |
| | 주민소환투표, 국민투표 | 19세 이상 | | 「지방자치법」, 「주민소환법」 |

APPENDIX
# 부록

건강은 잃고 나서야 그 소중함을 안다는 말이 있듯이,
또한 노동자들은 목숨을 잃고 나서야 그들의 존재를 세상에 알린다는 말이 있듯이…
우리는 안타깝게도 소중한 그 무엇을 잃기 전에 처음부터 그 소중함을 알지 못하는 경우가 참 많다.
행정학도 불합격하고 나서야  이해의 소중함, 제대로 된 교재와 강의의 소중함을 안다.

김중규**선**행정학

# APPENDIX 01 국가행정제도와 지방행정제도의 비교

| 분야 | 제도 | 국가 | 지방 |
|---|---|---|---|
| 조직 | 책임운영기관제도 | 실시 | 권고(활용 미흡) |
| 인사 | 고위공무원단제도 | 실시 | 미실시 |
| | 균형인사제(임용할당제) | 실시 | 실시 |
| | 공무원평정제도 | 4급 이상 : 성과계약 등 평가<br>5급 이하 : 근무성적평가(성과목표 달성) | 좌동 |
| | 연봉제 | 실시(5급 이상) | 실시(5급 이상) |
| | 개방형직위제도 | 실시(실·국장급은 20% 이내, 과장급도 20% 이내) | 실시(시·도는 1~5급의 10%, 기초는 2~5급의 10%) |
| | 공모직위제도 | 실시 | 실시 |
| | 총액인건비제도 | 실시(부처별 총정원 직제로 규정·통제) | 실시(기준인건비제) |
| | 공무원노동조합 | 인정(공무원노조 설립·운영법 적용) | 인정(공무원노조 설립·운영법 적용) |
| | 기타(공직분류 등) | 동일 | |
| 재정 | 국정감사(지방은 행정감사) | 정기회 개회 이전 30일간 실시 | 광역은 14일, 기초는 9일,<br>1차 또는 2차 정례회의에서 매년 1회 실시 |
| | 예산일정 | 회계연도 개시 120일 전 제출, 30일 전 의결 | 광역 50일 전 제출, 15일 전 의결<br>(기초는 40일, 10일) |
| | 성과계획서 및 성과보고서 | 실시(국가재정법) | 실시(지방재정법) |
| | 국가재정운용계획 | 실시 | 실시(중기지방재정계획) |
| | 예비타당성조사 | 실시(기획예산처장관) | 실시(재정투자심사제도, 행정안전부장관) |
| | 조세지출예산서 | 실시 | 실시(지방세지출보고서) |
| | 성인지예결산서 | 실시 | 실시 |
| | 온실가스감축인지예산서 | 실시(2022년 도입) | 미실시 |
| | 예산의 형식 | 총칙, 세입세출예산, 명시이월, 계속비, 국고채무부담행위 | 총칙, 세입세출예산, 명시이월, 계속비, 채무부담행위 |
| | 예비비 법정상한선 | 있음(일반회계 총액의 1/100 이내) 〔임의사항〕 | 있음(일반회계 총액의 1/100 이내) 〔의무사항〕 |
| | 자율예산편성제도 | 실시 | 미실시 |
| | 주민참여예산제도 | 실시(2018 법 개정으로 의무화) | 실시(2011년 법 개정으로 의무화) |
| | 총액계상예산제도 | 실시 | 미실시 |
| | 예산성과금제도 | 실시 | 실시 |
| | 발생주의·복식부기 | 실시 | 실시 |

| | | | |
|---|---|---|---|
| | 계속비 | 실시(5년 이내, 국회 의결로 연장가능) | 실시(5년 이내, 지방의회 의결로 연장가능) |
| | 국고채무부담행위 | 실시 | 실시(채무부담행위) |
| | 수입대체경비 | 인정 | 인정 |
| | 회계공무원 | • 지출원인행위권자 : 재무관<br>• 지출권자 : 지출관 | • 지출원인행위권자 : 재무관<br>• 지출권자 : 지출원 |
| | 출납기한 등 | • 출납정리기한 : 회계연도가 끝나는 날<br>• 출납기한 : 다음연도 2.10 | • 출납폐쇄기한 : 회계연도가 끝나는 날<br>• 출납사무완결기한 : 다음연도 2.10 |
| | 과세근거 | 법정주의 | 법정주의(조례로는 지방세 부과 불가) |
| | 조세감면제한제도 | 실시(재정경제부장관 소관) | 실시(행정안전부장관 소관) |
| | 재정조정제도 | 실시(국고보조금, 지방교부세) | 실시(징수교부금, 조정교부금) |
| | 재정진단제도 | 없음 | 있음 |
| | 세계잉여금 사용 | 인정(교부세정산 ⇨ 공적자금상환 ⇨ 국가채무상환 ⇨ 추경예산 편성 ⇨ 다음연도 이입) | 인정(지방채원리금 상환) |
| | 기타 | 동일(예산원칙, 예산과목, 추경예산, 이체, 이용·전용, 준예산, 불법지출에 대한 주민감시·보상 등) | |
| 기타 | 주민감사청구제도 | 미실시 | 실시(위법·부당시 상급기관이나 주무장관에게 청구) |
| | 국민감사청구제도 | 실시(부패발견시 감사원에 감사청구) | 미실시 |
| | 주민발안 | 국민발안 미실시 | 실시(주민조례청구제도, 1999) |
| | 주민투표제도 | 국민투표제 실시 | 실시 |
| | 주민소송제도 | 국민소송제 미실시 | 실시 |
| | 주민소환제도 | 국민소환제 미실시 | 실시 |
| | 감사원 회계감사 및 직무감찰 | 실시(필요적 대상기관) | 실시(필요적 대상기관) |

# APPENDIX 02 학자별 저서와 주요 내용

| 분야 | 학자 | 저서(연대) | 주요내용 |
|---|---|---|---|
| 행정이론 | ① W.Wilson | 행정의 연구(1887) | 행정은 정치가 아닌 경영, 정치행정이원론, Pendleton법을 이론적으로 뒷받침, 행정학의 창시자 |
| | ② Goodnow | 정치와 행정(1900) | 정치와 행정의 엄격한 구분, 정치행정이원론 (국가의사의 결정·표현 / 집행·실천) |
| | ③ M.Weber | 관료제(1901) | 관료제의 창시자, 계층제 형태의 이념형 관료제가 이상적이라고 주장 |
| | ④ F.Taylor | 과학적관리법(1911) | 시간연구 & 동작연구, 성과급 등 과업관리, 과학적 관리론의 선구자 |
| | ⑤ H.Fayol | 일반 및 산업관리론(1916) | 원리주의 선구자, 전체관리 차원의 과학적 관리론 제창 |
| | ⑥ L.D.White | 행정학입문(1926) | 최초의 행정학 교과서, 행정이란 사람과 물자의 관리임을 강조 |
| | ⑦ Gulick & Urwick | 행정과학논총(1937) | 최고관리층의 7대 기능(POSDCoRB), 행정관리설의 대표적 모형 |
| | ⑧ M.Dimock | 현대정치와 행정(1937) | 정치와 행정은 연속적·정합적 개념(정치행정일원론), 사회적 능률 중시 |
| | ⑨ C.I.Barnard | 관리자의 기능(1938) | 협력이론, 과학적관리론과 인간관계론의 통합 시도 ⇨ Simon의 행태론에 영향 |
| | ⑩ H.A.Simon | 행정행태론(1945) | 행정은 합리적 의사결정, 가치와 사실의 분리, 논리실증주의 도입, 원리주의 비판, 정치행정새이원론 |
| | ⑩ H.A.Simon | 행정의 격언(1946) | 고전적 행정원리는 경험적 검증을 거치지 아니한 속담이나 격언에 불과 |
| | ⑪ F.Marx | 행정의 요소(1946) | 정치와 행정의 분리는 비현실적, 정치행정일원론, Simon의 이원론 비판 |
| | ⑫ Gaus | 행정에 대한 반성(1947) | 생태론 도입, 정치와 행정의 연계 중시 |
| | ⑬ D.Waldo | 행정국가론(1948) | 행정의 능동적·가치지향적 관점 강조 |
| | ⑭ P.Appleby | 정책과 행정(1949) | 행정과 정치는 융합적·연속적 관계, 정치행정일원론, 〈정부는 다르다〉와 〈거대한 민주주의〉를 기반으로 공사행정이원론 주장, 정치·행정의 구분은 부적절 |
| | ⑮ Sayre | 세이어의 법칙(1953) | 행정과 경영은 중요하지 않은 부분만 닮았다, 정치행정일원론, Simon에 대한 반발 |

| | | | |
|---|---|---|---|
| | ⑯ F.W.Riggs | 행정의 생태(1961) | 농업사회와 산업사회라는 이원적 생태론 제시 |
| | ⑰ F.W.Riggs | 프리즘적 사회(1964) | 전이사회(사랑방모형)로 신생국 행정의 특징 설명 |
| | ⑱ G.Hardin | 공유재의 비극(1968) | 개인적 합리성이 집단적 합리성을 보장해주지 못한다는 공유지의 비극 주장, 해결방안으로 소유권의 명확화 주장 |
| | ⑲ V & E.Ostrom | 미국행정학의 지적 위기(1973) | 공공선택이론 행정학에 도입, 구성원의 선호가 반영될 수 있는 민주적 장치로써 다중공공관료제 제시 |
| | ⑳ H.A.Simon | 제한된 합리성의 이론(1979) | 내용적 합리성 포기, 인지능력상 한계로 인한 절차적(제한된) 합리성 주장 |
| | ㉑ Harmon | 행위이론(1981) | 현상학 도입, 상호주관성 강조, 논리실증주의 비판 |
| | ㉒ E.Ostrom | 게임, 규칙 & 공유재이론(1986) | 공유재 비극을 막기 위한 구성원 간 자발적 행위규칙 제시, 보편적 해결책 부정, 합리적선택의 신제도론 |
| | ㉓ Fox & Miller | 담론행정(1995) | 후기산업사회의 행정은 담론(토론)이어야 함 |
| 정책이론 | ① H.D.Lasswell | 정책지향(1951) | 가치와 정책지향적인 행정연구의 필요성 제창, 인본주의 정책학 강조, 정책과학의 효시 |
| | ② Simon & March | 만족모형(1958) | 제한된 합리성에 의한 의사결정 만족모형 제시 |
| | ③ Lindblom | The Science of Muddling Through(1959) | 정책과정을 진흙탕 싸움에 비유한 점증주의 의사결정모형 제창 |
| | ④ R.Dahl | 누가 통치하는가?(1961) | 엘리트들은 일반대중(이익집단)의 요구에 민감하게 움직인다는 다원론 주장, 선거의 중요성 역설 |
| | ⑤ Bachrach & Baratz | 권력의 두 얼굴(1962) | 엘리트들에 의한 의도적 무결정 현상 주장, 신엘리트이론 |
| | ⑥ Cyert & March | 회사모형(1963) | 상이한 개성을 가진 하부조직의 연합체로서의 집단차원 의사결정 설명, 갈등의 준해결, 조직의 학습 등 |
| | ⑦ A.Etzioni | 제3의 모형(1967) | 기본결정은 합리모형, 세부결정은 점증주의를 적용 |
| | ⑧ Y.Dror | 최적모형(1968) | 초합리성을 강조한 최적모형 제창, 정책과학 완성 |
| | ⑨ Allison | 앨리슨 모형(1971) | 쿠바 미사일위기사건을 연구하여 합리적 행위자모형(Ⅰ), 조직과정모형(Ⅱ), 관료정치모형(Ⅲ) 제시 |
| | ⑩ Cohen, March 등 | 쓰레기통모형(1972) | 조직화된 무정부(혼란)상태에서의 비합리적 의사결정현상 설명, 4요소(문제·해결책·선택기회·참여자) 중시 |
| | ⑪ Pressman & Wildavsky | 정책집행론(1973) | 현대적 정책집행론의 효시, Oakland 사업을 통하여 정책집행의 실패요인 분석, 공동행동의 복잡성 강조 |
| | ⑫ Ashby | 사이버네틱스모형(1974) | 불확실성 속에서 정보의 지속적 환류를 통한 점진적, 자동적, 적응적 의사결정시스템 |
| | ⑬ Lipsky | 일선관료제론(1976) | 일선관료들이 재량권과 결정권은 있으나 만성적인 시간/자원의 부족으로 일선행정의 비효율 초래 |

| | | | |
|---|---|---|---|
| | ⑭ Berman | 적응적 집행(1978) | 미시적 집행구조 중시, 상향적·적응적 집행론 |
| | ⑮ Elmore | 후향적 집행(1979) | 집행현장상황을 중시하는 상향적 집행론 |
| | ⑯ Nakamura & Smallwood | 정책집행유형론(1980) | 정책집행모형을 고-지-협-재-관으로 나누고 관료적 기업가형으로 갈수록 집행자가 정책과정 주도 |
| | ⑰ Sabatier | 정책지지연합모형(1986) | 정책하위시스템 내의 지지연합 간 갈등과 타협 과정을 중시하는 통합모형 제시, 정책변동·정책학습 중시 |
| 조직이론 | ① D.Kingsley | 대표관료제(1944) | 책임 있는 관료제가 되기 위해서는 소외계층을 우대임용하는 할당제를 통한 대표성 확립이 중요 |
| | ② Michels | 과두제의 철칙(1949) | 소수자 지배현상은 근대산업사회의 필연적 법칙, 동조과잉 |
| | ③ Williamson | 거래비용경제학(1975) | 거래비용의 최소화가 조직효율성의 관건. 시장보다 계층제 조직이 거래비용 절감(조직가설), U형 < M형 |
| | ④ Jensen & Meckling | 주인대리인이론(1976) | 정보격차 해소로 대리손실(역선택, 도덕적 해이) 최소화가 조직효율성의 관건, 시장실패모형 |
| | ⑤ House & Evans | 경로목표모형(1970) | 원인변수(지/원/참/성), 상황변수(부하, 환경), 매개변수(VIE), 결과변수(성과) 중시 3차원 리더십 |
| | ⑥ Hersey & Blanchard | 3차원모형(1984) | 부하의 성숙도에 따라 관계행동·과업행동이 결합되어 리더십 유형 결정 ▶지설참위 |
| | ⑦ Watson, Rainey, Bass | 변혁적 리더십 (1978, 1985) | 카리스마, 영감적 리더십, 개별적 배려, 지적 자극을 중시하는 변화지향적 리더십, 신속성론의 일종 |
| | ⑧ Prigogine | 혼돈이론(1984) | 혼돈과 무질서를 회피와 통제의 대상으로 보지 않고 발전의 전제조건으로 긍정적 활용 |
| | ⑨ Stacey | 복잡성이론(1992) | 시스템이란 질서와 무질서가 공존하는 가운데 나타나는 창발성에 의해서 발전 |
| | ⑩ A.Maslow | 욕구5단계설(1954) | 생리적욕구, 안전욕구, 사회적 욕구, 존경욕구, 자아실현욕구 순으로 인간의 욕구를 단계화 |
| | ⑪ Argyris | 성숙·미성숙이론(1957) | 인간은 미성숙상태에서 성숙상태로 발전하는 존재, 갈등 악순환 |
| | ⑫ McGregor | X·Y이론(1960) | 기업의 인간에 대한 측면에서 인간의 상반된 태도를 X,Y로 분류 |
| | ⑬ Herzberg | 욕구충족2개요인이론(1962) | 불만(위생)요인과 만족(동기)요인은 별개(독립), 불만의 역이 만족은 아님. 연구결과 일반화 곤란 |
| | ⑭ McClelland | 성취동기이론(1962) | 욕구는 학습되는 것이므로 욕구계층에는 개인마다 차이, 권력욕구나 친교욕구보다 성취동기 중시 |

| | ⑮ Alderfer | ERG이론(1972) | 존재(E)·관계(R)·성장(G)욕구이론, 욕구가 복합 작용하여 하나의 행동유발, 좌절퇴행접근(역순) 인정 |
|---|---|---|---|
| | ⑯ Hackman & Oldham | 직무특성이론(1976) | 직무특성(다양, 정체, 중요, 자율, 환류)과 성장욕구수준이 부합될 때 강한 동기부여 |
| | ⑰ Skinner | 강화이론(1953) | 작동적(조작적) 조건화이론, 행동의 결과를 조건화하여 바람직한 행태적 반응 유도 |
| | ⑱ Adams | 형평성이론(1963) | 준거인과 비교하여 노력과 보상 간 불일치(불공평)를 제거하는 방향으로 행동유발 |
| | ⑲ V.Vroom | VIE이론(1964) | 동기부여의 강도는 기대감(E)·수단성(I)·유의성(V)의 함수, 개인의 주관적 요인이 작용 |
| | ⑳ Porter & Lawler | 업적만족이론(1968) | 업적이 만족으로 가져오는 과정 설명, 보상의 공평성 강조 |
| 재무행정 | ① V.O.Key | 예산이론의 빈곤(1940) | 어떤 근거로 X달러를 A사업이 아닌 B사업에 쓰는가? – Key Question 제기 |
| | ② Lewis | 대안적 예산(1952) | Key Question에 경제학적 접근으로 답하려고 노력 ⇨ 합리주의 예산에 영향 |
| | ③ A.Wildavsky | 예산과정의 정치(1962) | Key Question에 정치적 접근으로 답하려고 노력 ⇨ 점증주의 예산에 영향 |
| | ④ A.Schick | 예산기능론(1966) | 통제(품목별예산) ⇨ 관리(성과주의) ⇨ 기획(계획예산) 순으로 행정적 기능 발달 |
| | ⑤ A.Wildavsky | 예산문화론(1979) | 각국의 예산결정행태를 경제력과 재정의 예측가능성을 기준으로 점증·보충·세입·답습예산으로 유형화 |
| | ⑥ A.Schick | 자원희소성이론(1980) | 희소성의 유형을 완만한 희소성, 만성적 희소성, 급격한 희소성, 총체적 희소성으로 유형화 |
| | ⑦ A.Schick | 공공지출관리의 새로운 규율(1998) | 통제·관리·기획을 총량규율(총액통제), 배분적 효율(부문 간 효율), 운영상 효율(부문내 효율)로 재정립 |
| 행정책임 | ① C.J.Friedrich | 공공정책과 행정책임(1940) | 행정책임이란 대중의 감정에 스스로 응답하는 것, 윤리 등에 의한 내재적 책임 강조, 현대적 책임론 |
| | ② H.Finer | 민주정부의 행정책임(1966) | 입법부 등을 통한 외재적 행정책임(외부통제) 강소, 고선적·객관적 책임론 |

# APPENDIX 03 지방자치 관련 법 주요 개정내용

## ● 지방자치법

[2022.1.13. 시행]

| 제도 | 주요 개정내용 |
|---|---|
| 특별자치시에 기초자치단체를 두지 않도록 함 | ① 지방자치법 : 특별자치시에 기초단체(군과 자치구)를 두지 않도록 함<br>② 세종시특별법 : 세종특별자치시에 군과 자치구를 두지 않음 |
| 자치단체 기관구성의 자율화 | 지방의회 및 집행기관의 구성(단체장 선임방법 등 포함)을 주민투표를 거쳐 법률로 정하는 바에 따라 자치단체마다 달리할 수 있도록 함 |
| 사무배분의 기본원칙 신설 | 사무배분의 기본원칙 규정<br>① 중복배분 금지의 원칙<br>② 보충성의 원칙 : 기초단체 우선<br>③ 포괄적 배분의 원칙 : 자기 책임하에 종합처리 |
| 자치단체의 사무 예시규정 개정 | 가족관계등록사무가 자치단체의 사무에서 삭제됨 |
| 주민조례청구에 관한 별도 법률 제정<br>→「주민조례발안법」 | 법적 근거만 남기고 청구권자, 청구대상, 청구요건 및 절차 등은 따로 법률로 정하도록 함 |

| | 종전 | 현재 |
|---|---|---|
| 근거법률 | 지방자치법 | 주민조례발안법 |
| 청구연령 | 19세 이상 | 18세 이상 |
| 청구대상 | 지방자치단체의 장에게 청구 | 지방의회에 직접 청구 |
| 청구요건 | ① 광역단체 및 50만 이상 대도시 : 1/100~1/70<br>② 기타 시·군 및 자치구 : 1/50 이상 1/20 이하 | ① 특별시와 인구 800만 이상의 광역단체 : 1/200<br>② 100만~800만 광역단체 : 1/150<br>③ 50만~100만 기초단체 : 1/100<br>④ 10만~50만 기초단체 : 1/70<br>⑤ 5만~10만 기초단체 : 1/50<br>⑥ 5만미만 기초단체 : 1/20 |
| 처리시한 | 단체장은 수리한 날부터 60일 이내에 지방의회에 제출 | 지방의회는 조례청구안이 수리된 날부터 1년 이내에 의결 |

| 제도 | 주요 개정내용 |
|---|---|
| 주민규칙개폐의견제출제도 도입 | 주민은 권리·의무와 직접 관련되는 규칙에 대한 제정 및 개정·폐지 의견을 단체장에게 제출 가능, 단체장은 30일 이내에 검토 결과를 통보하도록 함. |
| 자치단체 장 직 인수위원회 | 인수위원회 신설근거 규정<br>① 당선일부터 임기개시 후 20일까지 활동 가능<br>② 위원장 1인 포함 시·도는 20인, 기초는 15인 이내로 구성 |

| | | |
|---|---|---|
| 규칙제정의 자율화 확대 | | 조례의 범위 내에서 규칙 제정 가능(조례의 위임 필요 없음) |
| 주민감사 청구제도 개선 | 감사청구연령 조정 | 19세 → **18세 이상** 주민(외국인 포함) |
| | 연대서명인원 축소 | 다음 인원 이내 조례로 정한 수 이상<br>① 시·도 : 500명 → **300명**<br>② 인구 50만 이상 시 : 300명 → **200명**<br>③ 그 밖의 시·군·자치구 : 200명 → **150명** |
| | 감사청구시효 연장 | 사무처리가 있었던 날부터 2년 → **3년** |
| | 공표와 열람 | 주무부장관이나 시·도지사는 감사를 청구받은 날부터 5일 이내에 공표하고 공표일부터 10일간 열람할 수 있도록 해야함 |
| 주민에 대한 정보 공개 강화 | | 자치단체는 지방의회의 의정활동, 집행기관의 조직·재무 등 자치정보를 주민에게 공개하도록 함 |
| 지방의원의 정책지원전문인력 신설 | | 지방의원 정수의 1/2범위에서 조례로 지방의원의 정책지원 전문인력을 둘 수 있도록 함 → 지방의회의원들의 정책기능 강화 |
| 지방의원 겸직금지 대상 명확화 | | 해당 지방자치단체가 출자·출연한 기관·단체 또는 사무위탁을 받은 기관·단체 등으로 겸직금지 대상기관 명확화 |
| 지방의회 사무직원 인사권 독립 | | 사무직원에 대한 임면·교육·훈련·복무·징계 등을 단체장이 아닌 **지방의회 의장**이 처리하도록 함 |
| 지방의회 의안 발의 요건 자율화 | | 종전 / 현재 |
| | | 단체장 또는 재적지방의원 1/5 이상 또는 10인 이상의 연서 / 단체장 또는 조례로 정한 수 이상 지방의원의 찬성 |
| 폐치분합시 최초 임시회의 소집권자 규정 | | 자치단체 폐치분합시 최초임시회는 지방의회 사무처장·사무국장·사무과장이 해당 지방자치단체가 설치되는 날에 소집하도록 함 |
| 중앙과 지방 협력 강화 | | 국가와 지방자치단체 간 협력과 관련된 중요 정책을 심의하기 위하여 법률로 **중앙지방협력회의**를 둠 |
| 기초지치단체에 대한 시정명령과 재의요구 등 적법성 통제 강화 | | 주무부장관은 자치단체의 사무에 관한 기초단체장의 명령·처분이 법령에 위반되거나 공익을 저해함에도 불구하고 시·도지사가 시정명령을 하지 아니하면 시·도지사에게 시정명령을 하도록 명할 수 있고, **시·도지사가 시정명령을 하지 아니하면 주무부장관이 직접 시정명령과 명령·처분에 대한 취소·정지를 할 수 있도록 함**(단, 자치사무는 위법시에만 가능) |
| | | 시·군 및 자치구의회의 의결이 법령에 위반됨에도 불구하고 시·도지사가 재의를 요구하게 하지 아니하면 **주무부장관이 시장·군수 및 자치구의 구청장에게 직접 재의를 요구하게 할 수 있도록 함** |
| 특례시 도입 등 대도시 특례의 다양화 | | ① 기존 50만 이상 대도시에 대한 기존 특례뿐 아니라<br>② **인구 100만 이상의 대도시(특례시)에도 특례 인정 가능**하도록 함(특례는 법률로 정함) 지방분권법(부시장 2인 등)<br>③ 대통령령으로 정하는 기준과 절차에 따라 행정안전부장관이 지정하는 시·군·구에 대해서도 특례 인정 가능하도록 함(특례는 법률로 정함) |

| 특별지방자치단체의 설치근거 마련 | 특별자치단체의 성격과 설치 절차, 규약 등 구체적 규정 신설<br>① 성격 : 법인<br>② 설치 : 상호 협의에 따른 규약을 정하여 행안부장관의 승인을 얻어 설립<br>③ 기관 : 지방의회와 집행기관을 둠(조직·운영 등은 규약으로)<br>  · 지방의회 : 구성자치단체의 의회의원으로 구성(겸직 가능)<br>  · 특별자치단체장 : 지방의회에서 선출(단체장이 겸직 가능)<br>④ 설립과 해산 : 행안부장관이 설치·해산을 권고할 수 있음<br>⑤ 경비 : 구성 자치단체가 분담 |
|---|---|

● **주민투표법**

[2022.4.26. 시행]

| | 종전 | 개편 |
|---|---|---|
| 투표연령 | 19세 이상 | 18세 이상 |
| 청구요건 | 주민에게 과도한 부담 및 중대 영향을 미치는 주요결정사항 중 조례로 정한 사항 | 주민에게 과도한 부담 및 중대영향을 미치는 주요결정사항 모두 [1] |
| 청구방법 | 서면서명 | 서면서명 + 전자서명 [2] |
| 투표일 | 발의일부터 23~30일 이내에서 단체장이 관할 선관위와 협의·결정 | 발의일부터 23일 이후 첫 번째 수요일 |
| 투표방식 | 현장투표 | 현장투표 + 전자투표 [3] |
| 확정요건 | 1/3 이상 투표, 과반 찬성 | 1/4 이상 투표, 과반 찬성 |
| 개표요건 | 1/3 이상 미투표시 개표 않음(부결) | 1/4 이상 미투표시에도 개표 실시 |

1), 3) 2022.10.27. 시행
2) 2023.4.27. 시행

# 찾아보기

## ㄱ

가외성 66
가정분석 114
가치재 24
간접세 405
간접적 규제 45
간주관성 41
간주관성 41
갈등 183
감수성훈련 260
감축관리 53
강등 273
강원특별자치도 389
강임 274
강제배분법 261
강제선택법 261
강제적 조직 167
강화이론 178
개방형 248
개방형직위제도 248
개별적 지정방식 396
거래비용 경제학 216
거래적 리더십 189
거버넌스론 95
거시적 집행구조 147
거시조직이론 215
검정력 114
견책 273
결산 333
결산보고서 333
결정된 균형 90
결정론 69
겸임 266
겸직 282
경계분석 114
경력개발제도 266
경력개방형 직위제도 248
경력직 245
경로-목표모형 188
경로분석 132
경로의존성 90
경비팽창의 법칙 52
경영수익사업 406
경쟁적 가치접근법 65
경쟁적 규제 111
경제성질별 분류 297
경제원리 291
경제적 규제 44
경제적 신제도주의 93
경합성 24
경향분석 132
계급정년제 273
계급제 249
계속비 328
계층분석 114
계층제의 원리 195
계층화분석법 129
계획예산 317
고객관점 230
고객만족도조사 199
고객의 정치 47
고위공무원단제도 253
고유권설 370
고유사무 398
고전적 기술관료형 70
고전적 예산원칙 295
고전적 조직이론 171
고정급적 연봉 270
고충민원 286
고충처리제도 268
공개성의 원칙 295
공공가치관리론 103
공공가치실패론 103
공공가치창출론 103
공공기관 211
공공기관운영위원회 206
공공선택이론 102
공공이익집단론 118
공공재 24
공기업 211
공동규제 45
공리적 조직 167
공모직위제도 248
공무원 연금 271
공무원 행동강령 284
공무원노조 276
공무원직장협의회 278
공무원헌장 282
공식화 193
공유재 24
공유지의 비극 92
공직부패 285
공직서비스동기 99
공직자윤리법 282
과다공급설 52
과정설 59
과학성 68
과학적 관리론 73
관대화의 오차 262
관료예산극대화가설 90
관료적 기업가형 146
관료정치모형 139
관료제 197
관리규제 45
관리그리드 187
관리재정수지 302
관청형성론 90
광역행정 384
교부공채 411
교원노조 277
교차영향분석 130
구매행정 332
구성적 타당도 159
구성정책 110
구조적 상황론 215
국가재정법상 예산원칙 206
국가재정운용계획 292
국가조합주의 119
국고보조금 408
국고채무부담행위 331
국민고충처리위원회 286
국민권익위원회 286
굳히기형 116
권력의 두 얼굴 118
권력형 부패 285
귀인이론 179
규제샌드박스제도 46
규제영향분석 46
균형(통합)성과관리 230
근접오류 262
금융성기금 301
기계적 구조 169
기계적 능률 63
기관대립형 391
기관위임사무 398
기관통합형 391
기금제 271
기능구조 169
기능주의적 분석 285
기대감 177
기술 194
기술성 81
기업형 정부 93
기여제 281
기준인건비제 270
기준타당도 257
긴급배정 330
긴급재정관리제도 381

## ㄴ

난이도 257
남녀평등예산 305
내부고발자보호제도 287
내부수익률 127
내부접근형 115
내용적 합리성 64
내용타당도 257
내집단 188
넛지이론 104
네거티브규제 45
네트워크조직 200
논리모형 156

## ㄷ

다면평정 261
다수적 처리에 의한 간섭 160
다원주의 379
다중공공관료제 88
다중합리성모형 310
단순구조 168
단식부기 336
단일성의 원칙 295
단일집단사후측정설계 162
단절적균형모형 150
단체위임사무 369
단체자치 371
단체행동권 276
대중정치 47
대체효과 52
대표관료제 238
대표적 비실험 162
델파이기법 130
도덕적 해이 216
도표식평정척도법 261
동기이론 174
동시적 타당성 258
동원형 115
등급기준표 251
딜런의 법칙 379

## ㄹ

레짐이론 97
로그롤링 111
리더십 187
리엔지니어링 226

## ㅁ

막바지 효과 262
만족모형 137
매개변수 158
매트릭스조직 200
메타평가 156

멘토링 264
명령지시적 규제 45
명령통일의 원리 195
명료성의 원칙 295
명목집단기법 130
명성접근법 118
모집공채 411
목표관리(MBO) 221
목표의 승계 122
목표의 전환 122
미뤄두기 140
민간위탁 55
민감도 분석 131
민자유치 55

## ㅂ

바우처 55
반분법 258
발생주의 336
배분정책 110
배치전환 266
백색부패 285
변혁적 리더십 189
보몰병 52
보수 269
보수주의 정부관 40
보통교부세 409
보호적 규제 111
복식부기 336
본예산 306
본질적 가치 58
부담금(분담금) 406
부동산교부세 409
부정청탁금지법 282
분기점 분석 131
분류분석 114
분배정책 110
분절화 94
불가능성 정리 89
브레인스토밍 114
블랙스버그 선언 102

비동질적 통제집단 설계 162
비실험적 방법 162
비용편익분석 126
비용효과분석 128
비일상적 기술 194
빅데이터 362

## ㅅ

사고이월 295
사실표지법 261
사업구조 169
사업부제 169
사이버네틱스 모형 141
사전의결의 원칙 331
사회적 규제 44
사회적 능률 63
사회적 자본 34
사회적 형평 58
사회학적 신제도주의 92
사후테스트 비교집단 설계 162
상동적 오차 263
상실요소 159
상징정책 110
상향적 집행 143
상황의존도 분석 131
상황적응론 215
생계형 부패 285
생리적 욕구 174
생태론적 접근 77
생활급 269
서번트 리더십 190
서비스구매권 54
서열법 251
선결처분권 393
선발요소 159
선행변수 158
선행지표 230
선형계획 129
성과관리 229
성과규제 45
성과급 254

성과급적 연봉제 254
성과상여금 270
성과연봉 254
성과주의 예산 315
성숙·미성숙이론 174
성숙효과 159
성인지 예·결산서 292
성장기구론 97
세계잉여금 333
세외수입 406
세입세출결산서 333
셀프리더십 357
소극설 59
소극적 대표 238
소방안전교부세 409
소속책임운영기관 209
소작인모형 379
소청심사 268
솔로몬식 4집단 설계 162
수단규제 45
수단성 177
수단적 가치 58
수렴적 타당도 258
수입대체경비 331
수정다원주의 97
수정발생주의 337
수정예산 306
수정현금주의 303
수직적 공평 61
수직적 분화 192
수직적 쌍방관계연결이론 188
수평구조 199
시민적 최저 372
시민헌장제도 351
시보임용 256
시장실패 43
시장적 정부모형 95
시장형 공기업 212
시정연설 329
시험 257
수평정 조정재원 409
순계예산 295

순자산변동표 336
순현재가치 127
스마트 정부 361
승진 265
시간적 오차 262
시계열분석 132
신공공관리론 93
신공공서비스론 99
신다원론 97
신뢰도 159
신뢰수준 114
신마르크스주의 117
신베버주의 117
신분보장 273
신성과주의예산 323
신속성론 187
신엘리트주의 117
신자유주의 53
신제도론 91
신제도주의 경제학 95
신조합주의 117
신중앙집권 372
신지방분권 372
실시간 예산운영모형 310
실적이론 61
실질적 세외수입 406
실천학습 260
실체설 59
실험 163
쓰레기통모형 140

## ㅇ

악조건 가중분석 131
암묵지 363
압축근무제 357
애드호크라시 170
액션러닝 264
양성채용목표제 239
억제변수 158
엄밀성의 원칙 295
업무배증의 법칙 38

업적·만족이론 178
역량기반 교육훈련 264
역량평가 264
역사적 신제도주의 92
역사적 요소 159
역선택 현상 216
예비비 403
예비심사 329
예비타당성조사 330
예산결산특별위원회 329
예산결정이론 308
예산문화론 311
예산성과금 270
예산순계 302
예산순기 327
예산심의 329
예산안편성지침 328
예산요구서 328
예산의 기능 294
예산의 배정 330
연공주의 265
연방주의 70
연봉제 270
연쇄효과 262
연역적 접근법 69
연장적 예측 132
엽관주의 234
영감적 리더십 189
영구세주의 293
영기준예산 319
예산의 배정 330
예산의 분류 297
예산의 원칙 295
예산의 재배정 327
예산의 편성 403
예산제도론 313
예산주기 327
예산지출 304
예산집행 330
예산총계주의 295
예산총칙 328
예산회계 336

예외관리 189
예측적 타당성 검증 258
영역해체 41
영합게임 112
영향지표 229
예비금제도 338
오염효과 159
오츠의 분권화정리 88
온나라시스템 358
옴부즈만제도 344
완전성의 원칙 295
완화된 희소성 311
왜곡변수 158
외부경제 51
외부불경제 51
외부통제 343
외생적 선호 92
외재적 책임 341
외적 타당도 159
요금재 24
욕구이론 61
운영상 효율 311
운영예산제도 323
워크아웃 프로그램 264
원격근무제 357
원스톱서비스 360
원인변수 124
원초적 자아 62
위기 관리 225
위기대응전략 225
위원회 205
위임행정 369
유기적 구조 109
유기적 레짐 98
유비쿼터스 정부 364
유사 오차 263
유연근무제 357
유의성 177
유추분석 114
윤형 182
응답적 책임 342
의결위원회 205

이월 331
이음매 없는 조직 226
이익집단자유주의 118
이익집단정치 117
이체 330
이해충돌 방지 의무 282
e-호조 358
의결주의 293
의사결정지원체계 360
의사전달 182
의존재원 401
의존효과 52
인간관 174
인간관계론 74
인관관계모형 65
인과적 학습 140
인사관리처 241
인사청문 245
인적자원 관리 243
이공계출신 채용목표제 239
이기적 착오 263
이론적 예측 130
e-사람 358
이슈공동체모형 120
이용 295
인턴십 260
일년세주의 293
일몰법 예산 53
일반예비비 331
일반재원 402
일반정부 32
일반직공무원 246
일반행정가 251
일반회계 291
일상적 기술 192
일선관료제론 145
일선기관 382
일시차입금 335
일의 전문화 193
임기제 공무원 246
임무적 책임 342
임시작업단 196

임용 256
임용결격사유 256
입법과목 298
입법통제 300

## ㅈ

자문위원회 205
자본예산 321
자본적 지출 321
자본지출 302
자본회수기간 127
자생조직이론 357
자연독점 43
자연실험 161
자원의존이론 217
자율규제정책 45
자율예산편성제도
자조활동 292
자주재원 402
장려적 보조금
장인적 기술 408
재량적 실험가형 146
재무적 관점 230
재무회계 336
재분배정책 110
재산세 405
재시험법 258
자질론 187
자체평가 210
자치경찰 376
자치경찰위원회 399
자치구 405
자치권 370
잠금효과 90
잠재가격 126
잠정예산 306
재의요구 381
재정규모 402
재정력 지수 402
재정사업 심층평가제 325
재정사업 자율평가제 325

재정상태표 336
재정운영표 336
재정자립도 402
재정자주도 402
재정준칙 334
재정증권 335
재택근무제 358
잭슨 민주주의 70
적립성기금 301
적응적 집행 147
적절성의 논리 92
전국적 협의체 385
전래권설 370
전략부문 168
전략적 관리 225
전략적 삼각형 103
전략적 선택이론 217
전략적 인적자원관리
전략적 합리성 243
전략적 협상형 379
전략지도 229
전문가적 책임 342
전문가체계 360
전문경력관 246
전문위원 246
전문적 관료제 168
전문직업주의 82
전문행정가 233
전보 266
전용 330
전위효과 52
전입 266
전자문서 365
전자화문서 365
전자민주주의 359
전자자료교환 360
전자정부 360
전자정부 기본계획 362
전직 266
전통적 델파이 130
정률보조금 410
정무직공무원 245

정보공개제도 220
정보기술아키텍처 360
정부24 358
정부간 관계 379
정부규제 44
정부부처형 공기업 211
정부소비 108
정부실패 102
정부업무평가 157
정부재무제표 336
정부재창조론 102
절차적 합리성 64
점증모형 136
점증주의 예산 309
정년제도 273
정직 273
정책집행 143
정책창모형 139
정책평가 155
정책학습 151
정치 28
정치·행정이원론 28
정치·행정일원론 28
정치와 행정 28
정치원리 291
정치적 신제도주의 92
정치적 중립 235
제도단위 302
제3의 변수 158
제5의 수련 201
조세와 공채 322
조세지출 304
조세지출보고서 304
조절변수 158
조정교부금 410
조정의 원리 195
조직과정모형 139
조직문화 180
조직의 원리 195
제도의제 115
제도적 동형화 215
제도적 책임 341

제도화된 부패 285
제로섬게임 111
조건보상 189
조기배정 330
조합주의이론 117
종속변수 129
종합성의 원칙 396
주관적 책임 238
주민감사청구제도 413
주민규칙개폐 의견제출 제도 426
주민발안 413
주민세 405
주민소송 414
주민소환 416
주민자치 371
주민자치회 376
주민조례청구제도 413
주민참여 413
주민참여예산제도 413
주민투표 415
주인-대리인이론 216
준거인물 177
준거적 권력 186
준시장형 공기업 212
준실험 162
준예산 306
준정부기관 32
준정부조직 32
중개적 기술 194
중기사업계획서 328
중범위이론 215
중앙예산기관 293
중앙인사행정기관 241
중앙집권 372
중앙책임운영기관 209
중앙통제 371
중앙행정기관 207
중요사건기록법 261
중첩권위형 379
중층제 390
지능정보화책임관 361
지능형정부 364

지대추구 44
지방공기업 407
지방공단 407
지방공사 407
지방재정력 402
지방재정법 292
지방재정조정제도 421
지방직영기업 407
지방채 411
지시적 리더십 188
지시적 위임가형 146
지식행정관리 363
지역자원시설세 405
지원참모 168
지위접근법 118
지주·마름모형 379
지출원인행위 330
직무설계 193
직무성과계약제도 253
직무재설계 193
직무조사 250
직무충실 193
직무특성이론 176
직무평가 250
직무평가기준표 251
직무확대 193
직업공무원제도 236
직영기업 407
직위 250
직위분류제 250
직위해제 274
직접적 규제 110
지방교부세 409
지방교육세 405
지방분권 372
지방세 404
지방소득세 405
지방소비세 405
지방의회 374
지방자치단체 조합 384
지방자치단체의 사무 398
지출통제예산제도 323

직관적 예측 130
직군 245
직권면직 274
직권휴직 256
직급 265
직급명세서 250직능급
직렬 250
직류 250
직무급 250
직무기술서 250
직무등급 253
직무분석 250
직접지출 304
진보주의 정부관 40
진빼기 결정 140
진실험 162
집단사고 141
집단적 의사결정 141
집약근무제 358
집약형 기술 194
집중구매 332
집중화의 오차 262
집합재 24
징계 268
징계소멸시효 274
징수교부금 410

## ㅊ
차등의 원리 62
차별적 타당도 258
차별화전략 169
성기기 이론 216
첫머리 효과 262
체제론적 접근 285
체제모형 136
체제분석 126
체제유지 124
체제의제 115
초두효과 262
초합리성 107
총계예산 292

총계적 오차 262
총괄평가 156
총량적 재정규율 311
총사업비제도 330
총액계상예산제도 331
총지출규모 291
총체적 품질관리 227
총체적 희소성 425
총체주의 78
최소극대화원리 62
최적모형 136
추가경정예산 306
추출정책 110
출납기한 333
출납정리기한 333
출장소 393
취득세 405
취업제한의무 282
측정요소 159
측정도구의 변화 159
친교욕구 176
친절·공정의무 282

## ㅋ
코즈의 정리 25
크리밍 효과 160
클라우드 컴퓨팅 365

## ㅌ
타당도 150
타자성 41
탄력근무제 358
탄력세율제도 405
탈관료제 199
탈내부규제정부모형 95
탈신공공관리론 101
탈전통적 직무설계 193
통계적 타당도 159
통계적 분석 360

투입지표 229
투자회임기간
투표의 교환 52
특례시 376
특별교부세 409
특별자치도 388
특별자치시 388
특별지방자치단체 385
특별지방행정기관 386
특별회계 300
특성론 187
특수경력직 245
통솔범위의 원리 195
통일성의 원칙 309
통제집단 사전사후 측정설계 162
퇴직 273
퇴직수당 271
통합기능팀 199
통합모형 145
통합예산(통합재정) 302
특정재원 409
특정직공무원 277
특정평가 157
티부가설 88
팀 빌딩기법 224
팀 조직 356

## ㅍ
파견 266
파면 273
파생적 외부효과 50
파킨슨의 법칙 38
편익비용비 126
평가성 사정 156
평가센터기법 264
평등이론 61
평정모형 261
폐쇄형 247
포괄권위형 379
포괄적 예시주의 396
포스트모더니티 41

포크배럴 111
포획 44
표준정원제 270
표준화 160
품목별 예산 314
품목별 분류 297
품위유지의무 282
품의제도 134
프로그램예산제도 353
프로젝트 팀 196
프리즘적 사회 77
피구세 25
피그말리온 효과 263
피터의 원리 196

## ㅎ

하위목표 139
하위정부모형 121
하이퍼텍스트 조직 201
학습과 성장 관점 230
학습조직 264
할인율 126
합동평가 157
합리성 128
합리적 무지 52
합리적 선택의 신제도주의 92
합리적 행위자모형 139
합법성 63
합의제 행정기관 205
합체적 정부 101
해방주의 41
해임 273
핵심운영부문 168
핵심전략 226
행동경제학 104
행동의제 115
행동적 시장실패 104
행위이론 84
행정개혁 349
행정과 경영 30

행정과 정치 28
행정관리설 70
행정구 393
행정국가 38
행정농도 203
행정사무감사권 392
행정사무조사권 392
행정시 388
행정위원회 205
행정의 격언 422
행정의 연구 29
행정이념 57
행정인 73
행정재정립운동 102
행정지도 48
행정참여 345
행정책임 341
행정통제 343
행정행태설 23
행정협의조정위원회 383
행정협의회 385
행태관찰척도법 261
행태기준척도법 261
허위관계모형 135
허위변수 158
현금주의 303
현금흐름표 336
현대적 원칙 295
현물출자 295
현상유지 레짐 97
현상학 84
현장훈련(On-JT) 260
현재가치 50
협상 59
협상자형 146
형식지 363
혼돈효과 160
혼돈이론 218
혼란관계모형 135
혼란변수 158
혼합주사모형 138
혼합현실 365

홈룰의 원칙 379
홉스테드의 문화차원론 180
환경의제 115
환류 78
환원주의 69
회계검사 338
회계연도 327
회귀분석 129
회귀불연속설계 162
회귀인공요소 160
회사모형 139
회색부패 281
후기관료제 199
후기기능주의적 분석 285
후기인간관계론 74
후기행태주의 82
후르비츠 기준 132
후방향적 집행 144
후행지표 230
휴리스틱 104
휴직 256
흐름창모형 151
흑색부패 285
희소성 311
힘실어주기 94

## A~Z

AGIL 78
Allison의 모형 139
Hawthorne 실험 74
Kaldor-Hicks의 보상기준 124
Key 가설 135
M형가설 217
Next Steps 351
Pareto 최적기준 124
Pareto의 2080법칙 118
Pendleton법 235
POSDCoRB 26
Taft위원회 70
Top-down방식 144
X의 비효율성 51

## 0~9

2001 IMF GFSM 302
2080 법칙 118
3종 오류 114
3차원 리더십 188
4차 산업혁명 364

# 2026
# 김중규
# 여다나
# 압축
# 선행정학

**2026판 1쇄** 2025년 9월 1일
**2쇄** 2025년 12월 15일

**지은이** 김중규
**펴낸이** 김중규
**펴낸곳** (주)카스파

**경영총괄** 이수영
**편집기획** 김중규
**편집디자인** 박재상
**편집** 박재상
**교정** 김은선, 정지윤
**마케팅** 정민규
**영업** 이용혁

**주소** 서울시 서초구 동광로39길 46(반포동) 해나하우스 B동 602호
**전화** 편집문의 : 02-532-5280   영업문의 : 02-532-5314

**이메일** kaspa9@hanmail.net
**홈페이지** http://kaspa.co.kr
**동영상강의** http://kaspa.co.kr
**블로그** http://blog.naver.com/delorean1985

이 책은 저작권법에 의해 보호를 받는 저작물이므로 무단전재와 복제를 금합니다.
저작권법 제136조에 의거 5년 이하의 징역 또는 5천만 원 이하의 벌금에 처하거나 이를 병과할 수 있습니다.
잘못 만들어진 책은 구입처에서 교환하시기 바랍니다.
가격은 교재 뒷 표지에 있습니다.